Jan Dirk Harke

**Libri ad edictum – libri ad Sabinum**

Jan Dirk Harke

# Libri ad edictum – libri ad Sabinum

Zu den sogenannten Kommentaren des Domitius Ulpianus

DE GRUYTER

ISBN 978-3-11-077337-8
e-ISBN (PDF) 978-3-11-077373-6
e-ISBN (EPUB) 978-3-11-077396-5

**Library of Congress Control Number: 2021949669**

**Bibliografische Information der Deutschen Nationalbibliothek**
Die Deutsche Nationalbibliothek verzeichnet diese Publikation in der Deutschen Nationalbibliografie; detaillierte bibliografische Daten sind im Internet über http://dnb.dnb.de abrufbar.


Druck und Bindung: CPI books GmbH, Leck

www.degruyter.com

# Inhalt

**Einleitung — 1**

**Erstes Kapitel De furtis — 8**

I Der Ediktskommentar — **8**
1 Das Klageziel — **8**
2 Beteiligung an der Tat eines anderen — **10**
3 Das Tatopfer — **15**
4 Erscheinungsformen der Tatbegehung — **19**
5 Die Angabe des Tatobjekts — **31**
6 Haftungslösung durch Vergleich — **32**
7 Die Verurteilung — **34**
II Der Sabinuskommentar — **36**
1 Identifikation des Diebstahlsobjekts — **36**
2 Pfandkehr — **38**
3 Eine *quaestio vulgaris* — **39**
4 Besondere Tatobjekte — **46**
5 Einwirkung auf fremde Sklaven — **52**
6 Verlust der Rechtsfähigkeit — **57**
7 Wissentliche Annahme einer nicht geschuldeten Leistung — **59**
8 Fundunterschlagung — **64**
9 Handhafter Diebstahl — **69**
10 Haftung nach Sachverlust — **73**
11 Konkurrenz um die actio furti — **75**
12 Disparates — **79**
III Fazit — **85**

**Zweites Kapitel De iure dotium — 89**

I Der Ediktskommentar — **89**
1 Aktivlegitimation — **89**
2 Passivlegitimation — **96**
3 Fälligkeit der Leistung — **98**
4 Anspruchsinhalt — **100**
II Der Sabinuskommentar — **105**
1 Die *dos profecticia* — **105**
2 Zuweisung der Früchte — **113**
3 Verteilung der Früchte des Scheidungsjahres — **117**
4 Der Eigentumserwerb an den Dotalsachen — **126**

5 Die *dos aestimata* — **136**
6 Die Klage unter Beteiligung der gewaltunterworfenen Tochter — **147**
7 Verwendungsersatz für den Ehemann — **150**
III Fazit — **156**

**Drittes Kapitel De emptione et venditione — 158**
I Der Ediktskommentar — **158**
1 Die Hauptpflichten des Verkäufers — **158**
2 Rückabwicklung als Klageziel der *actio empti* — **160**
3 Garantiehaftung für Fluchtneigung, Noxalverbindlichkeit und Besitzmangel — **164**
4 Konkurrenz von Rechtsmängelgewährleistung und Kaufklage — **168**
5 Haftung für *dolus* — **173**
6 Preiszahlung als Voraussetzung der Haftung — **184**
7 Zuweisung von Früchten und sonstigem Zuwachs — **185**
8 Hauptpflichten des Käufers — **195**
9 Spezielle Käuferleistungen und Vertragsabschlusssituationen — **199**
10 Die *lex commissoria* — **205**
11 Kauf auf Probe — **210**
12 Inhalt eines Grundstückskaufs — **215**
II Der Sabinuskommentar — **220**
1 *In diem addictio* — **220**
2 *Error* — **235**
3 Weinkauf — **240**
4 Eviktionsgarantie — **251**
III Fazit — **258**

**Ergebnis — 262**

**Quellenverzeichnis — 264**

# Einleitung

Mit dem Begriff ‚Kommentar' belegt man heute gewöhnlich die Hauptwerke von vier römischen Juristen der Hoch- und Spätklassik. Es sind die um die Mitte des zweiten Jahrhunderts wirkenden Privatgelehrten Gaius und Pomponius sowie die in der Severerzeit auch als Beamte in der kaiserlichen Reskriptenkanzlei tätigen Juristen Iulius Paulus und Domitius Ulpianus. Gegenstände der Bearbeitung sind zum einen das Edikt des römischen Prätors, das seit seiner Redaktion unter Hadrian eine endgültige Form gefunden hat und die vom römischen Gerichtsmagistrat verheißenen Klagen und Verteidigungsmittel aufzählt,[1] zum anderen die Lehrbücher früherer Juristen. Das wichtigste unter diesen ist die Darstellung des *ius civile* des im ersten Jahrhundert tätigen Frühklassikers Massurius Sabinus.[2] Während Gaius einen Kommentar des dem prätorischen Edikt nachgebildeten *edictum provinciale* der Provinzstatthalter verfasst,[3] legen Pomponius, Paulus und Ulpian jeweils sowohl einen regelrechten Edikts- als auch einen Sabinuskommentar vor. Die Überlieferung dieser Werke ist sehr uneinheitlich. Sie sind alle vor allem auszugsweise in der von Kaiser Justinian unter dem Titel ‚*digesta*' geschaffenen Sammlung der Schriften der klassischen römischen Juristen auf uns gekommen. Die byzantinischen Gesetzesredaktoren haben sie aber in unterschiedlichem Maße verwertet. In der von *Otto Lenel* stammenden und ‚Palingenesie' getauften Rekonstruktion der Werke der römischen Juristen[4] nehmen die Ediktskommentare des Gaius und Pomponius 49 und 28 Spalten, die von Pomponius verfassten *libri ad Sabinum* 63 Spalten ein. Sie halten damit keinen Vergleich zu den Werken der beiden Spätklassiker aus: Paulus' Sabinuskommentar ist zwar nur auf 43, sein Ediktskommentar aber immerhin auf 193 Spalten überliefert. Und Ulpians in 83 Bücher gegliederter Ediktskommentar, den die justinianischen Kompilatoren vornehmlich zum Leittext der Digesten und damit zu unserer Hauptquelle des römischen Rechts gemacht haben, erstreckt sich auf

1 Rekonstruiert hat es *Lenel, Edictum perpetuum*, 3. Aufl., Leipzig 1927 (im Folgenden *Lenel*, EP).

2 Der Anwendungsbereich der Begriffe ‚Kommentar' oder ‚Großkommentar' reicht in personeller und gegenständlicher Hinsicht natürlich noch weiter; vgl. *Liebs*, § 420: Großkommentare. Einleitung, in: Herzog/Schmidt (Hg.), Handbuch der lateinischen Literatur der Antike, Bd. 4, München 1997, S. 139 ff.; ferner *Pennitz*, Juristische Kommentare der Prinzipatszeit: Zu Begriff und Funktion einer Literaturgattung anhand des Beispiels *furtum*, in: Bracht/Harke/Perkams/Vielberg (Hg.), Heteronome Texte. Kommentierende und tradierende Literatur in Antike und Mittelalter, Berlin/Boston 2021, S. 43 ff.

3 Daneben hat er wohl auch einen nur in sehr beschränktem Umfang überlieferten Kommentar zum Edikt des römischen Stadtprätors verfasst.

4 *Lenel, Palingenesia Iuris Civilis*', Leipzig 1889 (im Folgenden *Lenel*, Palingenesia)

https://doi.org/10.1515/9783110773736-001

478 Spalten, sein unvollendeter und 51 Bücher umfassender Sabinuskommentar auf 179 Spalten. *Tony Honoré*, der Ulpians Werdegang und Schaffen rekonstruiert hat, nimmt an, beide Werke Ulpians seien parallel und im Wesentlichen während der Regierungszeit von Caracalla entstanden.[5]

Dass die *libri ad edictum* und die *libri ad Sabinum* der hoch- und spätklassischen römischen Jurisprudenz gleichermaßen lemmatische Kommentare und nur durch ihren Gegenstand verschieden seien, ist eine im Wesentlichen auf *Fritz Schulz* zurückgehende Ansicht. Nicht erst in seiner nach Kriegsende erschienenen „Geschichte der römischen Rechtswissenschaft" erklärt er den Kommentar der klassischen Jurisprudenz für strukturähnlich mit den zeitgenössischen philologischen Kommentaren.[6] Schon fast ein halbes Jahrhundert zuvor hat er in einer Monographie zu den von Sabinus stammenden Passagen in Ulpians *libri ad Sabinum* den Nachweis zu erbringen versucht, dass die ulpianischen Texte jeweils aus einem wörtlichen Zitat des Sabinus und einer Erläuterung zu einzelnen Begriffen oder Elementen dieses Zitats bestehen.[7] Grundlage ist ein einzelner Satz des Sabinus, der nicht nur bei Ulpian, sondern weitgehend identisch bei Gellius überliefert ist.[8] Da er sprachlich nicht als Zitat gekennzeichnet ist, muss er im ulpianischen Original auf andere Weise als Gegenstand der Bearbeitung hervorgehoben gewesen sein. *Schulz* weist die weiteren Aussagen des Texts einzelnen Lemmata der sabinianischen Sentenz zu[9] und unterwirft dann viele weitere Fragmente dem so gewonnenen Deutungsschema. So gelangt er zu dem Ergebnis, dass Ulpians Edikts- und Sabinuskommentar von gleicher Gestalt und nur dadurch gesondert seien, dass der Jurist in den *libri ad Sabinum* das alte *ius civile* behandle und sich im Ediktskommentar auf das vom Prätor neu geschaffene Recht konzentriere.[10] Kommt dem Prätext damit in beiden Kommentaren derselbe gesetzesgleiche Stellenwert zu, nimmt *Schulz* denn auch an, dass Ulpian sich im

5 *Honoré*, Ulpian. Pioneer of Human Rights, 2. Aufl., Oxford 2002, S. 176 ff., zustimmend *Liebs* (Fn. 2), § 424: Domitius Ulpianus, S. 177, 179.

6 *Schulz*, Geschichte der römischen Rechtswissenschaft, Weimar 1961, S. 225, 227. Ihm folgen u. a. *Seidl*, Die Methode der Kommentatoren in der römischen Rechtsgeschichte, in: Studi Betti, Mailand 1962, Bd. 4, S. 117, 121 ff., *Manthe*, Die *libri ex Cassio* des Iavolenus Priscus, Berlin 1982, S. 34 f. und *Wieacker*, Römische Rechtsgeschichte, Bd. 2, München 2006, S. 108 f., 126.

7 *Schulz*, Sabinus-Fragmente in Ulpians Sabinus-Commentar, Halle 1906 (im Folgenden: *Schulz*, Sabinus-Fragmente). Auf dieser Grundlage hat später auch *Astolfi*, I *libri tres iuris civilis* di Sabino, Padua 1983 (im Folgenden: *Astolfi*, Sabino) den Versuch einer Rekonstruktion des sabinianischen Werks unternommen (vgl. insbesondere S. 5 ff.).

8 S. u. S. 64 ff.

9 *Schulz*, Sabinus-Fragmente, S. 4 ff. Zustimmung bekundet *Pennitz* (Fn. 2), S. 57 f.

10 *Schulz*, Sabinus-Fragmente, S. 245, 265.

Wesentlichen nur dann zu einer Kritik an Sabinus berufen fühle, wenn dessen Ansicht durch die zwischenzeitliche Rechtsentwicklung obsolet geworden ist.[11]

Widerspruch hat *Schulz*' Deutung der klassischen Kommentarliteratur vor allem von *Detlev Liebs* erfahren.[12] Er glaubt nicht, dass die römischen Juristen lemmatische Kommentare im eigentlichen Sinne verfasst haben,[13] und nennt Schulz' Behauptung beißend, aber treffend eine „informiert klingende Rede"[14]. *Liebs* verweist zunächst einmal auf den eher äußerlichen Umstand, dass der Prätext im Fall des Edikts oder einer älteren Juristenschrift nicht überall verfügbar und daher anders als in Dichterkommentaren eigens mitgeteilt werden muss.[15] Ihm kann man noch mit der Replik begegnen, dass zumindest die „geistige Haltung" des Kommentators lemmatisch sein kann.[16] Wichtiger ist der inhaltliche Unterschied, den *Liebs* darin erkennt, dass sich die juristische Erörterung und noch mehr das umfangreiche Fallmaterial einer genauen Zuordnung zu bestimmten Elementen des Prätextes entziehe; dieser sei weniger strikt vorgegebener Gegenstand als vielmehr Anknüpfungspunkt für eine eigene Darstellung des Kommentators, die sich an die Rechtspraxis richte.[17] Speziell mit Bezug auf Ulpians *libri ad edictum* nimmt *Liebs* an, der Jurist habe die ediktalen Bestimmungen zwar Punkt für Punkt erläutert, aber mit viel Fallmaterial „aus eigenem Erleben" und Zitaten anderer Juristen durchsetzt.[18] Auch für Ulpians Sabinuskommentar rechnet *Liebs* mit einer detaillierten Erörterung der einzelnen Sätze des Prätextes und ihrer Elemente, zugleich aber mit Erweiterungen und Einschränkungen.[19]

---

11 *Schulz*, Sabinus-Fragmente, S. 7 f.

12 Ganz anders ist der Zugang, den *Behrends*, Der Kommentar in der römischen Rechtsliteratur, in: Assmann/Gladigow (Hg.), Text und Kommentar, München 1995, S. 423 ff. wählt. *Behrends* will die Art der Kommentierung dem von ihm auch sonst zugrunde gelegten Modell eines Gegensatzes zwischen den Schulen der Sabinianer und Prokulianer zuweisen und damit rein inhaltlich bestimmen.

13 Zustimmung findet er bei *Nörr*, Pomponius oder „Zum Geschichtsverständnis der römischen Juristen", in: Temporini (Hg.), Aufstieg und Niedergang der römischen Welt, Bd. II.15, Berlin u. a. 1976, S. 497, 545.

14 *Liebs*, Rezension zu *Astolfi* (Fn. 7), SDHI 51 (1985) 562, 565.

15 *Liebs*, SDHI 51 (1985) 562, 566, *ders.* (Fn. 2), S. 140.

16 So *Seidl* (Fn. 6), S. 123.

17 *Liebs*, *Variae lectiones* – Zwei Juristenschriften, in: Studi Volterra, Bd. 5, Mailand 1971, 51, 73 Fn. 92, *ders.* (Fn. 2), S. 140.

18 *Liebs* (Fn. 2), S. 177 f.

19 *Liebs* (Fn. 2), S. 179.

Auf der Grundlage von *Liebs'* Kritik hat *Ulrike Babusiaux* unlängst die *libri ad edictum* Ulpians untersucht[20] und deren Einordnung als lemmatischen Kommentar nachgerade falsifiziert. Am Beispiel des Edikts über den Schutz der unter Fünfundzwanzigjährigen im Rechtsverkehr (D 4.4) hat sie gezeigt, dass Erläuterungen des ediktalen Wortlauts regelmäßig durch Einschübe unterbrochen werden, die sich nicht dem Kommentarschema fügen.[21] *Babusiaux* unterscheidet dabei im Anschluss an *Liebs* zwischen Berichten „aus eigenem Erleben", die reale Fälle aus Ulpians Praxis betreffen, und Entscheidungen, die der Jurist im Schrifttum anderer Rechtsgelehrter vorgefunden hat. Bei letzteren beobachtet *Babusiaux* ein Streben nach Steigerung der Komplexität, mit der sich Ulpian weitgehend vom Ediktstext löst.[22] Um seine Vorgehensweise zu beschreiben, will *Babusiaux* statt des Vorbilds der philologischen Kommentare das Inventar der antiken Rhetorik bemühen: Könne die beim *status finitionis* maßgebliche Definition gleichermaßen aus dem Normtext und dem Sachverhalt gewonnen werden, verbinde auch Ulpian einen semasiologischen Ansatz zur Aufklärung der Bedeutung des Ediktswortlauts mit einem onomasiologischen, der vom dargestellten Fallmaterial ausgehe.[23]

Die Vernachlässigung der lemmatischen Methode bedeutet für *Babusiaux* aber nicht, dass auch der Begriff des Kommentars unpassend wäre. Sie will ihn nur nicht im Sinne einer strikt lemmatischen Bearbeitung, sondern in seiner ursprünglichen Bedeutung als Notizensammlung verwendet wissen und erkennt in Ulpians *libri ad edictum* und Vorgängerwerken eine Art von ‚Amtsbüchern', mit denen der Jurist seine Kenntnisse an Fachkollegen vermitteln will.[24] Dem Text des prätorischen Edikts komme dabei in erster Linie die Funktion eines äußeren Ordnungsschemas zu, das weniger systematisch behandelt als mehr zur Stoffgliederung eingesetzt werde. Die dokumentierten Kenntnisse, die den Ediktskommentar zu ‚Amtsbüchern' machten, spiegelten vor allem Ulpians Tätigkeit in der kaiserlichen Reskriptenkanzlei und als Berater des Prätors wider. Sie bilden für *Babusiaux* den Haupttext, der den Prätext des prätorischen Edikts in den Hintergrund treten lasse.[25] Auf die Person des Autors gemünzt, spricht *Martin*

---

**20** *Babusiaux*, Der Kommentar als Haupttext. Zur Gattung der *libri ad edictum* Ulpians, in: Kästle/Jansen (Hg.), Kommentare in Recht und Religion, Tübingen 2014, S. 16 ff.

**21** *Babusiaux* (Fn. 20), S. 29 ff. Zustimmend *Kästle-Lamparter*, Welt der Kommentare, Tübingen 2016, S. 22.

**22** *Babusiaux* (Fn. 20), S. 39.

**23** *Babusiaux* (Fn. 20), S. 40 ff.

**24** *Babusiaux* (Fn. 20), S. 46 ff.

**25** *Babusiaux* (Fn. 20), S. 54 f.

*Pennitz* hier davon, dass dieser in den Kommentaren rechtsschöpfend und damit gleichsam als gesetzgebendes Organ tätig werde.[26]

Auch wenn man das Gewicht des Fallmaterials in der Kommentierung nicht so sehr dem Einfluss der Rhetorik als vielmehr dem Charakter der römischen Jurisprudenz als anwendungsorientierter und fallbasierter Wissenschaft zuschreiben möchte, ist der Befund von *Babusiaux* im Übrigen zweifellos richtig: Zu häufig ist in Ulpians *libri ad edictum* die Erläuterung des Normtextes durch die Schilderung wirklicher oder fiktiver Fallentscheidungen unterbrochen, als dass sie einem philologischen Kommentar ähneln könnte. Dieser Unterschied ist keineswegs durch die Divergenz der Disziplinen vorgegeben. Auch ein rechtswissenschaftlicher Prätext lässt sich streng lemmatisch bearbeiten, indem man nur die überkommenen Falllösungen so präsentiert, dass sie zu dem jeweils behandelten Element des Prätextes passen. Selbst bei komplexen Entscheidungen lässt sich dies ohne weiteres dadurch erreichen, dass man sie in ihre einzelnen Bestandteile zerlegt und diese dann verschiedenen Anknüpfungspunkten im Prätext zuordnet. Sieht Ulpian hiervon ab und vernachlässigt lieber das lemmatische Schema, kann dies nur daran liegen, dass er sich hieran nicht gebunden fühlt. Wichtiger ist ihm, die für relevant gehaltenen Entscheidungen zu sammeln. Dem Leser, dem er sie präsentiert, traut er ersichtlich zu, sie selbst in den zugehörigen Kontext einordnen zu können. Dies entspricht ganz dem Stil von ‚Amtsbüchern', die sich an informierte Fachkollegen richten und ihnen eher durch das Referat anerkannter Falllösungen als durch die Aufdeckung des jeweiligen Ableitungszusammenhangs dienen sollen.

Trifft das Bild einer zwischen Texterläuterung und Fallbericht schwankenden Darstellung auf die meisten Passagen des ulpianischen Ediktskommentars zu, gibt es doch bestimmte Abschnitte, auf die es von vornherein nicht passen kann. Es sind die Titel zu den Klagen, die dem Prätor schon durch das altüberkommene *ius civile* vorgegeben und deren Formeln dem Rechtsanwender kaum oder keinerlei Hilfestellung bei der Entscheidung eines Falles sind. Die Liste dieser Klagen ist nicht kurz und überaus prominent besetzt. Sie schließt unter anderem die Diebstahlsklage und auch die *iudicia* ein, die dem Richter eine Beurteilung nach dem Maßstab der *bona fides* oder des *bonum et aequum* ermöglichen. Bei der Klage wegen Diebstahls knüpft die Entscheidung an den auf das Zwölftafelgesetz zurückgehenden und im Edikt nicht definierten Begriff des *furtum* an. Bei *bonae fidei iudicia* und vergleichbaren Klagen beschränkt sich die im Edikt zu findende Klageformel zumeist auf eine knappe Angabe eines Haftungsgrundes wie den Abschluss eines Schuldvertrags oder die Bestellung einer Mitgift. An eine lem-

26 *Pennitz* (Fn. 2), S. 61 f.

matische Kommentierung, die sich am Wortlaut des Edikts orientiert und zugleich zum Kern der Materie vordringt, ist hier gar nicht zu denken. Und doch behandeln Ulpian und die anderen Juristen diese Klagen in ihren Ediktskommentar ausführlich und verfahren nicht etwa so, wie *Schulz* für Ulpian behauptet[27] und *Babusiaux* schon widerlegt[28] hat, nämlich dass sie sich völlig auf das prätorische Recht konzentrieren und das *ius civile* weitgehend ignorieren.

Widmen sich die Juristen der durch das *ius civile* vorgeprägten Materie auch in ihren Ediktskommentaren, ist dies in zweifacher Hinsicht interessant: Zum einen stellt sich die Frage, ob sie hier, wo die Lemmata fehlen, rein sammelnd verfahren oder einen systematischen Ansatz wählen, um das Thema zu entfalten. Zum anderen liegt der Gegenstand der Kommentierung in dem Bereich, in dem sich die Ediktskommentare inhaltlich mit den *libri ad Sabinum* überschneiden. Bei diesen darf *Schulz*' Einordnung als lemmatischer Kommentar bislang noch nicht als entkräftet gelten. Falls sie sich auch hier als unrichtig erweist, interessiert aber nicht weniger als bei den *libri ad edictum*, welchem Schema die Darstellung stattdessen folgt. Verfahren die Juristen auch wieder oder gar ausschließlich in kollektionistischer Manier? Oder unterscheiden sich Edikts- und Sabinuskommentar außer in der Auswahl ihres Prätextes auch in der Vorgehensweise des Kommentators?

Beantworten lassen sich diese Fragen nur durch einen Vergleich der korrespondierenden Passagen in den *libri ad edictum* und *libri ad Sabinum*. Und als Objekt des Vergleichs kommen vorzüglich die Werke Ulpians in Betracht, weil fast nur sie in einem Maße überliefert sind, das einen Blick auf Struktur und Gedankenführung der Darstellung ermöglicht. Unter den Themen, die sowohl im Edikts- als auch im Sabinuskommentar behandelt werden, lassen sich bei Ulpian drei ausfindig machen, bei denen die Überlieferung durch die justinianische Kompilation hinreichend lange Passagen enthält, die einen Vergleich zulassen. Es handelt sich um die Titel zum Diebstahl, dem Ulpian das 37. Buch seines Ediktskommentars (4 Spalten in *Lenels* Palingenesie) und die Bücher 40 bis 42 seiner *libri ad Sabinum* (10 Spalten) widmet, ferner die auf die Rückforderung einer Mitgift bezogenen Abschnitte, die in Ulpians *libri ad edictum* die Bücher 33 und 34 (7 Spalten) und im Sabinuskommentar die Bücher 31 und 34 bis 36 (12 Spalten) füllen, sowie schließlich die Kapitel über den Kaufvertrag, den Ulpian im 32. Buch seines Ediktskommentars (8 Spalten) und in seinen *libri ad Sabinum* vornehmlich in Buch 28 und 29 (8 Spalten) behandelt. Auch bei Ulpian ist das überkommene Material natürlich zu fragmentarisch, als dass alle dem jeweiligen

27 *Schulz*, Sabinus-Fragmente, S. 245.

28 *Babusiaux* (Fn. 20), S. 26 ff.

Abschnitt zugehörenden Auszüge Aussagekraft für die ursprüngliche Textgestalt besäßen. Es gibt aber jeweils längere Passagen, die von den byzantinischen Redaktoren entweder an einem Stück oder nur durch Einschübe unterbrochen kopiert worden sind. Hier spricht eine kaum zu widerlegende Vermutung dafür, dass sie, obwohl vielleicht nachträglich gekürzt oder ergänzt, im Original genau in der Reihe gestanden haben, in der sie im jeweiligen Titel der Digesten erscheinen. Auf dieser Vermutung basiert auch die Rekonstruktion des Originaltextes in *Lenels* Palingenesie. Diese bildet hier wie auch sonst in der modernen romanistischen Forschung die Grundlage, soll für die vorliegende Untersuchung aber nur insoweit herangezogen werden, als die Abfolge der Texte schon wegen ihrer Anordnung in der justinianischen Kompilation evident oder inhaltlich unabweisbar ist. Auch mit dieser Einschränkung lassen sich bei den drei ausgewählten Themen genügend lange Passagen finden, die einen Blick auf Ordnung und Gedankenführung des Originaltextes eröffnen und als Grundlage für einen Vergleich der korrespondierenden Abschnitte in den beiden großen Kommentaren Ulpians taugen.

# Erstes Kapitel
# De furtis

## I Der Ediktskommentar

Unter dem Titel *de furtis* führt das prätorische Edikt zahlreiche Klageformeln auf. Die wichtigste ist die *actio furti nec manifesti*, die Klage wegen eines nicht handhaften Diebstahls. Sie steht am Anfang und ist Gegenstand der Kommentierung im 37. Buch von Ulpians *libri ad edictum*. Obwohl sie in ihrer heutigen Form fast nur aus zwei Digestenfragmenten besteht, die im einschlägigen Titel der justinianischen Kompilation den *libri ad Sabinum* nachgeordnet sind, ist die Überlieferung doch keineswegs spärlich. Die beiden Fragmente D 47.2.50 und D 47.2.52 sind jeweils ausgesprochen lang. *Lenel* hält sie sogar für ausreichend, um mit ihrer Hilfe die Formel der *actio furti nec manifesti* zu rekonstruieren.[29] Dem Rechtsanwender gibt diese kaum Hilfestellung. Sie gibt ihm im Wesentlichen lediglich die Feststellung eines ‚*furtum factum*' auf. Ansonsten lässt sich ihr kaum mehr entnehmen, als dass die Haftung auch bei der bloßen Beteiligung am Delikt eines anderen durch „Rat oder Tat" (‚*ope consilio*') begründet und auf das Doppelte des Wertes der entwendeten Sache im Tatzeitpunkt gerichtet ist.[30]

### 1 Das Klageziel

In ihrer überkommenen Gestalt beginnt Ulpians Kommentierung mit dem Gegenstand der Verurteilung. Seine Aussage gilt für die Klage wegen nicht handhaften Diebstahls und die *actio furti manifesti* gleichermaßen:

> D 47.2.50pr Ulp 37 ed (Ulp 1040)
> In furti actione non quod interest quadruplabitur vel duplabitur, sed rei verum pretium. sed et si res in rebus humanis esse desierit, cum iudicatur, nihilo minus condemnatio facienda est. itemque et si nunc deterior sit, aestimatione relata in id tempus, quo furtum factum est. quod si pretiosior facta sit, eius duplum, quanti tunc, cum pretiosior facta est, fuerit, aestimabitur, quia et tunc furtum eius factum esse verius est.

---

**29** *Lenel*, EP, S. 323.

**30** Vgl. die Rekonstruktion bei *Lenel*, EP, S. 328, *Mantovani*, Le formule del processo privato romano, Mailand 1999, S. 63 (Nr. 52).

https://doi.org/10.1515/9783110773736-002

> Bei der Diebstahlsklage wird nicht das Interesse vervierfacht oder verdoppelt, sondern der wahre Wert der Sache. Auch wenn die Sache untergegangen ist, hat, wenn das Urteil gesprochen wird, eine Verurteilung zu erfolgen. Und auch wenn sie jetzt verschlechtert ist, hat die Schätzung nach dem Zeitpunkt der Begehung des Diebstahls zu erfolgen. Ist sie aber wertvoller geworden, ist das Doppelte von dem zu schätzen, was sie damals wert war, als sie wertvoller geworden ist, weil der Diebstahl zweifellos auch damals begangen worden ist.

Basis des beim *furtum nec manifestum* zu leistenden *duplum* und des beim handhaften Diebstahl geschuldeten *quadruplum* ist der Sachwert und etwa nicht das Interesse des Bestohlenen daran, dass die Tat unterblieben wäre. Maßgeblich ist aber der höchste Wert, den die Sache bei Begehung der Tat hatte. Ulpian stellt dies nicht als Grundsatz voran, sondern bringt es durch drei Fallgestaltungen zum Ausdruck. Er beginnt mit Untergang der Sache, der keinen Effekt auf die Verurteilung haben soll. Der nicht ausgesprochene Grund ist, dass der Verlust der Sache nichts daran zu ändern vermag, dass sie vorher, als der Diebstahl verübt wurde, einen bestimmten Wert hatte. Dieser muss auch dann in Ansatz gebracht werden, wenn sie später an Wert verloren hat. Die Verschlechterung der Sache ist ja nur eine weniger drastische Variante der Konstellation, in der die Sache ihren Wert infolge ihres Untergangs komplett eingebüßt hat. Bleibt schon dies ohne Einfluss auf die Verurteilung, darf nichts anderes gelten, wenn die Sache lediglich an Wert eingebüßt hat.

Im umgekehrten Fall, in dem sie nachträglich wertvoller geworden ist, liegt nach dem Vorangehenden nahe, dass nur der niedrigere Wert zu veranschlagen ist, den sie im Moment der Entwendung hatte. So ist es aber nicht: Hat der Dieb die Sache noch bis zu dem Zeitpunkt in den Händen, in dem die Wertsteigerung eintritt, muss er hinnehmen, dass sie auch das Maß seiner Verurteilung erhöht. Denn, so lautet die Begründung, die Ulpian hier erstmals gibt, auch in diesem Moment wird noch ein Diebstahl begangen. Ist das *furtum* also gleichsam ein Dauerdelikt, können sich das Opfer der Tat und der Richter aussuchen, auf welchen Moment innerhalb des maßgeblichen Zeitraums die Schätzung bezogen sein soll.[31] Daher spielt es auch keine Rolle, wann der Untergang oder der Wertverlust eingetreten ist: Auch wenn sie erfolgt sind, als der Dieb noch über die Sache verfügte, entlastet ihn dies nicht, weil es genügt, dass er sie auch vorher schon in seinem Besitz hatte.

Das zugrundeliegende Prinzip wird zwar deutlich; Ulpians Darstellung ist aber nicht deduktiv, sondern kasuistisch: Er betrachtet die möglichen Verände-

---

**31** Für begründungsbedürftig hält dies noch der Hochklassiker Celsus; vgl. D 47.2.68.2 Cels 12 dig und hierzu *Harke, Argumenta Iuventiana*, Berlin 1999, S. 35 f., *Cerami, Continuatio furti* e *litis aestimatio*, AUPA 50 (2005) 1, 6 f.

rungen, die der Sachwert erfahren kann; und nur aus der im letzten Fall gegebenen Begründung lässt sich folgern, was ihn bei all seinen Entscheidungen leitet: Die Bestimmung der Verurteilungssumme knüpft an den Moment an, in dem die Tat noch andauert und die Sache ihren höchsten Wert hat.

Im Folgenden widmet sich Ulpian unversehens dem vergleichsweise speziellen Thema der Teilnahme am Diebstahl eines anderen: Die folgenden Abschnitte des Fragments D 47.2.50 gelten der Haftung dafür, dass jemand zum Diebstahl mit „Tat oder Rat" (‚*ope consilio*') beigetragen hat. Wie ist dieser Übergang zu erklären? *Lenel* nimmt an, Ulpian habe im *principium* zunächst den Zwölftafelsatz über das *furtum nec manifestum* (8.16) behandelt[32] und gehe dann zur Formel der *actio furti* über,[33] die in ihrer proponierten Form vermutlich zunächst die beiden Varianten eines in eigener Person und als Helfer oder Anstifter verwirklichten Delikts aufführt (‚*si paret a No No opeve consilio Ni Ni Ao Ao furtum factum esse ...*')[34]. Zwingend ist dies keineswegs. Die Ausführungen zum Verurteilungsbetrag lassen sich ohne weiteres auch schon auf die Klageformel selbst beziehen. Die Beschäftigung mit dem vom Kläger verfolgten Ziel fördert nämlich den Charakter der *actio furti* zutage. Da sie eine reine Strafklage ist, kommt es nicht darauf an, ob und wie groß der Nachteil ist, den das Opfer durch die Tat erfahren hat. Die Buße, mit der die Tat gesühnt werden soll, lässt sich daher nur nach dem Wert der entwendeten Sache bestimmen. Bei der Präsentation der Klageformel kann man sich hiermit durchaus am Anfang befassen, um Sinn und Funktion des behandelten Rechtsbehelfs darzutun. Man braucht noch nicht einmal anzunehmen, der überlieferte Text sei um eine Einleitung verkürzt worden. Auffällig ist nur der unumwundene Zugriff auf die Kasuistik.

## 2 Beteiligung an der Tat eines anderen

Einen bemerkenswerten Aufbau haben auch die allgemeinen Aussagen zur Haftung wegen Teilnahme an einem Diebstahl:

> D 47.2.50.1–3 (Ulp 1041)
> Ope consilio furtum factum Celsus ait non solum, si idcirco fuerit factum, ut socii furarentur, sed et si non, ut socii furarentur, inimicitiarum tamen causa fecerit. (2) Recte Pedius ait, sicut nemo furtum facit sine dolo malo, ita nec consilium vel opem ferre sine dolo malo posse.

---

32 *Lenel*, Palingenesia, Bd. 2 Sp. 675 Fn. 3f. Das ‚*quadruplari*' hält *Lenel* für einen Zusatz der Kompilatoren.

33 *Lenel*, Palingenesia, Bd. 2 Sp. 675 Fn. 5.

34 Vgl. *Lenel*, EP, S. 328.

(3) Consilium autem dare videtur, qui persuadet et impellit atque instruit consilio ad furtum faciendum: opem fert, qui ministerium atque adiutorium ad subripiendas res praebet.

Celsus schreibt, mit Tat oder Rat werde ein Diebstahl nicht nur dann begangen, wenn er deshalb begangen werde, um sich an dem Diebstahl zu beteiligen, sondern auch, wenn dies nicht der Fall und er aus Feindschaft geschehen sei. (2) Zu Recht schreibt Pedius, wie niemand selbst einen Diebstahl ohne Vorsatz begehen könne, könne man ohne Vorsatz auch nicht Rat oder Tat leisten. (3) Einen Rat gibt, wer zur Begehung eines Diebstahls überredet, veranlasst oder durch seinen Rat unterweist; eine Tat begeht, wer zur Entwendung von Sachen seinen Dienst oder Hilfe leistet.

Die teilweise tautologische Definition einer *ope* oder *consilio* verwirklichten Teilnahme an einem *furtum*[35] steht nicht am Anfang der Erörterung, sondern schließt sich an zwei Zitate an, die der subjektiven Seite des Tatbestands gelten: Zunächst gibt Ulpian die Meinung des Celsus wieder, der glaubt, eine Strafbarkeit wegen Diebstahls setze nicht voraus, dass man sich durch seine eigene Bereicherungsabsicht zum *socius* des Haupttäters macht.[36] Stattdessen genüge es, wenn der Teilnehmer bloß zu dem Ziel tätig werde, dem Opfer der Tat zu schaden.[37] Dann folgt eine Äußerung von Pedius, mit der klargestellt wird, dass eine Haftung wegen Teilnahme aber nicht ohne Vorsatz denkbar ist, vielmehr ebenso wie die Sanktion der Haupttat einen *dolus malus* voraussetzt.[38] Damit sind zwar die wesentlichen Merkmale des subjektiven Tatbestands der Teilnahme an einem *furtum* dargetan. Die Darstellung macht aber eher den Eindruck einer Sammlung von Lesefrüchten.

Verstärkt wird dieser Eindruck noch durch das folgende Zitat von Labeo:

D 47.2.50.4 Ulp 37 ed (Ulp 1041)
Cum eo, qui pannum rubrum ostendit fugavitque pecus, ut in fures incideret, si quidem dolo malo fecit, furti actio est: sed et si non furti faciendi causa hoc fecit, non debet impunitus esse lusus tam perniciosus: idcirco Labeo scribit in factum dandam actionem.

---

**35** Dass *consilium* dabei gerade nicht restriktiv zu verstehen ist, sondern auch die psychische Beihilfe im Sinne der modernen Strafrechtsdogmatik abdeckt, zeigt *Bock*, Römischrechtliche Ausgangspunkte der strafrechtlichen Beteiligungslehre, Berlin 2006, S. 158 ff., 191 f.

**36** Dabei geht es Ulpian, wie der Gegenfall der *inimicitiae* zeigt, entgegen *Bock* (Fn. 35), S. 117 f. weniger um das abstrakte Erfordernis eines gemeinsamen Tatentschlusses als mehr um die Zueignungsabsicht, die die Beteiligten zu Mittätern macht; vgl. *Ferretti*, Complicità e furto nel diritto romano, Mailand 2005, S. 144 f.

**37** Die Feindschaft zum Geschädigten ersetzt, wie *Bock* (Fn. 35), S. 144 f. richtig meint, nicht etwa den Vorsatz; sie ist aber auch nicht selbständige Voraussetzung der Haftung, sondern ergibt sich zwangsläufig aus der Beteiligung an der Haupttat. Es geht Ulpian dabei allein um die Einstellung des Täters und entgegen *Thomas*, IVRA 13 (1962) 70, 79 ff. und *Watson*, SDHI 28 (1962) 331, 334 f. nicht um die Frage, wie er mit dem Haupttäter zusammenwirkt.

**38** Vgl. *Bock* (Fn. 35), S. 139 f.

> Gegen denjenigen, der ein rotes Tuch geschwenkt und Vieh vertrieben hat, so dass es Dieben in die Hände gefallen ist, ist die Diebstahlsklage jedenfalls gegeben, wenn er mit Vorsatz gehandelt hat; hat er es aber nicht zur Begehung des Diebstahls getan, darf dieses verderbliche Spiel nicht unbestraft bleiben; daher schreibt Labeo, es sei eine auf den Sachverhalt zugeschnittene Klage zu gewähren.

Die differenzierte Fallentscheidung, die Gaius in seinen Institutionen den *veteres* zuschreibt,[39] knüpft an das schon im Pedius-Zitat aufgestellte Erfordernis eines *dolus malus* an: Wer Vieh aufscheucht, das deshalb von Dieben entwendet werden kann, ist nur dann mit der *actio furti* haftbar, wenn er diese Folge einkalkuliert hat.[40] Ist er hingegen nicht davon ausgegangen, das Vieh werde gestohlen, muss er sich mit einer *actio in factum* verantworten. Deren Vorbild ist, wie sich aus dem parallelen Zitat der *veteres* in den gaianischen Institutionen und einem von den Kompilatoren in das Ulpian-Fragment eingeschobenen Passus aus Gaius' Ediktskommentar[41] ergibt, nicht die Diebstahlsklage, sondern die *lex Aquilia*, mit der eine Sachbeschädigung geahndet wird.[42] Den Grund, aus dem auf diese Klage ausgewichen werden muss, benennt Gaius eigens: Da sie anders als die *actio furti* keinen *dolus malus* voraussetzt, sondern schon bei einfacher *culpa* zuständig ist, taugt sie als Vorbild für die Sanktion eines ‚*lusus perniciosus*', das sich der Täter selbst dann vorhalten lassen muss, wenn er nicht mit der Entwendung des Viehs gerechnet hat.[43]

In der folgenden Textpassage geht es um eine asymmetrische Sanktion des *furtum*, die jeweils nur den Teilnehmer oder Haupttäter trifft:

---

39 Gai 3.202: *Interdum furti tenetur, qui ipse furtum non fecerit, qualis est, cuius ope consilio furtum factum est. ... et hoc veteres scripserunt de eo, qui panno rubro fugavit armentum; sed si quid per lasciviam et non data opera, ut furtum committeretur, factum sit, videbimus, an utilis actio dari debeat, cum per legem Aquiliam, quae de damno lata est, etiam culpa puniatur.* („Zuweilen haftet wegen Diebstahls, wer selbst keinen Diebstahl begangen hat, insbesondere derjenige, mit dessen Tat oder Rat ein Diebstahl begangen worden ist. ... Und dies schrieben die alten Juristen auch von demjenigen, der Großvieh mit einem roten Tuch aufgescheucht hat; ist aber etwas aus Übermut und ohne Diebstahlsabsicht begangen worden, müssen wir zusehen, ob eine zweckdienliche Klage gewährt werden muss, da durch das aquilische Gesetz, das zur Sanktion einer Schädigung erlassen worden ist, auch Fahrlässigkeit bestraft wird.")

40 Entgegen *Thomas*, IVRA 13 (1962) 70, 77 lässt sich in das Erfordernis des *dolus malus* nicht hineinlesen, dass der Täter mit den Dieben zusammengewirkt haben muss.

41 D 47.2.51 Gai 13 ed prov.

42 Zur variierenden Bezeichnung der Klage als *actio in factum* und *actio utilis* in diesen Fällen ausführlich *Harke*, *Actio utilis*, Berlin 2016, S. 123 ff. Der Begriff *actio in factum* nimmt auf die Formeltechnik Bezug, während die Bezeichnung *actio utilis* hiervon abstrahiert.

43 Dies nimmt wohl auch *Ferretti* (Fn. 36), S. 214 an.

D 47.2.52pr-6 (Ulp 1041)
Si quis uxori res mariti subtrahenti opem consiliumve accommodaverit, furti tenebitur. (1) Sed et si furtum cum ea fecit, tenebitur furti, cum ipsa non teneatur. (2) Ipsa quoque si opem furi tulit, furti non tenebitur, sed rerum amotarum. (3) Servi vero sui nomine furti eam teneri nequaquam ambigendum est. (4) Idem dicendum est et in filio familias milite: nam ipse patri furti non tenebitur, servi autem sui nomine castrensis tenebitur, si patri servus furtum fecerit. [(5) Sed si filius meus, qui habet castrense peculium, furtum mihi fecerit, an possim actione utili adversus eum agere, videndum est, cum habeat, unde satisfaciat. et potest defendi agendum. (6) An autem pater filio teneatur, si rem eius castrensis peculii subtraxerit, videamus: et putem teneri: non tantum igitur furtum faciet filio, sed etiam furti tenebitur.]

Hat jemand einer Frau bei der Entwendung einer Sache ihres Ehemannes Tat oder Rat zuteilwerden lassen, haftet er wegen Diebstahls. (1) Aber auch wenn er den Diebstahl gemeinsam mit ihr begangen hat, haftet er wegen Diebstahls, während sie selbst nicht haftet. (2) Auch wenn sie selbst einem Dieb Hilfe leistet, haftet sie nicht wegen Diebstahls, sondern wegen Sachentwendung. (3) Es besteht aber kein Zweifel, dass sie wegen ihres Sklaven wegen Diebstahls haftet. (4) Dasselbe gilt auch für einen Haussohn, der Soldat ist; denn er haftet selbst seinem Vater nicht wegen Diebstahls, wegen eines Sklaven aber mit seinem soldatischen Sondergut, wenn der Sklave einen Diebstahl zum Nachteil des Vaters begeht. [(5) Aber auch wenn mein Sohn, der ein soldatisches Sondergut hat, einen Diebstahl zu meinem Nachteil begangen hat, müssen wir zusehen, ob ich eine zweckdienliche Klage gegen ihn erheben kann, falls er ausreichendes Vermögen hat. Und es lässt sich vertreten, dass geklagt werden kann. (6) Sehen wir aber zu, ob der Vater dem Sohn haftet, wenn er eine Sache des soldatischen Sonderguts entwendet hat; und ich glaube, er hafte; er hat seinen Sohn also nicht nur bestohlen, sondern haftet ihm auch für Diebstahl.]

Entwendet ein Ehegatte eine Sache des anderen, tritt an die Stelle der Haftung wegen eines *furtum* die *actio rerum amotarum*. Im Gegensatz zur Diebstahlsklage hat sie keinen pönalen Charakter, sondern wirkt nur sachverfolgend[44] und gilt manchen Juristen gar als Erscheinungsform der *condictio*,[45] die nur der Abschöpfung einer ungerechtfertigten Bereicherung dient. Beteiligt sich jemand an der Tat, die eine Ehefrau zulasten ihres Mannes begeht, stellt sich die Frage, ob seiner Haftung mit der *actio furti* die fehlende Strafbarkeit der Haupttäterin entgegensteht. Die Antwort fällt leicht, wenn man der von Paulus überlieferten Ansicht von Sabinus, Proculus und Julian folgt und im Gegensatz zu Cassius und Nerva annimmt, es komme bei der Sachentwendung unter Ehegatten durchaus zu einem *furtum*, das aber von Rechts wegen nicht als solches sanktioniert werde.[46]

44 *Jolowicz*, Digest XLVII.2: *De furtis*, Cambridge 1940, S. LXXXVII.

45 D 25.2.26 Gai 4 ed prov.

46 D 25.2.1 Paul 7 Sab: *Rerum amotarum iudicium singulare introductum est adversus eam quae uxor fuit, quia non placuit cum ea furti agere posse: quibusdam existimantibus ne quidem furtum eam facere, ut Nerva Cassio, quia societas vitae quodammodo dominam eam faceret: aliis, ut Sa-*

Liegt damit eine Haupttat vor, muss zwangsläufig auch ein Teilnehmer mit der *actio furti* belangt werden können, wenn in seiner Person nicht der besondere Strafausschluss für den Ehegatten eingreift. Ulpian sieht freilich wie schon bei dem Problem einer Veränderung des Sachwertes von einer begrifflichen Ableitung ab und widmet sich nach seiner Entscheidung zugunsten der Diebstahlshaftung[47] stattdessen weiteren Fallvariationen: Auch bei einer in Mittäterschaft mit der Ehefrau verübten Sachentwendung kommt es zu einer asymmetrischen Haftung, indem sie nur mit der *actio rerum amotarum*, ihr Komplize dagegen mit der Diebstahlsklage belangt werden kann. Ungleichmäßig ist auch die Sanktion in der Umkehrung des Ausgangsfalles, bei dem die Frau Beihilfe zu einem Diebstahl leistet, den ein Dritter zum Nachteil ihres Mannes verübt.[48] Eine eigene Verantwortlichkeit der Frau wegen *furtum* ist aber begründet, wenn ein ihr gehörender Sklave ihren Mann bestiehlt;[49] die Haftung trifft sie freilich nur in Gestalt einer Noxalklage, so dass sie sich durch Auslieferung des Sklaven befreien kann.

Eine vergleichbare Situation macht Ulpian im Verhältnis eines Vaters zu seinem mit einem *peculium castrense* ausgestatteten Sohn aus: Verübt ein hierzu gehörender Sklave einen Diebstahl zum Nachteil des Vaters, kann dieser auf das Sondergut zugreifen, obwohl der Sohn für eine von ihm selbst begangene Sachentwendung nicht zur Verantwortung gezogen werden könnte. Zwar steht der Sklave des Sohnes ebenso wie dieser eigentlich in der Gewalt des Vaters; durch seine Zuordnung zum *peculium castrense* ist er ihm aber doch in hinreichender Weise entrückt, um seine Tat weder wegen des zu ihm selbst bestehenden Gewaltverhältnisses noch wegen des Haftungsausschlusses, der für den Sohn gilt, von einer Sanktion auszunehmen. Diese Entscheidung verliert ihren Sinn durch die folgenden Sätze, in denen das Haftungsprivileg durch *actiones utiles* über-

---

*bino et Proculo, furto quidem eam facere, sicut filia patri faciat, sed furti non esse actionem constituto iure, in qua sententia et Iulianus rectissime est:* ... („Die Klage wegen entwendeter Sachen ist als besonderer Rechtsbehelf gegen eine ehemalige Ehefrau eingeführt, weil gegen sie anerkanntermaßen nicht wegen Diebstahls geklagt werden konnte, wobei einige wie etwa Nerva und Cassius glaubten, dass sie gar keinen Diebstahl begehen könne, weil die Lebensgemeinschaft sie gewissermaßen zur Eigentümerin mache, und andere wie etwa Sabinus und Proculus glaubten, dass sie zwar ebenso wie eine Tochter gegenüber ihrem Vater einen Diebstahl begehe, aber dass nach feststehendem Recht keine Diebstahlsklage gegeben sei, welcher Meinung sehr zu Recht auch Julian war ...“) Hierzu *Wacke, Actio rerum amotarum*, Köln/Graz 1963, S. 86 ff.

**47** Vgl. auch D 47.2.36.1 Ulp 41 Sab; s.u. S. 52 ff.

**48** Vgl. auch D 25.2.19 Ulp 34 ed.

**49** Dabei denkt Ulpian wohl nicht an den Fall, dass der Sklave auf Anweisung seiner Gewalthaberin handelt und damit gleichsam ihr Werkzeug ist; hier ist nur die *actio rerum amotarum* eröffnet; vgl. D 25.2.21.1 Paul 37 ed. Dass der von Paulus zitierte Pedius auch in Ulpians Fall die Noxalhaftung verneinen würde, meint hingegen *Bock* (Fn. 35), S. 130 f.

wunden wird; es ist daher zu vermuten, dass sie erst nachträglich von einem Bearbeiter des Textes eingefügt worden sind.[50]

Den Fall einer Sachentwendung im Gewaltverhältnis zwischen Vater und Kind haben nach dem Bericht des Paulus schon Sabinus und Proculus angeführt, um darzutun, dass es auch jenseits des Anwendungsbereichs der *actio rerum amotarum* den Fall gibt, in dem der Tatbestand des *furtum* zwar verwirklicht, aber nicht sanktioniert wird.[51] Ulpian dient der Verweis auf diese Konstellation hier zum Beleg für das Kuriosum, dass eine eigentlich von der Haftung ausgenommene Person einstandspflichtig werden kann. Damit entfernt er sich von seinem eigentlichen Thema: der Strafbarkeit wegen Teilnahme an einer Tat. Schon bei der Erwähnung der Noxalhaftung einer Ehefrau haben seine Ausführungen den Charakter eines Exkurses. Ulpian treibt ihn aber noch weiter, wobei er sich wahrscheinlich an den auch ihm bekannten Entscheidungen der Frühklassiker und ihrem Vergleich zur Vater-Kind-Beziehung orientiert. Dabei gerät die Haftung für einen *ope consilio* verübten Diebstahl ganz aus dem Blick.

### 3 Das Tatopfer

Es überrascht denn auch nicht, dass Ulpian abrupt zu einem ganz anderen Gegenstand übergeht. Die weiteren Abschnitte des Fragments D 47.2.52 ordnet *Lenel* dem Formelbestandteil: *‚furtum factum esse‘*, zu.[52] Dass Ulpian sich ihm zuwenden muss, nachdem er seine Ausführungen zur Teilnahme abgeschlossen hat, versteht sich von selbst. Dagegen überrascht die Art und Weise, in der er dies tut. Statt allgemein darzustellen, was ein *furtum* ist und wie es verübt wird, greift er sofort auf eine besondere Konstellation zu, in der die Verwirklichung des Tatbestandes zweifelhaft ist: Gibt ein Pfandgläubiger die ihm verpfändete Sache nach Erfüllung der gesicherten Schuld nicht zurück, ist nicht ohne weiteres einzusehen, warum er sich eines Diebstahls strafbar macht. Vor Erfüllung seiner Forderung kann nämlich nicht er, sondern nur der Schuldner ein *furtum* begehen, indem er sich der Sache bemächtigt. Mit dem Untergang der Schuld ist aber auch das Pfandrecht erloschen, so dass sich der Pfandgläubiger wie ein beliebiger Dritter durch Unterschlagung der Sache dem Vorwurf des *furtum* aussetzen kann:

---

50 Vgl. *Harke* (Fn. 42), S. 202 Fn. 463. Anders etwa *Jolowicz* (Fn. 44), S. LXXXII.

51 D 25.2.1 Paul 7 Sab (oben Fn. 46).

52 *Lenel*, Palingenesia, Bd. 2 Sp. 676 Fn. 1.

D 47.2.52.7 Ulp 37 ed (Ulp 1042)
Eum creditorem, qui post solutam pecuniam pignus non reddat, teneri furti Mela ait, si celandi animo retineat: quod verum esse arbitror.

Mela schreibt, ein Gläubiger, der nach Zahlung des Geldbetrags das Pfand nicht zurückgibt, hafte wegen Diebstahls, wenn er es in der Absicht der Hinterziehung zurückbehält; dies halte ich für richtig.

Dass Ulpian den Frühklassiker Mela zitiert, ist kein Zufall, sondern fügt sich zur Auswahl der Entscheidung und der Lakonie des Zitats. Ulpian will den Leser weder strukturiert an das Thema heranführen noch den Ableitungszusammenhang offenlegen, in dem die Entscheidung steht. Vielmehr kommt es ihm auf deren Wiedergabe als Information für den bereits orientierten Leser an. Da dies den Fall des Pfandgläubigers mit den Varianten einer Entwendung unter Ehegatten und im Vater-Kind-Verhältnis verbindet, besteht kein Anlass für die Annahme, in der Überlieferung durch die justinianischen Digesten sei ein Stück ausgefallen, in dem Ulpian das neue Thema einleitet.

Dieses Thema lässt sich durchaus präzisieren: Ulpian fragt nicht allgemein, wie der Tatbestand des *furtum* verwirklicht wird. Stattdessen erforscht er konkret, wer das Opfer der Tat ist. Will man dies im Wortlaut der Klageformel verorten, ist es also nicht das ‚*furtum factum esse*', das Ulpian behandelt, sondern das ‚*Ao Ao furtum factum esse*'. Hierauf beziehen sich auch die anschließend beurteilten Konstellationen. Es sind wiederum spezielle Fälle, in denen zwei Personen zur *actio furti* aktivlegitimiert sein können. Anders als bei der Entwendung einer verpfändeten Sache ergibt sich die Lösung hier aber nicht aus einer einfachen Unterscheidung nach dem Moment der Tat der Tatbegehung. Vielmehr kommen beide zeitgleich als Inhaber der *actio furti* in Betracht:

D 47.2.52.8–11 Ulp 37 ed (Ulp 1042)
Si sulpurariae sunt in agro et inde aliquis terram egessisset abstulissetque, dominus furti aget: deinde colonus conducti actione consequetur, ut id ipsum sibi praestaretur. (9) Si servus tuus vel filius polienda vestimenta susceperit, an furti actionem habeas, quaeritur. et si quidem peculium servi solvendo sit, potes habere furti actionem, si non fuerit solvendo, dicendum est non competere furti actionem. (10) Sed et si rem furtivam imprudens quis emerit et ei subrepta sit, habebit furti actionem. (11) Apud Labeonem relatum est, si siliginario quis dixerit, ut quisquis nomine eius siliginem petisset, ei daret, et quidam ex transeuntibus cum audisset, petiit eius nomine et accepit: furti actionem adversus eum, qui suppetet, siliginario competere, non mihi: non enim mihi negotium, sed sibi siliginarius gessit.

Befinden sich Schwefelgruben in einem Acker und entnimmt jemand hiervon Erde und schafft sie fort, kann der Eigentümer wegen Diebstahls klagen; daraufhin kann der Pächter mit der Pachtklage erreichen, dass ihm dies geleistet wird. (9) Hat dein Sklave oder Haussohn Kleider zur Reinigung übernommen, stellt sich die Frage, ob du die Diebstahlsklage hast.

Und wenn das Sondergut des Sklaven solvent ist, kann dir die Diebstahlsklage zustehen; ist es nicht solvent, ist zu entscheiden, dass dir die Diebstahlsklage nicht zusteht. (10) Aber auch wenn jemand unwissentlich eine gestohlene Sache gekauft hat und sie ihm gestohlen worden ist, hat er die Diebstahlsklage. (11) Bei Labeo wird berichtet, dass, wenn jemand einem Weizenhändler aufgegeben hat, demjenigen, der in seinem Namen Weizen fordert, diesen zu geben, und einer der Passanten, nachdem er dies gehört hatte, in dessen Namen Weizen gefordert und erhalten hat, die Diebstahlsklage gegen denjenigen, der gefordert hat, dem Weizenhändler und nicht mir zustehe; der Händler hat nämlich nicht mein Geschäft, sondern sein eigenes geführt.

Zunächst geht es um zwei Fälle der *locatio conductio*, in denen die Aktivlegitimation zur *actio furti* einmal dem Eigentümer einer betroffenen Sache, das andere Mal dem *conductor* zufällt. Die Gründe hierfür sind völlig disparat: Beim Diebstahl von Kleidern, die zur Reinigung übernommen worden sind, steht die *actio furti* allein dem Gewalthaber des als Unternehmer tätigen Sklaven oder Haussohns zu, wenn dessen Sondergut liquide und daher zu erwarten ist, dass sich der Eigentümer der Kleider hieran schadlos halten kann. Ein Unternehmer hat seinem Auftraggeber nämlich für die Bewachung der überlassenen Sachen einzustehen, weil er sie ebenso wie ein Entleiher zum eigenen Vorteil in den Händen hat.[53] Trifft ihn deshalb eine verschuldensunabhängige Haftung gegenüber dem Eigentümer, hat nicht dieser, sondern der Unternehmer das maßgebliche Interesse daran, dass der Diebstahl unterblieben wäre. Umgekehrt verhält es sich nur, wenn der Unternehmer insolvent, die Haftung für Bewachung für den Eigentümer also wertlos ist. Hat ein Sklave oder Haussohn den Vertrag ohne besondere Zustimmung seines Gewalthabers abgeschlossen, kommt es auf die Liquidität seines Sonderguts an, weil der Gewalthaber nur mit diesem haftet.

Bei der Entwendung schwefelhaltiger Erde aus einem verpachteten Grundstück ist die Situation völlig anders: Hier gehört das Objekt des Diebstahls zwar ebenfalls dem *locator*, weil es Teil des von ihm verpachteten Grundstücks und auch nicht in einer Weise hiervon getrennt wird, die zum Eigentumserwerb des *conductor* führte. Es kommt jedoch keine Haftung für Bewachung in Betracht, weil das Grundstück selbst nicht entwendet werden kann und die aus ihm gewonnenen Bestandteile bei ihrer Trennung und Übernahme durch den *conductor* sofort in dessen Eigentum fallen würden. Dem *conductor* ließe sich die *actio furti* daher nicht wegen seiner Einstandspflicht gegenüber dem *locator*, sondern nur wegen seines künftigen Eigentums an der entwendeten Sache zuweisen. Während Paulus diesen Schritt wagt,[54] hält sich Ulpian an die wirklichen Eigentumsverhältnisse

53 Gai 3.205 f.
54 D 47.2.26.1 Paul 9 Sab.

und gesteht dem *locator* die Diebstahlsklage zu, weil die entwendete Erde mit ihrer Trennung durch den Dieb ihm gehört. Der Autor der Paulussentenzen geht später einen Mittelweg und lässt sowohl den *locator* als auch den *conductor* zur Klage zu.[55]

Auf eine solche kumulative Zuständigkeit läuft auch Ulpians nächste Entscheidung hinaus. Mit den beiden vorangehenden Konstellationen hat der zugrundeliegende Fall nur insofern eine Gemeinsamkeit, als neben dem Eigentümer einer Sache noch deren tatsächlicher Inhaber als Kläger der *actio furti* in Betracht kommt. Es ist der gutgläubige Besitzer einer zuvor gestohlenen Sache, der nun selbst zum Opfer eines weiteren Diebstahls wird. Wenn Ulpian ihm die hieraus erwachsende Klage zugesteht, ist dies deshalb scheinbar paradox, weil die Sache nicht zu seinem Vermögen gehört und wegen des früheren Diebstahls noch nicht einmal von ihm ersessen werden kann. Seine Klage kann nicht auf den Sachwert gerichtet sein, den nur der Eigentümer beanspruchen darf. Sie beschränkt sich, wie Javolen andernorts bemerkt,[56] auf das Interesse am Verbleib der Sache in seinem Besitz, also den Vorteil, der ihm hieraus in der Auseinandersetzung mit dem Eigentümer über die Rückgewähr der Sache, etwa in Gestalt von Verwendungsersatz,[57] erwächst. Ulpian führt dies nicht weiter aus und begnügt sich mit der Mitteilung des Kuriosums, dass ein Besitzer ungeachtet seiner fehlenden Aussicht auf den Erwerb der Sache, und ohne seine Haftung gegenüber dem Eigentümer befürchten zu müssen, zur Erhebung der *actio furti* berechtigt sein kann.

Eher zu dem ersten der beiden Fälle einer *locatio conductio* passt die letzte Entscheidung, bei der sich die Zuständigkeit der *actio furti* danach richtet, wer im Innenverhältnis der beiden Anwärter für die Klage den Schaden zu tragen hat: Ein Passant hört, wie jemand einen Weizenhändler anweist, demjenigen eine Menge Weizen zu übergeben, der ihn in seinem Namen fordert. Der Passant macht sich dies zunutze. Er tritt im Namen des Anweisenden auf, beansprucht und erhält den Weizen. Als Gläubiger der *actio furti* kommen sowohl der Weizenhändler als auch der Anweisende in Betracht. Der von Ulpian zitierte Labeo entscheidet sich für den Weizenhändler. Die Begründung, die nicht mehr als Zitat gekennzeichnet ist, lässt die Frage des Eigentums an dem Weizen unberührt[58] und führt die Entscheidung auf die schuldrechtliche Beziehung zwischen dem Weizenhändler und

---

55 PS 2.31.30 = D 47.2.83.1 Paul 2 resp.

56 D 47.2.75 Iav 4 ep.

57 Vgl. *Eckardt, Iavoleni epistulae*, Berlin 1978, S. 44.

58 *Fargnoli*, Ricerche in tema di *furtum: qui sciens debitum accipit*, Mailand 2006, S. 67 hält sie gleichwohl für vereinbar mit der Ansicht von Neraz, die Ulpian in seinem Sabinuskommentar überliefert; s.u. S. 60 ff.

dem Anweisenden zurück: Der Weizenhändler habe sein eigenes und nicht das Geschäft des Anweisenden geführt. Dies bedeutet, dass er für den Verlust, der ihm durch die Herausgabe des Weizens an den Täter entstanden ist, keinen Ausgleich von dem Anweisenden erlangen kann, sei es nach Auftragsrecht, sei es aufgrund der Annahme einer Geschäftsführung ohne Auftrag.[59] Bestünde eine solche Ausgleichspflicht, hätte der Anweisende das maßgebliche Interesse am Unterbleiben der Tat.[60] Ohne Regressmöglichkeit ist es der Weizenhändler, der durch sie geschädigt und daher auch zur Erhebung der *actio furti* berechtigt ist.

Die Reihe der vier Fälle verbindet kein roter Faden. Sie eint allein das Thema der Konkurrenz zweier möglicher Anwärter für die Diebstahlsklage. Die Entscheidungen beruhen auf ganz unterschiedlichen Erwägungen, die sich nur mühsam zwei verschiedenen Gesichtspunkten: zum einen der Eigentumslage, zum anderen dem schuldrechtlichen Ausgleich unter den Anwärtern zuordnen lassen. Diese beiden Gesichtspunkte leiten erkennbar nicht die Darstellung und bleiben in ihr weitgehend im Dunkeln. Die Fälle sind derart ungleichartig, dass sich noch nicht einmal ausgefallene Zwischenstücke ausdenken lassen, die sie ursprünglich miteinander in eine sinnvolle Beziehung hätten bringen können. Sie bilden offenbar eine lose Sammlung von überkommenen Entscheidungen. Hierfür sprechen nicht nur das Zitat von Labeo und die Lebensnähe des von ihm beurteilten Falles, in dem ein *siliginarius* und ein *transiens* auftreten.[61] Auch die Pachtfälle sind unnötig kompliziert: Ulpian befasst sich mit dem Abbau schwefelhaltiger Erde, obwohl sich das Fallproblem viel einfacher hätte begreifen lassen, wenn er sich schlicht mit Grundstücksfrüchten beschäftigt hätte. Auch das Auftreten eines Sklaven oder Haussohnes als Reinigungsunternehmer trägt nur zur Verwirrung bei. Das Problem, wem die *actio furti* zustehen soll, wäre deutlich leichter zu erfassen gewesen, wenn sich Ulpian mit einen von dem Hausvater selbst eingegangenen Vertrag beschäftigt hätte und es bloß um dessen Solvenz und nicht die des Sonderguts des Sklaven oder Haussohnes gegangen wäre.

## 4 Erscheinungsformen der Tatbegehung

In den folgenden Abschnitten des Fragments 47.2.52 geht es nicht um die Frage, wer Opfer eines Diebstahls ist, sondern darum, ob ein solcher überhaupt vorliegt. Ulpian beginnt aber wiederum nicht mit einer allgemeinen Erläuterung, sondern

---

**59** Vgl. auch *Fargnoli* (Fn. 58), S. 69.

**60** Dagegen geht es offenbar nicht um die Frage der kaufvertraglichen Risikoverteilung, mit der die Entscheidung aber auch zu vereinbaren ist; vgl. *Fargnoli* (Fn. 58), S. 66.

**61** Für ein echtes *responsum* Labeos hält dies auch *Fargnoli* (Fn. 58), S. 62.

mit einem überaus speziellen Fall. Mit den zuvor behandelten verbindet ihn, dass die Fallentscheidung zuweilen von der schuldrechtlichen Beziehung des Eigentümers zu einem Dritten abhängt:

> D 47.2.52.12 Ulp 37 ed (Ulp 1042)
> Si fugitivum meum quis quasi suum ad duumviro vel ab aliis qui potestatem habent de carcere vel custodia dimitteret, an is furti teneatur? et placet, si fideiussores dedit, in eos domino actionem dandam, ut hi actiones suas mihi mandent: quod si non acceperint fideiussorem, sed tamquam suum accipienti ei tradiderint, dominum furti actionem adversus plagiarium habiturum.
>
> Hat jemand meinen geflohenen Sklaven so, als ob er ihm gehöre, vom Gemeindevorstand oder einem anderen Amtsträger aus der Haft oder Aufsicht befreit, stellt sich die Frage, ob er mit der Diebstahlsklage hafte. Hat er Bürgen gestellt, ist dem Eigentümer gegen sie eine Klage darauf zu gewähren, dass sie mir ihre Klagen abtreten. Haben sie sich dagegen keinen Bürgen stellen lassen, sondern ihm den Sklaven als Eigentümer übergeben, habe ich gegen den Menschenräuber die Diebstahlsklage.

Ein Amtsträger hat einen geflohenen Sklaven festgesetzt und an einen Nichtberechtigten herausgegeben. Ob dieser dem Eigentümer des Sklaven mit der *actio furti* haftbar ist, entscheidet sich daran, ob er dem Amtsträger für eine eventuelle Rückgewähr des Sklaven Sicherheit durch Stellung von Bürgen geleistet hat. Hat er es nicht getan, hat der Amtsträger auf die Behauptung seines Eigentums vertraut und der Nichtberechtigte durch die erfolgreiche Anmaßung dieser Rechtsstellung ein *furtum* begangen.[62] Hat er die Auslieferung des Sklaven stattdessen nur gegen Sicherheitsleistung erwirkt, bedeutet dies, dass der Amtsträger sich nicht auf die Darstellung des Nichtberechtigten verlassen, dieser sich die Sache also auch nicht zugeeignet hat.[63] Er muss sich also allenfalls den straflosen Versuch eines *furtum* vorhalten lassen; und der Eigentümer ist hinreichend dadurch geschützt, dass der Amtsträger ihm seinen Anspruch gegen die Bürgen[64] abtreten muss.[65] Dass er nun auf diese zugreifen kann, ist möglicherweise der Grund dafür, dass Ulpian sich nicht mit der Frage befasst, ob sich der Nichtberechtigte durch eine spätere Unterschlagung doch noch eines vollendeten *furtum* strafbar gemacht hat. Denkbar wäre dies freilich nur für den Zeitraum bis zur

---

62 Zugleich ist der Kriminaltatbestand des Menschenraubs verwirklicht, weshalb der Täter als *plagiarius* bezeichnet wird; vgl. *Lambertini, Plagium*, Mailand 1980, S. 112.

63 Vgl. *Harke*, Ansprüche aus Delikten an Sklaven, Corpus der römischen Rechtsquellen zur antiken Sklaverei, Teil III,Bd. 2, Stuttgart 2013, S. 151 (Text 223).

64 Damit ‚*eos*' eine eindeutige Bezeichnung für die Amtsträger ist, rechnen *Mommsen* und *Jolowicz* (Fn. 44), S. 73 für die ursprüngliche Fassung des Textes mit dem Zusatz ‚*qui dimiserunt*'.

65 Die einschlägige Klage, deren Benennung *Jolowicz* (Fn. 44), S. 73 vermisst, kann nur die *rei vindicatio* sein.

Inanspruchnahme der Bürgen; danach lässt sich nämlich nicht mehr behaupten, dass sich der Sklave gegen den Willen des Eigentümers bei dem Nichtberechtigten befindet.

Völlig verschieden ist die anschließend behandelte Konstellation, die zum Thema von Mittäterschaft und Teilnahme zurückführt: Jemand kann sich die Haftung wegen Diebstahls zuziehen, wenn er einem anderen etwas aus der Hand schlägt, das dann von einem Dritten gefangen wird:[66]

> D 47.2.52.13 Ulp 37 ed (Ulp 1042)
> Si quis de manu alicuius nummos aureos vel argenteos vel aliam rem excusserit, ita furti tenetur, si ideo fecit, ut alius tolleret, isque sustulerit.
>
> Hat jemand einem anderen goldene oder silberne Münzen oder eine andere Sache aus der Hand geschlagen, haftet er mit der Diebstahlsklage, wenn er es deshalb getan hat, damit ein anderer es auffängt, und dieser sie weggeschafft hat.

Die Konstellation erinnert an den Fall von D 47.2.50.4, in dem jemand Vieh aufscheucht, das dann von anderen entwendet wird. Während dort der Fokus aber auf der Einstellung des Täters lag, kommt hier ein weiterer Aspekt hinzu: Der Täter muss nicht nur damit gerechnet haben, dass die Sache einem anderen in die Hände fällt,[67] sondern dieser muss sie auch weggeschafft und so entwendet haben. Fängt der andere die Sache nur auf, liegt noch kein vollendeter Diebstahl vor, so dass auch eine Haftung wegen der hierzu geleisteten Hilfe nicht in Betracht kommt.[68] Der Fall lässt sich also durchaus im Rahmen der Beschäftigung mit dem ‚*furtum factum*' behandeln, ist aber wiederum sehr speziell und ohne Zusammenhang zu der vorangehenden Konstellation.

Dasselbe gilt für die nächste Entscheidung. Sie betrifft die Verarbeitung gestohlenen Metalls zu Bechern oder entwendeter Weintrauben zu Most oder Traubenkernen:

> D 47.2.52.14 Ulp 37 ed (Ulp 1042)
> Si quis massam meam argenteam subripuerit et pocula fecerit, possum vel poculorum vel massae furti agere vel condictione. idem est et in uvis et in musto et in vinaceis: nam et uvarum et musti et vinaceorum nomine furti agere potest, sed et condici.

---

**66** Der Fall erscheint im Zusammenhang mit einem Sabinus-Zitat auch in D 9.2.27.21 Ulp 18 ed (Ulp 624).

**67** Entgegen *Bock* (Fn. 35), S. 123 muss man den *ut*-Satz nicht konsekutiv verstehen, um zu dem Ergebnis zu gelangen, dass die Strafbarkeit der Teilnahme eine vollendete Haupttat voraussetzt. Dies ergibt sich aus dem Zusatz: ‚*isque sustulerit*'; vgl. *Ferretti* (Fn. 36), S. 200, 214.

**68** Richtig *Jolowicz* (Fn. 44), S. LXVI f.

> Hat jemand mein unbearbeitetes Silber entwendet und Becher hieraus gemacht, kann ich sowohl wegen der Becher als auch wegen des Silbers die Diebstahlsklage oder die Kondiktion erheben. Dasselbe gilt auch für Trauben, Most und Weintraubenkerne; denn man kann wegen der Trauben, des Mostes und der Weintraubenkerne gleichermaßen die Diebstahlsklage erheben und auch kondizieren.

Der Fall führt gewissermaßen zur Einleitung des Kapitels über die *actio furti* zurück:[69] Kann der Höchstwert der gestohlenen Sache verlangt werden, weil sie, bis der Täter sie aufgibt, fortlaufend Gegenstand eines *furtum* ist, besteht eine vergleichbare Rechtslage bei der Verarbeitung: Der Täter setzt seine Tat fort, so dass auch die von ihm hergestellte Sache zu deren Objekt wird. Für das Opfer bedeutet dies, dass es zwischen dem Gegenstand des ursprünglichen Diebstahls und der neuen Sache auswählen und sich für das wertvollere Objekt entscheiden kann. Wiederum ist es trotz des Rückbezugs keineswegs unberechtigt, diesen Fall an dieser Stelle anzuführen. Denn hier ist es eben nicht dieselbe Sache, an der die Tat verübt wird, sondern ein neuer Gegenstand, für den sich das ‚*furtum factum*' feststellen lässt. Dabei geht Ulpian nicht eigens auf die Eigentumsverhältnisse ein. Sie liegen nur im Fall der Becher auf der Hand; denn hier greift entweder die sabinianische Regel ein, dass das Produkt stets dem Inhaber des Materials gehört,[70] oder der von Justinian später als Gegenstand einer *media sententia* behauptete Satz, dass dies zumindest bei einer rückgängig zu machenden Verarbeitung gilt[71]. Danach müsste man in dem anderen Fall, in dem sich Most und Kerne nicht wieder in Weintrauben verwandeln lassen, aber eigentlich zu einem anderen Ergebnis kommen und das Eigentum dem Verarbeiter zusprechen. Ist er ein Dieb, haftet der Makel der Sache aber auch dem Produkt an,[72] so dass ein Eigentumserwerb selbst dann ausgeschlossen ist, wenn man nicht der Auffassung der Sabinianer folgt.[73] Bleiben diese Zusammenhänge auch unerwähnt, streift Ulpian sie doch, indem er darauf hinweist, dass neben der Diebstahlsklage jeweils noch die *condictio furtiva* zuständig ist. Diese setzt im Gegensatz zur *actio furti* nämlich voraus, dass der Kläger Eigentümer der entwendeten Sache ist. Kann er sie auch wegen der vom Dieb hergestellten Sache erheben, heißt dies, dass ihm auch das Eigentum hieran zugefallen ist.[74]

---

**69** D 47.2.50pr; s.o. S. 8 ff.

**70** Gai 2.79.

**71** Vgl. IJ 2.1.25.

**72** D 41.3.4.20 Paul 54 ed.

**73** Vgl. *Jolowicz* (Fn. 44), S. 74.

**74** Dementsprechend richtet sich die Diebstahlssanktion auch auf Bestandteile, die erst der Dieb der Sache hinzugefügt hat; vgl. D 13.1.13 Paul 39 ed; hierzu *Fenocchio*, Sulle tracce del delitto di

Nicht um das Eigentum an einer entwendeten Sache, sondern um die Frage, ob der Täter gegen den Willen ihres Inhabers gehandelt hat, geht es in den nächsten Abschnitten des Kommentars:

> D 47.2.52.15–17 Ulp 37 ed (Ulp 1042)
> Servus, qui se liberum adfirmavit, ut sibi pecunia crederetur, furtum non facit: namque hic nihil amplius quam idoneum se debitorem adfirmat. idem est et in eo, qui se patrem familias finxit, cum esset filius familias, ut sibi promptius pecunia crederetur. (16) Iulianus libro vicensimo secundo digestorum scripsit, si pecuniam quis a me acceperit, ut creditori meo solvat, deinde, cum tantam pecuniam eidem creditori deberet, suo nomine solverit, furtum eum facere. (17) Si Titius alienam rem vendidit et ab emptore accepit nummos, non videtur nummorum furtum fecisse.
>
> Ein Sklave, der versichert hat, frei zu sein, damit ihm ein Gelddarlehen gewährt würde, begeht keinen Diebstahl; denn er hat nicht mehr versichert, als dass er ein tauglicher Schuldner sei. Dasselbe gilt für jemanden, der vorgibt, ein Familienvater zu sein, obwohl er ein Haussohn ist, damit ihm leichter ein Gelddarlehen gewährt wird. (16) Julian schreibt im 22. Buch seiner Digesten, dass jemand einen Diebstahl begeht, wenn er Geld von mir angenommen hat, um es meinem Gläubiger zu zahlen und es danach, da er denselben Betrag demselben Gläubiger schuldete, in seinem Namen gezahlt hat. (17) Hat Titius eine fremde Sache verkauft und vom Käufer Münzen erhalten, hat er hieran keinen Diebstahl begangen.

Erregt ein Sklave oder Haussohn bei einem Kreditgeber die Fehlvorstellung, er sei rechtlich selbständig, liegt es durchaus nicht fern, die Gewährung einer *actio furti* zu erwägen. Denn die Täuschung über den Status bewirkt einen Irrtum über die Person, die für die Rückzahlung des Darlehens einzustehen hat: Während ein freier Familienvater hierfür selbst haftet, ist es beim Sklaven oder Haussohn sein Gewalthaber, an den sich der Gläubiger halten muss. Man kann also erwägen, dass hier ebenso wie im Fall einer Identitätstäuschung[75] ein Irrtum vorliegt, der die Überlassung der Darlehensvaluta zu einer unfreiwilligen Handlung, ihre Entgegennahme zu einem Geschäft werden lässt, das *invito domino* erfolgt.[76] Ulpian entscheidet sich dagegen, sieht sich aber zu einer Begründung veranlasst: Der Sklave oder Haussohn gebe lediglich vor, ein geeigneter Schuldner zu sein. Er muss sich also so behandeln lassen wie jemand, der sich wahrheitswidrig als solventer Schuldner ausgibt. In diesem Fall ist offensichtlich, dass die Darlehensvaluta nicht gegen den Willen des Darlehensgebers erlangt wird. Die unausgesprochene Konsequenz ist, dass allenfalls eine Einstandspflicht wegen

---

*furtum*, Neapel 2008, S. 347 ff. – Entgegen *Pika, Ex causa furtiva condicere*, Berlin 1988, S. 42 kommt es dann nicht auf die *perpetuatio obligationis* wegen automatischen Verzugs des Diebs an.

**75** S. u. S. 27 ff.

**76** Dass es hier aber gerade nicht zu einer Identitätstäuschung gekommen ist, nehmen zu Recht *Jolowicz* (Fn. 44), S. XXVI und *Fargnoli* (Fn. 58), S. 204 f. an.

arglistiger Täuschung mit der *actio de dolo* begründet ist, die sich als Noxalhaftung wiederum gegen den Gewalthaber richtet. Relevanz kann sie insoweit erlangen, als die adjektizische Verpflichtung aus dem Kreditvertrag ausfällt, weil der Sklave oder Haussohn weder mit Zustimmung seines Gewalthabers gehandelt noch ein solventes Sondergut hat und auch das Vermögen des Gewalthabers nicht bereichert ist. Ulpian klammert all dies aus und beschränkt sich völlig auf die Haftung wegen *furtum*.

Das anschließende Zitat des Hochklassikers Julian gilt wiederum einem Fall, in dem jemand einem anderen in einer Fehlannahme einen Geldbetrag überlässt. Statt zur Begründung eines Kreditverhältnisses dient dies aber dazu, einen Auftrag auszuführen: Der Empfänger soll den Betrag an den Gläubiger des Geldgebers zahlen und so dessen Verpflichtung gegenüber jenem zum Erlöschen bringen. Zahlt er im eigenen Namen, weil er eine Schuld in gleicher Höhe bei demselben Gläubiger hat, begeht er ein *furtum*. Zwar kann er sich noch nicht dadurch strafbar machen, dass er schon beim Empfang des Geldes plant, dieses entgegen den Vorgaben des Geldgebers zu verwenden. Die Überlassung einer Sache zur Erledigung eines Auftrags führt aber im Gegensatz zur Auszahlung eines Darlehens nicht dazu, dass der Empfänger Eigentum an den ihm überlassenen Münzen erlangt.[77] Gehören sie weiterhin dem Auftraggeber, macht sich der Auftragnehmer mit ihrer zweckwidrigen Verwendung einer Unterschlagung schuldig; denn er greift auf fremdes Eigentum entgegen dem Willen seines Inhabers zu.[78]

Wieder umgekehrt verhält es sich in der nächsten Konstellation, die der Täuschung bei der Darlehensgewährung vergleichbar ist: Verkauft jemand wissentlich eine fremde Sache, erregt er bei dem Käufer einen Irrtum, der dazu führt, dass er den Kaufpreis zahlt. Da er in das Eigentum des Verkäufers wechseln soll, kann dieser hieran kein *furtum* begehen. Er ist nur im Rahmen des Kaufvertrags wegen seines *dolus* haftbar.

Scheinen die drei Fälle auf den ersten Blick auch nicht viel miteinander gemein zu haben, kann man bei näherem Hinsehen doch einen Zusammenhang und sogar eine gewisse Komposition erkennen: Das übergreifende Thema ist, ob sich der Empfänger eines Geldbetrags wegen eines *furtum* haftbar macht, und die Entscheidung fällt danach aus, ob der Geldgeber das Geld an den Empfänger übereignen will oder nicht. Zudem führt Ulpian drei verschiedene Arten von Verträgen auf und deckt so einen großen Bereich des Geschäftslebens ab: Er behandelt Darlehen, Auftrag und Kauf. Er sieht dabei aber von jeder Form der

77 Richtig *Jolowicz* (Fn. 44), S. 75.

78 Die unausgesprochene Folge ist, dass auch der Gläubiger kein Eigentum an den Münzen erlangt und der untreue Auftragnehmer nicht von seiner Verpflichtung befreit wird.

Begründung ab und unternimmt noch nicht einmal den Versuch der Abstraktion. Trotz der inhaltlichen Verknüpfung der Fälle bleiben sie Gegenstand einer einfachen Sammlung, die, wie das Zitat von Julian vermuten lässt, abermals aus Lesefrüchten besteht.

Nur entfernt verwandt ist die nächste Konstellation, deren Entscheidung auf den Frühklassiker Mela zurückgeht:

D 47.2.52.18 Ulp 37 ed (Ulp 1042)
Si ex duobus sociis omnium bonorum unus rem pignori acceperit eaque subrepta sit, Mela scripsit eum solum furti habere actionem, qui pignori accepit, socium non habere.

Mela schreibt, dass, wenn einer von zwei Gesellschaftern einer Gesellschaft zum gesamten Vermögen eine Sache zum Pfand erhalten hat und sie entwendet worden ist, nur derjenige die Diebstahlsklage habe, der die Sache als Pfand erhalten hat, nicht dagegen sein Gesellschafter.

Der Fall führt zu dem Problemkreis einer Mehrheit von potentiell Aktivlegitimierten zurück:[79] Ist einem von zwei Gesellschaftern einer *societas omnium bonorum* eine Pfandsache gestohlen worden, stellt sich die Frage, ob außer ihm auch sein Gesellschafter befugt ist, den Dieb in Anspruch zu nehmen; denn über den Gesellschaftsvertrag nimmt er an dem von seinem Sozius erlittenen Verlust zur Hälfte teil. Das hieraus erwachsende Interesse am Unterbleiben des Diebstahls hält aus Sicht der Juristen jedoch offenbar keinen Vergleich mit dem Interesse eines Besitzers aus, der dem Eigentümer wegen des *furtum* regresspflichtig ist.[80] Da Ulpian die Entscheidung im Anschluss an die drei Konstellationen aufführt, in denen es um das Eigentum an dem Diebstahlsobjekt geht, muss es für ihn auch hier auf die Zuständigkeit des betroffenen dinglichen Rechts ankommen: Da Inhaber des Pfandrechts nur derjenige Gesellschafter ist, dem es bestellt wurde, ist er auch allein zum Opfer des Diebstahls geworden. Ulpian hätte den Fall vielleicht vereinfachen können, indem er statt von einem Pfandrecht von einer Sache handelt, die im alleinigen Eigentum eines Gesellschafters steht. Entweder sieht er hiervon ab, weil er befürchtet, dass dann die Annahme naheliegt, die Gesellschafter hätten wegen ihrer weitgehenden schuldrechtlichen Verbindung auch Miteigentum begründet; oder er hat gar nicht den Ehrgeiz, die Entscheidung des älteren Juristen leichter eingängig zu machen, weil es ihm in erster Linie auf deren Mitteilung ankommt.

---

**79** D 47.2.52.7–11; s.o. S. 15ff.
**80** Vgl. *Jolowicz* (Fn. 44), S. 75f.

Auf die lange Reihe konkreter Fälle folgt ein vergleichsweise abstrakter Satz, in dem man durchaus die *ratio* der Entscheidungen zum Vertragsrecht sehen kann:

> D 47.2.52.19 Ulp 37 ed (Ulp 1042)
> Neque verbo neque scriptura quis furtum facit: hoc enim iure utimur, ut furtum sine contrectatione non fiat. quare et opem ferre vel consilium dare tunc nocet, cum secuta contrectatio est.
>
> Niemand begeht durch Rede oder Schrift einen Diebstahl; wir halten uns nämlich daran, dass kein Diebstahl ohne Entwendung geschieht. Daher schaden auch Tat und Rat nur dann, wenn eine Entwendung erfolgt ist.

Während man den Verweis auf Erfordernis der *contrectatio*, isoliert betrachtet, auch so verstehen könnte, dass der bloße Versuch eines Diebstahls straflos ist, legt die Zusammenstellung mit *verbum* und *scriptura* eine andere Bedeutung nahe: Eine mündlich oder schriftlich verübte Täuschung reicht nicht, um den Tatbestand des *furtum* zu verwirklichen. Ihn kennzeichnet, dass sich jemand einer Sache entgegen dem Willen des Eigentümers bemächtigt.[81] Hieran fehlt es, wenn er eine Sache dem Dieb freiwillig überlässt, weil er von diesem zur Eingehung eines Vertrags verleitet worden ist.[82]

Ulpian nimmt dieses Thema im Folgenden aber erst wieder auf, nachdem er sich zuvor mit einem ganz anderen Problem befasst hat:

> D 47.2.52.20 Ulp 37 ed (Ulp 1042)
> Si quis asinum meum coegisset et in equas suas *tes gones* dumtaxat *xarin* admisisset, furti non tenetur, nisi furandi quoque animum habuit. quod et Herennio Modestino studioso meo de Dalmatia consulenti rescripsi circa equos, quibus eiusdem rei gratia subiecisse quis equas suas proponebatur, furti ita demum teneri, si furandi animo id fecisset, si minus, in factum agendum.
>
> Hat jemand meinen Esel gefangen und nur zur Begattung zu seinen Stuten gelassen, haftet er nicht wegen Diebstahls, wenn er keinen Diebstahlsvorsatz hatte. So habe ich auch meinem Schüler Herennius Modestinus aus Dalmatien auf dessen Anfrage zum Fall von Hengsten geantwortet, mit denen jemand seine Stuten zu demselben Zweck zusammengebracht haben soll, nämlich dass er nur dann wegen Diebstahls hafte, wenn er Diebstahlsvorsatz hatte, und ansonsten eine Tatsachenklage zu erheben sei.

Zwingt jemand das männliche Tier eines anderen, sich mit den eigenen weiblichen Tieren zu paaren, ist er nicht ohne weiteres wegen Diebstahls haftbar. Zwar

---

**81** Vgl. *Bock* (Fn. 35), S. 33.

**82** *Ferretti* (Fn. 36), S. 199 stellt dies zu Unrecht in den Kontext der Haftung für Teilnahme.

hat er sich des Tieres offensichtlich gegen den Willen seines Eigentümers bemächtigt. Hinzukommen muss jedoch auch die Absicht, sich das Tier zuzueignen.[83] Hieran fehlt es, wenn das Tier nur zum Zwecke der Paarung ergriffen wird.[84] Der Eingriff in das fremde Recht wird hier nur mit einer *actio in factum* sanktioniert, falls das Tier in irgendeiner Form zu Schaden gekommen ist. Die Entscheidung passt weder zu dem Vorangehenden noch zu dem Folgenden.[85] Ihre Aufnahme in die Sammlung verdankt sie offenbar dem Umstand, dass sie auf ein Gutachten zurückgeht, das Ulpian selbst gegenüber seinem Schüler Modestin erteilt hat.[86] Bei der Wahl ihrer genauen Position in der Kommentierung hat Ulpian sich lediglich darum bemüht, sie dem Abschnitt über das ‚*furtum factum*' zuzuweisen.

Wieder der objektiven Seite des Diebstahlstatbestands gelten die nächsten beiden Entscheidungen. Sie betreffen zwei Konstellationen, in denen ein Dritter auf ein fremdes Vertragsverhältnis einwirkt:

D 47.2.52.21–22 Ulp 37 ed (Ulp 1042)
Cum Titio honesto viro pecuniam credere vellem, subiecisti mihi alium Titium egenum, quasi ille esset locuples, et nummos acceptos cum eo divisisti: furti tenearis, quasi ope tua consilioque furtum factum sit: sed et Titius furti tenebitur. (22) Maiora quis pondera tibi commodavit, cum emeres ad pondus: furti eum venditori teneri Mela scribit: te quoque, si scisti: nam <non> [enim] ex voluntate venditoris accipis, cum erret in pondere.

Als ich Titius, einem angesehenen Mann, ein Gelddarlehen geben wollte, hast du mir einen anderen Titius, der mittellos ist, so untergeschoben, als sei er wohlhabend, und hast die empfangenen Münzen mit ihm geteilt: Du haftest wegen Diebstahls, weil mit deiner Tat und deinem Rat ein Diebstahl geschehen ist; aber auch Titius haftet wegen Diebstahls. (22) Jemand hat dir falsche Gewichte geliehen, als du nach Gewicht gekauft hast; Mela schreibt, er hafte dem Verkäufer wegen Diebstahls; du auch, wenn du es wusstest; denn du erhältst die Sachen nicht mit Willen des Verkäufers, der sich im Gewicht täuscht.

---

83 Anders *Albanese*, La nozione del furtum da Nerazio al Marciano, AUPA 25 (1956) 85, 249 f., der glaubt, es fehle schon an dem objektiven Erfordernis einer Entwendung, und daher eine Verbindung zu dem in § 19 zu findenden Satz: ‚*furtum sine contrectatione non fit*', sieht. Ähnlich *Babusiaux* (Fn. 20), S. 52, die von einer Kompensation des fehlenden objektiven Tatbestandselements durch die Diebstahlsabsicht ausgeht.

84 *Thomas*, IVRA 19 (1968) 1, 14 f. vermisst hier wohl zu Recht eine Entfernung des Tieres, mit der es seinem Eigentümer regelrecht entzogen wird. Dies heißt aber nicht, dass der *animus furandi* nur in solchen Fällen eine Rolle spielt; bei der Entfernung lässt er sich lediglich leichter unterstellen.

85 Ein Zusammenhang lässt sich entgegen *Babusiaux* (Fn. 20), S. 54 auch nicht durch die doppelte Verwendung des Verbs *subicere* herstellen, das im einen Fall den Umgang mit dem Diebstahlsobjekt, im anderen ein Manöver zur Täuschung des Tatopfers beschreibt. Wenn Ulpian hier mit der Mehrfachbedeutung des Wortes spielt, deutet dies noch nicht auf einen inhaltlichen Zusammenhang hin.

86 Rhetorischen Figuren will dies *Babusiaux* (Fn. 20), S. 52 f. zuordnen.

Im ersten Fall kommt es zu einer Identitätstäuschung:[87] Jemand stellt einem Darlehensgeber eine mittellose Person vor und erregt den Irrtum, es handle sich um seinen kreditwürdigen Namensvetter, dem das Darlehen eigentlich gewährt werden soll. Nach der Auszahlung teilen sich der Empfänger und der Urheber der Täuschung den Geldbetrag. Offen ist das Verhältnis zwischen beiden in dem von Mela entschiedenen zweiten Fall: Hier erreicht jemand durch den Verleih falscher Gewichte, dass ein Verkäufer dem Käufer eine größere Menge überlässt, als ausgemacht ist. Während Mela sich nur mit dem Verleiher beschäftigt und diesen für haftbar erklärt, ergänzt Ulpian, dass sich auch der Käufer eines Diebstahls schuldig macht, wenn er von dem Fehler der Gewichte weiß.

Beide Entscheidungen zeigen die Grenze der in § 19 aufgestellten Regel auf, dass eine bloße Täuschung noch nicht den Tatbestand des *furtum* verwirklicht. Der erste Fall ist gleichsam das Gegenstück zu der in § 15 behandelten Konstellation: Zielt die Täuschung, mit der jemand zum Vertragsschluss und zur Leistung verleitet worden ist, nicht auf Eigenschaften, sondern die Identität des Vertragspartners, kann sich der Täter nicht darauf berufen, dass er lediglich einen Irrtum erregt hat. Vielmehr liegt auch die für den Diebstahl erforderliche Zueignung vor. Denn der Vertragspartner will überhaupt nicht an sein Gegenüber, sondern an eine andere Person zahlen, die er vor sich zu haben glaubt.[88] Mit der Annahme der Leistung bemächtigt sich der Empfänger ihrer also *invito domino*. Dasselbe gilt im zweiten Fall: Hier bewirkt die durch Einsatz der falschen Gewichte erregte Täuschung, dass der Käufer mehr erhält, als der Verkäufer ihm eigentlich zugestehen will.[89] Den Überschuss erhält er, wie Ulpian eigens herausstellt, *‚non ex voluntate venditoris‘*.[90]

Verwirrend erscheint zunächst die Rollenzuweisung unter den an der Tat Beteiligten: Im Fall der Darlehensgewährung hält Ulpian den Empfänger des Geldbetrags für den Haupttäter und den Urheber der Täuschung für einen bloßen

---

87 Vgl. *Fargnoli* (Fn. 58), S. 178.

88 Dies nimmt natürlich auch dem Vertrag die Wirksamkeit; vgl. *Harke, Si error aliquis intervenit.* Irrtum im klassischen römischen Vertragsrecht, Berlin 2005, S. 123 f. Fn. 156.

89 Vgl. *Fargnoli* (Fn. 58) S. 149 f. Entgegen *Albanese*, *Albanese*, La nozione del *furtum* fino a Nerazio, AUPA 23 (1953) 5, 73 vermag ich hier keine Spuren eines besonders weiten Begriffs des *furtum* auszumachen.

90 Dass die *actio de dolo* nicht nur hinter der Diebstahlsklage, sondern auch hinter den vertraglichen Rechtsbehelfen zurücktritt, zeigt Paulus in seiner Kritik an Trebaz in D 4.3.18.3 Paul 11 ed; hierzu *Harke, Actio de dolo*, Berlin 2020, S. 41 f. An eine Verschiedenheit der Fallgestaltungen, die Mela und Trebaz zur Entscheidung vorlagen, glaubt offenbar *Scheibelreiter, De eo, qui sciens comodasset pondera*, SZ 134 (2017) 188, 209 f., 232.

Helfer.[91] Da er schließlich an der Beute beteiligt wird, ließe sich durchaus vertreten, ihn wegen des Zusammenwirkens mit dem falschen Darlehensnehmer als Mittäter zur Rechenschaft zu ziehen.[92] Erwägt Ulpian dies erst gar nicht, weil die Strafe für Teilnahme der für den Täter ohnehin gleicht,[93] dient ihm der Hinweis auf die Aufteilung der Beute offenbar nur zur Erklärung, warum sich jemand überhaupt in fremde Kreditangelegenheiten einmischen und einen Darlehensgeber über die Identität seines Kontrahenten täuschen sollte.[94] Eine entsprechende Information fehlt im Fall der falschen Gewichte. Hier soll der Urheber der Täuschung sogar Alleintäter sein, wenn der Käufer ohne Vorsatz gehandelt hat. Dies bedeutet, dass die Zueignung an einen Dritten ausreicht, um ein *furtum* zumindest in mittelbarer Täterschaft zu begehen.[95] Im Darlehensfall wäre der Urheber der Täuschung daher auch allein als Täter haftbar, wenn der untergeschobene Darlehensnehmer nichts von dem Irrtum des Vertragspartners wüsste. Zwar ist verständlich, dass Ulpian diese Probleme nicht eigens ausbreitet, weil er sich mit Täterschaft und Teilnahme schon weiter oben beschäftigt hat. Es überrascht aber, dass er die beiden Fälle in ihrer Darstellung nicht so weit vereinheitlicht, dass ihr Zusammenhang und der Bezug zu dem in § 19 mitgeteilten Prinzip deutlicher würde. Ulpian überlässt dies ganz seinem Leser.

Mehr Aufwand betreibt Ulpian im Fall eines weiteren Zitats von Mela:

D 47.2.52.23 – 24 Ulp 37 ed (Ulp 1042)

Si quis servo meo persuaserit, ut nomen suum ex instrumento puta emptionis tolleret, et Mela scripsit et ego puto furti agendum. (24) Sed si servo persuasum sit, ut tabulas meas describeret, puto, si quidem servo persuasum sit, servi corrupti agendum, si ipse fecit, de dolo actionem dandam.

Hat jemand meinen Sklaven dazu überredet, dass er seinen Namen in einer Urkunde, zum Beispiel über einen Kaufvertrag, löscht, kann, wie Mela schreibt und auch ich glaube, die Diebstahlsklage erhoben werden. (24) Ist ein Sklave überredet worden, meine Bücher ab-

---

91 Der Gedanke an eine Haftung wegen der Aufteilung des Geldes, an der beide sicherlich als Täter mitwirken, führt hingegen nicht weiter, weil sie sich nur auf die jeweils in Empfang genommene Hälfte beschränken würde.

92 Dies hält *Jolowicz* (Fn. 44), S. 77 sogar für zwingend. Und sogar *Bock* (Fn. 35), S. 197 verfällt deshalb noch auf eine Interpolationsvermutung.

93 Dass Ulpian einen offenen Fall betrachtet, glaubt auch *Ferretti* (Fn. 36), S. 203.

94 Auch Paulus erwägt in der parallelen Entscheidung in D 47.2.67.4 Paul 7 Plaut lediglich eine Haftung wegen Teilnahme und nicht als Haupttäter.

95 Entgegen *Jolowicz* (Fn. 44), S. 77 f. verstößt dies keineswegs gegen die Regel des § 19, wonach eine Beihilfe oder Anstiftung nicht ohne *contrectatio* des Haupttäters denkbar ist. Selbst wenn man von diesem Erfordernis auch die Einstellung des Täters umfasst sieht, ist es im Fall der mittelbaren Täterschaft durch die Tatbeiträge zweier Akteure erfüllt: Der Vordermann sorgt für den objektiven Zugriff auf die Sache, der Hintermann für die Zueignungsabsicht.

zuschreiben, kann, wenn der Sklave wirklich überredet worden ist, mit der Klage wegen Sklavenkorruption geklagt werden und, wenn er es von sich aus gemacht hat, mit der Klage wegen Arglist.

Veranlasst jemand den Sklaven eines anderen dazu, seinen Namen aus einer seinem Eigentümer gehörenden Urkunde zu löschen, bedeutet dies ein *furtum*, weil die Urkunde auf diese Weise ihrem Inhaber entzogen wird.[96] Anders verhält es sich, wenn der Sklave lediglich ihren Inhalt kopiert. Die Zueignung des geistigen Werts der Urkunde liegt jenseits des Diebstahlstatbestandes. Sie kann lediglich mit der Arglistklage sanktioniert werden, sofern diese nicht als subsidiärer Rechtsbehelf durch die Klage wegen Sklavenkorruption[97] verdrängt wird.[98] Ulpian bildet hier einen Gegenfall zu der vom Frühklassiker entschiedenen Konstellation und demonstriert, dass die *actio furti* auf die Zueignung körperlicher Sachen beschränkt und nicht mehr zuständig ist, wenn der Täter geistiges Eigentum entwendet. Dabei bleibt er dem Zitat des Frühklassikers freilich insofern treu, als er von der Beteiligung eines Sklaven des Urkundeninhabers ausgeht. Einfacher und verständlicher wäre die Darstellung ausgefallen, wenn Ulpian diese Nuance weggelassen und stattdessen von einer durch den Täter selbst verübten Fälschung oder Kopie gehandelt hätte. Obwohl er sich darum bemüht, die Entscheidung des Frühklassikers einzuordnen, gilt Ulpians Interesse ersichtlich doch in erster Linie ihrer Mitteilung und nicht etwa der strukturierten Information des Lesers.

Überblicken wir noch einmal das Sammelsurium der Fälle, mit denen Ulpian die Phänomenologie des *furtum* vorstellt, können wir zwar Verbindungslinien zwischen einzelnen Konstellationen, aber keinerlei Plan der gesamten Darstellung ausmachen: Ulpian beginnt mit dem Fall, in dem jemand die Auslieferung eines gefangenen *servus fugitivus* erwirkt. Diese Situation weist allenfalls eine Beziehung zu den vorher behandelten Konstellationen auf, in denen es jeweils zwei Anwärter für die Diebstahlsklage gibt und die Auswahl zuweilen von der internen schuldrechtlichen Beziehung abhängt. Sie hat aber keine Verbindung zu dem folgenden Fall, in dem es um die Teilnahme am Delikt eines anderen geht. Isoliert steht auch das anschließend behandelte Problem einer Verarbeitung der

---

**96** Entgegen *Jolowicz* (Fn. 44), S. 78, *Albanese*, AUPA 23 (1953) 74, *Klingenberg*, Urkundendiebstahl, SZ 96 (1979) 229, 238 f. und *Bock* (Fn. 35), S. 177 muss man dies nicht auf einen alten weiten Begriff des *furtum* oder darauf zurückführen, dass Mela ein *furtum* ohne Rücksicht auf das Erfordernis der *contrectatio* annimmt. Denn der Täter hat sich die Urkunde mit Hilfe des Sklaven zugeeignet.

**97** Diese müsste, wenn man Ulpians Entscheidung in D 11.3.11.1 Ulp 23 ed folgt, auch schon in dem von Mela entschiedenen Fall zuständig sein.

**98** Hierzu *Harke* (Fn. 90), S. 82.

gestohlenen Sache da. Die nächsten drei Fälle betreffen die Frage, wie sich jemand durch die Empfangnahme eines Geldbetrags die Haftung wegen Diebstahls zuziehen kann. Das maßgebliche Kriterium für die Fallentscheidung ist jeweils, ob sich der Eigentümer des Geldes seines Rechts freiwillig begeben hat. Allgemeiner ausgedrückt ist es die Zuständigkeit des dinglichen Rechts, die darüber entscheidet, ob sich jemand eine Sache entgegen dem Willen ihres Eigentümers zueignet. Sie bestimmt auch die Lösung des folgenden Falles, in dem aber kein Geld in Empfang genommen, sondern eine Sache weggenommen wird, an der ein Gesellschafter ein Pfandrecht hat. Es folgt die Regel, dass ein Diebstahl nicht durch Täuschung, sondern allein im Wege der Zueignung verwirklicht wird. Sie kann als *ratio* der drei behandelten Fälle eines Geldempfangs gelten, trägt aber nicht die Entscheidung der nächsten Konstellation, in der es nicht an einer Zueignung, sondern an der dazugehörigen Absicht fehlt. Wieder auf den objektiven Tatbestand gerichtet ist dagegen die folgende Feststellung, dass man sich durch Vortäuschen einer falschen Identität oder des Gewichts von Sachen durchaus eines *furtum* schuldig machen kann. Eine Zueignung lässt sich hier jeweils deshalb annehmen, weil der beim anderen Teil hervorgerufene Irrtum die Leistung als unfreiwillig erscheinen lässt. In den beiden am Schluss behandelten Fällen, in denen eine Urkunde verfälscht oder kopiert wird, hängt die Annahme einer Zueignung dagegen von dem betroffenen Objekt ab: Während die Verfälschung einer Urkunde diese selbst betrifft, berührt die Anfertigung einer Kopie nur ihren Inhalt, der kein taugliches Tatobjekt ist.

Auch dort, wo es eine inhaltliche Verbindung zwischen den aufgeführten Entscheidungen gibt, überlässt Ulpian deren Konstruktion weitgehend dem Leser; und der Satz, mit dessen Hilfe sich eine Reihe der Fälle lösen lässt, findet sich zwischen zwei Entscheidungen, zu denen er nicht passt. Dies ist zu viel Unordnung, als dass sie nur der Überlieferungsgeschichte geschuldet sein könnte. Stattdessen müssen wir annehmen, dass Ulpian es von vornherein nicht auf eine strukturierte Darstellung anlegt, sondern allein vorhat, einem fachkundigen Leser eine Sammlung bemerkenswerter Entscheidungen zu präsentieren.

## 5 Die Angabe des Tatobjekts

Die lange Reihe von Fallentscheidungen zum Thema des ‚*furtum factum*' endet abrupt mit einem Hinweis auf den Prozess. In seinem Stil ist er am ehesten den einleitenden Worten über das Ziel der *actio furti* vergleichbar:[99]

**99** D 47.2.50pr; s. o. S. 8 ff.

> D 47.2.52.25 Ulp 37 ed (Ulp 1043)
> Si linea margaritarum subrepta sit, dicendus est numerus. sed et si de vino furti agatur, necesse est dici, quot amphorae subreptae sint. si vasa subrepta sint, numerus erit dicendus.
>
> Ist eine Perlenkette gestohlen worden, muss die Zahl der Perlen angegeben werden. Und auch wenn wegen Diebstahls von Wein geklagt wird, muss man angeben, wieviel Krüge gestohlen worden sind. Sind Gefäße gestohlen worden, ist deren Zahl anzugeben.

Die Vorgabe, dass bei der Entwendung einer Mehrheit von Sachen deren Zahl anzugeben ist, gilt nicht nur für den Kläger, sondern auch für den Richter, der über die Berechtigung des klägerischen Begehrens zu befinden hat. Lenel ordnet sie der Wendung ‚*paterae aureae*' zu,[100] mit der in der Formel der *actio furti* das Diebstahlsobjekt beispielhaft bezeichnet wird[101]. Dass es die einzige Information ist, die hierzu im überlieferten Teil von Ulpians Kommentar erscheint, muss wiederum nicht mit Streichungen durch Justinians Kompilatoren erklärt werden. Der lakonische Hinweis passt in seiner Eigenart nicht nur zu der Beschreibung des Klageziels am Anfang des Kapitels, sondern auch zu der vorangehenden Fallsammlung, in der sich Ulpian nahezu jegliche Erläuterung versagt und auf die Wiedergabe der zumeist schon älteren Entscheidungen für einen Fachleser beschränkt.

## 6 Haftungslösung durch Vergleich

Der nächste Passus der Klageformel besteht aus den altertümlichen und vermutlich auf das Zwölftafelgesetz zurückgehenden Worten: ‚*quam ob rem Nm Nm pro fure damnum decidere oportet*'.[102] Die Bestimmung der Verurteilungssumme ist damit formal an die Festlegung eines Vergleichsbetrags geknüpft, mit dem sich der Täter von seiner Haftung gegenüber dem Opfer befreit. *Lenel* weist diesem Teil der Formel aus dem überlieferten Text von D 47.2.52 die beiden folgenden Abschnitte zu:[103]

> D 47.2.52.26–27 Ulp 37 ed (Ulp 1045)
> Si servus meus, qui habebat peculii administrationem liberam, pactus sit cum eo non donationis causa, qui rem eius peculiarem subripuerat, recte transactum videtur: quamvis enim domino quaeratur furti actio, attamen in peculio servi est. sed et si tota poena furti dupli servo soluta sit, non dubie fur liberabitur. cui consequens est, ut, si forte a fure ac-

100 *Lenel, Palingenesia*, Bd. 2, Sp. 677 Fn. 3.
101 Hierauf deutet ihre Wiedergabe bei Gai 4.37 hin.
102 Hierzu *Lenel*, EP, S. 328.
103 *Lenel, Palingenesia*, Bd. 2, Sp. 677 Fn. 6.

ceperit servus, quod ei rei satis esse videatur, similiter recte transactum videatur. (27) Si quis iuraverit se furtum non fecisse, deinde rem furtivam contrectet, furti quidem actio peremitur, rei tamen persecutio domino servatur.

Hat sich mein Sklave, dem die freie Verwaltung seines Sonderguts zugestanden ist, ohne Schenkungsabsicht mit demjenigen verglichen, der eine Sache seines Sonderguts entwendet hat, ist dieser Vergleich wirksam. Denn obwohl dem Eigentümer die Diebstahlsklage zusteht, gehört sie doch zum Sondergut des Sklaven. Ist aber für den Diebstahl die gesamte Strafe des Doppelten an den Sklaven geleistet worden, wird der Dieb zweifellos frei. Dem entspricht es, dass auch der Vergleich als wirksam gilt, wenn der Sklave von dem Dieb so viel erlangt, wie viel in dieser Angelegenheit angemessen erscheint. (27) Hat jemand geschworen, keinen Diebstahl begangen zu haben, und sich danach der gestohlenen Sache bemächtigt, ist zwar die Diebstahlsklage untergegangen, die Sachverfolgung bleibt dem Eigentümer dagegen vorbehalten.

Wieder sind es sehr spezielle Fragen, denen sich Ulpian unumwunden widmet. Die erste lautet, ob ein Sklave mit Wirkung gegenüber seinem Gewalthaber einen Vergleich über die Haftung wegen eines Diebstahls einer zu seinem Sondergut gehörenden Sache abschließen kann. Zweifel ergeben sich daraus, dass Inhaber der Diebstahlsklage ja der Gewalthaber und der Sklave auch im Hinblick auf die zu seinem Sondergut gehörenden Gegenstände nicht zu unentgeltlichen Verfügungen berechtigt ist. Da die *actio furti* aber ebenfalls dem Sondergut zuzurechnen ist, zu dem die entwendete Sache gehört, ist der Sklave für eine hierauf erbrachte Leistung auch empfangszuständig. Und das Zugeständnis, das er im Rahmen des Vergleichs macht, stellt keinen unentgeltlichen Verzicht dar, weil es zum Ausgleich für die Unwägbarkeiten der Rechtsverfolgung dient. Hält sich der Sklave dabei in einem angemessenen Rahmen, muss der von ihm eingegangene Vergleich wirksam sein.[104]

Die zweite Frage betrifft die eines prozessentscheidenden Eides, durch den die Existenz einer Verpflichtung oder ein hierfür präjudizieller Umstand der Beurteilung durch den Richter entzogen wird: Hat ein Beklagter auf den Antrag des Klägers geschworen, keinen Diebstahl begangen zu haben, schließt dies nicht nur die Verfolgung einer vergangenen Zueignung aus; auch wenn er die Sache nach wie vor innehat, kann ihm dies nicht erneut zum Vorwurf des Diebstahls gereichen. Zwar kann dessen Tatbestand dadurch verwirklicht werden, dass jemand eine schon entwendete Sache einbehält. Das *furtum* ist jedoch, wie sich Ulpians einleitenden Worten zum Klageziel der *actio furti* entnehmen lässt,[105] gleichsam ein Dauerdelikt. Ein Schwur, die Tat nicht begangen zu haben, erfasst daher nicht nur die erstmalige Entwendung, sondern auch den künftigen Umgang des Täters

**104** Vgl. *Harke*, CRRS III.2 (Fn. 63), S. 152 (Text 226).

**105** D 47.2.50pr; s.o.

mit der Sache. Muss die Tat, wenn sie denn überhaupt geschehen sein sollte, damit straflos bleiben, bedeutet dies aber noch nicht, dass dem Kläger auch ein Anspruch auf Herausgabe der umstrittenen Sache abgeschnitten wäre. Kann er wegen des Eides auch nicht mehr die gleichfalls an den Tatbestand des *furtum* gebundene *condictio furtiva* erheben,[106] bleibt ihm doch unbenommen, die *rei vindicatio* anzustellen.[107] Denn sie hängt nicht von dem Delikt ab, das der Kläger dem Beklagten vorwirft, sondern setzt lediglich voraus, dass sich der Kläger als Eigentümer erweist und der Beklagte über kein Besitzrecht verfügt.

Obwohl der über einen Diebstahl geschworene Eid auf den ersten Blick nicht im Zusammenhang mit dem zuvor behandelten Vergleichsschluss durch einen bestohlenen Sklaven steht, gibt es doch eine versteckte Verbindung beider Fälle, die auch die Zusammenstellung zum Thema der *decisio* erhellt: Der Eid, den eine Partei auf den Antrag der anderen schwört, gilt den römischen Juristen nämlich als ein Art von Vergleich,[108] weil er die Rechtslage ebenfalls ohne gerichtliche Beurteilung endgültig klärt.[109] Geht es Ulpian zunächst um die Befugnis zum Abschluss eines Vergleichs über einen Diebstahl, wendet er sich danach also indirekt dem Problem zu, wie weit ein Vergleich in der besonderen Gestalt eines prozessleitenden Eides reicht. Diese Verbindung zu erkennen, überlässt Ulpian aber wiederum seinem Leser.

## 7 Die Verurteilung

Die letzten beiden Abschnitte des Fragments D 47.2.52 ordnet Lenel der *condemnatio* zu,[110] mit der die Klageformel der *actio furti* schließt. Den Sinn der einschlägigen Wendung: ‚*quanti ea res erit, cum furtum factum est*‘,[111] hat Ulpian freilich schon ganz am Beginn seiner Ausführungen dargetan, indem er als Ziel

**106** D 12.2.13.1 Ulp 22 ed (mit Zitat von Julian); hierzu *Harke*, Der Eid im klassischen römischen Privat- und Zivilprozessrecht, Berlin 2013, S. 62 f. – Dagegen führt nicht umgekehrt ein positiver Schwur des Klägers dazu, dass ihm außer der *actio furti* auch die *condictio furtiva* zusteht; denn diese setzt das Eigentum an der gestohlenen Sache voraus, während die Diebstahlsklage auch einem Nichteigentümer zustehen kann, sofern dieser nur ein Interesse am Ausbleiben der Tat hat; vgl. D 12.2.28.9 Paul 18 ed und hierzu *Harke* a. a. O., S. 59.

**107** Dass Ulpian allein sie meint, nimmt auch *Jolowicz* (Fn. 44), S. 80 an.

**108** D 4.3.21 Ulp 11 ed (mit affirmativen Zitaten von Pomponius und Marcellus), D 12.2.2 Paul 18 ed.

**109** Hierzu *Harke* (Fn. 106), S. 95 ff.

**110** *Lenel, Palingenesia*, Bd. 2, Sp. 677 Fn. 7.

**111** *Lenel*, EP, S. 328.

der Klage den Höchstwert der Sache während der Tat ausgegeben hat.[112] Jetzt befasst er sich bloß mit dem besonderen Problem, vor das eine mit Bezug auf das Diebstahlsobjekt getroffene Verfügung von Todes wegen stellt:

> D 47.2.52.28–29 Ulp 37 ed (Ulp 1046)
> Si servus subreptus heres institutus fuerit, furti iudicio actor consequetur etiam pretium hereditatis, si modo servus, antequam iussu domini adeat, mortuus fuerit. condicendo quoque mortuum idem consequetur. (29) Si statuliber subreptus sit vel res sub condicione legata, deinde, antequam adeatur, extiterit condicio, furti iam agi non potest, quia desiit interesse heredis: pendente autem condicione tanti aestimandus est, quanti emptorem potest invenire.
>
> Ist ein gestohlener Sklave zum Erben eingesetzt worden, kann der Kläger mit der Diebstahlsklage auch den Wert der Erbschaft erlangen, falls der Sklave, bevor er sie auf Geheiß seines Eigentümers angetreten hat, gestorben ist. Indem er den gestorbenen Sklaven kondiziert, kann er dasselbe erlangen. (29) Ist ein bedingt freigelassener Sklave oder eine bedingt vermachte Sache gestohlen worden und ist die Bedingung vor dem Antritt der Erbschaft eingetreten, kann nicht mehr wegen Diebstahls geklagt werden, weil dem Erben das Interesse fehlt; während der Eintritt der Bedingung noch in der Schwebe ist, muss aber der Preis geschätzt werden, zu dem er einen Käufer gefunden hätte.

Ist einem gestohlenen Sklaven eine Erbschaft ausgesetzt, geht seinem Eigentümer dieser Vorteil endgültig verloren, wenn der Sklave die Erbschaft nicht mehr antreten kann. Dies gilt insbesondere, wenn der Sklave gestorben ist, bevor der Eigentümer ihn zurückerlangt. Dass der Wert des entgangenen Nachlasses in die Bestimmung der Verurteilungssumme eingeht, verstünde sich dann von selbst, wenn das mit der *actio furti* zu verfolgende *duplum* anhand des Interesses festgelegt würde, das der Eigentümer am Unterbleiben des Diebstahls hat. Schwerer einzusehen ist es, wenn die Verurteilung aufgrund des Wertes des gestohlenen Sklaven erfolgt. Hier bedarf es der Überlegung, dass der Wert der Erbschaft, solange diese noch angetreten werden kann, auch den Preis erhöht, zu dem der Eigentümer den hiermit bedachten Sklaven hätte verkaufen können.[113]

Dieser Preis ist auch maßgeblich, wenn der Eigentümer über den Sklaven selbst von Todes wegen verfügt, namentlich ihn freigelassen oder einem anderen vermacht hat. Ist diese Verfügung unbedingt oder eine hierfür gemachte Bedingung schon eingetreten, hat der Sklave für den Erben des Eigentümers keinen Wert mehr, so dass er auch nicht mit Erfolg die *actio furti* anstrengen kann. Etwas anderes gilt, wenn die Verfügung bedingt und ihr Eintritt bei Verübung der Tat noch in der Schwebe ist. Hier könnte der Erbe durchaus einen Käufer finden,

---

**112** D 47.2.50pr; s. o. S. 8 ff.

**113** Vgl. *Jolowicz* (Fn. 44), S. 80 und *Harke*, CRRS III.2 (Fn. 63), S. 153 (Text 227).

der auf den Ausfall der Bedingung spekuliert und bereit ist, den Sklaven gegen Zahlung eines herabgesetzten Preises übernehmen. Dieser kann auch dann zum Gegenstand der Verurteilung aus der *actio furti* gemacht werden, wenn das Schicksal der letztwilligen Verfügung bei Durchführung des Verfahrens noch ungewiss ist.

Die beiden Fälle sind insofern spiegelbildlich, als die Verfügung von Todes wegen den Wert des gestohlenen Sklaven einmal erhöht, das andere Mal herabsetzt. Ulpian bemüht sich aber weder darum, ihre Verbindung durch das Kriterium des hypothetisch zu erzielenden Preises aufzuzeigen; noch erwähnt er bei der zweiten Konstellation den Grundfall, in dem der gestohlene Sklave unbedingt freigelassen oder vermacht worden ist. Stattdessen greift er unmittelbar auf den schwierigeren Fall der bedingten Verfügung zu, bei der nicht feststeht, ob der Erbe des Eigentümers erfolgreich mit der *actio furti* vorgehen kann oder nicht.

## II Der Sabinuskommentar

Der Titel *de furtis* erstreckt sich über immerhin drei Bücher der *libri ad Sabinum*. Die Kompilatoren haben ihnen zahlreiche Fragmente entnommen, die sie mit wenigen Ausnahmen in den gleichnamigen Digestentitel unmittelbar vor die beiden Texte aus dem Ediktskommentar eingeordnet haben. Von einer Ausnahme abgesehen, erscheinen die Texte sehr wahrscheinlich in der Reihenfolge, in der sie auch in Ulpians Werk standen. Obwohl sie insgesamt die aus dem Ediktskommentar erhalten gebliebenen Ausführungen zur *actio furti* an Umfang deutlich übertreffen, sind sie in doppelter Hinsicht inhomogen: Nicht nur, dass die überlieferten Digestenfragmente von ganz unterschiedlicher Länge sind; auch die in ihnen dargestellten Themen werden zuweilen sehr ausführlich, zuweilen eher knapp behandelt.

### 1 Identifikation des Diebstahlsobjekts

Die Überlieferung des Abschnitts ‚*de furtis*' beginnt mit einem Fragment aus dem 40. Buch *ad Sabinum*. In seinem ersten Teil enthält es eine Anweisung zur Bestimmung der gestohlenen Sache im Prozess. Sie richtet sich gleichermaßen an den Kläger wie an denjenigen, der über die Schlüssigkeit seines Vorbringens zu befinden hat:

D 47.2.19pr-4 Ulp 40 Sab (Ulp 2856)
In actione furti sufficit rem demonstrari, ut possit intellegi. (1) De pondere autem vasorum non est necesse loqui: sufficiet igitur ita dici ‚lancem' vel ‚discum' vel ‚pateram': sed adscribenda etiam materia est, utrum argentea an aurea an alia quae sit. (2) Quod si quis argentum infectum petat, et massam argenteam dicere et pondus debebit ponere. (3) Signati argenti numerum debebit complecti, veluti [aureos] <sestertios> tot pluresve furto ei abesse. (4) De veste quaeritur, an color eius dicendus sit. et verum est colorem eius dici oportere ut, quemadmodum in vasis dicitur patera aurea, ita et in veste color dicatur. plane si quis iuret pro certo se colorem dicere non posse, remitti ei huius rei necessitas debet.

Bei der Diebstahlsklage genügt es, die Sache so zu bezeichnen, dass sie identifiziert werden kann. (1) Es ist nicht nötig, das Gewicht von Gefäßen anzugeben; es reicht zu sagen, dass es eine Schüssel, eine Terrine oder eine Schale ist; aber es ist auch das Material anzugeben, ob sie etwa silbern oder golden aus etwas anderem ist. (2) Fordert jemand unverarbeitetes Silber, muss er Menge und Gewicht angeben. (3) Von Silbermünzen ist die Zahl anzugeben, zum Beispiel dass ihm so viel oder mehr Sesterze durch Diebstahl abhandengekommen seien. (4) Bei Kleidung fragt es sich, ob deren Farbe anzugeben ist. Und es trifft zu, dass ihre Farbe angegeben werden muss, so dass ebenso, wie bei Gefäßen von einer goldenen Schale gesprochen wird, so auch bei Kleidung die Farbe angegeben wird. Schwört jemand freilich, er könne die Farbe nicht mit Bestimmtheit angeben, muss ihm diese Pflicht erlassen werden.

An den Anfang stellt Ulpian den Grundsatz, dass das Objekt des Diebstahls in einer Weise bezeichnet sein muss, dass es als solches erkannt werden kann. Diese Regel wird im Folgenden in der Weise konkretisiert, dass Ulpian zwischen Rohstoffen und bearbeiteten Sachen wie der in ediktalen Klageformel beispielhaft aufgeführten *‚patera aurea'*[114] unterscheidet: Während bei Produkten die Eigenart und das Material,[115] nicht aber das Gewicht angegeben werden muss, ist dieses von entscheidender Bedeutung, wenn es um den Diebstahl von Rohstoffen geht. Bei Geld fällt die Zuordnung nicht leicht, weil Münzen zwar aus verarbeitetem Metall bestehen, ihren Wert jedoch auch deren Gehalt verdanken. Ulpian entscheidet sich dafür, sie allein als Zahlungsmittel und wie bearbeitete Sachen anzusehen.[116] Der Kläger muss daher lediglich Art und Zahl der entwendeten Münzen angeben. Schließlich wendet sich Ulpian den Sachen zu, deren Aussehen nicht schon durch das Material bestimmt ist. Dies betrifft in erster Linie Stoffe, für die Ulpian die Angabe der Farbe fordert.

**114** S.o. S. 32
**115** Diese Forderung findet eine Parallele beim Kaufvertrag, für den Ulpian einen *consensus in materia* verlangt; s.u. S. 236 ff.
**116** Der Zusatz: *‚pluresve'* könnte auf das *‚plurisve'* der Formel der *actio furti* zurückgehen, die dem Kläger eine Erhöhung des ursprünglich geforderten Betrags im Laufe des Verfahrens erlaubte; vgl. *Jolowicz* (Fn. 44), S. 26.

Auch wenn der Passus nicht übermäßig lang ist, springt seine geordnete Struktur sofort ins Auge: Ulpian geht von einem Prinzip aus, das er anschließend auf verschiedene Arten von Diebstahlsobjekten anwendet. Deren Eigenart bestimmt darüber, wessen es zur Einhaltung der Regel bedarf.

## 2 Pfandkehr

Der Schlusspassus des Fragments D 47.2.19 gilt einem neuen Thema:

> D 47.2.19.5–6 Ulp 40 Sab (Ulp 2857)
> Qui rem pignori dat eamque subripit, furti actione tenetur. (6) Furtum autem rei pigneratae dominus non tantum tunc facere videtur, cum possidenti sive tenenti creditori aufert, verum et si eo tempore abstulerit, quo non possidebat, ut puta si rem pigneratam vendidit: nam et hic furtum eum facere constat. et ita et Iulianus scripsit.
>
> Wer eine Sache verpfändet und entwendet, haftet mit der Diebstahlsklage. (6) Der Eigentümer einer verpfändeten Sache begeht einen Diebstahl aber nicht nur, indem er die Sache dem Gläubiger, der sie besitzt oder innehat, abnimmt, sondern auch, indem er sie zu einem Zeitpunkt entzieht, in dem dieser sie nicht besaß, wie zum Beispiel, wenn er die verpfändete Sache verkauft; denn auch hier begeht er anerkanntermaßen einen Diebstahl. Und dies schreibt auch Julian.

Der Abschnitt ist erkennbar ein Torso,[117] lässt aber doch ebenfalls eine ähnliche Komposition erahnen. In einem einleitenden Satz, der von Sabinus stammen könnte,[118] wird die Pfandkehr als eine besondere Erscheinungsform des *furtum* vorgestellt, bei der ausnahmsweise der Eigentümer der Täter sein kann.[119] Ulpian schildert die beiden denkbaren Varianten des Delikts, das ebenso wie ein gewöhnliches *furtum* durch Wegnahme oder Unterschlagung verübt werden kann. In dem einen Fall bemächtigt sich der Eigentümer einer Sache, die der Pfandgläubiger in Gewahrsam hat. In dem anderen hat der Pfandgläubiger nur ein besitzloses Pfandrecht, der Eigentümer die Sache schon selbst in Besitz. Um sie dem Pfandgläubiger zu entwenden, muss er eine Handlung begehen, durch die er den Zugriff des Gläubigers vereitelt oder zumindest erschwert. Musterbeispiel ist der von Julian entschiedene Fall der Veräußerung der Sache ohne Hinweis auf das

117 *Lenel*, Palingenesia, Bd. 2 Sp. 1161 ordnet ihm noch das Fragment D 13.7.1 zu, in dem Ulpian Besitz- und besitzloses Pfand nennt und verschiedene Arten des Irrtums über das Material beim Vertragsschluss behandelt.

118 Dies nimmt *Astolfi*, Sabino, S. 39, 246 an.

119 Diese Besonderheit stellt auch Gaius 3.204 heraus.

Pfandrecht.[120] Zwar lässt sie die rechtliche Position des Pfandgläubigers unberührt. Mit ihr maßt sich der Eigentümer aber eine dem Pfandgläubiger vorbehaltene Befugnis an und schränkt dessen faktische Möglichkeiten ein, die Sache zur Verwertung an sich zu nehmen.[121]

## 3 Eine *quaestio vulgaris*

Nicht frei von Störungen ist der Text des zweiten, sehr umfangreichen Fragments, das ebenfalls aus dem 40. Buch *ad Sabinum* stammt und sich im Digestentitel *de furtis* anschließt. Es handelt von einer „altbekannten" Frage, die wohl schon Sabinus gestellt und vermutlich auch beantwortet hat:[122]

D 47.2.21pr Ulp 40 Sab (Ulp 2858)
Volgaris est quaestio, an is, qui ex acervo frumenti modium sustulit, totius rei furtum faciat an vero eius tantum quod abstulit. Ofilius totius acervi furem esse putat: nam et qui aurem alicuius tetigit, inquit Trebatius totum eum videri tetigisse: proinde et qui dolium aperuit et inde parvum vini abstulit, non tantum eius quod abstulit, verum totius videtur fur esse. [sed verum est in tantum eos furti actione teneri, quantum abstulerunt.] nam et si quis armarium, quod tollere non poterat, aperuerit et omnes res, quae in eo erant, contrectaverit atque ita discesserit, deinde reversus unam ex his abstulerit et antequam se reciperet, quo destinaverat, deprehensus fuerit, eiusdem rei et manifestus et nec manifestus fur erit. sed et qui segetem luce secat et contrectat, eius quod secat manifestus et nec manifestus fur est.

Es ist eine altbekannte Frage, ob derjenige, der von einem Haufen Getreide einen Scheffel wegnimmt, einen Diebstahl an der gesamten Sache begeht oder nur an dem, was er entwendet hat. Ofilius glaubt, er habe den gesamten Haufen gestohlen; denn, so sagt Trebaz, auch wer das Ohr eines anderen berühre, berühre ihn insgesamt; daher habe auch derjenige, der ein Fass öffne und hieraus ein wenig Wein entnommen hat, nicht nur den entnommenen, sondern allen Wein gestohlen. [Aber richtigerweise haftet man nur für das mit der Diebstahlsklage, was man entwendet hat.] Denn auch wenn jemand einen Schrank, den er nicht mitnehmen konnte, geöffnet und alle Sachen, die sich darin befanden, ergriffen, sich dann entfernt und nach seiner Rückkehr eine Sache von diesen Sachen mitgenommen hat und dann vor der Ankunft an seinem Ziel gefangen genommen worden ist, hat er einen handhaften und einen nicht handhaften Diebstahl begangen. Aber auch wer die Saat bei Tag abschneidet und ergreift, hat an dem Abgeschnittenen einen handhaften und einen nicht handhaften Diebstahl begangen.

---

**120** Das *responsum* des Hochklassikers erwähnt auch Paulus in D 47.2.68pr Paul 7 Plaut.

**121** Entgegen *Albanese*, AUPA 25 (1956) 109 ff. steht die Annahme eines *furtum* daher auch nicht in einem Spannungsverhältnis dazu, dass dem Verpfänder nach der Begründung des Pfandrechts die Befugnis zur Übertragung des Eigentums verbleibt.

**122** Die beiden weiteren, sehr kurzen Fragmente aus dem 40. Buch ad Sabinum: D 17.1.18 (Ulp 2859) und D 41.1.22 (Ulp 2860), stehen hierzu in keinem inhaltlichen Zusammenhang.

Der Text ist offensichtlich in zweifacher Hinsicht gestört: Zum einen ist der Schlusssatz, in dem es um die Entwendung stehender Früchte geht, in seiner überkommenen Fassung sinnlos; denn er liefert nicht ansatzweise die erforderlichen Informationen, um hier ebenso wie in dem vorangegangen Beispiel des aufgebrochenen Schranks den Schluss auf eine Haftung wegen eines handhaften und eines nicht handhaften Diebstahls zu rechtfertigen.[123] Zum anderen kann der mit ‚*sed verum est*' eingeleitete Satz in der Textmitte nicht im Original gestanden haben; denn seine Aussage widerspricht geradewegs der zuvor mitgeteilten Ansicht von Ofilius und Trebaz, die anschließend mit Hilfe des Schrankfalles begründet wird. Stattdessen nimmt er die Kritik an dieser Ansicht vorweg, die erst später in §§ 5 ff. des Fragments erfolgt. Schreibt man ihn einem späteren Bearbeiter zu[124] und ignoriert auch den Schlusssatz, ist die Gedankenführung allerdings klar:

Die beiden genannten Juristen des ersten Jahrhunderts bejahen die *vulgaris quaestio*, ob die Entwendung einzelner Sachen aus einer Gesamtheit oder einer bestimmten Menge von einer Flüssigkeit einen Diebstahl an dem gesamten Vorrat bedeutet. Sie bedienen sich dabei zunächst eines Vergleichs zur körperlichen Berührung eines Menschen: So wie dieser insgesamt berührt sei, wenn jemand ein Körperteil anfasse, erstrecke sich auch die für den Diebstahl erforderliche Ergreifung (*contrectatio*) stets auf den ganzen Vorrat. Das zweite Argument ist komplizierter: Es soll sich aus dem Fall gewonnen werden, in dem jemand einen Schrank, den er nicht fortschleppen kann, öffnet, die darin befindlichen Gegenstände ergreift, sich dann entfernt, wiederkommt und eine Sache mitnimmt, mit er dann ergriffen wird. Muss er sich hier vorhalten lassen, sowohl ein *furtum manifestum* als auch ein nicht handhaften Diebstahl begangen zu haben, kann dies nur daran liegen, dass er die Tat an der Sache, mit der er später erwischt wird, schon dadurch vollendet hat, dass er sie bei der Öffnung des Schranks angefasst hat.

Beide Begründungsversuche erweisen sich bei näherem Hinsehen als nicht überzeugend: Der auf vordergründige Evidenz angelegte Vergleich zur Berührung eines Menschen geht nicht nur deshalb fehl, weil *contrectare* als juristischer Fachbegriff für das objektive Tatbestandselement des *furtum* nicht einfach mit dem lebensweltlichen *tangere* gleichzusetzen ist.[125] Er verfängt schon deshalb

---

123 Um einen Gleichlauf mit dem Schrankfall zu erreichen, fügt Mommen ‚*sequente nocte asportans deprehenditur*' ein.

124 Dies tun auch *Lenel, Palingenesia*, Bd. 2, Sp. 1161 Fn. 4, *Schulz*, Sabinus-Fragmente, S. 77, *Jolowicz* (Fn. 44), S. 29, *Astolfi*, Sabino, S. 154.

125 Dass hier der fehlerhafte Ausgangspunkt des Gedankengangs von Ofilius liegt, nehmen *Jolowicz* (Fn. 44), S. 29 und *Horak, Rationes decidendi*, Innsbruck 1969, S. 233 an.

nicht, weil eine Sachgesamtheit und eine Menge Flüssigkeit im Gegensatz zum menschlichen Körper aus rechtlicher Sicht gerade keine Einheit bilden.[126] Und die Entscheidung des Schrankfalles setzt voraus, was es zu beweisen gilt, nämlich, dass schon die Berührung einer Sache in dem geöffneten Schrank einen Diebstahl an allen darin befindlichen Sachen bedeutet. Eine Stütze für die Ansicht von Ofilius und Trebaz könnte der Schrankfall allenfalls dann bedeuten, wenn seine Entscheidung zur Wirkungszeit dieser Juristen allgemein akzeptiert war.

Angesichts der Schwäche der Argumentation verwundert nicht, dass sie in den weiteren Passagen des Textes auf Ablehnung stößt.[127] Es überrascht aber, dass sie nicht anhand ihrer eigenen Begründung widerlegt wird. Stattdessen folgen in §§ 5 und 6 des Fragments zunächst weitere Fälle, die nur anders entschieden werden:

D 47.2.21.5–10 Ulp 40 Sab (Ulp 2858)

Sed si de navi onerata furto quis sextarium frumenti tulerit, utrum totius oneris an vero sextarii tantum furtum fecerit? facilius hoc quaeritur in horreo pleno: et durum est dicere totius furtum fieri. et quid si cisterna vini sit, quid dicet? aut aquae cisterna? quid deinde si nave vinaria (ut sunt multae, in quas vinum effunditur), quid dicemus de eo, qui vinum hausit? an totius oneris fur sit? et magis est, ut et hic non totius dicamus. (6) Certe si proponas in apotheca amphoras esse vini easque subtractas, singularum furtum fit, non totius apothecae, quemadmodum si ex pluribus rebus moventibus in horreo reclusis unam tulerit. (7) Qui furti faciendi causa conclave intravit, nondum fur est, quamvis furandi causa intravit. quid ergo? qua actione tenebitur? utique iniuriarum: aut de vi accusabitur, si per vim introivit. (8) Item si maioris ponderis quid aperuit aut refregit, quod tollere non possit, non est omnium rerum cum eo furti actio, sed earum tantum quas tulit, quia totum tollere non potuit. proinde si involucrum, quod tollere non potuit, solvit, ut contrectet, deinde contrectavit quasdam res: quamvis singulas res, quae in eo fuerunt, tollere potuerit, si tamen totum involucrum tollere non potuerit, singularum rerum, quas tulerit, fur est, ceterarum non est. quod si totum vas tollere potuit, dicimus eum totius esse furem, licet solverit, ut singulas vel quasdam tolleret: et ita et Sabinus ait. (9) Si duo pluresve unum tignum furati sunt, quod singuli tollere non potuerint, dicendum est omnes eos furti in solidum teneri, quamvis id contrectare nec tollere solus posset, et ita utimur: neque enim potest dicere pro parte furtum fecisse singulos, sed totius rei universos: sic fiet singulos furti teneri. (10) Quamvis autem earum quoque rerum, quas quis non abstulit, furti teneatur, attamen condici ei non potest, idcirco quia condici ea res, quae ablata est, potest: et ita et Pomponius scribit.

Hat jemand aus einem beladenen Schiff einen halben Liter Getreide weggenommen, ist fraglich, ob er einen Diebstahl an der gesamten Ladung oder nur an dem halben Liter begangen hat. Leichter lässt es sich bei einem vollen Speicher fragen; und es ist sicher zu hart anzunehmen, dass ein Diebstahl an dem gesamten Speicher begangen worden ist. Und was

126 Vgl. auch *Horak* (Fn. 126), S. 233.

127 Sie wird auch nicht von Paulus übernommen; vgl. D 47.2.22.1 Paul 9 Sab.

soll man sagen, wenn es eine Zisterne mit Wein oder eine Zisterne mit Wasser ist? Was sollen wir von jemandem sagen, der von einem Weinschiff (von denen es viele gibt, in die der Wein gegossen wird) getrunken hat? Soll er einen Diebstahl an der ganzen Ladung begangen haben? Und es ist besser, wenn wir sagen, dass er keinen Diebstahl an der ganzen Ladung begangen hat. (6) Sicherlich ist, wenn du vorbringst, in einem Weinlager hätten sich Krüge mit Wein befunden und seien entwendet worden, ein Diebstahl an den einzelnen Krügen, nicht am gesamten Weinlager geschehen, ebenso wie wenn jemand von mehreren beweglichen Sachen, die in einem Speicher eingeschlossen sind, eine entwendet hat. (7) Wer in Diebstahlsabsicht ein Zimmer betreten hat, ist noch kein Dieb, obwohl er in Diebstahlsabsicht eingetreten ist. Was soll also gelten? Mit welcher Klage haftet er? Jedenfalls mit der Injurienklage; oder er ist wegen Gewaltanwendung anzuklagen, wenn er mit Gewalt eingetreten ist. (8) Ebenso besteht ist, wenn jemand etwas von zu großem Gewicht, das er nicht fortschaffen konnte, geöffnet oder aufgebrochen hat, gegen ihn nicht wegen aller Sachen eine Diebstahlsklage gegeben, sondern nur wegen derjenigen, die er fortgeschafft hat, weil er nicht alle Sachen fortschaffen konnte. Daher hat jemand, wenn er einen Schrank, den er nicht fortschaffen konnte, in Entwendungsabsicht aufgebrochen und danach einige Sachen entwendet hat, obwohl er die einzelnen Sachen in dem Schrank fortschaffen konnte, während er den ganzen Schrank nicht fortschaffen konnte, einen Diebstahl an den einzelnen Sachen, die er fortgeschafft hat, begangen, nicht aber an den übrigen. Konnte er aber ein Gefäß fortschaffen, müssen wir sagen, er habe einen Diebstahl an dem ganzen Gefäß begangen, auch wenn er es geöffnet hat, um einzelne oder einige Sachen zu entnehmen; und so schreibt auch Sabinus. (9) Haben zwei oder mehrere einen Balken gestohlen, den die einzelnen nicht fortschaffen konnten, muss man sagen, dass sie alle wegen Diebstahls auf das Ganze haften, obwohl sie ihn weder entwenden noch fortschaffen konnten; und so halten wir es; man kann nämlich nicht sagen, dass die einzelnen nur einen Diebstahl an einem Teil begangen hätten, sondern alle haben einen Diebstahl an der ganzen Sache begangen; und hieraus folgt, dass jeder einzelne wegen Diebstahls haftet. (10) Obwohl jemand wegen anderer Sachen, die er nicht entfernt hat, wegen Diebstahls haftet, kann doch nicht von ihm kondiziert werden, und zwar, weil nur kondiziert werden kann, was auch entfernt worden ist; und dies schreibt auch Pomponius.

Die mit einer Vielzahl von rhetorischen Fragen versehenen Fälle des mit Getreide oder Wein befüllten Schiffes, des Speichers, der Zisterne und der *apotheca* tragen zur Falsifizierung der Ansicht der republikanischen Juristen nur insoweit bei, als sie deren Einschätzung als ‚*durus*' versinnbildlichen.[128] Der Schrankfall wird einfach bloß umgekehrt entschieden. Und die folgenden Ausführungen enthalten lediglich ergänzende Hinweise: Auch wenn man den Schrankfall nicht wie Ofilius und Trebaz entscheidet, muss man doch einen Diebstahl an einem mitgenommenen Behältnis und allen darin befindlichen Sachen bejahen, wenn der Täter es später öffnet und einzelne Gegenstände herausnimmt. Die Wegnahme einer Sache durch mehrere Täter, die sie einzeln nicht hätten fortschaffen können, ist ein gemeinschaftlich verübter Diebstahl, der alle gleichermaßen zur Zahlung der

128 *Jolowicz* (Fn. 44), S. 32 nennt die Argumentation daher sogar lächerlich.

Buße verpflichtet. Kommt danach eine Haftung mit der *actio furti* auch dann in Betracht, wenn der Täter eine Sache schließlich überhaupt nicht weggeschafft hat, gilt etwas anderes für die *condictio furtiva*, die eine ungerechtfertigte Bereicherung des Diebs zugunsten des Bestohlenen voraussetzt.[129]

Einen weiterführenden Ansatz zur Widerlegung der Ansicht der republikanischen Juristen enthält einzig der in § 7 behandelte Fall, in dem jemand ein fremdes Zimmer in Diebstahlsabsicht betritt. Hier ist evident, dass es mangels Entwendung einer Sache lediglich zum einem straflosen Versuch eines *furtum* gekommen ist und der Täter allenfalls mit der auf Persönlichkeitsverletzungen zugeschnittenen *actio iniuriarum*[130] und kriminalrechtlich wegen Gewaltanwendung haftet.[131] Kann einem Täter unter diesen Umständen überhaupt nicht der Vorwurf eines Diebstahls gemacht werden, kann sich dieser aber auch nicht auf Sachen erstrecken, die sich lediglich in einem von ihm betretenen Raum, Gebäude oder Schiff befinden und von ihm nicht ergriffen werden. Dann darf aber auch nichts anderes für einen Schrank oder ein sonstiges Behältnis gelten, das der Täter ebenso wenig wegschaffen kann wie einen Raum.

Es spricht einiges dafür, dass die Darstellung der Ansicht der republikanischen Juristen im *principium* des Fragments auf das kommentierte Werk des Sabinus und ein Gutteil der Ausführungen in den §§ 5 – 10 auf Ulpian zurückgehen.[132] Dies gilt jedenfalls für die am Schluss angebrachten Hinweise. Sie beginnen am Ende von § 8 mit einem Zitat von Sabinus in indirekter Rede und enden mit einem Verweis auf Pomponius. Sie müssen von Ulpian stammen, der vermutlich auch den Schrankfall wiederholt. Unsicher erscheint dagegen die Zuschreibung der in §§ 5 und 6 zu findenden Schilderung der weiteren Fälle. Sie könnte durchaus von Sabinus stammen, der den älteren Juristen noch in ähnlich unbeholfener Weise begegnet, wie diese ihre Ansicht selbst vortragen. Mit dem in § 7 angebrachten Vergleich zum Fall des in Diebstahlsabsicht betretenen Zimmers, der wegen der stilistischen Ähnlichkeit auf denselben Autor wie die vorangehenden Passagen zurückgehen muss, hätte Sabinus dann aber schließlich ein treffendes Argument gegen Ofilius und Trebaz gefunden.[133]

---

**129** Vgl. *Jolowicz* (Fn. 44), S. 35.

**130** Diese Klage hat bei unerlaubtem Betreten eines fremden Hauses schon Ofilius gewährt; vgl. D 47.10.23 Paul 4 ed.

**131** Auf diesem Passus beruht PS 2.31.35.

**132** Dies ist die übereinstimmende Meinung von *Lenel*, *Palingenesia*, Bd. 2, Sp. 1161 Fn. 3, 5, *Schulz*, Sabinus-Fragmente, S. 77 und *Astolfi*, Sabino, S. 151 ff., 246.

**133** Dass er deren Meinung teilte, glaubt dagegen *Albanese*, AUPA 23 (1953) 140, 149 ff., der ab § 5 allein die Ansicht Ulpians wiedergegeben sieht.

Stammen auch §§ 5 bis 7 von Sabinus, hätte Ulpian aus dessen Werk eine überaus lange Passage übernommen, die schon die beiden Ansichten zu der behandelten *‚vulgaris quaestio'* wiedergibt. Er hätte sich dann darauf beschränkt, die Rolle klarzustellen, die der Entfernung einer Sache für die Strafbarkeit wegen *furtum* zukommt: Schafft der Täter eine Sache allein oder gemeinsam mit einem anderen fort, ist er auch dann in vollem Umfang wegen Diebstahls haftbar, wenn er es nur auf einen hierin befindlichen anderen Gegenstand abgesehen hat. Hat der Täter eine Sache nicht mitgenommen, macht er sich nur eines Diebstahls wegen des Objekts schuldig, dessen er sich wirklich bemächtigt hat. Ist es ihm nicht gelungen, dieses fortzuschaffen, bleibt ihm aber auch in diesem Fall die sachverfolgende Kondiktion erspart, die eine Bereicherung des Diebs voraussetzt und ausscheidet, wenn der Bestohlene die Sache schließlich überhaupt nicht eingebüßt hat.

Angesichts der Störungen, die das *principium* von D 47.2.21 aufweist, verwundert nicht, dass unmittelbar darauf ein Abschnitt eingeflochten ist, der die Auseinandersetzung mit der Ansicht von Ofilius und Trebaz unterbricht:

> D 47.2.21.1–4 Ulp 40 Sab (Ulp 2858)
> Si is, qui viginti nummorum saccum deposuisset, alium saccum, in quo scit triginta esse, errante eo qui dabat acceperit, putavit autem illic sua viginti esse, teneri furti decem nomine placet. (2) [Si quis aes subripuit, dum aurum se subripere putat, vel contra, ex libro octavo Pomponii ad Sabinum aut minus esse, cum plus esset: eius quod subripuit, furtum committit: idem Ulpianus.] (3) Sed et si quis subripuit furto duos sacculos, unum decem alterum viginti, quorum alterum suum putavit, alterum scit alienum: profecto dicemus tantum unius, quem putavit alienum, furtum eum facere, quemadmodum si duo pocula abstulerit, quorum alterum suum putavit, alterum scit alienum: nam et hic unius fit furtum. (4) Sed si ansam in poculo suam putavit vel vere fuit, totius poculi eum furtum facere Pomponius scripsit.
>
> Hat derjenige, der einen Beutel mit 20 Münzen niedergelegt hatte, einen anderen Beutel, von dem er wusste, dass sich darin 30 befinden, unter Ausnutzung eines Irrtums des Leistenden in Empfang genommen und dabei geglaubt, dass sich hierin seine 20 befinden, haftet er wegen Diebstahls an 10 Münzen. (2) [Hat jemand Erz entwendet, während er glaubte, Gold zu entwenden, oder umgekehrt oder, wie Pomponius in seinem achten Buch zu Sabinus schildert, geglaubt, dass es weniger wert sei, während es mehr wert war, begeht er einen Diebstahl an dem, was entwendet worden ist. Dies schreibt auch Ulpian.] (3) Aber auch wenn jemand im Zuge eines Diebstahls zwei Beutel, einen mit 10, einen anderen mit 20 Münzen entwendet und geglaubt hat, einer gehöre ihm, während er von dem anderen wusste, dass er ihm nicht gehörte, müssen wir sicherlich sagen, dass er nur einen Diebstahl an dem begangen hat, den er für fremd hielt, ebenso wie wenn jemand zwei Becher entwendet und geglaubt hat, einer gehöre ihm, während er wusste, dass der andere ihm nicht gehörte; denn auch hier begeht er nur einen Diebstahl an einem Becher. (4) Hat er aber geglaubt, der Henkel eines Bechers gehöre ihm, oder hat er ihm wirklich gehört, hat er, wie Pomponius schreibt, an dem ganzen Becher einen Diebstahl begangen.

Das Thema überschneidet sich mit der *vulgaris quaestio* des Sabinus insoweit, als es um ein *furtum* geht, das sich nur auf einen Teil einer Sachgesamtheit bezieht.[134] Dies liegt aber hier nicht daran, dass sich der Täter nur einer Sache bemächtigt, ohne die übrigen zu ergreifen. Stattdessen fehlt es am Vorsatz des Täters, der annimmt, ein Teil der entwendeten Sachen gehöre ihm. Ulpian beginnt mit dem Fall, dass jemand annimmt, unter den Münzen, die sich in einem von ihm ergriffenen Beutel befinden, seien auch solche, die er selbst in Verwahrung gegeben habe. So wie er hier nur einen Diebstahl an den übrigen Münzen begeht, gilt dasselbe, wenn er zwei Beutel entwendet und glaubt, nur einer sei mit fremden Münzen gefüllt, während der andere ihm zustehe. Dieser Fall bildet die Brücke zu der Konstellation, dass jemand statt Münzen zwei individuelle Gegenstände wie zwei Becher in der falschen Annahme wegnimmt, einer gehöre ihm. Auch hier beschränkt sich der Diebstahlsvorwurf auf die als fremd erkannte Sache. Schließlich gelangt Ulpian zu dem Fall, dass jemand annimmt, er sei Eigentümer des an einem Becher angebrachten Henkels. Zwar kann dieser trotz seiner Verbindung mit dem Gefäß durchaus den Gegenstand eines separaten Rechts bilden;[135] sein Eigentümer kann ihn aber nicht gesondert herausverlangen, sondern müsste zunächst die Vorlegungsklage erheben, um eine Trennung des Henkels zu erreichen.[136] Folglich muss er sich ungeachtet seiner Fehlvorstellung auch den Vorwurf gefallen lassen, den gesamten Becher gestohlen zu haben; und dies träfe sogar zu, wenn seine Vorstellung richtig wäre.

Dasselbe gilt selbstverständlich auch, wenn der Täter sich über das Material der gestohlenen Sache oder deren Wert täuscht, weil sein Irrtum nicht den Vorsatz zur Entwendung der Sache selbst beeinträchtigt.[137] Der Gedanke an diese Konstellation ist nicht völlig abwegig; ihre vorzeitige Behandlung in § 2 des Fragments stört aber den roten Faden, der sich durch die übrigen Ausführungen zieht.[138] Dass wir es hier wieder mit einer Textstörung zu tun haben, wird hinlänglich durch das unglückliche ‚*ex libro octavo Pomponii ad Sabinum*' sowie vor allem das abschließende ‚*idem Ulpianus*' bewiesen.[139] Ob diesem Passus eine originale Äußerung Ulpians zugrunde liegt, lässt sich nicht sicher sagen. Wenn es

---

**134** *Albanese*, AUPA 23 (1953) 143.

**135** Anders offenbar *Jolowicz* (Fn. 44), S. 32.

**136** D 6.2.23.5 Paul 21 ed, D 10.4.7.2 Ulp 24 ed; hierzu *Harke*, *Actio ad exhibendum*, Berlin 2019, S. 47 ff.

**137** Vgl. auch *Jolowicz* (Fn. 44), S. 31.

**138** Dass § 3 inhaltlich an § 1 anknüpft, bemerkt auch *Jolowicz* (Fn. 44), S. 31.

**139** *Lenel*, *Palingenesia*, Bd. 2, Sp. 1161 f. Fn. 6 sieht hierin die Überreste eines von den Kompilatoren eingeflochtenen Zitats aus dem Sabinuskommentar des Pomponius sowie die Inskription des folgenden Abschnitts aus Ulpians Kommentar.

sie gab, befand sie sich eher am Ende der Ausführungen, so wie diese insgesamt besser hinter die ergänzenden Hinweise zur *vulgaris quaestio* des Sabinus passen. Ebenso wie diese zeigen sie zumindest Ulpians Bemühen, die wahrscheinlich schon von Sabinus stammende Entscheidung gegen die Ansicht der republikanischen Juristen durch die Befassung mit ähnlichen Konstellationen einzuordnen.

## 4 Besondere Tatobjekte

Der nächste längere Abschnitt aus Ulpians Kommentar stammt schon aus dem 41. Buch ad Sabinum und gilt den möglichen Objekten eines *furtum.*[140] Auf der Grenze seines Anwendungsbereichs liegt die unberechtigte Inbesitznahme eines Grundstücks. Ulpian widmet ihr eine Regel sowie zwei ergänzende Erläuterungen:

> D 47.2.25 Ulp 41 Sab (Ulp 2862)
> Verum est, quod plerique probant, fundi furti agi non posse. (1) Unde quaeritur, si quis de fundo vi deiectus sit, an condici ei possit qui deiecit. Labeo negat: sed Celsus putat posse condici possessionem, quemadmodum potest re mobili subrepta. (2) Eorum, quae de fundo tolluntur, ut puta arborum vel lapidum vel harenae vel fructuum, quos quis furandi animo decerpsit, furti agi posse nulla dubitatio est.
>
> Richtig ist die herrschende Meinung, wegen eines Grundstücks könne man nicht die Diebstahlsklage erheben. (1) Daher stellt sich die Frage, ob, wenn jemand von einem Grundstück mit Gewalt vertrieben worden ist, von demjenigen, der vertrieben hat, kondiziert werden kann. Labeo verneint dies; aber Celsus glaubt, es könne der Besitz kondiziert werden, wie man dies auch bei beweglichen Sachen könne. (2) Es besteht aber kein Zweifel, dass man die Diebstahlsklage wegen der Sachen erheben kann, die von dem Grundstück getrennt worden sind, wie zum Beispiel Bäume, Steine, Sand oder Früchte, die jemand in Diebstahlsabsicht abgetrennt hat.

Auch wenn sich die einleitende Sentenz auf den ersten Blick wie ein von Ulpian übernommener Satz von Sabinus ausnimmt, kann sie doch nicht auf den Frühklassiker zurückgehen. Denn von Gellius wissen wir, dass er gerade ein Vertreter der Gegenansicht war[141] und in einer Monographie mit dem Titel: ‚*de furtis*‘, ein

---

**140** Das Fragment D 47.2.23 Ulp 40 Sab (Ulp 2861), das in der Sammlung der justinianischen Kompilatoren auf D 47.2.21 folgt, enthält nur eine knappe Aussage zur Haftung von Minderjährigen. Grundsätzlich können sie wegen Diebstahls verfolgt werden, wenn sie dem Kindesalter entwachsen sind und einen Tatvorsatz fassen können. Es besteht kein Zusammenhang zu dem Vorangehenden oder dem Folgenden.

**141** Dass sie schon älter und vom Frühklassiker nur übernommen ist, meint *Albanese*, AUPA 23 (1953) 61 f.

Grundstück zum tauglichen Objekt eines Diebstahls erklärt hat.[142] Diese Auffassung, die schon Gellius als ‚*vulgo inopinatus*' bezeichnet hat, wird auch von Gaius später ‚*inprobatus*' genannt.[143] Ulpian lehnt sie ebenfalls ab, wobei offen bleibt, ob er in seinen *libri ad Sabinum* die Meinung des namensgebenden Juristen überhaupt erwähnt und mit der herrschenden Meinung konfrontiert[144] oder einfach nur mit Stillschweigen übergangen hat.[145] Wendet sich Ulpian mit der Mehrheitsmeinung jedenfalls inhaltlich gegen Sabinus und verneint die Eignung eines Grundstücks als Objekt eines *furtum*, bedarf diese Entscheidung doch in zweifacher Hinsicht einer Erläuterung, um kein Missverständnis aufkommen zu lassen:

Zum einen können Bestandteile und Früchte eines Grundstücks durchaus Gegenstand eines *furtum* sein. Denn mit ihrer Trennung vom Grundstück werden sie zu eigenständigen beweglichen Sachen. Erfolgt ihre Trennung gerade durch den Dieb, fällt ihre Verselbständigung zwar faktisch mit dem Diebstahl zusammen. Dies bedeutet aber noch nicht, dass von der Tat lediglich das Grundstück betroffen sei; denn die Zueignung der Sache lässt sich sowohl gedanklich als auch zeitlich von der Trennung sondern.

Zum anderen bedeutet die Ausnahme von Grundstücken aus dem Anwendungsbereich des *furtum* lediglich, dass derjenige, der sich eines Gebäudes oder eines Stücks Land bemächtigt, nicht mit der Diebstahlsklage auf Zahlung einer Buße belangt werden kann. Nicht ausgeschlossen sind dagegen sachverfolgende Klagen. Dies ist im Fall der von Ulpian gar nicht erst erwähnten *rei vindicatio* selbstverständlich. Schwerer nachvollziehbar ist es bei der Kondiktion. Denn als *condictio furtiva* knüpft sie gerade an das Delikt des *furtum* an. Die Diebstahlskondiktion ist jedoch nur eine besondere Erscheinungsform eines Anspruchs mit weitergehendem Anwendungsbereich. Es ist die *condictio ex iniusta causa*, die als Gegenstück zur Leistungskondiktion jede unberechtigte Vermögensverschiebung sanktioniert, die nicht auf einer rechtsgrundlosen Zuwendung des Entreicherten, sondern auf einem Eingriff in dessen Vermögen durch den Bereicherten beruht.[146]

---

**142** Gellius 11.18.12 f.

**143** Gai 2.51 = D 41.3.38 Gai 2 rer cott.

**144** Dies scheint *Schulz*, Sabinus-Fragmente, S. 78 anzunehmen.

**145** *Astolfi*, Sabino, S. 247 hält es für unwahrscheinlich, dass Ulpian das Thema ganz ohne Anhaltspunkt in Sabinus' Werk aufgegriffen hat.

**146** Vgl. *Harke*, Das klassische römische Kondiktionensystem, IVRA 54 (2003) 49, 68 ff. m.w.N., *ders.*, Römisches Recht, 2. Aufl., München 2016, Rn. 11.10 ff. Anders *Heine*, *Condictio sine datione*, Berlin 2006, S. 111 ff., die in der *condictio ex iniusta causa* zu Unrecht den Grundtatbestand und das allgemeine Prinzip des Bereicherungsrechts erkennt (allerdings durchaus berechtigte Kritik an *Harke* (Fn. 31), S. 142 f. übt).

Da ein solcher Eingriff gewöhnlich durch ein *furtum* geschieht, wird sie regelmäßig durch die *condictio furtiva* verdrängt. Wo die Tat aber kein Diebstahl ist, kommt die allgemeinere Bereicherungsklage zum Zuge. Dies gilt etwa beim Verbrauch einer Sache, die Gegenstand einer verbotenen Schenkung unter Ehegatten ist,[147] oder bei einer Sachentwendung unter Ehegatten,[148] die ebenso wie die Vertreibung von einem Grundstück aus dem Begriff des *furtum* herausfällt[149]. Obwohl die *condictio ex iniusta causa* schon auf die republikanischen Juristen zurückgehen soll,[150] verneint noch Labeo ihre Zuständigkeit in dem Fall, dass sich jemand eines fremden Grundstücks bemächtigt hat. Der Hochklassiker Celsus will sie dagegen gewähren. Zwar erscheint er gemeinsam mit Sabinus als Befürworter der Kondiktion eines Grundstücks in einer anderen Stelle des Kommentars.[151] Wenn Ulpian ihn hier im Anschluss an die Feststellung zitiert, dass ein *furtum* an einem Grundstück nicht denkbar ist, kann man dies nur so verstehen, dass er das Klagerecht im Gegensatz zu Sabinus nicht als *condictio furtiva*, sondern auch unabhängig vom Tatbestand des *furtum* als *condictio ex iniusta causa* gewährt.[152]

Eine Besonderheit gilt auch bei der Entwendung von Urkunden. Im Gegensatz zu Grundstücken fallen sie zwar keineswegs aus dem Anwendungsbereich des *furtum* heraus. Sie unterliegen jedoch nicht dem Grundsatz, dass es für die Bemessung der vom Täter zu entrichtenden Geldbuße statt auf das Interesse des Tatopfers allein auf den Wert der Sache ankommt:[153]

---

**147** D 24.1.6 Gai 11 ed prov (mit Gegenüberstellung zur Leistungskondiktion als komplementärem Tatbestand).

**148** D 25.2.6.5 Paul 7 Sab.

**149** D 25.2.1 Paul 7 Sab (vgl. oben Fn. 46).

**150** D 12.5.6 Ulp 18 Sab (wiederum mit Zitat von Sabinus und Celsus).

**151** D 13.3.2 Ulp 18 Sab: *Sed et ei, qui vi aliquem de fundo deiecit, posse fundum condici Sabinus scribit, et ita et Celsus, sed ita, si dominus sit qui deiectus condicat: ceterum si non sit, possessionem eum condicere Celsus ait.* („Sabinus schreibt, dass man aber auch von demjenigen, der einen anderen gewaltsam von einem Grundstück vertrieben hat, das Grundstück kondizieren könne; und dies meint auch Celsus, aber nur dann, wenn der Eigentümer kondiziert; sei jemand nicht der Eigentümer, kondiziere er, wie Celsus schreibt, den Besitz.") Die auch an dieser Stelle zu findende Formulierung, dass der Besitz kondiziert werde (‚*possessionem condici/ere*') ist hier auf den Bereicherungsanspruch eines Nichteigentümers bezogen. Daraus darf jedoch nicht mit *Heine* (Fn. 146), S. 128 ff. den Schluss ziehen, Celsus habe jedem Besitzer die *condictio* gewährt. Eher ist an einen bonitarischen Eigentümer gedacht, der das Grundstück *ex iusta causa* besessen hat; vgl. *Harke*, IVRA 54 (2003) 49, 73 f.

**152** Anders *Jolowicz* (Fn. 44), S. 38, der glaubt, Celsus bejahe eine *condictio furtiva* auf den Besitz, um sich über das Fehlen eines *furtum* hinwegzusetzen.

**153** S. o. S. 8 ff.

D 47.2.27pr-2 Ulp 41 Sab (Ulp 2863)

Qui tabulas vel cautiones amovet, furti tenetur non tantum pretii ipsarum tabularum, verum eius quod interfuit: quod ad aestimationem refertur eius summae, quae in his tabulis continetur, scilicet si tanti interfuit, ut puta si chirographa aureorum decem tabulae fuerint, dicimus hoc duplicari. quod si iam erant inanes, quia solutum proponebatur, numquid ipsarum tantum tabularum pretii videatur esse aestimatio facienda? quid enim interfuit huius? sed potest dici, quia nonnumquam debitores tabulas sibi restitui petant, quia nonnumquam calumniantur debitores quasi indebito soluto, ab his interesse creditoris tabulas habere, ne forte controversiam super ea re patiatur. et generaliter dicendum est in id quod interest duplari. (1) Inde potest quaeri, si quis, cum alias probationes mensaeque scripturam haberet, chirographi furtum passus sit, an aestimari duplo chirographi quantitas debeat. et numquid non, quasi nihil intersit? quantum enim interest, cum possit debitum aliunde probare? quemadmodum si in binis tabulis instrumentum scriptum sit: nam nihil videtur deperdere, si futurum est, ut alio chirographo salvo securior sit creditor. (2) Apocha quoque si fuerit subrepta, aeque dicendum est furti actionem in id quod interest locum habere: sed nihil mihi videtur interesse, si sint et aliae probationes solutae pecuniae.

Wer Vertragsurkunden oder Schuldscheine entwendet, haftet wegen Diebstahls nicht nur auf den Wert der Urkunden, sondern auch auf das Interesse; es beläuft sich auf die Summe, die in den Urkunden genannt wird, falls das Interesse ebenso groß ist, wie wir zum Beispiel, wenn ein Schuldschein über zehn Goldmünzen ausgestellt ist, sagen müssen, dass dieser Betrag verdoppelt wird. Sind sie aber schon wertlos geworden, weil Erfüllung behauptet wird, ist dann nicht nur der Wert der Urkunden selbst zu schätzen? Was besteht hieran für ein Interesse? Aber man kann sagen, dass, weil Schuldner zuweilen die Rückgabe der Urkunden fordern und fälschlich behaupten, es sei eine Nichtschuld gewesen, die Gläubiger das Interesse an den Urkunden haben, deshalb keinem Streit ausgesetzt zu sein. Und generell muss man sagen, dass das Interesse verdoppelt wird. (1) Daher ist fraglich, ob, wenn jemand andere Beweismittel oder die Aufzeichnung einer Bank hat und ihm ein Schuldschein gestohlen wird, dann das Doppelte der im Schuldschein ausgewiesenen Summe veranschlagt werden muss. Oder etwa nicht, weil hieran kein Interesse besteht? Was macht denn sein Interesse aus, wenn er die Schuld auf andere Weise nachweisen kann? Ebenso, wie wenn es eine Zweitschrift gibt; denn der Gläubiger verliert nichts, auch wenn er sicherer wäre, wenn ihm der andere Schuldschein erhalten bliebe. (2) Auch wenn eine Quittung entwendet worden ist, muss man gleichfalls sagen, dass das Interesse maßgeblich sei; aber es gibt kein Interesse, falls noch andere Nachweise für die Geldzahlung vorhanden sind.

Ist die *actio furti* auf das Doppelte des Wertes der entwendeten Sache gerichtet, liegt nahe, sie im Fall des Urkundendiebstahls allein nach dem Wert zu bestimmen, den das für die Herstellung der Urkunde verwendete Material hat. Dieser liegt regelmäßig weit unter dem wirtschaftlichen Vorteil, den die Urkunde ihrem Inhaber verschafft, indem sie ihm den Nachweis des beurkundeten Geschäfts ermöglicht. Ulpian greift nicht zu der künstlichen Lösung, in diesem geistigen Wert das *pretium* der Urkunde zu sehen, das es zu verdoppeln gilt. Stattdessen lässt er den Inhaber einer entwendeten Urkunde ausnahmsweise zur Geltendmachung des hieran bestehenden Interesses zu. Dies erleichtert eine Rücksicht auf die Umstände des einzelnen Falles. So muss der Täter einerseits für die Entwendung einer Urkunde auch dann einstehen, wenn die hierin verbriefte Forderung schon erfüllt ist, aber der Gläubiger noch Gefahr läuft, auf die Rückgabe der Urkunde oder gar Rückgewähr der angeblich rechtsgrundlos erbrachten Leistung in Anspruch genommen zu werden.[154] Andererseits bleibt ihm eine Haftung in Höhe der beurkundeten Verpflichtung erspart, wenn der Gläubiger über hinreichend Beweismittel verfügt, um diese auch ohne die Urkunde nachzuweisen. Dass er hier keinen Verlust erleidet, ist in dem Fall besonders sinnfällig, in dem der Gläubiger über eine weitere Ausfertigung der Urkunde verfügt. Es darf aber nichts anderes gelten, wenn er den Beweis auf andere Weise erbringen kann. Und mit dem Kriterium des *interesse* lässt sich auch ohne weiteres der umgekehrte Fall bewältigen, in dem statt einer Urkunde, die die Entstehung einer Schuld bezeugt, eine Quittung entwendet wird, die einem Schuldner den Nachweis der Erfüllung seiner Verpflichtung ermöglicht.

Ob diese Konsequenzen bei der Entscheidung für den *interesse*-Begriff von vornherein mitbedacht worden sind, darf füglich bezweifelt werden. Wahrscheinlich sollte er zunächst nur das Gegenteil vom Materialwert und vor allem die Höhe der beurkundeten Forderung bezeichnen.[155] Allein in dieser Funktion erscheint das *interesse* nämlich im ersten Satz des Fragments, der auf Sabinus zurückgehen könnte[156]. Er legt, wie in seiner Wiedergabe in den Paulussentenzen[157] deutlich wird, nahe, dass der Täter stets auf die ausgewiesene Summe (‚*summa adscripta*') haftet. Die flexible Handhabung des *interesse*-Kriteriums ist erst Gegenstand der weiteren Ausführungen, die von Ulpian stammen. Hier zeigt der Spätklassiker auf, dass sich das Interesse des Urkundeninhabers keineswegs nach der materiellen Rechtslage, sondern allein nach der Beweissituation richtet.[158] Dies ist konsequent, weil die Urkunde ja gerade ein Beweismittel ist. Und es kann von dem Ergebnis, zu dem man bei einer Orientierung am Bestand der verbrieften Forderung kommt, in die eine oder andere Richtung abweichen: So

---

154 *Jolowicz* (Fn. 44), S. 39 f. erkennt richtig, dass es sich dabei um zwei verschiedene Risiken handelt, nimmt dies aber zu Unrecht zum Anlass für Textkritik.

155 Vgl. auch *Medicus*, *Id quod interest*, Köln/Graz 1962, S. 235.

156 So *Schulz*, Sabinus-Fragmente, S. 78, *Astolfi*, Sabino, S. 247.

157 PS 2.31.32: *Qui tabulas cautionesve subripuit, in adscriptam summam furti actione tenebitur: nec interest, cancellatae nec ne sint, quia ex his debitum dissolutum interest comprobari.* („Wer Vertragsurkunden oder Schuldscheine entwendet hat, haftet mit der Diebstahlsklage auf die ausgewiesene Summe; und es spielt keine Rolle, ob die Schuld aufgehoben ist oder nicht, weil auch ein Interesse daran besteht, die Erfüllung einer Schuld nachzuweisen.")

158 Auf das bei Paulus in D 47.2.32pr Paul 9 Sab aufgeworfene Problem, dass mit dem Nachweis des Delikts meist auch die Beweisschwierigkeit im Hinblick auf die Forderung beseitigt ist, geht Ulpian nicht ein; vgl. *Klingenberg*, SZ 96 (1979) 229, 243 f.

kann der Gläubiger ein Interesse an der Urkunde als Beweismittel auch dann haben, wenn die Forderung eigentlich schon erloschen ist; und ihm kann das Interesse gerade fehlen, obwohl die Forderung noch besteht. Schließlich lässt sich das für Vertragsurkunden entwickelte Konzept auch für Quittungen fruchtbar machen, die den Konträrakt zur Anspruchsentstehung bezeugen.

Ulpians Ausführungen bilden eine in sich geschlossene Darstellung, die vermutlich an einen Satz des Sabinus anknüpft, sich aber inhaltlich völlig von ihm löst und schwerlich zu dem Schema eines lemmatischen Kommentars fügt. Ulpian konzentriert sich ganz auf eine Neubestimmung des Begriffs ‚*interesse*', die ihn auch zum Gegenfall der Quittung führt. Ebenso wenig, wie man hierin einen selbständigen Kommentar zu ‚*tabulas vel cautiones*' sehen kann, lässt sich auch Ulpians abschließende Bemerkung als Erläuterung zu ‚*amovet*' deuten.[159] In ihr geht es um die Konkurrenz zu Rechtsbehelfen wegen Beschädigung der Urkunde:

> D 47.2.27.3, 29, 31 Ulp 41 Sab (Ulp 2863)
> Sed si quis non amovit huiusmodi instrumenta, sed interlevit, non tantum furti actio locum habet, verum etiam legis Aquiliae: nam rupisse videtur qui corrupit. (29) Hoc amplius et ad exhibendum agi potest: et interdicto quorum bonorum agi poterit ... (31pr) Sed et si imaginem quis vel librum deleverit, et hic tenetur damno iniuriae, quasi corruperit. (1) Si quis tabulas instrumentorum rei publicae municipii alicuius aut subripuerit aut interleverit, Labeo ait furti eum teneri: idemque scribit et de ceteris rebus publicis deque societatibus.
>
> Hat jemand aber eine Urkunde nicht entwendet, sondern unleserlich gemacht, greift weniger die Diebstahlsklage, sondern eher die Klage aus dem aquilischen Gesetz ein; denn wer etwas beschädigt, wird so angesehen, als habe er zerrissen. (29) Darüber hinaus kann auch auf Vorlegung geklagt werden; und es kann mit dem Interdikt „wessen Nachlasses" geklagt werden ... (31pr) Aber auch wenn jemand ein Bild oder ein Buch zerstört hat, haftet er so, als hätte er zerrissen. (1) Labeo schreibt, jemand hafte wegen Diebstahls, wenn er die Urkunden einer Gemeinde entwendet oder zerstört hat; und er schreibt, dies gelte auch von anderen Sachen der öffentlichen Hand und der Publikanengesellschaften.

Dieser Passus ist von Justinians Gesetzesredaktoren fragmentiert und zu einer Katene verflochten worden.[160] Er eignet sich daher nicht mehr zu einer genauen Analyse der ulpianischen Darstellung. Entnehmen kann man ihm nur, dass Ulpian auf die Alternative der aquilischen Haftung für Sachbeschädigung verweist. Sie ist allein zuständig, wenn der Täter eine Urkunde nicht in Zueignungsabsicht ergriffen, sondern lediglich unbrauchbar gemacht hat. Daneben kommt eine Haftung mit der Vorlegungsklage in Betracht, die vor allem beim Untergang einer

---

**159** So aber *Schulz*, Sabinus-Fragmente, S. 78.

**160** *Lenel, Palingenesia*, Bd. 2, Sp. 1163 verbindet sie wohl zu Recht mit der Abhandlung in D 9.2.41, ohne dass sich aber die exakte Reihenfolge der Darstellung bestimmen ließe.

Sache aufgrund des Verschuldens ihres Besitzers eingreift, sowie im Fall eines Testaments auch ein Vorgehen mit einem besonderen Interdikt.[161]

## 5 Einwirkung auf fremde Sklaven

Ein weiterer besonderer Gegenstand eines Diebstahls sind fremde Sklaven. Zwar kommen sie ohne weiteres als Tatobjekt eines *furtum* in Betracht; und auch die Buße lässt sich leicht anhand des Marktwertes des entwendeten Sklaven bestimmen. Die Annahme eines Diebstahls bereitet aber Schwierigkeiten, wenn der Täter sich darauf beschränkt, den Sklaven zur Flucht zu verleiten. Hierum geht es in dem nächsten längeren Passus, den die Kompilatoren aus den *libri ad Sabinum* entnommen haben:[162]

> D 47.2.36 Ulp 41 Sab (Ulp 2865)
> Qui servo persuasit, ut fugeret, fur non est: nec enim qui alicui malum consilium dedit, furtum facit, non magis quam si ei persuasit, ut se praecipitet aut manus sibi inferret: haec enim furti non admittunt actionem. sed si alius ei fugam persuaserit, ut ab alio subripiatur, furti tenebitur is qui persuasit, quasi ope consilio eius furtum factum sit. plus Pomponius scripsit eum, qui persuasit, quamvis interim furti non teneretur, tunc tamen incipere teneri, cum quis fugitivi fur esse coeperit, quasi videatur ope consilio eius furtum factum. (1) Item placuit eum, qui filio vel servo uxori opem fert furtum facientibus, furti teneri, quamvis ipsi furti actione non conveniantur. (2) Idem Pomponius ait, si cum rebus aufugerit fugitivus, posse furti actione sollicitatorem conveniri rerum nomine, quia opem consilium contrectatori tulit. quod et Sabinus significat. (3) Si duo servi invicem sibi persuaserunt et ambo simul aufugerunt, alter alterius fur non est. quid ergo, si invicem se celaverunt? fieri enim potest, ut invicem fures sint. et potest dici alterum alterius furem esse, quemadmodum, si alii singulos subripuissent, tenerentur, quasi alter alterius nomine opem tulisset: quemadmodum rerum quoque nomine teneri eos furti Sabinus scripsit.
>
> Wer einen Sklaven überredet hat zu fliehen, ist kein Dieb. Denn auch wer einem anderen einen schlechten Rat gibt, begeht keinen Diebstahl, und zwar ebenso wenig, wie wenn er ihn überredet hat, dass er in den Tod stürzt oder Hand an sich legt. Dies begründet nämlich keine Diebstahlsklage. Hat jemand ihn aber zur Flucht überredet, damit er von einem anderen entwendet wird, haftet der Anstifter mit der Diebstahlsklage, weil der Diebstahl mit seiner Tat oder seinem Rat geschehen ist. Pomponius schreibt darüber hinaus, dass der

161 Hierzu *Harke* (Fn. 136), S. 114 f.

162 Bei dem vorangehenden Text D 47.2.33 Ulp 41 Sab (Ulp 2864) handelt es sich wie schon bei D 47.2.23 (s. o. Fn. 140) um ein zu kurzes Fragment, als dass es Aufschluss über die Struktur von Ulpians Darstellung geben könnte. Mit D 47.2.23 verbindet es den Bezug auf die Situation eines Minderjährigen. Während es dort um dessen Haftung für eine eigene Tat geht, behandelt Ulpian hier die Einstandspflicht eines Vormunds oder Pflegers für die Entwendung einer Sache des Minderjährigen.

Anstifter, obwohl er zunächst mit der Diebstahlsklage nicht haftet, zu haften beginne, sobald jemand zum Dieb des flüchtigen Sklaven geworden ist, weil der Diebstahl als mit seiner Tat und seinem Rat geschehen anzusehen sei. (1) Ebenso haftet anerkanntermaßen wegen Diebstahls, wer einem Haussohn, Sklaven oder einer Ehefrau Beihilfe zur Begehung eines Diebstahls leistet, obwohl diese selbst nicht mit der Diebstahlsklage belangt werden können. (2) Pomponius schreibt auch, dass der Anstifter, wenn der flüchtige Sklave Sachen mitgenommen habe, wegen dieser mit der Diebstahlsklage belangt werden könne, weil er dem Dieb Tat und Rat geleistet habe. Dies nimmt auch Sabinus an. (3) Haben sich zwei Sklaven gegenseitig zur Flucht überredet und sind gemeinsam zugleich geflohen, hat nicht der eine einen Diebstahl an dem anderen begangen. Was gilt also, wenn sie sich gegenseitig verstecken? Hier kann es geschehen, dass sie gegenseitig einen Diebstahl begehen. Und man kann sagen, dass sie aneinander einen Diebstahl in Gestalt gegenseitiger Beihilfe begehen, und zwar ebenso, wie andere hafteten, wenn sie sie einzeln entwendeten; und ebenso haften sie, wie Sabinus schreibt, wegen Diebstahls an den Sachen.

Ausgangspunkt der Erörterung ist der einprägsame Satz: *Qui servo persuasit, ut fugeret, fur non est*. Er könnte von Sabinus stammen, die anschließende Begründung dagegen eher von Ulpian.[163] Dass es bei der Überredung eines fremden Sklaven zur Flucht nicht zur erforderlichen Zueignung kommt,[164] zeigt er an den Vergleichsfällen einer Überredung zur Selbstverletzung oder -tötung. Wie im Fall der Flucht wird hier das Eigentum des Gewalthabers an dem Sklaven durchaus beeinträchtigt; der Anstifter profitiert davon jedoch ebenso wenig wie von der Flucht des Sklaven. Er ist dem Gewalthaber zwar mit der *actio de servo corrupto* für den schlechten Einfluss auf den Sklaven haftbar, muss sich aber nicht den Vorwurf des Diebstahls gefallen lassen.[165] Etwas anderes gilt, wenn der Täter den Sklaven in dem Wissen zur Flucht verleitet hat, dass er von einem Dritten entwendet wird.[166] Hier liegt eine Beihilfe zu dem von anderer Seite verübten Diebstahl vor. Die Haftung kann aber, wie Ulpian unter Verweis auf Pomponius erläutert,[167] erst in dem Moment einsetzen, in dem sich der Dritte des Sklaven wirklich bemächtigt; vorher liegt allenfalls der straflose Versuch eines *furtum* vor. Dies ist deshalb bemerkenswert, weil der Tatbeitrag desjenigen, der den Sklaven

**163** *Astolfi*, Sabino, S. 156f. gegen *Schulz*, Sabinus-Fragmente, S. 78, der den gesamten Text bis zum Pomponius-Zitat dem Sabinus zuschreibt.

**164** Vgl. *Bock* (Fn. 35), S. 124 und *Harke*, CRRS III.2 (Fn. 63), S. 146 (Text 213).

**165** *Albanese*, AUPA 23 (1953) 174ff. glaubt, Sabinus wende sich mit dieser Entscheidung gegen die Ansicht der älteren Juristen, die von einem weiteren Begriff des *furtum* ausgegangen seien.

**166** Zwar liegt nahe, dass der Anstifter hier mit den Haupttätern konzertiert zusammenwirkt. Vorausgesetzt wird dies entgegen *Thomas*, IVRA 13 (1962) 70, 83f. jedoch nicht.

**167** Dass dieser den Fall rein aufgrund der kausalen Verbindung von Überredung und Entwendung als Beihilfe zum *furtum* ansieht, glaubt *Ferretti* (Fn. 36), S. 147ff., 223f., der freilich auch eine justinianische Interpolation annimmt.

zur Flucht überredet hat, schon vorher vollendet ist. Seine Beurteilung hängt allein von dem weiteren Geschehen ab, auf das er aber gar keinen Einfluss mehr nimmt oder nehmen kann. Es ist nicht auszuschließen, dass diese zweite Konstellation, die dem bereits von den republikanischen Juristen behandelten Fall des aufgescheuchten Viehs[168] entspricht, ebenfalls schon von Sabinus behandelt worden ist.[169] Sie könnte jedoch auch erst von Ulpian stammen, der, angeregt von der Kommentierung des Pomponius, der sabinianischen Sentenz ihre Grenze aufzeigt.

Im folgenden § 1 ergänzt Ulpian die Beobachtung des Pomponius um das auch in seinem Ediktskommentar behandelte[170] Kuriosum, dass jemand wegen Anstiftung oder Beihilfe zum Diebstahl haftbar ist, obwohl der Haupttäter straflos bleibt: Weder ein Haussohn noch ein Sklave können ihrem *pater familias*, in dessen Gewalt sie stehen, ein *furtum* zufügen; und dasselbe gilt für seine Ehefrau, die auch dann, wenn sie rechtlich selbständig ist, nur mit der *actio rerum amotarum* einzustehen hat. Gleichwohl ist ein Außenstehender, der sich durch Rat oder Tat an der Entwendung einer Sache des *pater familias* beteiligt, hierfür wegen Teilnahme an einem Diebstahl verantwortlich.

Dieser Fall leitet zu dem in § 2 geschilderten Phänomen über, mit dem sich schon Pomponius und Sabinus beschäftigt haben: Auch die Anstiftung zur Sklavenflucht kann, ohne dass es des Tatbeitrags einer weiteren Person bedarf, in eine Haftung wegen Diebstahls einmünden, wenn der Sklave bei seiner Flucht Sachen seines Gewalthabers mitnimmt.[171] Obwohl der Sklave seinem Gewalthaber nicht selbst für seine Tat einzustehen hat, muss sich der Anstifter doch den Vorwurf der Teilnahme an einem Diebstahl gefallen lassen. Sein Verhalten ist dabei für das Delikt nicht nur insofern konstitutiv, als der Sklave selbst seinem Gewalthaber nicht haften kann. Da er selbst dann, wenn er sich auf der Flucht befindet, seinem Gewalthaber weiterhin den Besitz an den mit sich geführten Sachen vermittelt,[172] läge ohne die Mitwirkung des Anstifters auch gar keine Entwendung vor.[173] Zu dieser kommt es erst durch das Hinzutreten des Anstifters.

---

**168** S. o. S. 11 f.

**169** Dies nehmen *Schulz*, Sabinus-Fragmente, S. 78 und *Astolfi*, Sabino, S. 156 f. an.

**170** S. o. S. 12 ff.

**171** *Ferretti* (Fn. 36), S. 226 f. hält es für möglich, dass Ulpian einen entsprechenden Vorsatz hier wegen der Anknüpfung an die vorangehenden Fälle unterstellt. Denkbar ist aber auch dass das Wissen um die Sklavenflucht aus Ulpians Sicht auch den Vorsatz im Hinblick auf eine allfällige Sachentwendung einschließt.

**172** D 41.2.15 Gai 26 ed prov.

**173** Vgl. *Harke*, CRRS III.2 (Fn. 63), S. 146 (Text 214).

Auch in diesem Fall versagt folglich die Sentenz: *qui servo persuasit, ut fugeret, fur non est.*

Die Abhandlung schließt mit einer Steigerung des Ausgangsfalles zu einer komplexen Situation: Ist der Anstifter kein freier Mann, sondern seinerseits ein Sklave, stellt sich, wenn er einem anderen Gewalthaber gehört, die Frage, ob dieser im Wege einer Noxalhaftung für die Überredung zur Sklavenflucht einzustehen hat. Dies trifft, wie Ulpian wiederum unter Berufung auf Sabinus befindet, sicherlich auf Sachen zu, die der andere Sklave mitgenommen hat. Hier gilt wieder, dass die Überredung eines Sklaven zur Flucht eine Teilnahme an der Sachentwendung bedeutet, die der Sklave selbst straflos verübt. Nicht anders kann aber dessen Schicksal selbst beurteilt werden. Zwar stellt die bloße Überredung zur Flucht, auch wenn sie vom Sklaven eines anderen Gewalthabers ausgeht, wiederum keine Zueignung dar, so dass eine gemeinsam verabredete Sklavenflucht eigentlich keine Haftung *furtum* auslösen kann. Anders verhält es sich aber, wenn die Sklaven sich gegenseitig dabei unterstützen, ein Versteck zu finden. So wie das Verbergen eines fremden Sklaven durch einen Freien stets ein *furtum* bedeutet, weil der Täter den Sklaven seinem Eigentümer entzieht, kann die Tat auch durch den Sklaven eines anderen und im Fall einer gemeinsamen Sklavenflucht gegenseitig begangen werden.[174] Die Gewalthaber der beiden flüchtigen Sklaven sind also im Wege der Noxalhaftung für den Diebstahl des Sklaven verantwortlich, der jeweils dem anderen gehört.

Zwar ist davon auszugehen, dass neben der einleitenden Sentenz auch die beiden anderen Äußerungen, die Ulpian eigens als Zitat von Sabinus kenntlich macht, dessen *libri iuris civilis* entstammen. Sie sind jedoch ganz eindeutig nicht Gegenstand einer Kommentierung, vielmehr von Ulpian in seine Ausführungen ebenso eingeflochten wie die beiden Zitate von Pomponius.[175] Der am Anfang wiedergegebene Satz wird zudem keineswegs im Stil eines lemmatischen Kommentars behandelt, sondern vielmehr auf die Probe gestellt, indem Ulpian aufzeigt, in welchen Fällen er gerade nicht gilt. Seine Darstellung ist wohl komponiert und strebt von vergleichsweise einfachen Konstellationen zu einem überaus schwierigen Fall. Der Satz des Sabinus bildet nur den Ausgangspunkt für eine selbständige Abhandlung, in die Ulpian auch andere Aussagen des Frühklassikers mit dem Ziel einfließen lässt, eine von diesem stammende Sentenz als zu pauschal zu erweisen.

---

**174** Vgl. auch *Bock* (Fn. 35), S. 125.

**175** Deshalb ist entgegen *Astolfi*, Sabino, S. 157 f. auch schwerlich anzunehmen, dass der einleitende Satz von § 3 ein wörtliches Zitat von Sabinus ist.

Einen weiteren Grenzfall, in dem ein *furtum* durch Einwirkung auf einen fremden Sklaven verübt sein könnte, behandelt Ulpian in dem nächsten Abschnitt, der sich unmittelbar an das Fragment D 47.2.36 angeschlossen haben könnte:

> D 47.2.39 Ulp 41 Sab (Ulp 2866)
> Verum est, si meretricem alienam ancillam rapuit quis vel celavit, furtum non esse: nec enim factum quaeritur, sed causa faciendi: causa autem faciendi libido fuit, non furtum. et ideo etiam eum, qui fores meretricis effregit libidinis causa, et fures non ab eo inducti, sed alias ingressi meretricis res egesserunt, furti non teneri. an tamen vel Fabia teneatur, qui subpressit scortum libidinis causa? et non puto teneri, et ita etiam ex facto, cum incidisset, dixi: hic enim turpius facit, quam qui subripit, sed secum facti ignominiam compensat, certe fur non est.
>
> Es trifft zu, dass kein Diebstahl vorliegt, wenn jemand eine fremde Sklavin, die als Prostituierte tätig ist, geraubt oder versteckt hat. Denn es kommt nicht auf die Tat, sondern auf ihren Grund an. Der Grund der Tat war aber Begierde, nicht Diebstahl. Und daher haftet auch derjenige nicht mit der Diebstahlsklage, der aus Begierde die Türen zum Haus einer Prostituierten aufgebrochen hat, und wenn Diebe, die nicht von ihm hineingelassen worden, sondern auf andere Weise eingedrungen sind, Sachen entwendet haben. Haftet aber nach dem fabischen Gesetz, wer eine Prostituierte aus Begierde festgehalten hat? Und ich glaube, dass er nicht hafte; und so habe ich auch in einem wirklich geschehenen Fall entschieden. Denn er ist noch schändlicher als ein Dieb, aber selbst durch die Schande seiner Tat gestraft; Dieb ist er sicher nicht.

Handelt der Täter zur Befriedigung seines Geschlechtstriebs, hat er ebenso wenig die zur Annahme eines *furtum* erforderliche Zueignungsabsicht wie in dem Fall, dass er zu einer Sklavenflucht beiträgt. Dies lässt sich zumindest dann vertreten, wenn die Sklavin, auf die es der Täter abgesehen hat, eine Prostituierte ist. Denn der Täter nötigt ihr in diesem Fall kein Verhalten auf, zu dem sie ihr Gewalthaber nicht ohnehin bestimmt hätte.[176] Man kann daher der Ansicht sein, der Täter maße sich nicht dessen Befugnisse an.[177] Aus diesem Grund scheidet für Ulpian auch eine kriminalrechtliche Verfolgung der Tat aufgrund der *lex Fabia de plagiariis* aus.

---

**176** Vgl. *Harke*, CRRS III.2 (Fn. 63), S. 147 (Text 215).

**177** Da man dies füglich auch anders sehen kann, dreht der Autor der Paulussentenzen die Entscheidung kurzerhand um; vgl. PS 2.31.12. Um einen Widerspruch zur Stellungnahme von Ulpian zu vermeiden, haben die Kompilatoren nur seine Entscheidung zu dem Fall übernommen, in dem die entführte Sklavin keine *meretrix* ist; vgl. PS 2.31.31 = D 47.2.83.2 Paul 2 sent. – Da es um die Zueignung als objektives Tatbestandsmerkmal geht, lässt sich Ulpian entgegen *Albanese*, AUPA 25 (1956) 243 nicht attestieren, er habe im Gegensatz zum Verfasser der Paulus-Sentenzen größeren Wert auf das Motiv des Täters gelegt.

Das von Ulpian behandelte Problem ist offenbar noch nicht von Sabinus behandelt worden.[178] Es ergibt sich vielmehr aus einem praktischen Fall, der an Ulpian selbst herangetragen worden ist. Dies erhellt nicht erst der Verweis auf das eigene *dictum* zur Frage der kriminalrechtlichen Verantwortlichkeit des Täters. Auch die moralische Verurteilung seines Verhaltens als *turpior* und die Beschäftigung mit der ungewöhnlichen Konstellation, dass der Täter aus seiner Begierde heraus sogar einen Einbruch begeht und so unbeabsichtigt einen Diebstahl durch Dritte ermöglicht,[179] sind nur zu erklären, wenn Ulpian hier aus eigener Erfahrung spricht. Er hat sie an dieser Stelle in seine *libri ad Sabinum* aufgenommen, weil sie zu dem Fall der Anstiftung zur Sklavenflucht passen, in dem die Gewährung der *actio furti* fraglich und zumindest im Grundsatz zu verneinen ist.[180]

## 6 Verlust der Rechtsfähigkeit

Da sie allein zur Bestrafung des Täters gedacht ist, geht die *actio furti* zwar beim Tod des Geschädigten auf dessen Erben über, erlischt jedoch, wenn der Täter stirbt, und richtet sich nicht gegen dessen Rechtsnachfolger.[181] Schwieriger als die Erbfolge sind die Fälle zu beurteilen, in denen einer der Beteiligten schon zu Lebzeiten seine Rechtsfähigkeit einbüßt. Diesem Problem gilt ein weiterer Abschnitt aus dem 41. Buch *ad Sabinum:*

> D 47.2.41 Ulp 41 Sab (Ulp 2868)
> Si, cum quis in hostium potestate esset, furtum ei factum sit et postliminio redierit, poterit quis dicere eum furti habere actionem. (1) Adrogatorem posse furti agere, scilicet eius furti nomine, quod factum est ei quem adrogavit, antequam eum adrogaret, certum est: ceterum si postea, nulla erit dubitatio. (2) Quamdiu vivit is qui furtum fecit, non perit furti actio: aut enim sui iuris est is qui furtum fecit, et cum ipso actio est, aut alieni iuris esse coepit, et actio furti cum eo est, cuius potestati subiectus est: et hoc est quod dicitur ‚noxa caput sequitur'. (3) Si quis post noxam admissam hostium servus fuerit factus, videndum est, an extinguatur

178 Anders *Astolfi*, Sabino, S. 157 f., der den ersten und dritten Satz für sabinianisch hält. Sogar *Schulz*, Sabinus-Fragmente, S. 79 will dagegen keinen Passus ausmachen, den er dem Frühklassiker zuweisen könnte.

179 Dass seine Haftung am fehlenden Vorsatz scheitert, stellt *Bock* (Fn. 35), S. 141 heraus; dass es, wenn er die Diebe in die Wohnung hineinführt, nicht auf eine Absicht zur eigenen Bereicherung ankommt, nimmt zu Recht *Ferretti* (Fn. 36), S. 230 f. an.

180 Kein vergleichbarer Bezug lässt sich zu den Fällen ausmachen, die Ulpian in dem Fragment D 19.5.14 Ulp 41 Sab behandelt. *Lenel* ordnet es zwar vielleicht nicht zu Unrecht hinter D 47.2.39 ein. Einen Schluss auf die ursprüngliche Gedankenführung erlaubt es aber nicht.

181 Ulpian stellt dies in D 47.1.1 Ulp 41 Sab für sämtliche *actiones poenales* fest. Zum Zusammenhang mit dem im Folgenden behandelten Text s. u. Fn. 182.

actio. et Pomponius scripsit extingui actionem, et si fuerit reversus, postliminio vel quo alio iure renasci eam actionem debere: et ita utimur.

Ist, als sich jemand in der Gewalt der Feinde befand, ein Diebstahl zu seinen Lasten begangen worden und ist er mit Rückkehrrecht zurückgekommen, kann man sagen, dass ihm die Diebstahlsklage zustehe. (1) Es steht fest, dass derjenige, der einen anderen an Kindes Statt angenommen hat, die Diebstahlsklage erheben kann, und zwar wegen eines Diebstahls, der vor der Annahme zulasten des Angenommenen begangen worden ist; ist er danach begangen worden, besteht kein Zweifel. (2) Die Diebstahlsklage geht so lange nicht verloren, wie der Dieb lebt; er ist nämlich entweder rechtlich selbständig, und die Klage besteht gegen ihn, oder er gerät in die Gewalt eines anderen, und dann besteht die Klage gegen den Gewalthaber; und dies ist gemeint, wenn gesagt wird: „die Tat folgt dem Kopf". (3) Ist jemand nach der Tat zum Sklaven der Feinde geworden, müssen wir zusehen, ob die Klage erlischt. Und Pomponius schreibt, die Klage erlösche und sie entstehe wieder, wenn er mit Heimkehr- oder nach einem anderen Recht zurückkommt; und so halten wir es.

Ulpian beginnt und endet mit dem Fall der Kriegsgefangenschaft: Begeht jemand einen Diebstahl oder wird zu seinem Opfer, bevor er in die Hände von Feinden gerät, sorgt das *ius postliminii* dafür, dass Anspruch und Verpflichtung nach der Heimkehr wieder in seiner Person bestehen. Der Fall, dass das Opfer gefangen genommen wird, ist trivial, weil die *actio furti* während der Kriegsgefangenschaft seinem Erben zufällt. Ulpian beschäftigt sich daher nur mit der umgekehrten Konstellation, in der die Kriegsgefangenschaft den Täter ereilt. Da die Diebstahlsklage passiv unvererblich ist, geht sie mit der Gefangenahme des Diebes unter und müsste nach seiner Rückkehr eigens wiederbelebt werden. Ulpian hält dies für denkbar und beruft sich in diesem Punkt auf die Autorität von Pomponius.

Ohne vergleichbare Unterstützung entscheidet Ulpian den Fall, dass jemand eine Sache während der Kriegsgefangenschaft ihres Eigentümers entwendet. Auch hier fällt die Beurteilung nicht leicht, weil sich die Fiktion einer durchgängigen Rechtsfähigkeit des Zurückgekehrten nicht auf Tatsachen und damit auch nicht auf den Besitz erstreckt. Dieser ist bei einem *furtum* zwar regelmäßig verletzt, aber strenggenommen gar nicht Voraussetzung der Haftung mit der *actio furti*. Dass der Täter sich einer Sache bemächtigt hat, lässt sich nämlich auch dann behaupten, wenn der Eigentümer sie nicht in Gewahrsam hat. Und dass er *invito domino* gehandelt hat, ist wiederum kraft der Unterstellung zu bejahen, der Gefangene habe seine Rechtsstellung und damit auch sein Eigentum zwischenzeitlich nicht verloren. Deshalb entscheidet sich Ulpian, wenn auch mit vorsichtigen Worten (‚*poterit quis dicere*'), für die Gewährung einer *actio furti*.

Ein weiterer Weg, wie das Opfer seine Rechtsfähigkeit einbüßen kann, ist die *adrogatio*. Zwar bewirkt sie, dass dem Angenommenen die *actio furti* wegen eines zuvor zu seinen Lasten verübten Diebstahls nicht mehr zusteht. Der Anspruch geht jedoch nicht verloren, sondern wechselt in das Vermögen des Annehmenden, der das gesamte Vermögen des Angenommenen übernimmt. Da hierzu auch die Sachen zählen, die dem Angenommenen gehörten, steht ihm, dies ist aus Ulpians Sicht ganz selbstverständlich, die *actio furti* selbst dann zu, wenn eine dieser Sachen später zum Objekt eines Diebstahls wird. Im umgekehrten Fall, in dem der Täter seine Rechtsfähigkeit verliert und in die Gewalt eines anderen gelangt, gilt die Regel: *‚noxa caput sequitur':* Auch hier geht die Diebstahlsklage keineswegs verloren, sondern kann nun gegen den neuen Gewalthaber als Noxalklage angestellt werden; und sobald der Täter wieder rechtlich selbständig wird, kann das Opfer ihn erneut selbst belangen.

Der Chiasmus im Aufbau verdeckt den umfassenden Charakter der Darstellung: Mit Ausnahme der banalen Konstellation, in der jemand bestohlen wird, bevor er in Kriegsgefangenschaft gerät, erschöpft sie sämtliche Fälle eines Verlustes der Rechtsfähigkeit auf einer der beiden Seiten. Ein Bezug zu einem Satz des Sabinus könnte durchaus bestehen, lässt sich im überlieferten Text aber nicht mehr ausmachen.[182] Er bildet eine selbständige Abhandlung, in der sich Ulpian um eine die erschöpfende Behandlung des Themas bemüht zeigt.

## 7 Wissentliche Annahme einer nicht geschuldeten Leistung

Der erste Teil des überaus langen Digestenfragments D 47.2.43 dreht sich um einen falschen Gläubiger oder dessen Vertreter, der in dem Wissen seiner fehlenden Berechtigung eine Leistung des Schuldners einzieht:[183]

**182** Erst recht kann man schwerlich mit *Lenel*, Palingenesia, Bd. 2, Sp. 1165 und *Schulz*, Sabinus-Fragmente, S. 79 das Fragment D 47.1.1 zu einer Erläuterung oder gar einem Kommentar von D 47.2.41.2 erklären. Zwar erscheint hier wie dort der Satz *‚noxa caput sequitur'*. Ansonsten sind beide Texte aber bestenfalls durch *‚quamdiu vivit is qui furtum fecit'* verbunden. Sollte sich Ulpian hierdurch veranlasst gesehen haben, eine Erörterung zur passiven und aktiven Vererblichkeit von Strafklagen schlechthin anzufügen, hätte dies auch weniger den Charakter eines Kommentars als vielmehr den eines Exkurses.

**183** Es mag durchaus sein, dass die von *Lenel* hieran angeschlossenen Digestenfragmente D 46.3.18 Ulp 41 Sab und D 16.3.11 Ulp 41 Sab auch im Original hierauf folgten. Der thematische Zusammenhang ist zumindest beim zuerst genannten Text, in dem es ebenfalls um einen *falsus procurator* und einen ähnlich agierenden Freigelassenen geht, gegeben; die Fragestellung ist jedoch verschoben, weil es Ulpian hier vornehmlich um die Befreiung von einer Schuld geht. Nur so ergibt sich auch der Konnex zu dem zweiten Fragment, in dem es um die Befreiung eines Verwahrers von seiner Verpflichtung zur Rückgewähr einer von einem Sklaven hinterlegten Sache geht.

D 47.2.43 Ulp 41 Sab (Ulp 2869)
Falsus creditor (hoc est is, qui se simulat creditorem) si quid acceperit, furtum facit nec nummi eius fient. (1) Falsus procurator furtum quidem facere videtur. sed Neratius videndum esse ait, an haec sententia cum distinctione vera sit, ut, si hac mente ei dederit nummos debitor, ut eos creditori perferret, procurator autem eos intercipiat, vera sit: nam et manent nummi debitoris, cum procurator eos non eius nomine accepit, cuius eos debitor fieri vult, et invito domino eos contrectando sine dubio furtum facit. quod si ita det debitor, ut nummi procuratoris fiant, nullo modo eum furtum facere ait voluntate domini eos accipiendo. (2) Si is, qui indebitum accipiebat, delegaverit solvendum, non erit furti actio, si eo absente solutum sit: ceterum si praesente, alia causa est et furtum fecit. (3) Si quis nihil in persona sua mentitus est, sed verbis fraudem adhibuit, fallax est magis quam furtum facit: ut puta si dixit se locupletem, si in mercem se collocaturum quod accepit, si fideiussores idoneos daturum vel pecuniam confestim se soluturum: nam ex his omnibus magis decepit quam furtum fecit, et ideo furti non tenetur. sed quia dolo fecit, nisi sit alia adversus eum actio, de dolo dabitur.

Ein falscher Gläubiger (also jemand, der sich als Gläubiger ausgibt) begeht an den Münzen, die ihm übergeben werden, einen Diebstahl, und er wird nicht ihr Eigentümer. (1) Ein falscher Vertreter begeht zwar einen Diebstahl. Aber Neraz schreibt, man müsse zusehen, ob dieser Satz nicht differenziert gehandhabt werden müsse, so dass er nur dann zutreffe, wenn der Schuldner ihm die Münzen gegeben hat, damit er sie dem Gläubiger überbringt, und der Vertreter sie unterschlägt; denn die Münzen gehören weiterhin dem Schuldner, wenn der Vertreter sie nicht im Namen desjenigen angenommen hat, dem der Schuldner sie übereignen will, und durch ihre Entwendung gegen den Willen ihres Eigentümers begeht er zweifellos einen Diebstahl. Gibt der Schuldner sie aber so, dass sie dem Vertreter gehören sollen, begehe dieser aber, wie er sagt, keineswegs einen Diebstahl, indem er sie mit dem Willen ihres Eigentümers in Empfang nimmt. (2) Hat derjenige, der eine Nichtschuld empfangen sollte, zur Zahlung angewiesen, ist die Diebstahlsklage nicht zuständig, wenn in seiner Abwesenheit gezahlt worden ist; war er hingegen anwesend, verhält es sich anders, und er hat einen Diebstahl begangen. (3) Hat jemand nicht über seine Person gelogen, sondern mit Worten getäuscht, ist er eher ein Betrüger, als dass er einen Diebstahl begeht, wie zum Beispiel, wenn er behauptet hat, vermögend zu sein, den empfangenen Geldbetrag in Waren anlegen zu wollen, solvente Bürgen zu stellen oder das Geld umgehend zurückzuzahlen; denn mit diesem allem täuscht er mehr, als dass er einen Diebstahl begeht, und deshalb haftet er nicht wegen Diebstahls. Da er aber einen Betrug begangen hat, ist, wenn keine andere Klage gegen ihn besteht, die Arglistklage zu gewähren.

Der Text beginnt mit einer vieldeutigen Sentenz, die wahrscheinlich von Sabinus stammt,[184] sich aber nicht leicht zu dem Folgenden fügt: Wer als ‚*falsus creditor*' eine Zahlung annimmt, begeht einen Diebstahl. Unter einem „falschen Gläubiger" kann man sowohl jemanden verstehen, der einen Schuldner über seine Identität

184 Während *Lenel*, *Palingenesia*, Bd. 2, Sp. 1165 Sabinus nur das *principium* und dies auch unter Ausschluss der mit ‚*hoc est*' eingeleiteten Definition zuschreiben will, glauben *Schulz*, Sabinus-Fragmente, S, 79 und *Astolfi*, Sabino, S. 162, 248, auch der erste Satz von § 1 stamme von dem Frühklassiker.

täuscht und sich als dessen wirklicher Gläubiger ausgibt, als auch jemanden, der schlicht zu Unrecht behauptet, über eine Forderung gegenüber dem Schuldner zu verfügen. Im zuerst genannten Fall liegt sicherlich ein *furtum* vor. Dies ergibt der Gegenschluss aus § 3. Hier widmet sich Ulpian verschiedenen Täuschungshandlungen beim Vertragsschluss, die er unter dem Sammelbegriff ‚*verbis fraudem adhibere*' zusammenfasst. Als Beispiele nennt er die unrichtige Darstellung der eigenen Vermögenslage oder der eigenen Absichten: Jemand gibt vor, den Betrag, zu dessen Auszahlung er den anderen verleiten will, auf bestimmte Weise anzulegen, seine Verpflichtung zur Rückzahlung unverzüglich zu erfüllen oder hierfür taugliche Bürgen zu stellen, obwohl er weiß, dass er dies entweder nicht kann oder will. Hier soll lediglich die subsidiäre Arglistklage eingreifen, falls der *dolus* des Täters nicht schon durch einen vertraglichen Anspruch sanktioniert wird.[185] Ulpian macht aber einen Vorbehalt für den Fall, dass der Täter ‚*in persona sua*' getäuscht hat. Damit kann nur der Fall gemeint sein, dass er in dem anderen Teil eine Fehlvorstellung über seine Identität geweckt hat. Der Tatbestand des *furtum* ist eindeutig verwirklicht, weil die Zahlung an eine andere als die vorgestellte Person, die Annahme also entgegen dem Willen des Leistenden erfolgt.[186]

Was gilt aber in dem Fall, dass jemand, ohne über seine Identität zu täuschen, einfach nur vorgibt, Gläubiger eines anderen zu sein, obwohl er weiß, dass dies nicht zutrifft? Dass ein solcher ‚*falsus creditor*' zumindest nach Ulpians Auffassung keinen Diebstahl begeht, scheint § 1 zu ergeben, in dem der Spätklassiker die Ansicht des Neraz zum Fall eines ‚*falsus procurator*' zitiert. Der Hochklassiker hält diesen nicht unbedingt, sondern nur dann für einen Dieb, wenn er einen Geldbetrag unterschlägt, den ihm der Schuldner nicht übereignet, sondern lediglich mit der Maßgabe überlassen hat, ihn dem Gläubiger zu übergeben. Der Schuldner bleibt hier Eigentümer der Münzen, und das *furtum* wird nicht schon mit deren Annahme, vielmehr erst in dem Moment verübt, indem der *procurator* den Betrag abredewidrig verwendet.[187] Dagegen erkennt Neraz keinen Diebstahl in dem Fall, dass der Schuldner den *procurator* zum Eigentümer der Münzen macht, damit dieser sie dann dem Gläubiger übereignet. Der falsche Vertreter erhalte die Münzen hier nämlich mit Willen des Eigentümers. Und da sie ihm fortan gehören, kann er auch kein *furtum* mehr begehen, wenn er sie entgegen der Vorgabe des Schuldners nicht an den Gläubiger zahlt, sondern zu einem anderen Zweck verwendet. Da Ulpian keine Kritik an Neraz übt, ist davon auszugehen, dass er

---

**185** Hierzu *Harke* (Fn. 90), S. 43.

**186** Ebenso, nur mit Bezug auf die Täuschung über die Identität eines Dritten, entscheidet Ulpian in seinem Ediktskommentar in D 47.2.52.21; s.o. S. 27 ff.

**187** *Medicus*, Zur Leistungsannahme durch den *falsus procurator*, Synteleia Arangio-Ruiz, Neapel 1964, Bd. 1, S. 214, S. 219 f.

dessen Ansicht teilt.[188] Dann liegt aber auch nahe, dass er als *falsus creditor*, von dem im *principium* die Rede ist, nur denjenigen ansieht, der über seine Identität täuscht, und nicht auch jemanden, der bloß eine in Wahrheit nicht bestehende Forderung behauptet.[189] Denn dieser bekommt das Eigentum an den Münzen ebenso freiwillig übertragen wie der *falsus procurator* in der zweiten von Neraz entschiedenen Fallvariante.

Gegen eine solche Rekonstruktion der Auffassung Ulpians spricht aber wiederum klar der in § 2 behandelte Fall einer Zahlung auf Anweisung. Auch wenn ihr im Deckungsverhältnis zwischen dem Schuldner und dem Anweisenden keine Schuld zugrunde liegt, kann es hier im Normalfall nicht zu einem *furtum* kommen. Denn der Anweisungsempfänger ist auch aus Sicht des angewiesenen Schuldners nicht Inhaber einer Forderung gegen ihn. Sein Irrtum betrifft nur die Beziehung des Anweisungsempfängers zu dem Anweisenden, dem jedoch nicht der Vorwurf gemacht werden kann, sich selbst der vom Schuldner gezahlten Münzen zu bemächtigen. Und deren weiteres Schicksal kann schon deshalb keine Strafbarkeit mehr auslösen, weil die Münzen ja seit der Übereignung durch den Schuldner dem Anweisungsempfänger gehören. Ulpian sieht dies genauso, macht aber einen Vorbehalt für den Fall, dass der Anweisende bei der Zahlung präsent ist. Hier soll er durchaus wegen eines *furtum* haftbar sein. Dies kann nicht an einer Identitätstäuschung, sondern nur daran liegen, dass sich der anweisende Scheingläubiger die Münzen hier gleichsam zueignet: Ist er bei der Zahlung an den Anweisungsempfänger zugegen, hat diese offensichtlich reine Abkürzungsfunktion; und der Fall muss so angesehen werden, als habe der Anweisende die Münzen selbst in Empfang genommen und dann an den Anweisungsempfänger weitergereicht.[190] Dies genügt Ulpian ersichtlich für die Anwendung des Satzes über die Haftung des *falsus creditor*. Auch die Differenzierung im Fall des *falsus procurator* gibt keinen Hinweis darauf, dass Ulpian hier stillschweigend voraussetzt, der falsche Vertreter habe sich für eine andere Person ausgegeben. Zu dieser Annahme nötigt ferner nicht die Natur des *furtum* als eines Eigentumsdelikts. Wegen des Irrtums, den jemand bei der Zahlung einer Nichtschuld an seinen vermeintlichen Gläubiger unterliegt, lässt sich nämlich durchaus behaupten, dass dieser die Leistung *invito domino* erlange. Dass die Sanktion eines *furtum* neben dem Eigentum auch das Vermögen als Ganzes schützt,[191] zeigt sich im Übrigen

---

**188** Sie wird offensichtlich auch von Papinian geteilt; vgl. D 47.2.81.6 Pap 12 quaest und hierzu *Fargnoli* (Fn. 58), S. 127.

**189** So denn auch *Fargnoli* (Fn. 58), S. 246, 253 f.

**190** In der Tendenz richtig *Jolowicz* (Fn. 44), S. 54. Ähnlich *Fargnoli* (Fn. 58), S. 167.

**191** Vgl. *Harke*, Das römische *furtum* als Eigentums- und Vermögensdelikt, in: Weitzel/Hilgendorf (Hg.), Der Strafgedanke in seiner historischen Entwicklung, Berlin 2007, S. 9, 16 ff.

eindrücklich daran, dass die *actio furti* nicht zwangsläufig dem Eigentümer, sondern demjenigen zusteht, der ein Interesse am Unterbleiben des Diebstahls hat.[192]

Wie fügt sich aber nun dieses weite Konzept des ‚*falsus creditor*' zu der Übernahme von Neraz' Differenzierung im Fall des *falsus procurator?* Traut sich Ulpian nicht, einen Satz des Sabinus offen zu kritisieren und gibt seine Zweifel nur indirekt durch das Zitat von Neraz kund?[193] Auch diese Hypothese verträgt sich nicht damit, dass Ulpian in § 2 von der im *principium* wiedergegebenen Sentenz ausgeht. Hinzu kommt, dass zumindest noch für den Spätklassiker Scaevola feststeht, dass schon die bloße Entgegennahme einer Zahlung in Kenntnis ihres fehlenden Rechtsgrunds ein *furtum* darstellt und nicht etwa eine Identitätstäuschung voraussetzt.[194] Es gibt keinen Grund zu der Annahme, dass Ulpian hiervon abgewichen ist. Und vielleicht wollte dies noch nicht einmal Neraz.[195] Denn es gibt einen gravierenden Unterschied zwischen der Zahlung an einen Scheingläubiger und Leistung an einen falschen *procurator*, die eine unterschiedliche Handhabung der Fälle rechtfertigt. Während die Leistung an den scheinbaren Gläubiger dazu gedacht ist, die sofortige Erfüllung und Befreiung von der Verbindlichkeit herbeizuführen, bleibt der Eintritt dieses Erfolges bei der Zahlung an einen Vertreter zunächst in der Schwebe. Wer sich hierauf einlässt, weiß ebenso wie derjenige, der auf Anweisung leistet, dass der Empfänger des Geldbetrags nicht Inhaber der zu tilgenden Forderung ist. Übereignet er die Münzen gleichwohl, geht er bewusst ein Risiko ein, das auch der von ihm gehegten Fehlvorstellung eine andere Qualität verleiht. Es lässt sich durchaus vertreten, ihm anders als demjenigen, der mit seiner unmittelbaren Befreiung von einer Schuld rechnet, die Berufung darauf zu verweigern, die Annahme der Leistung sei *invito domino* geschehen. Dies erklärt noch nicht, warum sich viele andere Hoch- und Spätklassiker undifferenziert, und ohne auf Neraz' Unterscheidung einzugehen, für die Haftung eines *falsus procurator* ausgesprochen

---

**192** S. o. S. 16 ff.

**193** So *Fargnoli* (Fn. 58), S. 258, die annimmt, Ulpian habe zumindest auch die Definition des *falsus creditor* im Sinne der Auffassung von Neraz verfasst. Eine vergleichbare Zurückhaltung nimmt *Medicus* (Fn. 187), S. 221 f. schon für Neraz an, indem er glaubt, dieser habe die als unrichtig erkannte Regel für den *falsus creditor* nicht unnötig auf den Fall des *falsus procurator* ausdehnen wollen.

**194** D 13.1.18 Scaev 4 quaest: *Quoniam furtum fit, cum quis indebitos nummos sciens acceperit* … („Weil ein Diebstahl geschieht, wenn jemand wissentlich einen ungeschuldeten Geldbetrag annimmt …")

**195** Dass er eine isolierte Sondermeinung vertreten hat, glaubt hingegen *Albanese*, AUPA 25 (1956) 92 f.

haben.[196] Es macht aber das Nebeneinander der sabinianischen Sentenz und der Auffassung von Neraz in Ulpians Kommentar verständlich. Auch wenn Neraz ein anderes Konzept des *furtum* favorisiert haben sollte als Sabinus, lassen sich die Auffassungen des Früh- und Hochklassikers zumindest aus Ulpians Sicht miteinander in Einklang bringen.

Steht Neraz' Differenzierung auch nicht in direktem Widerspruch zu Sabinus' Satz, lässt sie sich aber doch nicht als Teil von dessen lemmatischer Kommentierung ansehen.[197] Ulpian erläutert nicht etwa ein Element der sabinianischen Sentenz, sondern ergänzt sie um Konstellationen, in denen sie sich entweder bewährt oder nicht: Im Fall einer Identitätstäuschung kommt sie unmittelbar, bei der Leistung auf Anweisung indirekt zur Anwendung; bei der Leistung an einen *falsus procurator* und einer einfachen Täuschung erheischt sie dagegen keine Geltung. Indem Ulpian diese Konstellationen behandelt, gibt er eine Übersicht über die Fälle, in denen ein *furtum* durch Täuschung im Vertragsrecht verübt werden kann.

## 8 Fundunterschlagung

Der zweite Teil des Fragments D 47.2.43 ist der Passus, an dem sich wegen der Parallelüberlieferung bei Gellius zweifelsfrei ausmachen lässt, dass Ulpians *libri ad Sabinum* wörtlich wiedergegebene Aussagen des Frühklassikers enthalten. Er gilt einem weiteren Grenzfall des *furtum*, in dem zweifelhaft ist, ob es zu einer Entwendung *invito domino* gekommen ist.[198] Anders als bei der wissentlichen

---

**196** D 47.2.44pr Pomp 19 Sab, D 12.4.14 Paul 3 Sab, CJ 6.2.19 (nach 30. Dez. 294), vgl. auch D 46.3.38.1 Afr 7 quaest.

**197** Dies versucht aber *Schulz*, Sabinus-Fragmente, S. 79 f., indem er in § 1 den Begriff des *falsus procurator*, in § 2 das Verb ‚*acceperit*' und in § 3 die Wendung ‚*qui se simulat creditorem*' erläutert sieht.

**198** Der Schluss des Fragments ist einem anderen Thema gewidmet. Es geht um die spezielle Frage, ob beim Erwerb des Miteigentums oder des Nießbrauchs an einem Sklaven eine *actio furti*, die durch seine Tat ausgelöst wurde, erlischt. Anknüpfungspunkt könnte die durch Gai 4.78 und D 47.2.18 Paul 9 Sab dokumentierte Auffassung der Sabinianer sein, eine *actio furti* gehe unter, wenn der Täter in die persönliche Gewalt des Opfers falle; vgl. *Schulz*, Sabinus-Fragmente, S. 81. Dies könnte bedeuten, dass ein entsprechender Satz des Sabinus auch in Ulpians Kommentar aufgeführt war. Inwieweit er Gegenstand von Erläuterungen war, lässt sich aber nicht mehr nachvollziehen. Das folgende Fragment D 47.2.45, in dem es um einen Diebstahl unter Miteigentümern geht, deutet eher daraufhin, dass es Ulpian an dieser Stelle um das Verhältnis zwischen *furtum* und Miteigentum geht.

Annahme eines *indebitum* überlässt der Eigentümer dem Täter die Sache zwar nicht eigens; er hat sie aber auch nicht mehr in Besitz, als der Täter sie ergreift:[199]

D 47.2.43.4–11 Ulp 41 Sab (Ulp 2870)
Qui alienum quid iacens lucri faciendi causa sustulit, furti obstringitur, sive scit cuius sit sive ignoravit: nihil enim ad furtum minuendum facit, quod cuius sit ignoret. (5) Quod si dominus id dereliquit, furtum non fit eius, etiamsi ego furandi animum habuero: nec enim furtum fit, nisi sit cui fiat: in proposito autem nulli fit, quippe cum placeat Sabini et Cassii sententia existimantium statim nostram esse desinere rem, quam derelinquimus. (6) Sed si non fuit derelictum, putavit tamen derelictum, furti non tenetur. (7) Sed si neque fuit neque putavit, iacens tamen tulit, non ut lucretur, sed redditurus ei cuius fuit, non tenetur furti. (8) Proinde videamus, si nescit cuius esset, sic tamen tulit quasi redditurus ei qui desiderasset vel qui ostendisset rem suam, an furti obligetur. et non puto obligari eum. solent plerique etiam hoc facere, ut libellum proponant continentem invenisse se et redditurum ei qui desideraverit: hi ergo ostendunt non furandi animo se fecisse. (9) Quid ergo, si *euretra* quae dicunt petat? nec hic videtur furtum facere, etsi non probe petat aliquid. (10) Si quis sponte rem iecit vel iactavit, non quasi pro derelicto habiturus, tuque hanc rem tuleris, an furti tenearis, Celsus libro duodecimo digestorum quaerit. et ait: si quidem putasti pro derelicto habitam, non teneris. quod si non putasti, hic dubitari posse ait: et tamen magis defendit non teneri, quia, inquit, res non intervertitur ei, qui eam sponte reiecit. (11) Si iactum ex nave factum alius tulerit, an furti teneatur? quaestio in eo est, an pro derelicto habitum sit. et si quidem derelinquentis animo iactavit, quod plerumque credendum est, cum sciat periturum, qui invenit suum fecit nec furti tenetur. si vero non hoc animo, sed hoc, ut, si salvum fuerit, haberet: ei qui invenit auferendum est, et si scit hoc qui invenit et animo furandi tenet, furti tenetur. enimvero si hoc animo, ut salvum faceret domino, furti non tenetur. quod si putans simpliciter iactatum, furti similiter non tenetur.

Wer eine fremde liegengelassene Sache in Bereicherungsabsicht an sich nimmt, ist wegen Diebstahls haftbar, sei es, dass er weiß, wem sie gehört, sei es, dass er es nicht weiß; denn dass er es nicht weiß, bewirkt nicht, dass kein Diebstahl begangen worden ist. (5) Hat der Eigentümer aber sein Eigentum an der Sache aufgegeben, geschieht kein Diebstahl an ihr, auch wenn ich Diebstahlsabsicht habe; denn es geschieht kein Diebstahl, wenn es nicht ein Opfer gibt; in diesem Fall gibt es aber kein Opfer, weil die Ansicht von Sabinus und Cassius anerkannt ist, wonach wir das Eigentum an einer Sache unmittelbar mit dessen Aufgabe verlieren. (6) Ist das Eigentum jedoch nicht aufgegeben, hat dies aber jemand geglaubt, haftet er nicht wegen Diebstahls. (7) Ist es aber weder aufgegeben noch hat er dies geglaubt und die liegende Sache trotzdem an sich genommen, nicht um sich zu bereichern, sondern um sie dem Eigentümer zurückzugeben, haftet er nicht wegen Diebstahls. (8) Daher müssen wir zusehen, ob er wegen Diebstahls haftet, wenn er nicht weiß, wem sie gehört, sie aber an sich genommen hat, um sie demjenigen zurückzugeben, der sie fordert und sein Eigentum dartut. Und ich glaube, dass er nicht haftet. Es kommt auch häufig vor, dass ein Schild ausgehängt wird, auf dem steht, dass man etwas gefunden habe und demjenigen zurückgeben werde, der es wünscht; und so zeigt man, dass man ohne Diebstahlsabsicht gehandelt hat. (9) Was soll also gelten, wenn jemand einen sogenannten Finderlohn fordert? Auch er

199 Den Zusammenhang beider Fälle erkennt auch *Jolowicz* (Fn. 44), S. 55.

> begeht keinen Diebstahl, obwohl er nicht ehrenhaft handelt. (10) Im zwölften Buch seiner Digesten stellt Celsus die Frage, ob du wegen Diebstahls haftest, wenn jemand freiwillig eine Sache liegenlassen oder weggeworfen hat, ohne das Eigentum an ihr aufgeben zu wollen, und du sie an dich genommen hast. Und er schreibt: Hast du geglaubt, dass das Eigentum an ihr aufgegeben sei, haftest du nicht. Hast du dies nicht geglaubt, könne man, wie er schreibt, zweifeln; und er spricht sich eher dafür aus, dass du nicht haftest, weil, wie er schreibt, jemandem, der eine Sache freiwillig wegwirft, diese nicht entwendet werde. (11) Haftet jemand wegen Diebstahls, wenn er etwas an sich genommen hat, das aus einem Schiff ins Meer geworfen worden ist? Die Frage geht dahin, ob das Eigentum an ihr aufgegeben worden ist. Und wenn jemand es in der Absicht, das Eigentum aufzugeben, geworfen hat, was häufig anzunehmen ist, da er damit rechnet, dass es untergehen wird, erwirbt derjenige, der es findet, das Eigentum und haftet nicht wegen Diebstahls. Hat er es nicht in dieser Absicht geworfen, sondern um es für den Fall der Bergung zu behalten, ist es demjenigen, der es findet, wegzunehmen, und wenn er es weiß und in Diebstahlabsicht innehat, haftet er wegen Diebstahls. Hat er es inne, um es für den Eigentümer zu bewahren, haftet er nicht wegen Diebstahls. Aber auch wenn er einfach nur weiß, dass es geworfen worden ist, haftet er gleichfalls nicht.

Der Satz des § 4 findet sich, wenn auch nicht mit exakt demselben Wortlaut, als Zitat aus Sabinus' zweitem Buch *iuris civilis* bei Gellius.[200] Der Frühklassiker sieht ein *furtum* begangen, wenn jemand eine Sache, die sich nicht im Besitz eines anderen befindet, in der Absicht aufnimmt, sich zu bereichern; und er weist noch daraufhin, dass es keine Rolle spielt, ob er die Person des Eigentümers kennt oder nicht. Während Ulpian auf diesen Zusatz nicht näher eingeht, führt er im Folgenden zahlreiche Fallvarianten auf, die zeigen, dass der Satz des Sabinus zumeist keine Anwendung findet und nur unter bestimmten Umständen eingreift:

Als Grund, aus dem er unanwendbar bleibt, nennt Ulpian in § 5 die auf Sabinus selbst zurückgehende Regel, dass die Aufgabe des Besitzes an einer Sache unmittelbar zum Verlust des Eigentums führt, wenn der Eigentümer auf sein Recht verzichten will. Daher scheidet die Annahme eines Diebstahls nicht nur dann aus, wenn sie wirklich derelinquiert ist und ihr Finder, indem er dies verkennt und sie in Diebstahlsabsicht aufnimmt, nur den straflosen Versuch eines *furtum* begeht. Eine Haftung kommt, wie Ulpian in § 6 ausführt, auch dann nicht mehr in Betracht, wenn der Eigentümer sein Recht in Wahrheit nicht aufgegeben hat, der

---

**200** Gell 11.18.20 f.: *Verba sunt Sabini ex libro iuris civilis secundo: ‚Qui alienam rem adtrectavit, cum id se invito domino facere iudicare deberet, furti tenetur.' (21) Item alio capite: ‚Qui alienum iacens lucri faciendi causa sustulit, furti obstringitur, sive scit, cuius sit, sive nescit.'* („Folgende Formulierung findet sich im zweiten Buch des Sabinus zum Zivilrecht: ‚Wer eine fremde Sache ergreift, während er annehmen muss, dass er dies gegen den Willen des Eigentümers tut, haftet wegen Diebstahls.' (21) Ferner in einem anderen Kapitel: ‚Wer eine fremde liegengelassene Sache in Bereicherungsabsicht an sich nimmt, ist wegen Diebstahls haftbar, sei es, dass er weiß, wem sie gehört, sei es, dass er es nicht weiß.'")

Finder aber fälschlich von einer Dereliktion ausgeht. Eine solche Fehlannahme, die sich im Fall einer liegengelassenen Sache nachgerade aufdrängt, bewirkt nämlich, dass dem Finder der erforderliche Vorsatz fehlt.

Bedeutet die Dereliktion ein äußeres Hindernis für die Anwendung von Sabinus' Satz, schließt dieser schon selbst die Strafbarkeit wegen eines *furtum* aus, wenn der Täter die Sache an sich nimmt, um sie dem Eigentümer zurückzugeben. Denn er handelt hier nicht ‚*lucri faciendi causa*'. Dabei spielt es keine Rolle, ob er den Eigentümer schon kennt oder die Absicht hat, sie einem beliebigen anderen herauszugeben, der sein Eigentum nachweisen kann. In beiden Fällen, mit denen sich Ulpian in den §§ 7 und 8 beschäftigt, will sich der Finder die Sache nicht zueignen. Schwierig gestaltet sich die Anwendung der sabinianischen Sentenz nur in der im § 9 behandelten Konstellation, dass der Finder die Sache an sich nimmt, um vom Eigentümer einen Finderlohn zu bekommen. Hält man sich an den Wortlaut der Regel, kann man eine Haftung schwerlich verneinen; denn wer es auf den Finderlohn abgesehen hat, wird durchaus mit dem Ziel tätig, sich zu bereichern. Gleichwohl verbietet sich die Annahme eines *furtum*, weil der Finder sein Vermögen ja nicht um die gefundene Sache vermehren, sondern lediglich ihren Eigentümer zu einer Belohnung provozieren will. Er handelt aus Ulpians Sicht zwar unehrenhaft, muss sich aber nicht den Vorwurf gefallen lassen, die Sache dem Eigentümer entziehen zu wollen, Da sich die von Sabinus stammende Formulierung, der Täter müsse ‚*lucri faciendi causa*' handeln,[201] in diesem Fall als unpräzise erweist, spricht Ulpian an ihrer Statt auch allein vom *animus furandi*. Das klingt als Beschreibung des Tatbestands eines *furtum* zwar tautologisch, bringt aber klarer zum Ausdruck, dass die Tat nur verübt ist, wenn sich der Täter die ergriffene Sache auch zueignen will.[202]

Um eine regelrechte Einschränkung von Sabinus' Regel geht es im folgenden § 10, in dem Ulpian den Hochklassiker Celsus bemüht. Dieser befasst sich mit dem Fall, dass der Eigentümer den Besitz an einer Sache freiwillig aufgegeben hat, ohne aber sein Recht an ihr einbüßen zu wollen.[203] Wie schon in § 6 geklärt, kommt eine Haftung wegen Diebstahls unter diesen Umständen nicht in Betracht, wenn der Finder aus der Besitzaufgabe den naheliegenden Schluss zieht, der Eigentümer habe auf sein Recht verzichten wollen. Selbst in dem Fall, dass er von der fehlenden Dereliktionsabsicht weiß, hält Celsus aber eine Haftung für

---

**201** Sie findet sich auch noch in der Definition des *furtum* durch Ulpians Zeitgenossen Paulus in D 47.2.1.3 Paul 39 ed.

**202** Vielleicht liegt *Jolowicz* (Fn. 44), S. LX richtig, wenn er die Bereicherungsabsicht für ein speziell für die Fundunterschlagung aufgestelltes Erfordernis hält.

**203** Einen Bezug zum Thema der Dereliktion macht dagegen *Jolowicz* (Fn. 44), S. 57 aus.

ausgeschlossen, weil es an einer Entwendung fehle:[204] Wer eine Sache freiwillig aufgibt, kann nicht behaupten, der Finder bemächtige sich ihrer gegen seinen Willen. Es fehlt, wenn auch nicht am Vorsatz, so doch am objektiven Tatbestand des *furtum*, das nicht ohne unfreiwillige Entziehung der Sache begangen werden kann.[205] Zwar kann sich der Finder diesen Vorwurf noch dadurch zuziehen, dass er die Sache später einbehält, obwohl der Eigentümer sie wieder in Besitz nehmen will. Nichtsdestoweniger erweist sich der Satz des Sabinus, der die Haftung schon an die bloße Aufnahme der Sache anknüpfen will, in dieser Hinsicht als falsch. Er kann nur dort Geltung beanspruchen, wo sich der Eigentümer seines Besitzes nicht freiwillig begeben, sondern die Sache entweder aus eigener Nachlässigkeit verloren oder gezwungenermaßen aufgegeben hat.

Ein praktischer Fall des unfreiwilligen Besitzverlustes ist der Seewurf, den der Eigentümer zur Vermeidung eines drohenden Schiffsuntergangs vornimmt. Wie Ulpian in § 11 erklärt, ist hier nach der Lebenserfahrung davon auszugehen, dass der Eigentümer mit dem Verlust seiner Sachen rechnet und daher auch sein Recht an ihnen aufgibt, wenn er sie über Bord wirft. Nur in der Ausnahmesituation, dass er ernsthaft an ihre Rettung glaubt und sich mit Blick auf diese sein Eigentum bewahren will, kann sich der Finder eines *furtum* schuldig machen. Dies gilt aber nur dann, wenn der Finder weiß, dass der Eigentümer die Rettung seiner Sachen erwartet, und in Diebstahlsabsicht, also mit dem Ziel handelt, die Sachen für sich zu behalten. Normalerweise weiß ein Finder aber überhaupt nicht, wer mit welcher Vorstellung seine Sachen über Bord geworfen hat. Erkennt er lediglich, dass es zu einem Seewurf gekommen ist, macht er sich keines *furtum* schuldig. Denn er darf sich darauf verlassen, dass ein Regelfall vorliegt, in dem sich der Eigentümer seines Rechtes begeben hat, und braucht nicht damit zu rechnen, dass er ausnahmsweise die Rettung seiner Sachen erwartet.[206] Scheidet eine Haftung damit auch im typischen Fall eines erzwungenen Besitzverlustes aus, bleibt für den Satz des Sabinus im Wesentlichen nur noch die Konstellation übrig, dass ein Eigentümer seine Sache infolge seiner eigenen Nachlässigkeit verloren hat.

Natürlich lassen sich für Ulpians Ausführungen jeweils Anhaltspunkte in dem sabinianischen Satz finden. Dennoch fällt es schwer, in ihnen Kommentare zu seinen einzelnen Elementen zu sehen.[207] Wenn Ulpian auf die Möglichkeit einer Dereliktion verweist, ist dies so wenig eine Erläuterung des Lemmas *‚ali-*

204 *Albanese*, AUPA 25 (1956) 101 weist darauf hin, dass Celsus auch in D 47.2.67pr Cels 12 dig ein *intervertere* als konstitutiv für den Diebstahl ansieht.

205 Vgl. *Harke, Argumenta Iuventiana – argumenta Salviana*, Berlin 2012, S. 33.

206 Dass es hier um eine aus der Lebenserfahrung geborene Vermutung geht, verkennt *Jolowicz* (Fn. 44), S. 57.

207 So aber *Schulz*, Sabinus-Fragmente, S. 6, 81; ihm folgend *Pennitz* (Fn. 2), S. 57 f.

*enum*' wie die Umkehrung des Falles, in dem das Eigentum nicht aufgegeben, der Finder aber dieser Meinung ist. Und der Einwand des Celsus, eine freiwillige Aufgabe des Besitzes schließe eine Entwendung der Sache aus, ist kein Kommentar zu dem Merkmal ‚*iacens*'. Was Ulpian mit seiner Erörterung erreichen will, ist vielmehr eine schrittweise Demontage der Sentenz des Sabinus, die wie eine allgemeingültige Regel daherkommt, in Wahrheit aber so gut wie keinen Anwendungsbereich hat: Sie betrifft nur Sachen, die vom Eigentümer nicht derelinquiert worden sind und deren Besitz er auch nicht freiwillig aufgegeben, sondern gegen seinen Willen verloren hat. Und aus diesen Konstellationen fällt sogar noch der praktisch wichtige Fall des Seewurfs heraus, weil der Finder hier darauf vertrauen darf, dass der Eigentümer sein Recht an der über Bord geschmissenen Sache aufgegeben hat. Hat der Satz des Sabinus damit kaum praktische Bedeutung, ist er, wenn auch nicht regelrecht falsch, so doch mindestens irreführend. Ulpian weist ihm seinen richtigen Platz zu, indem er die denkbaren Konstellationen durchspielt und das Thema des Diebstahls an einer gefundenen Sache phänomenologisch nahezu erschöpft.

Unterschwellige Kritik an Sabinus' Satz übt Ulpian zudem auch noch dadurch, dass er den unpräzisen Begriff der Bereicherungsabsicht durch den *animus furandi* ersetzt. Sie kommt ferner darin zum Ausdruck, dass er sich gerade auf die ‚*sententia Sabini et Cassii*' beruft, um die Unanwendbarkeit des sabinianischen Satzes im Fall der Dereliktion darzutun. Hier käme er auch dann nicht zum Zuge, wenn man sich der Gegenansicht von Proculus anschlösse, wonach es zum Verlust des Eigentums außer der Aufgabe des Besitzes auch einer Inbesitznahme durch einen Erwerber bedarf.[208] Selbst wenn das Eigentum erst im Moment der Ergreifung der Sache auf den Finder wechselt, kann man doch nicht behaupten, dass er *invito domino* handelt.[209] Erwähnt Ulpian also ganz unnötig die Meinung von Sabinus und Cassius zur Dereliktion, kann dies nur den Zweck haben, dem Frühklassiker vorzuhalten, dass er bei der Formulierung des Satzes zum *furtum* das von ihm eigens behandelte Problem der Eigentumsaufgabe übersehen hat.

## 9 Handhafter Diebstahl

Aus dem 41. Buch *ad Sabinum* stammt auch ein Abschnitt zum *furtum manifestum*. Obwohl er im Digestentitel 47.2 allen anderen Fragmenten aus Ulpians Sabinuskommentar vorangeht, ordnet *Lenel* ihn in seiner Palingenesie erst nach der

---

**208** D 41.7.2.1 Paul 54 ed.
**209** Richtig *Jolowicz* (Fn. 44), S. 55.

langen Abhandlung zur Fundunterschlagung ein,[210] weil das Thema auch im Kommentar des Pomponius erst gegen Ende des Kapitels *de furtis* behandelt wird:[211]

D 47.2.3 Ulp 41 Sab (Ulp 2875)
Fur est manifestus, quem Graeci *ep' autofōrō* appellant, hoc est eum, qui deprehenditur cum furto. (1) Et parvi refert, a quo deprehendatur, utrum ab eo cuius res fuit an ab alio. (2) Sed utrum ita demum fur sit manifestus, si in faciendo furto deprehendatur, an vero et si alicubi fuerit deprehensus? et magis est, ut et Iulianus scripsit, etsi non ibi deprehendatur, ubi furtum fecit, adtamen esse furem manifestum, si cum re furtiva fuerit adprehensus, priusquam eo loci rem pertulerit, quo destinaverat. (5pr) Sive igitur in publico sive in privato deprehendatur, antequam ad locum destinatum rem perferret, in ea causa est, ut fur manifestus sit, si cum re furtiva deprehendatur: et ita Cassius scripsit. (1) Sed si pertulit quo destinavit, tametsi deprehendatur cum re furtiva, non est manifestus fur. (7pr) Si quis in servitute furtum fecerit et manumissus deprehendatur, an fur manifestus sit, videamus. et ait Pomponius libro nono decimo ex Sabino non posse eum manifesti conveniri, quia origo furti in servitute facti non fuit manifesti. (1) Ibidem Pomponius eleganter scripsit deprehensione fieri manifestum furem: ceterum si, cum tibi furtum facerem de domo tua, abscondisti te, ne te occidam, etiamsi vidisti furtum fieri, attamen non est manifestum. (2) Sed Celsus deprehensioni hoc etiam adicit, si, cum vidisses eum subripientem et ad comprehendendum eum accurrisses, abiecto furto effugit, furem manifestum esse: (3) Parvique referre putat, dominus an vicinus an quilibet transiens adprehendat.

Ein handhafter Dieb, den die Griechen auf frischer Tat ertappt nennen, ist jemand, der beim Diebstahl ergriffen wird. (1) Und es kommt nicht darauf an, von wem er ergriffen wird, von dem Eigentümer der Sache oder von einem anderen. (2) Aber ist jemand nur dann ein handhafter Dieb, wenn er bei der Begehung des Diebstahls ergriffen wird, oder auch dann, wenn er andernorts ergriffen wird? Und es spricht mehr dafür, was auch Julian schreibt, nämlich dass er, selbst wenn er nicht am Tatort des Diebstahls ergriffen worden ist, dennoch ein handhafter Dieb ist, wenn er mit der gestohlenen Sache ergriffen worden ist, bevor er sie an den Ort gebracht hat, wohin er sie bringen wollte (5pr) Er gilt daher als handhafter Dieb, wenn er ergriffen wird, bevor er die Sache zu seinem Ziel gebracht hat, sei es, dass er in der Öffentlichkeit oder in privatem Raum ergriffen wird; und dies schreibt auch Cassius. (1) Hat er sie aber zu seinem Ziel gebracht, ist er auch dann, wenn er mit der gestohlenen Sache ergriffen wird, kein handhafter Dieb. (7pr) Hat jemand als Sklave einen Diebstahl begangen und wird als Freigelassener ergriffen, müssen wir zusehen, ob er ein handhafter Dieb ist. Und Pomponius schreibt, im 19. Buch zu Sabinus, er könne nicht wegen handhaften Diebstahls belangt werden, weil der Anfang des Diebstahls in Sklaverei nicht handhaft war. (1) Ebendort schreibt Pomponius treffend, ein Dieb werde durch seine Ergreifung handhaft; daher sei ich

**210** Vgl. *Lenel, Palingenesia*, Bd. 2, Sp. 1167 Fn. 5.
**211** Dazwischen reiht er einige Fragmente mit völlig disparatem Thema und divergierender Position in der justinianischen Kompilation ein. Es lässt sich noch nicht einmal ein Zusammenhang zum letzten Abschnitt von D 47.2.43 und dem folgenden Fragment D 47.2.45 finden. In beiden widmet sich Ulpian der Entwendung einer im Miteigentum stehenden Sache. Die Ausführungen sind aber nicht lang genug, um den Gedankengang erkennen zu können.

kein handhafter Dieb, wenn du dich, als ich in deinem Haus einen Diebstahl beging, versteckt hast, damit ich dich nicht töte, auch wenn du den Diebstahl beobachtet hast. (2) Celsus fügt zum Thema der Ergreifung aber noch hinzu, dass jemand ein handhafter Dieb sei, wenn du ihn bei der Entwendung gesehen und zu seiner Ergreifung herbeigelaufen bist und er die Sache weggeworfen hat und geflohen ist. (3) Und es mache keinen Unterschied, ob ihn der Eigentümer, ein Nachbar oder ein beliebiger Passant ergreife.

Ulpian leuchtet den Tatbestand des *furtum manifestum* aus, das im Gegensatz zur nicht handhaften Tat eine Haftung auf das Vierfache des Wertes der entwendeten Sache zeitigt: Nach einer Definition des Delikts mit Hilfe des Merkmals der ‚*deprehensio cum furto*' beschäftigt sich Ulpian mit den verschiedenen Komponenten dieses Begriffs. Zunächst geht es um den personellen Aspekt: Die Ergreifung muss nicht durch den Eigentümer stattfinden, sondern kann auch durch einen beliebigen Dritten erfolgen. Es folgt der räumliche Bezug zwischen Ergreifung und Tat: Während Gaius noch als Gegenstand einer Mehrheitsmeinung angibt, der Täter müsse am Ort des Delikts betroffen sein,[212] entscheidet Ulpian unter Berufung auf Julian danach, wohin der Täter die entwendete Sache bringen will:[213] Bis er sein Ziel erreicht hat, führt seine Ergreifung noch dazu, dass er als *fur manifestus* gilt. Ist die Ergreifung damit nicht auf den Tatort festgelegt, stellt sich die Folgefrage, ob es auf die Lokalität der *deprehensio* ankommt. Ulpian verneint dies und bemerkt mit Hinweis auf die Ansicht von Cassius, der Täter könne *in publico* oder *in privato* ergriffen werden, also an jedem beliebigen Ort, der nicht sein Ziel ist.

Danach geht es Ulpian wieder um den personellen Aspekt, diesmal aber mit Blick auf den Täter: Zwar bleibt er stets dieselbe Person; da er aber nicht am Tatort, sondern nur vor Erreichen seines Ziels erwischt werden muss, kann zwischen der Begehung der Tat und seiner Ergreifung ein längerer Zeitraum liegen, innerhalb dessen es zu einem Statuswechsel kommt: Eine Sklave, der eine Sache entwendet hat, wird, bevor er sie in Sicherheit gebracht hat, von seinem Gewalthaber freigelassen; oder es tritt die Bedingung für eine schon vor der Tat vorgenommene Freilassung ein. Als Freigelassener haftet der Sklave nach dem Grundsatz ‚*noxa caput sequitur*' sicherlich für die als Sklave begangene Tat. Es erscheint jedoch zweifelhaft, ob er auch als *fur manifestus* belangt werden kann. Ulpian schließt sich der Auffassung von Pomponius an, der die Frage verneint und seine Entscheidung damit begründet, dass der noch im Zustand der Sklaverei liegende *origo furti* nicht handhaft sei. Der Statuswechsel bewirkt eine Diskontinuität in der Person des Täters, die dazu führt, dass sein Verhalten vor und nach

**212** Gai 3.184.

**213** Die byzantinischen Juristen haben die gaianische Darstellung mit dem ulpianischen Text vermischt und dabei der Ansicht des Spätklassikers den Vorrang eingeräumt; vgl. IJ 4.1.3.

der Erlangung der Freiheit nicht zusammengerechnet werden kann. Die noch als Sklave begangene Tat ist mit der Freilassung endgültig abgeschlossen und, da der Täter bis zu diesem Moment nicht ergriffen worden ist, eben nicht handhaft.

Der letzte Aspekt, dem sich Ulpian widmet, ist die Art und Weise der Ergreifung: Unter erneuter Berufung auf Pomponius stellt er fest, dass die bloße Beobachtung der Tat nicht reicht.[214] Um eine *deprehensio* annehmen zu können, muss der Täter auch gestellt werden. Es bedarf hierfür aber weder seiner Festsetzung noch auch nur seiner Berührung. Selbst wenn er die Flucht vor demjenigen ergreift, der ihn stellt, ist er ein handhafter Dieb. Und es schadet auch nicht, wenn er sich dabei der gestohlenen Sache entledigt. Ulpian bedient sich hier eines Zitats von Celsus. Dieses schließt auch die schon vorgenommene Klarstellung ein, es komme nicht darauf an, wer dem Täter gegenübertritt. Ihre Wiederholung ist deshalb nicht unangebracht, weil sich der Kreis der Personen, die für eine *deprehensio* des Täters sorgen können, nicht unerheblich erweitert, wenn es genügt, den Dieb zu stellen.

Ulpians Erläuterung des *furtum manifestum* ist eine wohlstrukturierte und in sich geschlossene Darstellung, die das Thema nahezu erschöpfend behandelt. Er versteigt sich sogar dazu, das durch die räumliche Erstreckung des Tatbestands aufgeworfene Folgeproblem des Statuswechsels zu betrachten. Unterbelichtet bleibt allein die zeitliche Komponente. Sie hat Gaius gerade zur Ablehnung der von Ulpian favorisierten Ansicht bewogen, weil die Ablösung der *deprehensio* vom Tatort zu der Zweifelsfrage führt, ob die Ergreifung des Täters auch an einem anderen als dem Tag der Tat erfolgen kann. Während Paulus dies verneint,[215] lässt Ulpian durch seine Beschäftigung mit der Frage des Statuswechsels durchblicken, dass er auch eine spätere Ergreifung des Täters für ausreichend hält. Es ist nicht auszuschließen, dass er dies auch ausdrücklich festgestellt hat, die byzantinischen Gesetzesredaktoren den Passus aber mit Rücksicht auf die in den ulpianischen Text eingewobene Stellungnahme des Paulus gestrichen haben.[216]

Anknüpfungspunkt der ulpianischen Darstellung könnte ein Satz des Sabinus sein, der bei Gellius überliefert ist.[217] Sabinus erklärt hierin die Tat mit Er-

---

214 Bei Gaius erscheint dieser auf die Modalität der *deprehensio* bezogene Aspekt noch als Gegenstand einer Ansicht zur räumlichen Komponente des *furtum manifestum*; vgl. Gai 3.184.

215 Vgl. D 47.2.4 Paul 9 Sab.

216 Außerdem fehlt bei Ulpian auch der von Paulus in D 47.2.6 Paul 9 Sab gegebene Hinweis darauf, dass die Fortsetzung des *furtum* durch Einbehalt der Sache nicht Ansatzpunkt für die Annahme eines *furtum manifestum* sein kann. Dies versteht sich aber von selbst, weil andernfalls fast jeder Diebstahl zu einer handhaften Tat würde.

217 Gell 11.18.11: *‚Manifestum' autem ‚furtum est', ut ait Masurius, ‚quod deprehenditur, dum fit. Faciendi finis est, cum perlatum est, quo ferri coeperat.'* („ ‚Handhaft ist eine Tat', wie Masurius

reichen des vom Täter angestrebten Ziels für beendet und scheint damit die Frage des räumlichen Bezugs in eben derselben Weise zu entscheiden wie Ulpian. Dieser beruft sich in diesem Punkt freilich gerade auf Julian; und er zitiert ihn ebenso wie Cassius, Pomponius und Celsus an der Stelle, an die das Zitat im Rahmen seiner Darstellung passt. Eine bloße Kommentierung der sabinianischen Regel hat er also keinesfalls im Sinne.

## 10 Haftung nach Sachverlust

Das erste längere Fragment aus dem 42. Buch *ad Sabinum*, das Eingang in den Digestentitel 47.2 gefunden hat, zerfällt thematisch in drei Abschnitte.[218] Der erste beschränkt sich auf das *principium*, ist allerdings gerade noch lang genug geraten, um die Struktur der Darstellung erahnen zu lassen:

D 47.2.46pr Ulp 41 (Ulp 2877)
Inter omnes constat, etiamsi exstincta sit res furtiva, attamen furti remanere actionem adversus furem. proinde mortuo quoque homine, quem quis furto abstulit, viget furti actio. sed nec manumissio furti actionem extinguit: nec enim dissimilis est morti manumissio quod ad subtrahendum domino servum. apparet itaque, qualiterqualiter domino sit servus subtractus, attamen superesse adversus furem furti actionem, eoque iure utimur: competit enim actio non ideo, quia nunc abest, sed quia umquam beneficio furis afuit. hoc idem in condictione quoque placet: nam condici furi potest, etiamsi res sit aliqua ratione extincta. hoc idem dicendum, si res in potestatem hostium pervenerit: nam constat posse de ea furti agi. sed et si pro derelicto sit postea a domino habita, furti nihilo minus agi poterit.

Es steht anerkanntermaßen fest, dass die Diebstahlsklage auch dann gegen den Dieb erhalten bleibt, wenn die gestohlene Sache untergegangen ist. Daher besteht die Diebstahlsklage auch nach dem Tod eines Sklaven, den jemand durch Diebstahl entführt hat. Aber auch seine Freilassung lässt die Diebstahlsklage nicht wegfallen. Denn die Freilassung ist dem Tod insofern nicht unähnlich, als sie den Sklaven seinem Eigentümer entzieht. So erhellt, dass die Diebstahlsklage, wie auch immer der Sklave dem Eigentümer entzogen wird, gegen Dieb dennoch erhalten bleibt; und so halten wir es. Die Klage steht nämlich nicht deshalb zu, weil er jetzt fehlt, sondern weil er früher durch die Tat des Diebs gefehlt hat. Dasselbe gilt auch für die Kondiktion. Denn kondiziert werden kann von dem Dieb auch dann, wenn die Sache aus irgendeinem Grund untergegangen ist. Ebenso ist zu entscheiden, wenn eine Sache in Feindeshand gefallen ist. Denn auch ihretwegen kann die Diebstahls-

sagt, ‚die entdeckt wird, während sie geschieht‘. Die Tat endet, wenn etwas dorthin gebracht worden ist, wohin es gebracht werden sollte.“)

**218** Davor ordnet *Lenel* noch die Fragmente D 13.1.7 und D 47.3.2 ein. Zumindest der Schluss von D 13.1.7 weist mit der Erwähnung des Sklaventodes eine gewisse inhaltliche Verbindung zum ersten Thema von D 47.2.46 auf. Die Annahme einer direkten Abfolge trägt sie aber nicht.

klage erhoben werden. Aber auch wenn sie vom Eigentümer später als aufgegeben behandelt wurde, kann nichtsdestoweniger die Diebstahlsklage erhoben werden.

Der Text beginnt mit einer Regel: Auch wenn die gestohlene Sache nach der Tat untergeht, kann der Eigentümer weiterhin die *actio furti* gegen den Dieb anstellen und von diesem die Buße fordern. Als Beispiel dient zunächst ein Sklave, der zunächst entführt wird und dann stirbt. Die Diebstahlsklage bleibt hier ohne Rücksicht auf die Umstände erhalten, unter denen der Sklave ums Leben gekommen ist. Daher muss sie auch zuständig bleiben, wenn der Sklave später freigelassen worden ist. Denn es spielt ja gerade keine Rolle, weshalb der Sklave für den Eigentümer verloren ist. Die Lösung dieses Falles ist freilich deshalb schwerer einzusehen als beim Tod des Sklaven, weil die Freilassung nicht ohne den Willen seines Eigentümers möglich ist und dessen Mitwirkung voraussetzt. Der Eigentümer hat den Verlust hier also selbst herbeigeführt. Nichtsdestoweniger gilt der Satz, dass die *actio furti* unabhängig vom Schicksal des Tatobjekts ist. Der Grund liegt in ihrem Strafcharakter: Die Diebstahlsklage soll nicht den Nachteil wettmachen, den die Tat im Vermögen des Geschädigten angerichtet hat, sondern den Täter büßen lassen. Es ist daher unerheblich, ob der Eigentümer des Diebstahlsobjekts ohnehin hätte entbehren müssen, und allein entscheidend, dass es ihm einmal wegen der zu sanktionierenden Tat entzogen war.

Dies gilt außer bei Tod oder Freilassung eines entwendeten Sklaven auch in weiteren Konstellationen, die zueinander in einem ähnlichen Verhältnis wie die beiden zunächst behandelten Fälle stehen: Fällt ein Sklave in die Hände der Feinde, scheidet er ebenso aus dem Rechtsverkehr aus, wie wenn er eines natürlichen Todes gestorben wäre; und die Ursache hierfür ist jeweils eine höhere Gewalt, die sich der Kontrolle der Beteiligten entzieht. Ganz anders verhält es sich bei der Dereliktion einer Sache, die ihrerseits der Freilassung vergleichbar ist: Hier wie dort begibt sich der Eigentümer freiwillig seines Rechts. Gleichwohl bleibt der Dieb in beiden Fälle wegen der Entziehung des Objekts in der Vergangenheit haftbar.

Obwohl sie eigentlich nicht der Bestrafung des Täters, sondern der Verfolgung des entwendeten Objekts dient, ist neben der Diebstahlsklage stets die *condictio furtiva* zuständig. Grund ist das *perpetuatio obligationis* genannte Phänomen, das mit dem Verzug des Schuldners verbunden ist.[219] Da einem Dieb nicht eigens vor Augen geführt werden muss, dass er zur Rückgabe der gestohlenen Sache verpflichtet ist, gerät er nach einer schon von den Juristen der Republik aufgestellten

219 Vgl. auch *Harke*, CRRS III.2 (Fn. 63), S. 148 (Text 216).

Regel automatisch in *mora*.[220] Deren Konsequenz ist eine unbedingte Haftung für die zurückzugewährende Sache, die sich aus einer Verschiebung des Beurteilungszeitpunkts ergibt:[221] Statt auf den Moment des Prozesses kommt es allein auf den Beginn der Haftung an, so dass das weitere Schicksal der Sache irrelevant ist. Dementsprechend bleibt die Verpflichtung des Schuldners nicht nur erhalten, wenn der Untergang der Sache auf sein Verhalten zurückzuführen ist. Er hat auch für Ereignisse einzustehen, die aus seiner Sicht zufällig sind, und zwar selbst dann, wenn sie den Eigentümer in jedem Fall getroffen hätten. Es liegt also nicht fern anzunehmen, dass er sogar in den Fällen der Freilassung und Dereliktion haftet, in denen der Eigentümer den Verlust der Sache schließlich in eigener Person herbeigeführt hat. In dieser Wirkungsweise tritt abermals ein Strafcharakter zutage, der aber nicht der Kondiktion, sondern der *perpetuatio obligationis* eignet[222] und von den Juristen zuweilen auch als solcher benannt wird[223]. Auch für die *condictio furtiva* gilt also, dass die Haftung bei einem ‚*aliqua ratione*' eintretenden Verlust der Sache erhalten bleibt.

Es ist durchaus möglich, dass der Beginn des Textes auf Sabinus zurückgeht, und auch nicht gänzlich ausgeschlossen, dass von ihm nicht nur der Einleitungssatz, sondern auch schon die beiden ersten Fälle stammen, in denen der Sklave stirbt oder freigelassen wird.[224] Ulpian ist aber sicherlich die Erklärung zu verdanken, dass die Klagen vergangenheitsbezogen und daher für spätere Entwicklungen unanfällig sind. Indem er die Fälle der Dereliktion und des Zugriffs der Feinde anfügt, bietet er seinem Leser außer der Einsicht in den Grund der Regel auch einen umfassenden Überblick auf die Situationen, in denen sie zum Tragen kommt. Außerdem klärt er ihn über die parallele Rechtslage bei der *condictio furtiva* auf.

## 11 Konkurrenz um die actio furti

Der zweite Teil des Fragments D 47.2.46 ist den Fällen gewidmet, in denen mehrere Personen in Betracht kommen, welche die Diebstahlsklage erheben könnten:

---

**220** D 13.1.20 Tryph 15 disp.

**221** *Harke* (Fn. 221), S. 14 ff.

**222** *Harke* (Fn. 221), S. 28 f.

**223** D 46.3.95.1 Pap 28 quaest, PS 5.7.4.

**224** Dies glauben *Schulz*, Sabinus-Fragmente, S. 82 und *Astolfi*, Sabino, S. 250.

D 47.2.46.1–6 Ulp 42 Sab (Ulp 2878)
Si servus fructuarius subreptus est, uterque, et qui fruebatur et dominus, actionem furti habet. dividetur igitur actio inter dominum et fructuarium: fructuarius aget de fructibus vel quanti interfuit eius furtum factum non esse eius, dupli: proprietarius vero aget, quod interfuit eius proprietatem non esse subtractam. (2) Quod dicimus dupli, sic accipere debemus etiam quadrupli competere actionem, si manifestum furtum sit. (3) Haec actio et si sit, qui in eo servo habeat usum tantum, poterit ei competere. (4) Et si quis proposuerit hunc servum etiam pigneratum esse, eveniet, ut etiam is qui pignori accepit habeat furti actionem: hoc amplius etiam debitor, si modo plus valeat, quam pro pignore debetur, habet furti actionem. (5) Usque adeo autem diversae sunt actiones, quae eis competunt, ut, si quis eorum pro fure damnum deciderit, dici oporteat solummodo actionem sibi competentem amisisse eum, ceteris vero superesse. nam et si proponas communem servum subreptum et alium ex dominis pro fure damnum decidisse, is qui non decidit habebit furti actionem. (6) Proprietarius quoque agere adversus fructuarium potest iudicio furti, si quid celandae proprietatis vel subprimendae causa fecit.

Ist ein Nießbrauchssklave getötet worden, haben beide, der Nießbraucher und der Eigentümer die Diebstahlsklage. Daher wird die Klage zwischen dem Eigentümer und dem Nießbraucher geteilt. Der Nießbraucher kann auf das Doppelte wegen der Nutzungen oder seines sonstigen Interesses daran klagen, dass der Diebstahl unterblieben wäre. Der Eigentümer kann dagegen auf Ersatz seines Interesses daran klagen, dass sein Eigentum nicht entwendet worden wäre. (2) Was wir über das Doppelte gesagt haben, müssen wir so verstehen, dass es sich auch auf die Klage auf das Vierfache bezieht, wenn der Diebstahl handhaft ist. (3) Diese Klage steht auch demjenigen zu, der bloß zum Gebrauch des Sklaven berechtigt ist. (4) Und wenn jemand vorbringt, dass der Sklave auch verpfändet sei, hat dies zur Folge, dass der Pfandgläubiger ebenfalls die Diebstahlsklage hat; und darüber hinaus auch der Schuldner, wenn der Sklave mehr wert ist, als die Schuld beträgt, für die er als Pfand gegeben worden ist. (5) Die Klagen, die ihnen zustehen, sind aber insofern voneinander getrennt, als man, wenn sich einer mit dem Dieb verglichen hat, sagen muss, dass er nur die ihm zustehende Klage verliere, die anderen dagegen bestehen bleiben. Denn auch wenn vorgebracht wird, ein gemeinschaftlicher Sklave sei gestohlen worden und einer der Eigentümer habe sich mit dem Dieb verglichen, hat derjenige, der sich nicht verglichen hat, die Diebstahlsklage. (6) Der Eigentümer kann aber auch gegen den Nießbraucher die Diebstahlsklage erheben, wenn dieser etwas unternommen hat, um das Eigentum zu verbergen oder vorzuenthalten.

Die Belastung einer Sache mit einem Nießbrauch führt dazu, dass die mit dem Eigentum verbundenen Befugnisse unter Ausnahme der Veräußerung dem Nießbraucher zustehen und der Eigentümer auf sein bloßes Recht beschränkt ist. Während sich dessen Wert aus der Aussicht auf den Wegfall des Nießbrauchs mit dem Tod seines Inhabers ergibt, ist das dem Nießbraucher zustehende Nutzungsrecht in seinem Wert umgekehrt von der eigenen Lebenserwartung abhängig. Im Idealfall entspricht die Summe beider Werte stets dem Wert der Sache, den sie im unbelasteten Zustand hätte; das Verhältnis verschiebt sich aber ständig zugunsten des Eigentümers und zulasten des Nießbrauchers. Kommt es zu einem

Diebstahl, liegt auf der Hand, dass das vom Täter zu entrichtende Doppelte oder Vierfache des Sachwertes weder dem Eigentümer noch dem Nießbraucher allein zustehen kann. Stattdessen müssen sie sich in die Buße teilen: Sie sind beide zur *actio furti* aktivlegitimiert, können aber jeweils nur den Wert veranschlagen, den das ihnen zustehende Recht hat.[225] Auch wenn dies im Text als das *‚interesse furtum factum non esse'* oder *‚proprietatem subtractam non esse'* bezeichnet ist, handelt es sich doch nicht um das Interesse im Sinne des Schadensersatzrechts, das unter Rücksicht auf den hypothetischen Kausalverlauf ohne die Tat zu bestimmen wäre. Es geht vielmehr wie sonst auch um den Sachwert, der aber zwischen zwei konkurrierenden Anwärtern auf die *actio furti* geteilt wird.

Nach demselben Schema ist im Fall eines *usus* zu verfahren, der nur eine um das Fruchtziehungsrecht verkürzte Variante des Nießbrauchs ist.[226] Und es bewährt sich auch, wenn die gestohlene Sache verpfändet ist. Hier richtet sich der Wert des beschränkten dinglichen Rechts nach dem Umfang der gesicherten Forderung:[227] Übersteigt diese den Sachwert, ist der Pfandgläubiger allein zur Erhebung der *actio furti* berechtigt. Ist hingegen die Sache mehr wert, kann die Diebstahlsklage auch vom Eigentümer erhoben werden. Die dem Pfandgläubiger geschuldete Buße beschränkt sich in diesem Fall auf die Höhe der gesicherten Forderung, während der Eigentümer die Differenz zum Wert der Sache veranschlagen kann.[228]

Da sich die Aufteilung zwischen dem Eigentümer und dem Inhaber eines Nutzungs- oder Verwertungsrechts allein bei der Bestimmung des jeweils maßgeblichen Sachwertes vollzieht, sind die Ansprüche der beiden völlig unabhängig voneinander:[229] Eine Verfügung, die einer der beiden, insbesondere im Rahmen eines Vergleichs mit dem Dieb, trifft, bleibt also ohne Einfluss auf die Klage des anderen. Hier gilt dasselbe wie in dem Fall, dass eine Sache in Miteigentum befindet. Auch dort steht nicht etwa eine Klage den Berechtigten gemeinsam zu; sondern beide verfügen über einen einzelnen Anspruch, der sich nach dem Wert ihres Miteigentumsanteils bemisst.

---

**225** Vgl. *Harke*, CRRS III.2 (Fn. 63), S. 148 (Text 217).

**226** Hierzu *Harke*, CRRS III.2 (Fn. 63), S. 149 (Text 218).

**227** Vgl. *Harke*, CRRS III.2 (Fn. 63), S. 149 (Text 219).

**228** Anders als Ulpian sieht dies Paulus, der nur dem Gläubiger die *actio furti* zugesteht und ihn im Innenverhältnis zur Auskehr des Anteils verpflichtet, der auf die Differenz zwischen dem Wert der Sache und der gesicherten Forderung entfällt; vgl. D 47.2.15pr Paul 5 Sab und D 47.2.88 Paul 1 decr. Die Ansicht von Ulpian entspricht dagegen offenbar derjenigen von Pomponius und Papinian, auf die sich Ulpian in D 47.2.14.5 – 7 Ulp 29 Sab beruft; hierzu *Harke*, CRRS III.2 (Fn. 63), S. 143 f. (Text 208 – 210).

**229** Vgl. *Harke*, CRRS III.2 (Fn. 63), S. 149 (Text 220).

Eine weitere Konsequenz aus der rein wertmäßigen Verteilung der Buße ist, dass die Diebstahlsklage auch im Verhältnis zwischen den Berechtigten erhoben werden kann: Ebenso wie ein Pfandgläubiger gegen den Eigentümer wegen Pfandkehr[230] und ein Eigentümer gegen den Pfandgläubiger wegen Unterschlagung der verpfändeten Sache[231] vorgehen kann, ist auch ein Eigentümer befugt, die *actio furti* gegen einen Nießbraucher oder Gebrauchsberechtigten zu erheben, wenn dieser die Sache unterschlägt und so das in der Aussicht auf den Wegfall des Nießbrauchs bestehende Eigentum beeinträchtigt.[232] Und obwohl Ulpian es nicht eigens sagt, gilt dies natürlich ebenfalls wieder umgekehrt, so dass auch ein Nießbraucher oder Nutzungsberechtigter den Eigentümer wegen der Entwendung des Sache belangen kann.

Es ist denkbar, dass Ulpians Erörterung ihren Ausgang von einem Satz aus dem Werk des Sabinus nimmt; und es ist auch gut möglich, dass dieser in Gestalt der einleitenden Sentenz über die doppelte Zuständigkeit der Klage überliefert ist. Nicht mehr wahrscheinlich ist die Zuschreibung an Sabinus dagegen für die anschließende Erläuterung zur Aufteilung,[233] so dass man auch in den folgenden Ausführungen keine Kommentare zu den hier verwendeten Begriffen sehen kann.[234] Statt sie zu erläutern, strebt Ulpian nach einer geschlossenen Erörterung des Themas der *‚divisio actionum‘:* Der Leser erfährt zunächst, wie sich die Aufteilung vollzieht, dann, für welche Arten der Buße und welche Fälle des Zusammentreffens mehrerer Berechtigter sie gilt, und schließlich, welche Konsequenzen die Aufteilung hat, einerseits für die Konkurrenz im Verhältnis zum bußpflichtigen Dieb, andererseits für eine Entwendung der Sache durch einen der Berechtigten. Ausgehend vom Fall eines Nießbrauchs liefert Ulpian eine nahezu erschöpfende Darstellung, die sogar den versteckten Zusammenhang zwischen der Verteilung der Buße und der Zuständigkeit der Klage im Innenverhältnis der Berechtigten nicht ausspart.

---

**230** S.o. S. 38ff.

**231** S.o. S. 15ff.

**232** An den Nachweis dieser Tat sind, wie *Jolowicz* (Fn. 44), S. 63 zu Recht bemerkt, freilich hohe Anforderungen zu stellen, weil der Nießbraucher ja zur Innehabung und Nutzung der Sache berechtigt ist.

**233** Anders *Schulz*, Sabinus-Fragmente, S. 82, *Astolfi*, Sabino, S. 166f., 251.

**234** So aber *Schulz*, Sabinus-Fragmente, S. 82f.

## 12 Disparates

Die Überlieferung aus dem 42. Buch *ad Sabinum* im Digestentitel *de furtis* endet mit einer Reihe von Äußerungen, die sich inhaltlich zumeist nur noch paarweise zusammenfügen, aber keinem übergeordneten Thema zuordnen lassen.[235] Am Ende des langen Fragments D 47.2.46 findet sich eine Passage, in der es um den Vorsatz zum Diebstahl geht:

> D 47.2.46.7–8 Ulp 43 Sab (Ulp 2879)
> Recte dictum est, qui putavit se domini voluntate rem attingere, non esse furem: quid enim dolo facit, qui putat dominum consensurum fuisse, sive falso id sive vere putet? is ergo solus fur est, qui adtrectavit, quod invito domino se facere scivit. (8) Per contrarium quaeritur, si ego me invito domino facere putarem, cum dominus vellet, an furti actio sit. et ait Pomponius furtum me facere: verum tamen est, ut, cum ego velim eum uti, licet ignoret, ne furti sit obligatus.
>
> Zu Recht wird gesagt, kein Dieb sei, wer glaubt, er ergreife eine Sache mit Willen ihres Eigentümers; wie kann nämlich arglistig handeln, wer glaubt, der Eigentümer sei einverstanden, sei diese Annahme nun falsch oder richtig? Ein Dieb ist nur, wer eine Sache ergreift, bei der er weiß, dass er gegen den Willen des Eigentümers handelt. (8) Umgekehrt ist fraglich, ob die Diebstahlsklage gegeben ist, wenn ich glaube, gegen den Willen des Eigentümers zu handeln, während dieser damit einverstanden ist. Und Pomponius schreibt, ich begehe einen Diebstahl; richtig ist es aber, dass man nicht wegen Diebstahls verpflichtet ist, wenn ich will, dass du eine Sache nutzt, auch wenn du dies nicht weißt.

Dass die Haftung wegen *furtum* die Absicht des Täters voraussetzt, gegen den Willen des Eigentümers zu handeln, hat Ulpian schon im Rahmen seiner Abhandlungen zur Frage der Reichweite des Diebstahls[236] und zur Fundunterschlagung[237] festgestellt. Dort bezog er sich aber auf konkrete Fälle, in denen jemand glaubte, ein Teil der entwendeten Sachen gehöre ihm oder der Eigentümer habe sein Recht an ihr aufgegeben. Hier stellt er eine allgemeine Regel auf und führt sie auf das Erfordernis des *dolus* zurück: Als Vorsatzdelikt kann der Diebstahl nur in der Weise begangen werden, dass der Täter die objektiven Merkmale der Tat kennt. Während er die Entwendung selbst schwerlich verkennen kann, ist beim widerstrebenden Willen des Eigentümers durchaus Raum für Irr-

---

**235** *Lenel* ordnet dem einschlägigen Titel in Ulpians *libri ad Sabinum* schließlich noch mehrere Fragmente aus verschiedenen Digestentiteln zu, in denen es um die Haftung für das Versprechen geht, ein verkaufter Sklave neige nicht zum Diebstahl. Lenel fasst sie zu dem Fragment Ulp 2886 zusammen. Abgesehen davon, dass dies jenseits des eigentlichen Themas liegt, ist die Abfolge zu hypothetisch, um eine Aussage über Ulpians Gedankenführung zuzulassen.

**236** S. o. S. 44 ff.

**237** S. o. S. 64 ff.

tümer, die seinen Vorsatz ausschließen. Dies provoziert die Frage, welche Bedeutung der umgekehrten Fehlvorstellung zukommt, wenn der Eigentümer in Wahrheit mit der Ergreifung der Sache einverstanden ist. Auch diese Konstellation hat Ulpian schon im Zuge seiner Ausführungen zur Fundunterschlagung behandelt und kurzerhand mit der Erwägung bewältigt, ein Diebstahl lasse sich nicht annehmen, ohne dass es ein Opfer gibt.[238] An dieser Stelle gibt er zu erkennen, dass seine Lösung nicht unumstritten ist: Zumindest Pomponius hält eine Strafbarkeit wegen *furtum* für möglich, wenn der Täter sich lediglich einbildet, gegen den Willen des Eigentümers zu handeln. Ulpian erkennt dagegen auch hier, dass es sich um einen untauglichen Versuch des Diebstahls handelt, der ebenso sanktionslos bleiben muss wie ein Versuch, der zum Erfolg hätte führen können. Der Vorsatz des Täters ist gleichsam akzessorisch zum objektiven Tatbestand und kann nicht schon für sich genommen eine Haftung auslösen.[239]

Der letzte Abschnitt des Fragments D 47.2.46 hängt wahrscheinlich mit dem *principium* des folgenden Auszugs zusammen. Es geht um die Rückkehr der gestohlenen Sache zum Eigentümer:[240]

> D 47.2.46.9 Ulp 42 Sab (Ulp 2880)
> Si furtiva res ad dominum rediit et iterum contrectata est, competit alia furti actio.
>
> Ist eine gestohlene Sache zum Eigentümer zurückgekehrt und erneut entwendet worden, steht eine weitere Diebstahlsklage zu.
>
> D 47.2.48pr Ulp 42 Sab (Ulp 2881)
> Qui vas argenteum perdiderat eoque nomine furti egerit: de pondere vasis controversia cum esset et actor maius fuisse diceret, fur vas protulit: id is cuius erat abstulit ei: qui subripuerat dupli nihilo minus condemnatus est. rectissime iudicatum est: nam in actionem poenalem non venit ipsa res quae subrepta est, sive manifesti furti sive nec manifesti agatur.
>
> Jemand, der ein silbernes Gefäß verloren hatte, klagte wegen Diebstahls; als Streit über das Gewicht entstand und der Kläger behauptete, es sei schwerer, legte der Dieb das Gefäß vor; der Eigentümer entwendete es ihm; der Dieb wurde nichtsdestoweniger verurteilt. Das Urteil ist völlig richtig; denn Gegenstand einer Strafklage ist nicht die entwendete Sache, sei es, dass sich die Klage auf einen handhaften Diebstahl bezieht, sei es, dass sich die Klage auf einen nicht handhaften Diebstahl bezieht.

Wenn der Eigentümer die gestohlene Sache zurückerlangt, bewirkt dies eine Zäsur für die Haftung des Diebs: Vorher macht er sich zwar fortwährend eines *furtum*

---

**238** S. o. S. 66.

**239** Dagegen geht es nicht um einen Vorrang des *animus* des Opfers gegenüber dem Täter, wie *Albanese*, AUPA 25 (1956) 269 meint.

**240** *Lenel* nimmt diesen Zusammenhang offenbar nicht an, weshalb er beide Texte in seiner Palingenesie als gesonderte Fragmente aufführt.

schuldig, indem er die einmal zugeeignete Sache hinterzieht; er hat hierfür jedoch nur einmal mit der *actio furti* einzustehen, weil es sich um eine einzige Tat handelt. Anders ist die Rechtslage, wenn er sich der Sache erneut bemächtigt, nachdem der Eigentümer sie wieder in seiner Gewalt hatte: Obwohl es dieselbe Sache und derselbe Täter sind, liegt doch ein neues Delikt vor, das eine eigenständige Haftung zeitigt.[241] Mit Blick auf die frühere Tat bleibt die Rückgewinnung der Sache durch den Eigentümer dagegen folgenlos.

Ulpian erläutert dies anhand eines realen Falles, dessen Entscheidung er für richtig erklärt: Bemächtigt sich ein Eigentümer im Rahmen eines gegen den Dieb angestrengten Prozesses der entwendeten Sache, bleibt dies ohne Wirkung auf die Verurteilung. Als Strafklage ist die *actio furti* nämlich nicht auf die Rückgewähr der abhanden gekommenen Sache gerichtet, deren Inbesitznahme durch den Eigentümer seinen Rückgabeanspruch hat untergehen lassen. Ziel des Verfahrens ist stattdessen die Buße für die Tat des Beklagten, die durch die Rückkehr der Sache in die Gewalt des Eigentümers nicht wieder aus der Welt geschafft werden kann.

Wieder auf die Tathandlung bezogen ist der folgende Abschnitt:

D 47.2.48.1–3 Ulp 42 Sab (Ulp 2882/2883)
Qui furem novit, sive indicet eum sive non indicet, fur non est, cum multum intersit, furem quis celet an non indicet: qui novit, furti non tenetur, qui celat, hoc ipso tenetur. (2) Qui ex voluntate domini servum recepit, quin neque fur neque plagiarius sit, plus quam manifestum est: quis enim voluntatem domini habens fur dici potest? (3) Quod si dominus vetuit et ille suscepit, si quidem non celandi animo, non est fur, si celavit, tunc fur esse incipit. qui igitur suscepit nec celavit etsi invito domino, fur non est. vetare autem dominum accipimus etiam eum qui ignorat, hoc est eum qui non consensit.

Wer einen Dieb kennt, ist kein Dieb, sei es, dass er ihn anzeigt, sei es, dass er ihn nicht anzeigt; denn es bedeutet einen großen Unterschied, ob man einen Dieb verbirgt oder nicht anzeigt; wer ihn nur kennt, haftet nicht wegen Diebstahls, wer ihn verbirgt, haftet dagegen aus diesem Grund. (2) Hat jemand einen Sklaven mit dem Einverständnis seines Eigentümers aufgenommen, ist er ganz offensichtlich weder Dieb noch Menschenräuber. Kann denn ein Dieb genannt werden, wer einen Sklaven mit dem Einverständnis seines Eigentümers innehat? (3) Hat der Eigentümer es aber untersagt und er ihn ohne die Absicht aufgenommen, ihn zu verbergen, ist er kein Dieb; sobald er ihn aber verbirgt, ist er ein Dieb. Daher ist, wer ihn aufgenommen und nicht verborgen hat, kein Dieb, obwohl er gegen den Willen des Eigentümers gehandelt hat. Dass der Eigentümer es untersagt, nehmen wir aber auch von demjenigen an, der hiervon nicht weiß, also nicht zustimmt.

Das bloße Wissen von einem Diebstahl genügt noch nicht, um sich den Vorwurf des Diebstahls oder einer Beteiligung an diesem zuzuziehen. Daher haftet man

241 Ebenso entscheidet Julian in D 47.2.57pr Iul 22 dig.

auch nicht dafür, dass man einen Dieb nicht anzeigt. Erst wenn man ihn dadurch unterstützt, dass man ihn verbirgt, hat man sich der Beihilfe zum Diebstahl schuldig gemacht.

Dasselbe Kriterium entscheidet über die Haftung im Fall der Flucht eines Sklaven.[242] Auch wenn man hier auf die Idee stößt, der Sklave begehe gleichsam einen Diebstahl an sich selbst,[243] hält Ulpian eine Haftung für eine Anstiftung zur Flucht für ausgeschlossen.[244] Anders verhält es sich mit der tätigen Unterstützung der Sklavenflucht, die freilich nicht als Beteiligung an fremder Tat,[245] sondern deshalb haftbar macht, weil sich der Täter den Sklaven selbst zueignet. Maßgeblich ist wieder, ob er sich ein ‚*celare*' vorhalten lassen muss. Ist dies der Fall, hat er einen Diebstahl begangen und ist kriminalrechtlich wegen eines *plagium* verantwortlich.[246] Ansonsten hat er auch dann nicht einzustehen, wenn er weiß, dass sich der Sklave gegen den Willen seines Eigentümers bei ihm aufhält. Hat er den Sklaven aber verborgen, kann er sich im Normalfall nicht darauf berufen, der Eigentümer habe sich keine Meinung gebildet. Auch wenn er von der Aufnahme des Sklaven nichts gewusst hat, ist zu unterstellen, dass sich dieser *invito domino* bei dem Täter befindet.

Es folgt ein isolierter Fall, den Ulpian ersichtlich wegen seiner Kuriosität aufführt:

> D 47.2.48.4 Ulp 42 Sab (Ulp 2884)
> Si ego tibi poliendum vestimentum locavero, tu vero inscio aut invito me commodaveris Titio et Titio furtum factum sit: et tibi competit furti actio, quia custodia rei ad te pertinet, et mihi adversus te, quia non debueras rem commodare et id faciendo furtum admiseris: ita erit casus, quo fur furti agere possit.
>
> Habe ich dir Kleidung zur Reinigung überlassen, du sie ohne mein Wissen oder gegen meinen Willen dem Titius geliehen und ist sie Titius gestohlen worden, steht sowohl dir die Diebstahlsklage zu, weil du für die Bewachung der Sache verantwortlich bist, als auch mir gegen dich, weil du die Sache nicht verleihen durftest und dadurch, dass du es getan hast, einen Diebstahl begangen hast; dies ist folglich ein Fall, in dem ein Dieb wegen Diebstahls klagen kann.

---

**242** Wegen des inhaltlichen Zusammenhangs, in dem § 1 und § 3 des Textes stehen, kann man ihn kaum mit *Lenel*, *Palingenesia*, Bd. 2, Sp. 1169 zwei unterschiedlichen Fragmenten zuordnen und den in D 19.5.15 überlieferten Passus über die Belohnung für den Verrat eines Sklavenverstecks einschieben, auch wenn er mit § 1 durch das Thema des ‚*indicare*' verbunden ist; vgl. hierzu *Harke* (Fn. 90), S. 98f.

**243** Vgl. D 47.2.61 Afr 7 quaest.

**244** D 47.2.36pr Ulp 41 Sab; s.o. S. 52ff.

**245** Vgl. *Jolowicz* (Fn. 44) S. 65.

**246** Vgl. *Harke*, CRRS III.2 (Fn. 63), S. 150 (Text 221).

Wird eine Sache entwendet, während ein Werkunternehmer ihre Bewachung schuldet, steht, falls er solvent ist, ihm und nicht dem Eigentümer die Diebstahlsklage zu.[247] Dies gilt auch dann, wenn er sich seinerseits den Vorwurf eines *furtum* gefallen lassen muss, weil er die Sache zuvor unterschlagen hat, etwa indem er sie einem anderen geliehen hat.[248] So kommt es zu dem scheinbar absurden und von Ulpian als solchen herausgestellten Ergebnis, dass ein Dieb die Diebstahlsklage erheben kann:[249] Er ist zwar dem Eigentümer für seine eigene Tat haftbar, verdrängt diesen aber auch als Gläubiger, wenn es um die Tat des Dritten geht.[250]

In §§ 5 und 6 von D 47.2.48 befasst sich Ulpian mit der Erstreckung des Diebstahls auf das Kind einer entwendeten Sklavin oder das Junge eines gestohlenen Tieres:

D 47.2.48.5 – 6 Ulp 42 Sab (Ulp 2885)
Ancilla si subripiatur praegnas vel apud furem concepit, partus furtivus est, sive apud furem edatur sive apud bonae fidei possessorem: sed in hoc posteriore casu furti actio cessat. sed si concepit apud bonae fidei possessorem ibique pepererit, eveniet, ut partus furtivus non sit, verum etiam usucapi possit. idem et in pecudibus servandum est et in fetu eorum, quod in partu. (6) Ex furtivis equis nati statim ad bonae fidei emptorem pertinebunt, merito, quia in fructu numerantur: at partus ancillae non numeratur in fructu.

Wird eine Sklavin in der Schwangerschaft gestohlen oder empfängt sie ein Kind bei dem Dieb, gilt es ebenfalls als gestohlen, sei es, dass es bei dem Dieb geboren wird, sei es, dass dies bei einem Besitzer nach guter Treue geschieht. Aber in dem letzteren Fall greift die Diebstahlsklage nicht ein. Hat sie das Kind aber bei dem Besitzer nach guter Treue empfangen und geboren, gilt es nicht als gestohlen und kann sogar ersessen werden. Dasselbe Regime wie bei Sklavenkindern ist auf Vieh und dessen Junge anzuwenden. (6) Die von

---

**247** S.o. S. 17.

**248** Dass er dabei keinen Vorteil erwartet, steht nicht der Annahme einer Zueignung entgegen, weil er sich ja die Position des Eigentümers anmaßt.

**249** Gegen dieses schon von Servius befürwortete Ergebnis wendet sich eigens Pomponius unter Berufung auf Quintus Mucius und mit dem Argument, das Interesse eines Diebs am Unterbleiben einer weiteren Tat entspringe keiner ‚*causa honesta*'; vgl. D 47.2.77.1 Pomp 38 QM und hierzu *Harke, Argumenta Pomponiana*, Berlin 2014, S. 159 f. Aus demselben Grund verwehrt Ulpian in D 47.2.12.1 einem bösgläubigen Besitzer die *actio furti*. Das Verhältnis zur vorliegenden Entscheidung lässt sich nicht klären, da sie ohne Kontext überliefert ist. *Giglio*, The taxonomy of the *actio furti*, SZ 134 (2017) 106, 117 glaubt, Ulpian habe nach der Schwere des Unrechtsvorwurfs unterschieden, den sich ein Dieb gefallen lassen muss.

**250** Bemerkenswert ist, dass der Werkunternehmer auch den Entleiher verdrängt. Dieser ist zwar selbst für *custodia* verantwortlich und daher auch zur *actio furti* aktivlegitimiert (Gai 3.205 f.). Die Verpflichtung besteht jedoch in diesem Fall nicht gegenüber dem Eigentümer, sondern im Verhältnis zum Werkunternehmer, der den Eigentümer aus der Aktivlegitimation zur *actio furti* verdrängt.

gestohlenen Pferden geborenen Füllen gehören unmittelbar den Käufern nach guter Treue, weil sie zu den Früchten gezählt werden. Sklavenkinder werden aber nicht zu den Früchten gerechnet.

Wird eine schwangere Sklavin entwendet oder empfängt sie ein Kind, während sie sich bei dem Dieb befindet, gilt dieses Kind selbst als gestohlen, weil es so angesehen wird, als sei es schon geboren.[251] Ein gutgläubiger Käufer kann also auch dann nicht das Eigentum an ihm erlangen, wenn es erst auf die Welt kommt, nachdem er die Sklavin in Besitz genommen hat. Damit er sein Eigentümer wird, muss das Kind bei ihm nicht nur geboren, sondern auch empfangen werden.[252] Auch in diesem Fall fällt es aber nicht sofort in sein Eigentum, sondern muss erst noch ersessen werden. Denn es gilt nicht als Frucht der Sklavin. Anders verhält es sich bei Tierjungen, an denen ein gutgläubiger Besitzer unmittelbar das Eigentum erlangt.[253] Auch hier ist aber Voraussetzung, dass die Mutter erst bei dem gutgläubigen Besitzer schwanger geworden ist. Andernfalls werden sie von dem Makel des Diebstahls erfasst, der entweder schon mit der Entwendung der Mutter oder der Empfängnis bei dem Dieb begründet ist. Eine Haftung des gutgläubigen Besitzers mit der *actio furti* ist freilich stets ausgeschlossen, weil es ihm an dem erforderlichen Vorsatz fehlt.

Nur sehr entfernte Ähnlichkeit hat die Frage, ob sich ein Diebstahl an einem vom Täter durch Veräußerung der gestohlenen Sache erzielten Erlös fortsetzt:

D 47.2.48.7 Ulp 42 Sab (Ulp 2885)
Cum fur rem furtivam vendidisset eique nummos pretii dominus rei per vim extorsit, furtum eum nummorum fecisse recte responsum est: idem etiam vi bonorum raptorum actione tenebitur. quod enim ex re furtiva redigitur, furtivum non esse nemini dubium est: nummus ergo hic, qui redactus est ex pretio rei furtivae, non est furtivus.

Es ist zu Recht befunden worden, dass, wenn ein Dieb eine gestohlene Sache verkauft und ihm der Eigentümer die als Kaufpreis gezahlten Münzen mit Gewalt abgenommen hat, zu seinen Lasten ein Diebstahl an den Münzen begangen worden ist; derselbe haftet auch mit der Klage wegen gewaltsam geraubten Guts. Es besteht nämlich kein Zweifel, dass der mit einer gestohlenen Sache erzielte Erlös seinerseits nicht gestohlen ist; also ist eine Münze, die zum Preis für eine gestohlene Sache gehört, nicht gestohlen.

Verkauft der Dieb die entwendete Sache, setzt sich weder das Eigentum noch der Makel des Diebstahls an dem eingezogenen Kaufpreis fort. Entwendet der Eigentümer der Sache dem Dieb den Preis, begeht er also seinerseits ein *furtum*,

**251** D 1.5.26 Iul 69 dig.
**252** Vgl. *Harke*, CRRS III.2 (Fn. 63), S. 150 (Text 222).
**253** Vgl. auch D 41.1.48.2 Paul 7 Plaut.

der mit einer Diebstahlsklage sowie im Fall der Gewaltanwendung auch mit der Raubklage sanktioniert ist.

Es ist nicht auszuschließen, dass der Schluss von D 47.2.46 und das Fragment D 47.2.48 aus Bruchstücken von Abhandlungen besteht, wie sie ansonsten aus Büchern 40–42 des ulpianischen Sabinuskommentars im Digestentitel *de furtis* überliefert sind. Denkbar ist aber auch, dass Ulpian in einer Art Anhang zusammengetragen hat, was ihm noch erwähnenswert schien. Dann wäre er ähnlich verfahren wie in seinem Ediktskommentar. Immerhin lassen seine Ausführungen zu Vorsatz und untauglichem Versuch, zur Rückkehr der Sache zum Bestohlenen, zur Aufnahme von Sklaven und zum Diebstahl an ungeborenem Leben ansatzweise ein Bemühen erkennen, das für die übrigen Abschnitte typisch ist, nämlich das Streben nach systematischer Behandlung des jeweiligen Themas. Sätze des Sabinus lassen sich in diesem Teil des ulpianischen Werks zumindest dann nicht mehr ausmachen, wenn man nicht in übermäßige Spekulation verfallen möchte.[254] Am ehesten ließe sich noch ein Bezug des Abschnitts über den Diebstahlsvorsatz zu der bei Gellius überlieferten Definition des *fur*[255] herstellen.[256] Mit der Wendung, dass der Täter annehmen darf, gegen den Willen des Eigentümers zu handeln (‚*cum id se invito domino facere iudicare deberert*'), scheint sie weiter zu reichen als der von Ulpian geforderte *dolus*. Der Schwerpunkt der Definition liegt aber auf der *contrectatio* als objektivem Tatbestandsmerkmal des *furtum*;[257] und es wäre überraschend, wenn diese grundlegende Definition erst am Ende des Abschnitts über das *furtum* aufgetaucht und von Ulpian behandelt worden wäre.

## III Fazit

Auch wenn sich natürlich nicht sämtliche Fragmente einem Schema fügen, zeitigt die Untersuchung der auf das *furtum* bezogenen Texte aus Ulpians Ediktskommentar und seinen *libri ad Sabinum* doch einen in doppelter Hinsicht entgegengesetzten Befund:

Die Darstellung des *furtum* in den *libri ad edictum* hat eine klare Grobstruktur, die der Klageformel der *actio furti* folgt. Ulpian befasst sich nacheinander mit Klageziel, Täterschaft und Teilnahme, dem Tatopfer, der Tatbegehung, dem Tat-

---

**254** So aber *Schulz*, Sabinus-Fragmente, S. 83 f., *Astolfi*, Sabino, S. 168 f., 251 f., die sich im Fall von D 47.2.48.5 teilweise auf *Lenel*, *Palingenesia*, Bd. 2 Sp. 1170 Fn. 1 stützen können.

**255** Gell 11.18.20; s. o. Fn. 200.

**256** Dies tut denn auch *Schulz*, Sabinus-Fragmente, S. 83.

**257** So *Albanese*, AUPA 23 (1953) 120 ff.

objekt sowie schließlich mit der Haftungslösung und der Verurteilungssumme. Innerhalb dieser einzelnen Abschnitte ist aber weder eine Ordnung noch auch nur das Bemühen um eine systematische Darstellung auszumachen. Besonders augenfällig ist dies bei den Ausführungen zur Tatbegehung. Sie bestehen aus einer Sammlung disparater Fälle und lässt bestenfalls einen gewissen Schwerpunkt auf dem Problem erkennen, inwieweit der auf eine Zueignung festgelegte Tatbestand des *furtum* auch dadurch verwirklicht werden kann, dass der Täter das Opfer durch Täuschung zur Herausgabe einer Sache veranlasst.

Der sich hier abzeichnende Fokus auf die unkommentierte Wiedergabe schwieriger Entscheidungen für einen fachkundigen Leser prägt auch die anderen Abschnitte: Das Klageziel erschließt sich nur aus sehr konkreten Äußerungen zum Gegenstand der Verurteilung. Die Teilnahme am Delikt eines anderen wird zwar mit kurzen Definitionen versehen, dann aber vor allem an kuriosen Situationen dargestellt, in denen sich nur der Teilnehmer, nicht aber der Haupttäter eines *furtum* schuldig macht. Sie bieten Ulpian Anlass zu einem Exkurs zu weiteren Fällen, in denen jemand, der eigentlich von einer Haftung für Diebstahl ausgenommen ist, doch hierfür einzustehen hat. Auch zu der Frage, wer Tatopfer und zur Erhebung der Diebstahlsklage befugt ist, versammelt Ulpian unnötig komplizierte Fälle. Sie kennzeichnet zwar, dass es jeweils zwei Anwärter für die *actio furti* gibt; die *ratio* ist aber divergent und vereint noch nicht einmal Fälle, die unmittelbar aufeinander folgen. Schließlich führt Ulpian auch zur Haftungslösung und Verurteilungssumme nur sehr spezielle Fälle auf, deren Mitteilung bloß für einen schon informierten und nicht an Zusammenhängen interessierten Leser von Wert ist.

Zwar lässt sich natürlich nicht ausschließen, dass der ein oder andere Bruch in der Darstellung auf eine Kürzung des Textes durch Justinians Gesetzesredaktoren zurückgeht. Das Bild, das die einzelnen Abschnitte vermitteln, ist jedoch zu einheitlich, als dass man es jeweils auf den Eingriff späterer Bearbeiter zurückführen könnte: Ulpian hält sich zwar an eine Ordnung, die er aus der im prätorischen Edikt wiedergegebenen Klageformel gewinnt; er will die gesonderten Themen aber nicht systematisch aufarbeiten, sondern beschränkt sich im Wesentlichen darauf, einschlägige Fallentscheidungen zu sammeln, die für den Rechtsanwender eine Hilfestellung in einer konkreten Situation bieten können.

Genau umgekehrt verhält es sich mit dem Kapitel *de furtis* in Ulpians Sabinuskommentar. Sie lässt keinerlei übergreifende Ordnung erkennen, sondern besteht aus Abhandlungen zu einzelnen Themen, die zumeist unverbunden nebeneinander stehen. Ein gewisser Zusammenhang ist nur zwischen den Ausführungen zur wissentlichen Annahme einer Nichtschuld und zur Fundunterschlagung zu erkennen. Im einen Fall gibt das Tatopfer selbst sein Eigentum, im anderen seinen Besitz an der vom Täter ergriffenen Sache auf. Ansonsten erschließt sich die Reihenfolge der behandelten Gegenstände nicht.

Ganz anders ist aber Aufbau der einzelnen Abhandlungen. Sie zeugen fast durchweg von einer klaren Gedankenführung und dem Bestreben, das jeweilige Thema systematisch zu erschöpfen. Diese Tendenz tritt insbesondere im Abschnitt über den handhaften Diebstahl hervor, in dem Ulpian die verschiedenen Aspekte der Ergreifung des Täters nacheinander beleuchtet. Von dem Bemühen, einen eigens vorangestellten oder aus einer Entscheidung von Sabinus gewonnenen Grundsatz in einzelnen Fällen zur Anwendung zu bringen, zeugen die Abhandlungen zur Angabe des Diebstahlsobjekts, zum Urkundendiebstahl, zur Haftung nach Sachverlust und zur Aufteilung der Diebstahlshaftung unter mehreren konkurrierenden Tatopfern. Dasselbe gilt für die in ihrer überlieferten Form freilich sehr kurz geratene Bemerkung zur Pfandkehr. Zumindest das Streben nach einer umfassenden Darstellung der relevanten Fälle lassen die Abhandlungen zum Verlust der Rechtsfähigkeit bei Täter oder Opfer und zur Haftung für die Beteiligung an einer Sklavenflucht erkennen.

In dem zuletzt genannten Fall erweist Ulpian vermutlich einen Satz des Sabinus an stets komplizierter werdenden Fällen als zu pauschal. Von derselben Absicht sind wohl auch die Ausführungen zur Haftung wegen wissentlicher Annahme einer Nichtschuld geprägt: Hier stellt Ulpian ebenfalls einen mutmaßlich sabinianischen Satz auf die Probe und konfrontiert ihn mit einer Entscheidung von Neraz, die ihn nicht unerheblich relativiert. Nahezu auf eine Widerlegung ist schließlich die Abhandlung zur Fundunterschlagung angelegt. In ihr entlarvt Ulpian eine nachweislich auf Sabinus zurückgehende Sentenz als in vielfältiger Hinsicht unrichtig und praktisch nahezu wertlos. Obwohl er hier gerade kein Prinzip systematisch ausbreitet, es vielmehr bekämpft, folgt seine Darstellung doch einem einheitlichen Plan und beweist in jedem Schritt einen klaren Gedankengang. Die Kritik an Sabinus beruht keineswegs auf nachträglichen Rechtsänderungen, sondern ist zeitlos und trifft das Räsonnement des Frühklassikers.

Einem eindeutigen Urteil entziehen sich lediglich die vom Ende des Titels überlieferten Aussagen sowie die Darstellung der ‚*vulgaris quaestio*', ob die Entwendung einer Sache aus einer Gesamtheit auch diese selbst erfasst. Hier ist offen, ob die Widerlegung der Ansicht der republikanischen Juristen schon auf Sabinus zurückgeht. Sollte dies der Fall sein, hätte sich Ulpian auf die Einordnung dieser Ansicht mit Hilfe ähnlicher Fälle beschränkt. Der Schlussabschnitt, der weitgehend aus nur noch paarweise zusammenhängenden Falllösungen besteht, weist auf den ersten Blick eine gewisse Ähnlichkeit mit dem Stil der *libri ad edictum* auf. Der Unterschied zu den übrigen Abhandlungen aus dem Sabinuskommentar könnte aber durch Kürzungen oder damit zu erklären sein, dass Ulpian hier in einer Art Anhang Aussagen versammelt, die ihm noch der Mitteilung wert erscheinen, sich aber nicht in eine der vorherigen Darstellungen einfügen lassen.

Ungeachtet dieser schwierig zu beurteilenden Passagen ist das Bild doch wieder weitgehend homogen und der Kontrast zum Ediktskommentar zu evident, um ihn dem Zufall der Überlieferung zuschreiben zu können: In seinen *libri ad Sabinum* geht es Ulpian nicht in erster Linie um die Sammlung bemerkenswerter Entscheidungen, sondern um die systematische und häufig auch erschöpfende Behandlung einzelner Themen. Dabei knüpft er zumindest in manchen Fällen an Aussagen von Sabinus an, ohne diese aber in lemmatischer Manier behandeln zu wollen. Passt die Bezeichnung als „Kommentar" im Fall der *libri ad edictum* wegen deren Sammlungscharakter nur, wenn man diese im ursprünglichen Sinn des Begriffs als ‚Amtsbuch' versteht, ist es hier gerade der systematische Ansatz, der einer Einordnung des Werks als Kommentierung widerstrebt.

# Zweites Kapitel
# De iure dotium

## I Der Ediktskommentar

Wird nach Auflösung einer Ehe vom Mann oder seinen Erben die Rückgewähr der Mitgift verlangt, bietet das prätorische Edikt kaum Entscheidungshilfe. Die unter dem Titel ‚*soluto matrimonio dos quemadmodum petatur*' aufgeführte Formel der *actio rei uxoriae* gibt lediglich die Feststellung der Pflicht zur Rückgabe der Mitgift sowie eine Beurteilung des Falles nach den Wertmaßstäben von *bonum* und *aequum* vor.[258] Ulpians Kommentar zu diesem Kapitel erstreckt sich auf die Bücher 33 und 34 der *libri ad edictum.* Während die aus dem 34. Buch überlieferten Fragmente keinen Zusammenhang erkennen lassen, stammen aus dem 33. Buch zwei längere Abschnitte, die Justinians Kompilatoren im Anschluss an die Auszüge aus den Sabinuskommentaren zum Mittelteil des einschlägigen Digestentitels 24.3 gemacht haben. Sie lassen sich thematisch in vier Abschnitte gliedern: Es geht zunächst um die Aktiv-, dann um die Passivlegitimation zur Mitgiftklage; und hieran schließen sich Ausführungen zur Fälligkeit des Anspruchs auf Rückgewähr der Mitgift und zu seinem Inhalt an.

### 1 Aktivlegitimation

Der erste Teil des Fragments D 24.3 gilt vor allem der Mitgift einer Frau, die noch in der Gewalt ihres Vaters steht. Ihre Rückforderung erfolgt grundsätzlich durch ihn, allerdings ‚*adiuncta filiae persona*'.[259] Ungeachtet ihrer fehlenden Rechtsfähigkeit ist die Frau also am Verfahren beteiligt, kann hierauf Einfluss nehmen und es ausnahmsweise sogar anstelle ihres Vaters führen. Bevor Ulpian die hiermit verbundenen Fragen erörtert, äußert er sich noch zu der Wirkung, die von dem Vorbehalt einer Rückforderung durch den Mitgiftbesteller auf den Anspruch einer gewaltfreien Frau ausgeht:

---

**258** Vgl. etwa D 4.5.8 Gai 4 ed prov, D 24.3.66.7 Iav 6 post Lab; zur Rekonstruktion u. a. *Lenel*, EP, S. 303 ff., *Mantovani* (Fn. 30), S. 60 (Nr. 48) und *Varvaro*, Studi sulla restituzione della dote, Turin 2006 *passim*, insbesondere S. 273 f.
**259** UE 6.6.

https://doi.org/10.1515/9783110773736-003

D 24.3.22pr Ulp 33 ed (Ulp 954)
Si, cum dotem daret pater vel extraneus pro muliere, in unum casum pepigit, vel in divortium vel in mortem, dicendum est eum in casum, in quem non pepigit, esse mulieri actionem.

Hat der Vater oder ein Dritter, als er die Mitgift für die Tochter bestellt hat, nur für einen von beiden Fällen, die Scheidung oder den Tod, eine Vereinbarung getroffen, ist zu sagen, dass auch in dem Fall, für den keine Vereinbarung getroffen worden ist, der Frau die Klage zusteht.

Ist die Zusage einer Rückgabe der Mitgift nur auf einen der beiden Gründe für die Auflösung der Ehe, nämlich Scheidung oder Tod, bezogen, bedeutet dies nicht, dass der Ehemann die *dos* im anderen Fall behalten dürfte. Hätten der Besteller der Mitgift und der Ehemann keine Vereinbarung, hätte die Frau unter allen Umständen die Herausgabe der Mitgift verlangen können, sei es, dass sie als *dos profecticia* von ihrem Gewalthaber stammt, sei es, dass sie als *dos adventicia* von einem Dritten bestellt worden ist.[260] Dieses Recht wird ihr nicht etwa konkludent dadurch genommen, dass sich der Besteller eigens die Rückerstattung der *dos* nur für den jeweils anderen Fall der Beendigung der Ehe ausbedungen hat. Ein Verbleib der Mitgift im Vermögen des Ehemannes kommt nur in Betracht, wenn sich der Besteller einer *dos adventicia* die Rückerstattung bloß für den Fall der Scheidung vorbehalten und die Ehe durch den Tod der Frau aufgelöst ist. Ansonsten gilt der auch durch kaiserliches Reskript bestätigte Grundsatz, dass Vereinbarungen über die Rückgewähr der *dos* im Zweifel so auszulegen sind, dass der Mann sie nicht behalten darf.[261]

Das Hauptthema der Rückforderung einer Mitgift ‚*adiuncta filiae persona*' wird mit einer schon recht konkreten Frage eingeleitet:

D 24.3.22.1 Ulp 33 ed (Ulp 954)
Si post solutum matrimonium filia familias citra patris voluntatem exactam communem dotem consumat, patri et viva ea et mortua actio superest, ut dos ipsi solvatur. quod ita verum est, si perditurae solvatur: ceterum si non perditurae et ex iustis causis soluta sit, non supererit actio. sed mortuo patre nec etiam heredes agent nec mulier.

Hat eine Haustochter nach der Auflösung der Ehe ohne den Willen ihres Vaters die gemeinsam zuständige Mitgift eingezogen und verbraucht, verbleibt dem Vater sowohl zu Lebzeiten der Tochter als auch nach ihrem Tod eine Klage darauf, dass ihm die Mitgift herausgegeben wird. Dies ist dann richtig, wenn sie an eine Tochter geleistet worden ist, bei der zu erwarten ist, dass sie sie verschwenden wird; andernfalls, wenn sie aus einem vernünftigen Grund geleistet worden ist, bleibt keine Klage übrig. Nach dem Tod des Vaters können aber weder seine Erben noch die Tochter klagen.

---

**260** UE 6.6.
**261** D 50.16.240 Paul 1 imp sent; hierzu *Stagl*, *Favor dotis*, Wien u. a. 2009, S. 111 f.

Ist die Mitgift an die noch in der Gewalt ihres Vaters stehende Ehefrau herausgegeben worden,[262] hat dies grundsätzlich keinen Einfluss auf das Rückforderungsrecht ihres Vaters. Er kann den Ehemann daher erneut in Anspruch nehmen, sofern die Tochter die Mitgift verschwendet hat und das väterliche Vermögen nicht mehr bereichert ist. Ulpian will dies aber nicht nach dem Tod des Vaters für dessen Erben und außerdem dann nicht gelten lassen, wenn es für die Herausgabe an die Tochter einen hinreichenden Grund gab und nicht abzusehen war, dass sie die Mitgift vergeuden würde. Den Grund für diese Einschränkung deutet er nur an, indem er die Mitgift als ‚*dos communis*' bezeichnet:[263] Hat die gewaltabhängige Ehefrau ungeachtet ihrer fehlenden Rechtsfähigkeit an dem Anspruch auf Rückgewähr der *dos* teil, muss der Mann ihn durch Leistung an sie erfüllen können, wenn dies nicht unvernünftig erscheint. Mit der Überlassung der Mitgiftgegenstände an die gewaltabhängige Frau fallen diese, rechtlich gesehen, ohnehin in das Vermögen ihres Vaters. Daher ist allenfalls der Gefahr einer tatsächlichen Beeinträchtigung seiner Interessen durch den Umgang der Tochter mit der Mitgift zu wehren. Selbst wenn sich dieses Risiko realisiert, sollen sich aber weder die Frau noch der Erbe des Vaters auf dessen mangelnde Beteiligung berufen können, die Frau, weil sie sich den Verlust der Mitgift selbst zuzuschreiben hat, und der Erbe, weil die *dos* als Sondervermögen der Frau zugeordnet ist. Diese Beteiligung an der Mitgift genügt Ulpian auch, um jeglichen Anspruch auszuschließen, wenn dem Mann die Leistung an seine frühere Frau nicht zum Vorwurf gemacht werden kann.

§ 2 hat wieder keinen Bezug zur Beteiligung der gewaltabhängigen Frau am Rückgewährrecht ihres Vaters. Stattdessen befasst sich Ulpian mit der Hintergehung einer allein anspruchsberechtigten Frau durch ihren Ehemann, der sich seiner Verpflichtung durch Stellung eines mittellosen Schuldübernehmers entledigen will:

> D 24.3.22.2 Ulp 33 ed (Ulp 954)
> Si mulier soluto matrimonio egentem reum dotis per novationem decepta accipiat, nihilo minus actio dotis ei manebit.
>
> Hat sich eine Frau nach Auflösung der Ehe täuschen und einen mittellosen Schuldner für die Verpflichtung zur Herausgabe der Mitgift stellen lassen, bleibt ihr die Mitgiftklage nichtsdestoweniger erhalten.

---

**262** Mit der ‚*dos exacta*' ist hier nicht etwa eine eingeklagte, sondern eine schlicht eingezogene Mitgift gemeint; vgl. *Stagl* (Fn. 261), S. 287.

**263** Hierauf weist auch *Stagl* (Fn. 261), S. 287 hin.

Die Verbindung zu der vorher behandelten Frage ergibt sich allein aus der Rechtsfolge: Der Anspruch auf Rückgewähr der Mitgift kann unter Umständen erhalten bleiben, obwohl es bereits zu einem Akt gekommen ist, der gewöhnlich zum Untergang des Klagerechts führt. Im Fall von § 1 ist es die Auskehr der zur Mitgift gehörenden Gegenstände, hier ist es die Übernahme der Verpflichtung durch einen anderen Schuldner.

In den folgenden §§ 3 bis 6 wechselt Ulpian wieder zu seinem Kernthema. Während es in § 1 um eine freiwillige Leistung der *dos* durch den Ehemann ging, beleuchtet er nun die Frage, wie dieser gerichtlich zu belangen ist:

> D 24.3.22.3–6 Ulp 33 ed (Ulp 954)
> Si pater filia absente de dote egerit, etsi omissa sit de rato satisdatio, filiae denegari debet actio, sive patri heres exstiterit, sive in legato tantum acceperit, quantum dotis satis esset. et ita Iulianus pluribus locis scribit compensandum ei in dotem quod a patre datur lucroque eius cedit, si tantum ab eo consecuta sit, quantum ei dotis nomine debeatur a marito qui patri solvit. (4) Si patri propter condemnationem Romae, ubi dos petatur, esse non liceat, filiae satis dotis fieri oportet, ita tamen, ut caveat ratam rem patrem habiturum. (5) Eo autem tempore consentire filiam patri oportet, quo lis contestatur. secundum haec si filia dicat se patri consentire et ante litis contestationem mutaverit voluntatem vel etiam emancipata sit, frustra pater aget. (6) Nec non illud quoque probamus, quod Labeo probat, nonnumquam patri denegandam actionem, si tam turpis persona patris sit, ut verendum sit, ne acceptam dotem consumat: ideoque officium iudicis interponendum est, quatenus et filiae et patri competenter consuletur. sed si latitet filia, ne tali patri consentire cogatur, puto dari quidem patri actionem, sed causa cognita. quid enim, si filia verecunde per absentiam patri contradicat? cur non dicamus patri non esse dandam actionem? quod si is pater sit, cui omnimodo consentire filiam decet, hoc est vitae probatae, filia levis mulier vel admodum iuvenis vel nimia circa maritum non merentem, dicendum est patri potius adquiescere praetorem oportere dareque ei actionem.
>
> Hat der Vater in Abwesenheit der Tochter auf Herausgabe der Mitgift geklagt, muss der Tochter, auch wenn keine Sicherheit für eine Genehmigung geleistet worden ist, die Klage verweigert werden, falls sie entweder Erbin des Vaters geworden ist oder sie ein Vermächtnis im Umfang der Mitgift erhalten hat. Und Julian schreibt an mehreren Stellen, die Tochter müsse, was ihr vom Vater zugewandt wird, mit der Mitgift verrechnen, und wenn sie vom Vater so viel erlangt, wie ihr von dem Ehemann geschuldet wird, der an den Vater geleistet hat, ist dies ihr Vorteil. (4) Ist einem Vater wegen seiner Verurteilung der Aufenthalt in Rom verwehrt, wo die Mitgift eingeklagt werden muss, muss die Mitgift an die Tochter geleistet werden, freilich unter der Voraussetzung, dass sie für die Genehmigung durch den Vater Sicherheit leistet. (5) Die Tochter muss aber in dem Zeitpunkt zustimmen, in dem der Streit befestigt wird. Daher klagt der Vater vergeblich, wenn die Tochter ihre Zustimmung erklärt, ihre Meinung aber schon vor der Streitbefestigung geändert hat oder aus der Gewalt entlassen worden ist. (6) Ich billige aber auch die Meinung Labeos, dem Vater sei die Klage zuweilen zu verweigern, wenn er so schändlich ist, dass zu befürchten ist, dass er die Mitgift verschwendet; daher muss der Richter sein Ermessen einsetzen, um sowohl dem Vater als auch der Tochter angemessen beizustehen. Hält sich aber die Tochter verborgen, damit sie dem Vater nicht zustimmen muss, ist, so glaube ich, dem Vater die Klage zu gewähren, aber

nur nach Untersuchung des Falles. Was soll nämlich gelten, wenn die Tochter aus Achtung vor dem Vater durch ihre Abwesenheit widersprechen will? Warum sollen wir nicht sagen, dem Vater sei die Klage zu verweigern? Handelt es sich bei dem Vater aber um jemanden, dem die Tochter die Zustimmung erteilen muss, weil er von einwandfreiem Lebenswandel ist, die Tochter aber leichtfertig oder sehr jung oder nachgiebig gegenüber ihrem Ehemann, obwohl er es nicht verdient, ist zu sagen, der Prätor solle eher dem Vater beistehen und ihm die Klage gewähren.

Ulpian beginnt mit dem Fall, dass der Vater die Klage allein und ohne Mitwirkung der gewaltabhängigen Tochter anstrengt. Er lässt unerwähnt, dass sie der Prozessführung zustimmen muss, um an deren Ergebnis gebunden zu sein, und beschränkt sich auf die Mitteilung, dass es in der behandelten Konstellation an einer *satisdatio* fehlt. Diese soll dem Ehemann Sicherheit bieten, falls die Tochter der Klage des Vaters die nachträgliche Zustimmung versagt. Denn er muss hinnehmen, dass die Tochter ihn noch einmal in Anspruch nimmt, wenn sie rechtlich selbständig geworden ist. Von dieser wiederum nur vorausgesetzten Regel will Ulpian aber eine Ausnahme machen, wenn die eingeklagte Mitgift doch an die Tochter gelangt ist. Dies kann insbesondere dadurch geschehen sein, dass sie Erbin des Vaters oder von diesem mit einem Vermächtnis im Umfang der Mitgift bedacht und dieses auch schon erfüllt worden ist.[264] Auch wenn der Vater der Frau weniger hinterlassen hat, soll sie nach Ansicht von Julian dies von ihrer Forderung gegen den Mann abziehen. Denn in dem Maße, in dem die Mitgift sie schließlich erreicht hat, verfehlt das Zustimmungserfordernis seinen Zweck, zu gewährleisten, dass die Frau an der Entscheidung über das Schicksal der Mitgift beteiligt wird.[265]

Bevor Ulpian auf die Modalitäten der Zustimmung zu sprechen kommt, widmet er sich dem Kuriosum, dass die Genehmigung ausnahmsweise auch vom Vater zu erteilen ist. Hierzu kann es kommen, wenn er selbst an einem gerichtlichen Vorgehen gegen den Ehemann verhindert ist. Obwohl sie nicht rechtsfähig ist, darf die Frau die Klage hier ausnahmsweise allein erheben.[266] Sie muss aber ebenso wie der Vater, der die *dos* ohne Beteiligung seiner Tochter herausverlangt, Sicherheit für die spätere Genehmigung der Prozessführung leisten.

Um die Klageerhebung durch den Vater von vornherein zu legitimieren und eine Sicherheitsleistung entbehrlich zu machen, muss die Einwilligung der Frau im Zeitpunkt der *litis contestatio* vorliegen, mit der die Rechtshängigkeit be-

---

**264** Den Fall, dass das Fideikommiss noch nicht erfüllt worden ist, beleuchtet Modestin in D 31.34.5 Mod 10 resp.

**265** Trotz unangebrachter Interpolationsvermutungen insoweit richtig *Wolff*, Zur Stellung der Frau im klassischen römischen Dotalrecht, SZ 53 (1933) 297, 307.

**266** Dass dies prozessual kaum Schwierigkeiten bereitet, zeigt *Wolff*, SZ 53 (1933) 297, 316 f.

gründet wird. Hat die Frau ihr Einverständnis früher erklärt, kann sie es noch bis zum Prozessbeginn widerrufen. Wird sie gewaltfrei, büßt die Einwilligung automatisch ihre Wirkung ein, weil die Frau nun selbst die *dos* zurückfordern kann und sich ihre Zustimmung zur Klage des Vaters nicht in dessen Bestellung als Prozessvertreter umdeuten lässt.

Auch wenn die Frau ihr Einverständnis mit der Prozessführung durch ihren Vater erklärt hat, soll sich der Prätor darüber hinwegsetzen können und die Erteilung der Klage verweigern, wenn damit zu rechnen ist, dass der Vater die *dos* nach ihrer Rückerstattung verschwendet. Ulpian schließt sich in diesem Punkt der Auffassung von Labeo an und erweitert sie zu der Regel, dass der Richter stets auf die Interessenlage im Einzelfall Rücksicht nehmen müsse. Dies kann auch zu der umgekehrten Entscheidung führen, dem Vater die Klage trotz fehlender Zustimmung der Frau zu gewähren, wenn zu befürchten ist, dass sie sie nur infolge ihrer Jugend, aus Leichtsinn oder zur Schonung des Ehemannes verweigert. Nach demselben Maßstab soll der Richter auch eine konkludente Ablehnung der Prozessführung beurteilen, die eine Frau dadurch zum Ausdruck bringt, dass sie sich verborgen hält, um ihrem Vater nicht offen zu widersprechen. Auch hier kann die Klage trotz der fehlenden Zustimmung der Frau gewährt werden, aber nur *causa cognita*, also wenn feststeht, dass die Frau keinen hinreichenden Grund hat, um sich der Klageerhebung zu widersetzen. So wird der Schutzzweck des Zustimmungserfordernisses auch in den Fällen erreicht, in denen es entweder nicht eingehalten oder zwar eingehalten, aber sinnlos ist.

Die Darstellung wird in §§ 7 und 8 durch einen langen Passus unterbrochen, in dem zunächst die Scheidung durch eine geisteskranke Frau für unwirksam erklärt und dann Vorsorge für eine Benachteiligung durch ihren Ehemann angeordnet wird: Er soll die Ehe nur dann auflösen können, wenn das Zusammensein mit der Frau oder die mangelnde Erfüllung seines Kinderwunsches unerträglich ist; und für den Fall, dass er die Scheidung scheut, um sich an der Mitgift zu bereichern, soll diese sequestriert und er vom Richter zur Gewährung von Unterhalt gezwungen werden. Diese Ausführungen gehen sicher nicht auf Ulpian, sondern auf einen Bearbeiter zurück, dessen Räsonnement auf dem christlichen Scheidungsverbot aufbaut.[267] Angeregt sind seine Betrachtungen vermutlich von einer beiläufigen Bemerkung Ulpians. In § 9 weist er darauf hin, dass die Scheidung im Fall der Geisteskrankheit auch durch ihren Vater erklärt werden könne. So ergänzt er seine Feststellung, dass der Vater einer *filia furiosa* allein zur Rückforderung der *dos* berechtigt ist:

267 Für justinianisch hält sie *Lenel, Palingenesia*, Bd. 2, Sp. 643 Fn. 5.

D 24.3.22.9 Ulp 33 ed (Ulp 954)
Item pater furiosae utiliter intendere sibi filiaeve suae reddi dotem potest: quamvis enim furiosa nuntium mittere non possit, patrem tamen eius posse certum est.

Auch der Vater einer geisteskranken Frau kann erfolgreich beantragen, dass ihm die Mitgift herausgegeben wird; obwohl sie als Geisteskranke keinen Scheidungsbrief übersenden kann, kann dies doch sicherlich ihr Vater.

Auch diese Entscheidung spiegelt Ulpian wieder in den folgenden beiden Paragraphen. Hier spricht er sich für eine exklusive Klagebefugnis der gewaltabhängigen Frau aus, falls ihr Vater geisteskrank und nicht durch einen *curator* vertreten ist. Dasselbe soll im Fall seiner Kriegsgefangenschaft gelten:

D 24.3.22.10–11 Ulp 33 ed (Ulp 954)
Si soluto matrimonio pater furiosus sit, curator eius voluntate filiae dotem petere poterit: aut si curatoris copia non sit, agere filiae permittendum erit caverique oportebit de rato. (11) Idem decernendum est et si ab hostibus captus sit pater, puellae dandam actionem de dote repetenda.

Ist der Vater nach Auflösung der Ehe geisteskrank geworden, kann sein Pfleger die Mitgift mit Zustimmung der Tochter fordern; und wenn es an einem Pfleger fehlt, ist der Tochter die Klage zu gestatten, und sie muss für die Genehmigung Sicherheit leisten. (11) Ebenso ist auch zu entscheiden, dass der Tochter die Klage auf Rückgewähr der Mitgift gewährt werden muss, wenn der Vater in Kriegsgefangenschaft geraten ist.

Die Lösung dieser beiden Fälle entspricht der in § 4 mitgeteilten Entscheidung für eine Aktivlegitimation der gewaltunterworfenen Frau in dem Fall, dass der Vater infolge einer Verurteilung nicht am Gerichtsort erscheinen kann. Anders als dort erwähnt Ulpian weder hier noch in § 9 eine Sicherheitsleistung für die spätere Genehmigung der Prozessführung. Dies erscheint ihm wohl deshalb unnötig, weil die Verhinderung des Vaters oder der Frau im Fall ihrer Geisteskrankheit aufgrund der Lebenserfahrung und bei einer Kriegsgefangenschaft aus Rechtsgründen als dauernd anzusehen ist. Dies erklärt auch den Anschluss an die Fälle des § 6, in denen er ebenfalls eine regelrechte Ausnahme von dem Genehmigungserfordernis macht.

Entbehrt Ulpians Darstellung der Rückforderung einer Mitgift ‚*adiuncta filiae persona*‘ auch nicht eines nachvollziehbaren Aufbaus, kann sie doch keinesfalls für sich in Anspruch nehmen, den Leser strukturiert an das Thema heranzuführen. Nicht nur, dass Ulpian mit dem speziellen Fall einer freiwilligen Auskehr der Mitgift an die gewaltabhängige Tochter beginnt und wegen der hiermit gewöhnlich verbundenen Rechtsfolge assoziativ zu der Konstellation wechselt, dass der Ehemann sich seiner Verpflichtung durch Stellung eines insolventen Novationsschuldners entledigen will. Auch die folgenden Ausführungen zur gerichtlichen

Inanspruchnahme des Ehemannes verlangen dem Leser gehörige Vorkenntnisse ab. Er muss wissen, dass sich der Mann grundsätzlich nur dann auf die Klage des Vaters einlassen muss, wenn die Frau ihr zustimmt oder der Vater Sicherheit für ihre spätere Genehmigung leistet. Auf dieser Basis bespricht Ulpian eine Reihe von Fällen, in denen von diesem Grundsatz abgewichen werden muss: die nachträgliche Heilung einer fehlenden Zustimmung durch Zuwendung der vom Vater eingezogenen Mitgift an die Frau, die Vernachlässigung einer Erteilung oder Versagung der Zustimmung wegen der Gefahr einer Verschwendung der *dos* durch einen der beiden Teile, die Ausnahme vom Genehmigungserfordernis bei Geisteskrankheit der Tochter und umgekehrt ihre exklusive Klagebefugnis bei einer Verhinderung des Vaters, die zuweilen mit der Pflicht zur Stellung einer Sicherheit einhergeht, zuweilen unbedingt zugestanden wird. Eingestreut ist eine Bemerkung zum Zeitpunkt der Zustimmung. Selbst wenn man davon ausgeht, das Erfordernis von Zustimmung oder Sicherheitsleistung sei im ulpianischen Original vorangestellt und erst von den Kompilatoren mit Blick auf seine Behandlung in den vorangehenden Auszügen aus den Sabinuskommentaren[268] gestrichen worden, bleibt der Befund, dass Ulpian nicht nach einer eingängigen Darstellung strebt, sondern vor allem Sonderfälle für einen schon informierten Leser zusammenstellt.

## 2 Passivlegitimation

Einen etwas anderen Eindruck erweckt die anschließende Erörterung der Frage, gegen wen die *actio rei uxoriae* zu richten ist. Ulpian schreitet hier vom einfach zu beurteilenden Regelfall zu schwierigeren Konstellationen fort:

> D 24.3.22.12–13 Ulp 33 ed (Ulp 955/956)
> Transgrediamur nunc ad hunc articulum, ut quaeramus, adversus quos competit de dote actio. et adversus ipsum maritum competere palam est, sive ipsi dos data sit sive alii ex voluntate mariti vel subiecto iuri eius vel non subiecto. sed si filius familias sit maritus et dos socero data sit, adversus socerum agetur. plane si filio data sit, si quidem iussu soceri, adhuc absolute socer tenebitur: quod si filio data sit non iussu patris, Sabinus et Cassius responderunt nihilo minus cum patre agi oportere: videri enim ad eum pervenisse dotem, penes quem est peculium: sufficit autem ad id damnandum quod est in peculio vel si quid in rem patris versum est. sin autem socero dotem dederit, cum marito non poterit experiri, nisi patri heres exstiterit. (13) Si mulier in condicione mariti erraverit putaveritque esse liberum, cum servus esset, concedi oportet quasi privilegium in bonis viri mulieri, videlicet ut, si sint et alii creditores, haec praeferatur circa de peculio actionem et, si forte domino aliquid debeat

268 D 24.3.2 Ulp 35 Sab (s. u. S. 147 ff.), D 24.3.3 Paul 7 Sab, D 24.3.4 Pomp 15 Sab.

servus, non praeferatur mulier nisi in his tantum rebus, quae vel in dote datae sunt vel ex dote comparatae, quasi et hae dotales sint.

Gehen wir nun zu dem Abschnitt über, in dem wir fragen, gegen wen die Mitgiftklage zuständig ist. Und sie steht offensichtlich gegen den Ehemann zu, sei es, dass ihm selbst die Mitgift überlassen worden ist, sei es, dass sie mit seiner Zustimmung einem anderen, sei er seiner Gewalt unterworfen oder nicht, überlassen worden ist. Ist der Ehemann aber ein Haussohn und die Mitgift dem Schwiegervater überlassen worden, ist gegen den Schwiegervater zu klagen. Ist sie aber dem Sohn überlassen worden, haftet der Schwiegervater trotzdem unbeschränkt, wenn es auf Geheiß des Schwiegervaters erfolgt ist; ist sie dem Sohn ohne Geheiß des Schwiegervaters überlassen worden, ist, wie Sabinus und Cassius befunden haben, nichtsdestoweniger gegen den Vater zu klagen; die Mitgift scheint nämlich an den Vater gelangt zu sein, bei dem sich auch das Sondergut befindet; es genügt aber, ihn in das zu verurteilen, was sich im Sondergut befindet oder in das Vermögen des Vaters gelangt ist. Ist die Mitgift aber dem Schwiegervater überlassen worden, kann gegen den Ehemann nicht geklagt werden, wenn er nicht Erbe seines Vaters geworden ist. (13) Hat die Frau sich im Status des Ehemannes geirrt und geglaubt, er sei frei, während er ein Sklave war, ist ihr beim Vermögen des Mannes der Vorzug einzuräumen, und zwar dergestalt, dass sie, wenn noch andere Gläubiger vorhanden sind, mit der Sondergutsklage den Vorrang genießt und, wenn der Sklave etwa seinem Eigentümer etwas schuldet, die Frau bei den Sachen den Vorrang genießt, die als Mitgift überlassen oder mit Mitteln der Mitgift angeschafft worden sind und daher ebenfalls gleichsam zur Mitgift gehören.

Ulpian beginnt mit der Feststellung, dass der rechtlich selbständige Ehemann nicht nur bei der Überlassung der Mitgift an ihn, sondern auch bei einer anweisungsgemäßen Leistung an Dritte passivlegitimiert ist. Dann wendet sich Ulpian dem ebenso häufigen, aber komplizierteren Fall der Heirat mit einem *filius familias* zu: Hier steht die Klage auf Rückgewähr der Mitgift gegen den Schwiegervater zu, in dessen Gewalt sich der Ehemann befindet. Dies versteht sich von selbst, wenn er die Mitgift persönlich in Empfang genommen hat. Bei der Leistung an den Sohn kommt es, wie Ulpian im Anschluss an Sabinus und Cassius befindet, darauf an, ob die Voraussetzungen einer adjektizischen Haftung des Schwiegervaters gegeben sind: Er haftet entweder, weil die Überlassung an den Haussohn seinem *iussum* entsprach, oder, weil sie in das Sondergut des Sohnes oder in sein übriges Vermögen gelangt ist. Die Verurteilung ist hier beschränkt, entweder auf den Wert des Sonderguts oder auf den der eingetretenen Bereicherung. Ist der Ehemann später rechtlich selbständig geworden, hat er für eine seinem Vater überlassene Mitgift nur als dessen Erbe einzustehen.[269]

**269** *Lenel* schiebt hiervor die in D 49.17.7 Ulp 35 ed überlieferte Aussage zum *peculium castrense* ein.

Auf eine Haftung mit der *actio de peculio* läuft es schließlich auch in dem behandelten Sonderfall hinaus, in dem sich die Ehefrau über den Status ihres Mannes täuscht und verkennt, dass es sich um einen Sklaven handelt.[270] Ungeachtet ihres Irrtums fällt die Mitgift hier in das Sondergut und kann nur mit der daran anknüpfenden adjektizischen Klage gegen den Gewalthaber zurückgefordert werden. Im Fall einer Insolvenz des Sonderguts will Ulpian der Frau aber den Vorrang vor den übrigen Gläubigern und im Verhältnis zu dem Gewalthaber zumindest in Ansehung der als Mitgift überlassenen Gegenstände und etwaiger Surrogate einräumen.[271]

## 3 Fälligkeit der Leistung

Das nächste Thema, dem sich Ulpian zuwendet, ist der Zeitpunkt, zu dem der Anspruch auf Rückgewähr der *dos* fällig wird. Hier versagt er sich einen Hinweis darauf, dass die Klage normalerweise erst nach Auflösung der Ehe angestellt werden kann, und widmet sich ohne Umschweife dem Ausnahmefall, in dem sie schon vorher zuständig ist:

> D 24.3.24pr-3 Ulp 33 ed (Ulp 957)
> Si constante matrimonio propter inopiam mariti mulier agere volet, unde exactionem dotis initium accipere ponamus? et constat exinde dotis exactionem competere, ex quo evidentissime apparuerit mariti facultates ad dotis exactionem non sufficere. (1) Si exheredato marito mulier agat, magis est, ut ex die aditae patris hereditatis incipiat ei dotis exactio. (2) Quotiens mulieri satisdandum est de solutione dotis post certum tempus, si maritus satisdare non possit, tunc deducto commodo temporis condemnatio residui repraesentatur: sed si, cum maritus satisdare posset, nollet, in solidum eum condemnandum Mela ait non habita ratione commodi temporis. iudicis igitur officio convenit, ut aut satisdatione interposita absolvat maritum aut habita ratione compensationis eum condemnet, quod quidem hodie magis usurpatur: nec ferenda est mulier, si dicat magis se velle dilationem pati quam

270 Anders *Söllner*, Zur Vorgeschichte und Funktion der *actio rei uxoriae*, Köln/Wien 1969, S. 145, der glaubt, die Bestellung der Mitgift schlage in diesem Fall fehl und die Rückforderung finde mit der *condictio* oder *rei vindicatio* statt.

271 Vgl. zur dinglichen Surrogation auch D 23.3.54 Gai 1 ed praet. – Nur einem Vergleich kann die von *Lenel* hiermit verbundene Aussage von D 26.7.11 gedient haben. Sie gilt dem Fall, dass ein Sklave, der sich als Vormund geriert hat, von seinem vermeintlichen Mündel belangt wird. Auch hier soll der Gewalthaber bei Unzulänglichkeit des Sonderguts das Nachsehen haben. Völlig offen muss dagegen die Verbindung zu dem von *Lenel* ebenfalls hierzu gezogenen Fragment D 23.3.39 bleiben, in dem es um die Überführung einer mitgiftähnlichen Zuwendung in eine mit der Freilassung konstituierte *dos* und deren Wirksamkeit im Fall der Kastration oder Unfruchtbarkeit geht.

in repraesentatione deductionem. (3) Sive autem mariti sive uxoris periculo dos fuit, nihilo minus legitimo tempore debet solvere maritus.

Will eine Frau während der Ehe wegen des Vermögensverfalls des Ehemannes klagen, stellt sich die Frage, ab wann wir ihr die Möglichkeit zum Einzug der Mitgift eröffnen. Und es steht fest, dass die Möglichkeit zum Einzug der Mitgift ab dem Moment besteht, in dem offensichtlich ist, dass das Vermögen des Mannes nicht zum Einzug der Mitgift ausreichen wird. (1) Klagt die Frau aus Anlass der Enterbung ihres Ehemannes, ist es besser, wenn die Möglichkeit zum Einzug der Mitgift ab dem Tag besteht, an dem die Erbschaft des Vaters angetreten wird. (2) Ist der Frau wegen der Leistung der Mitgift nach einer bestimmten Frist Sicherheit zu leisten, und kann ihr Ehemann die Sicherheit nicht leisten, muss er unter Abzug des Zeitvorteils sofort zur restlichen Leistung verurteilt werden; kann der Ehemann die Sicherheit leisten, will es aber nicht, sei er, wie Mela schreibt, ohne Rücksicht auf den Zeitvorteil zu verurteilen. Es ist also die Amtspflicht des Richters, den Ehemann entweder nach der Sicherheitsleistung freizusprechen oder ihn unter Verrechnung zu verurteilen, was heutzutage üblich ist; und die Frau ist nicht zu hören, wenn sie vorbringt, lieber eine Verzögerung als eine Herabsetzung der Verurteilung hinnehmen zu wollen. (3) Unabhängig davon, ob die Mitgift auf die Gefahr des Ehemannes oder der Ehefrau geht, muss der Ehemann sie immer zum rechten Zeitpunkt leisten.

Grund und Voraussetzung der vorzeitigen Klage ist ein Vermögensverfall des Mannes: Gibt es hinreichende Anhaltspunkte dafür, dass seine Mittel künftig nicht ausreichen werden, um eine Rückgewähr der *dos* zu gewährleisten, kann die Frau ihn schon während der Ehe belangen.[272] Ein solcher Fall, in dem Anlass zur Sorge um die Leistungsfähigkeit des Mannes besteht, ist die Enterbung durch seinen Vater. Hier soll die Klage aber erst dann zulässig sein, wenn die Erbschaft bereits angetreten und damit ausgeschlossen ist, dass der Mann doch noch im Wege der Intestaterbfolge zum Zuge kommt.

Ohne nähere Erläuterung geht Ulpian zu der Konstellation über, dass der Mann Sicherheit zu leisten hat. Dabei bleibt offen, ob diese wegen gerade seines Vermögensverfalles oder schon aufgrund des Dotalvertrags[273] geschuldet ist. Kann der Mann die Sicherheit nicht stellen, ist dies für Ulpian ein weiterer Grund, aus dem die Frau sofort die Rückgewähr der *dos* verlangen kann. Sie muss sich dabei allerdings den Zinsvorteil anrechnen lassen, den sie durch die vorzeitige Erfüllung ihres Anspruchs erlangt. Nach Ansicht des von Ulpian zitierten Mela soll dies aber wiederum dann nicht gelten, wenn der Mann die Sicherheitsleistung zwar erbringen könnte, aber nicht will. So will Mela den Mann, der nicht zum

---

**272** Entgegen *Stagl* (Fn. 261), S. 262 gibt es keinen Anhaltspunkt dafür, dass Ulpian hier von einer fiktiven Scheidung ausgeht, wie sie Justinian in CJ 5.12.30.2 (30. Oktober 529) annimmt.

**273** Hierauf führt die Pflicht zur Sicherheitsleistung *Söllner* (Fn. 270), S. 88 zurück. Nach UE 6.8 sind die zur *dos* gehörenden Sachen, wenn sie vertretbar sind, auch ohne besondere Vereinbarung in drei Jahresraten zu erstatten.

Schutz der Frau vor seiner künftigen Insolvenz beitragen will, offenbar bestrafen. Ulpian scheint sich dagegen auszusprechen, indem er das Ermessen des Richters auf die Alternative beschränkt, die Klage gegen Sicherheitsleistung abzuweisen oder den Mann unter Abzug des Zeitvorteils zu verurteilen. Hierin erkennt er eine *hodie* gängige Praxis, die die Ansicht des Frühklassikers Mela als obsolet erweist. Eine solchermaßen reduzierte Verurteilung soll auch dann stattfinden, wenn die Frau, statt den Abzug hinzunehmen, lieber auf eine ungekürzte Leistung in der Zukunft warten will.

Der Abschnitt endet mit dem Hinweis, dass die Fälligkeit des Anspruchs nicht von der Frage abhängt, wer die Gefahr eines zufälligen Untergangs der zur Mitgift gehörenden Gegenstände trägt. Selbstverständlich ist, dass die Frau vorzeitig klagen kann, wenn dem Mann durch Bestellung einer *dos aestimata* verwehrt ist, sich auf einen unverschuldeten Verlust der Dotalgegenstände zu berufen. Aber auch wenn die Frau dieses Risiko trägt, braucht sie dennoch nicht die Gefahr einer Insolvenz ihres Mannes auf sich zu nehmen. Diese ist nämlich nicht mit dem Risiko eines zufälligen Verlustes von Dotalgegenständen vergleichbar.

Auch in diesem Abschnitt richtet sich Ulpian wieder an den informierten Leser, der nicht in die Thematik eingeführt werden muss, sondern auf der Suche nach einer Lösung für Ausnahmefälle ist. Dass eine Einleitung in die Thematik einer Kürzung durch die Kompilatoren zum Opfer gefallen ist, erscheint deshalb unwahrscheinlich, weil die byzantinischen Gesetzesredaktoren sie auch nicht aus anderer Quelle bezogen haben und deshalb an dieser Stelle für entbehrlich hätten halten dürfen.

## 4 Anspruchsinhalt

Das Fragment D 24.3.24 schließt mit vier Aussagen zum Umfang der Haftung des Ehemannes. Die erste gilt dem Fall, dass er Sklaven freilässt, die zur *dos* gehören:

> D 24.3.24.4 Ulp 33 ed (Ulp 958)
> Si vir voluntate mulieris servos dotales manumiserit, si quidem donare ei mulier voluit, nec de libertatis causa impositis ei praestandis tenebitur: quod si negotium inter eos gestum est, utique tenebitur, ut officio iudicis caveat restituturum se mulieri, quidquid ad eum ex bonis liberti vel ex obligatione pervenisset.
>
> Hat ein Mann mit Zustimmung seiner Frau zur Mitgift gehörende Sklaven freigelassen, haftet er, wenn sie ihn beschenken wollte, auch nicht wegen der Leistungen, die dem Sklaven um seiner Freilassung willen auferlegt sind; hat aber zwischen beiden eine Geschäftsführung stattgefunden, haftet er jedenfalls in der Weise, dass er nach dem Ermessen des Richters Sicherheit dafür leistet, dass er der Frau herausgeben wird, was aus dem Vermögen des Freigelassenen oder aus einer Verpflichtung an ihn gelangt.

In verkürzter Fassung erscheint der erste Satz dieses Passus auch als Teil einer Katene, für die Justinians Kompilatoren außerdem auf Auszüge aus Paulus' und Ulpians *libri ad legem Iuliam et Papiam* zurückgegriffen haben. Während der erste Satz von 24.3.24.4 hier als Zitat aus dem 33. Buch des Ediktskommentars wiederholt wird, ist die dem zweiten Satz entsprechende Aussage dem Werk zu den augusteischen Ehegesetzen zugeschrieben:

> D 24.3.62 Ulp 33 ed
> Quod si vir voluntate mulieris servos dotales manumiserit, cum donare ei mulier voluit, nec de libertatis causa impositis ei praestandis tenebitur.
>
> Hat ein Mann aber mit Zustimmung seiner Frau zur Mitgift gehörende Sklaven freigelassen, haftet er, wenn sie ihn beschenken wollte, auch nicht wegen der Leistungen, die dem Sklaven um seiner Freilassung willen auferlegt sind,
>
> D 24.3.63 Paul 2 Iul et Pap
> Et desinit servus in dote esse, quia, cui manumittendi causa donare liceret, ei quodammodo donaret, quod permitteret manumittere.
>
> und der Sklave gehört nicht mehr zur Mitgift, weil sie ihrem Mann, dem sie zum Zwecke der Freilassung schenken durfte, in der Weise geschenkt hat, dass sie ihm die Freilassung erlaubte.
>
> D 24.3.64pr Ulp 7 Iul et Pap
> Si vero negotium gerens mulieris non invitae maritus dotalem servum voluntate eius manumiserit, debet uxori restituere quidquid ad eum pervenit.
>
> Hat der Ehemann einen Mitgiftsklaven aber im Zuge einer Geschäftsführung für die Frau ohne deren Widerspruch freigelassen, muss er der Ehefrau herausgeben, was an ihn gelangt ist.

Hat der Mann mit Zustimmung der Frau Dotalsklaven freigelassen, scheiden diese aus der Mitgift aus, ohne dass dies eine Haftung nach sich zieht. Die *actio rei uxoriae* kann sich nur noch auf die Leistungen richten, die sich der Ehemann von den Sklaven im Gegenzug für ihre Freilassung versprechen lässt. Ulpian unterscheidet danach, ob die Freilassung Gegenstand einer Schenkung der Frau an den Mann oder dieser als Geschäftsbesorger für seine Gattin tätig geworden ist. In diesem zweiten Fall gehören die Leistungen der Sklaven zur Mitgift. Sie sind aber erst dann von dem Mann herauszugeben, wenn sie erbracht sind. Vorher muss er lediglich Sicherheit dafür leisten, dass er sie an die Frau weiterreicht. Hat diese der Freilassung hingegen in der Absicht zugestimmt, dem Mann eine unentgeltliche Zuwendung zu machen, darf der Mann die Leistungen der Sklaven behalten. Dies gilt nicht nur, wenn sie nach Auflösung der Ehe und damit zu einer Zeit erfolgen, in der das Verbot einer Schenkung unter Ehegatten ohnehin nicht mehr eingreift. Auch eine zuvor erhaltene Leistung unterliegt nicht der Verpflichtung zur Rückgewähr der *dos*. Zwar mag man zweifeln, ob sie von der Ausnahme erfasst ist, die man beim Schenkungsverbot für eine *donatio manumissionis causa* macht.[274] Diese wird nämlich erst mit der Freilassung wirksam, beruht also offenbar auf der Erwägung, dass ein Ehegatte durch die *manumissio* nicht bereichert wird. Anders verhält es sich bei Leistungen, die von dem Freigelassenen erbracht werden und das Vermögen des Freilassers mehren. Bei der Erlaubnis, einen Dotalsklaven freizulassen, handelt es sich, technisch gesehen, aber gar nicht um eine Schenkung; denn der Sklave steht ohnehin schon im Eigentum des Mannes, der folglich auch zu Recht Leistungen des Freigelassenen in Anspruch nimmt. Zum Objekt einer *donatio* könnten diese erst durch ihre Ausnahme von der Pflicht zur Rückerstattung der Mitgift werden. Eine solche Schenkung wird jedoch erst bei Auflösung der Ehe vollzogen, wenn die Pflicht zur Rückerstattung der *dos* einsetzt und das Schenkungsverbot keine Geltung mehr erheischt.

Im nächsten Abschnitt behandelt Ulpian die Haftung des Ehemannes für eine Misshandlung von Dotalsklaven:

> D 24.3.24.5 Ulp 33 ed (Ulp 958)
> Si maritus saevus in servos dotales fuit, videndum, an de hoc possit conveniri. et si quidem tantum in servos uxoris saevus fuit, constat eum teneri hoc nomine: si vero et in suos est natura talis, adhuc dicendum est immoderatam eius saevitiam hoc iudicio coercendam: quamvis enim diligentiam uxor eam demum ab eo exigat, quam rebus suis exiget, nec plus possit, attamen saevitia, quae in propriis culpanda est, in alienis coercenda est, hoc est in dotalibus.
>
> Hat sich ein Ehemann grausam gegenüber Mitgiftsklaven verhalten, müssen wir zusehen, ob er deshalb belangt werden kann. Und wenn er sich nur gegenüber den Sklaven der Frau grausam verhalten hat, steht fest, dass er aus diesem Grund haftet; verhält er sich aber ebenso gegenüber eigenen Sklaven, ist trotzdem zu sagen, dass maßlose Grausamkeit mit dieser Klage zu sanktionieren ist; obwohl die Ehefrau von ihm nur die Sorgfalt erwarten kann, die er in eigenen Angelegenheiten anzuwenden pflegt, und nicht mehr, muss doch die Grausamkeit, die ihm bei seinen eigenen Sklaven zur Schuld gereicht, auch bei anderen, nämlich den Mitgiftsklaven, sanktioniert werden.

Der Ehemann soll einer Haftung für die grausame Behandlung von Dotalsklaven nicht entgehen, indem er sich darauf beruft, lediglich so mit ihnen umgegangen zu sein, wie er es mit eigenen Sklaven tut. Ist schon deren Misshandlung zumindest moralisch vorwerfbar, weicht der Mann, wenn er sich so auch gegenüber den Dotalsklaven verhält, von einem Mindeststandard an Sorgfalt ab, dessen Unterschreitung nicht zu entschuldigen ist. Ulpians Argumentation erinnert auf den ersten Blick an das Räsonnement, mit dem der Hochklassiker Celsus die

**274** D 24.1.7.9 Ulp 31 Sab, PS 2.23.2.

Haftung eines Verwahrers für den Verlust einer hinterlegten Sache begründet:[275] Wer bei fremden Objekten eine geringere Sorgfalt walten lässt als im Umgang mit eigenen Sachen, hat sich bewusst für die Vernachlässigung des fremden Interesses entschieden. Dem Vorwurf eines vorsätzlichen Fehlverhaltens kann er nur noch durch das praktisch nicht verfangende Vorbringen entgehen, auch in eigenen Angelegenheiten überaus nachlässig zu verfahren.[276] Während diese Argumentation Celsus dazu dient, eine eigentlich auf Vorsatz begrenzte Haftung überhaupt auf Fälle einer für sich genommen unabsichtlichen Schädigung auszudehnen, ist die Situation bei der Mitgift anders: Hier ist anerkannt, dass der Ehemann für *culpa* und damit auch für fahrlässiges Fehlverhalten einzustehen hat.[277] Dementsprechend erscheint die eigenübliche Sorgfalt bei Paulus auch bloß als ein Merkmal, mit dem diese Fahrlässigkeitshaftung konkretisiert oder sogar noch verschärft wird:[278] Legt der Ehemann in seinen eigenen Angelegenheiten eine Sorgfalt an den Tag, die über das übliche Maß hinausgeht, muss er so auch mit den Dotalsachen umgehen, weil er sich sonst vorhalten lassen müsste, die Frau bewusst benachteiligt zu haben. Diese Ausdehnung seiner Haftung eröffnet dem Mann aber auch die Möglichkeit, den Spieß umzudrehen und sich gegen seine Inanspruchnahme gerade mit dem Argument zu verteidigen, er habe die zur Mitgift gehörenden Gegenstände eben nicht anders als sein eigenes Vermögen behandelt. Begegnen lässt sich diesem Einwand nur auf zweierlei Weise, entweder indem man klarstellt, dass die eigenübliche Sorgfalt nur die Funktion einer Haftungsverschärfung hat, oder indem man schon den Umgang mit dem eigenen Vermögen als pflichtwidrig dartut. Im Fall der Misshandlung von Sklaven bietet sich Letzteres an, weil spätestens seit Hadrian anerkannt ist, dass Grausamkeit auch gegenüber eigenen Sklaven nicht gestattet ist und ein hoheitliches Einschreiten rechtfertigt.[279] Handelt sich der Eigentümer schon so den Vorwurf der *culpa* ein, muss dieser ihn erst recht treffen, wenn er grausam mit den Dotalsklaven umgeht, die zwar formal ebenfalls in seinem Eigentum stehen, wegen ihrer Zugehörigkeit zur Mitgift aber ‚*alieni*' sind.[280]

In der dritten Entscheidung geht es um eine *retentio propter res amotas:*

---

**275** D16.3.32 Cels 11 dig.

**276** *Harke*, Freiwilligkeit und Haftung, Würzburg 2006, S. 14 ff., *ders.*, Römisches Recht, 2. Aufl., München 2016, Rn. 10.12 ff.

**277** D 24.3.66pr Iav 6 post Lab (mit Zitat von Servius), D 24.3.9 Pomp 10 Sab, D 24.3.18.1 Pomp 16 Sab, 24.3.25.1 Paul 36 ed, D 23.3.17pr Paul 7 Sab, D 23.3.72.1 Paul 8 resp = Vat 101.

**278** D 23.3.17pr Paul 7 Sab.

**279** D 1.6.2. Ulp 8 off procons.

**280** Auf die hiermit verbundene Zuordnung zum Vermögen der Frau weist *Stagl* (Fn. 261), S. 250 hin.

D 24.3.24.6 Ulp 33 ed (Ulp 962)
Si uxor viri rem commodaverit eaque perierit, videndum, an compensationem hoc nomine pati possit. et puto, si quidem prohibuit eam maritus commodare, statim deductionem fieri: si vero non prohibuit eam commodare arbitrio iudicis modicum tempus ei indulgeri cautionem praebenti.

Hat eine Ehefrau eine Sache ihres Mannes verliehen und ist sie untergegangen, müssen wir zusehen, ob sie deshalb eine Aufrechnung hinnehmen muss. Und ich glaube, dass, wenn der Ehemann ihr untersagt hat, sie zu verleihen, unmittelbar ein Abzug zu machen ist; hat er es aber nicht untersagt, ist ihr nach dem Ermessen des Richters eine angemessene Frist einzuräumen, wenn sie Sicherheit leistet.

Hat die Ehefrau eine Sache ihres Mannes verliehen und ist diese verloren gegangen, führt dies zu einem sofortigen Abzug von ihrem Anspruch auf Herausgabe der *dos*, wenn der Mann die Leihe untersagt hat. In der unberechtigten Weitergabe der Sache liegt eine Entwendung, die ein Recht des Ehemannes zum Einbehalt ihres Wertes auslöst. Anders verhält es sich, wenn der Mann die Weitergabe der Sache nicht untersagt hat. Auch hier hat die Frau natürlich für den Sachverlust einzustehen; sie muss aber keine Kürzung ihres Anspruchs hinnehmen und kann die Einrede des Mannes durch eine Sicherheitsleistung überwinden.

Schließlich behandelt Ulpian noch den speziellen Fall, dass das Vermögen der Frau ganz oder teilweise eingezogen wird. Die Mitgiftklage beschränkt sich in diesem Fall auf den Überrest oder fällt ganz weg. Dies gilt nicht nur, wenn die Enteignung vor Klageerhebung erfolgt, sondern auch, wenn die *publicatio* die Frau im laufenden Verfahren trifft:[281]

D 24.3.24.7 Ulp 33 ed (Ulp 965)
Si bona mulieris pro parte sint publicata, superest mulieri reliquae partis dotis exactio: plus puto: et si post litem contestatam publicata sit pro parte dos, sufficiet arbitrium iudicis ad partis condemnationem faciendam. quod si tota dos publicata sit, exspirabit iudicium.

Ist das Vermögen der Frau teilweise enteignet worden, bleibt der Frau die Möglichkeit, die Mitgift teilweise einzuziehen; ich glaube sogar, dass auch dann, wenn die Mitgift nach der Streitbefestigung teilweise enteignet worden ist, das richterliche Ermessen hinreicht, um die Verurteilung teilweise vorzunehmen. Ist die Mitgift aber vollständig enteignet worden, fällt das Klagerecht weg.

Die vier behandelten Fälle stehen erkennbar in keinem inhaltlichen Zusammenhang. Auch die von *Lenel* in seiner Palingenesie zugeordneten Fragmente aus

281 Im Fall der vollständigen Enteignung kommt es hier zu einer *mors litis*; vgl. *Stagl* (Fn. 261), S. 162 f.

anderen Digestentiteln stellen ihn nicht her, sondern haben eher den Charakter von Exkursen, insbesondere zur *actio rerum amotarum*[282] und den Folgen einer kriminalrechtlichen Verurteilung der Frau für ihre Ehe und ihr Vermögen[283].[284] Sie verstärken daher allenfalls den Eindruck, den schon der Text von D 24.3.24 vermittelt, nämlich dass Ulpian hier ohne Ordnung Einzelfragen behandelt, die für den informierten Leser von Interesse sind.

## II Der Sabinuskommentar

Die umfangreichere Überlieferung aus den *libri ad Sabinum* stammt aus mehreren Büchern dieses Werks und verteilt sich auf verschiedene Digestentitel: Dem 31. Buch *ad Sabinum* entstammen einige Passagen aus dem Titel D 23.3: ‚*de iure dotium*'. Sie sind zum Teil mit Fragmenten verbunden, die sich in D 23.4 und 24.3 sowie D 41.9 finden, und betreffen vier verschiedene Themen: die väterliche Mitgift (*dos profecticia*), die Zuweisung der aus der Mitgift gezogenen Früchte, deren Verteilung im Scheidungsjahr und die Frage, wie der Ehemann das Eigentum an den Dotalsachen erwirbt. Dem 34. Buch des Sabinuskommentars ist hingegen ein komplett in D 23.3 überlieferter Text zur Mitgift mit Schätzwertvereinbarung (*dos aestimata*) entnommen, während aus dem 35. Buch ein längeres Fragment zur Klage des Vaters einer gewaltabhängigen Ehefrau unter deren Beteiligung stammt. Im Digestentitel 24.3 erscheint es vor den einschlägigen Passagen aus Ulpians Ediktskommentar. Schließlich gibt es noch einen längeren Passus aus dem 36. Buch *ad Sabinum*, der dem Zurückbehaltungsrecht des Ehemannes wegen der von ihm gemachten Verwendungen gilt; er hat Eingang in den Digestentitel 25.1 gefunden, den die Kompilatoren eigens für dieses Thema geschaffen haben.

### 1 Die *dos profecticia*

Das Fragment D 23.3.5, mit dem *Lenel* die Reihe der Auszüge aus dem 31. Buch *ad Sabinum* beginnen lässt, ist dem Thema gewidmet, unter welchen Umständen eine *dos profecticia*, eine väterliche Mitgift, vorliegt. Im Gegensatz zur *dos ad-*

282 D 25.2.11, 13, D 12.2.37 Ulp 33 ed (Ulp 961).

283 D 48.20.3, 5 Ulp 33 ed (Ulp 964). Auf dieses Thema und nicht die *retentio propter liberos* scheint sich entgegen *Lenel* auch D 48.8.8 Ulp 33 (Ulp 959) zu beziehen.

284 Einen klaren Bezug zu den *retentiones* hat nur Vat 120.

*venticia* ist sie nicht nur im Fall der Scheidung, sondern auch bei einer Auflösung der Ehe durch den Tod der Frau ihrem Besteller zurückzugewähren, falls dieser die Frau überlebt.[285] Ulpian fängt mit einer Begriffsbestimmung an und führt dann Dreieckskonstellationen auf, in denen sich ihre Anwendung nicht ohne weiteres von selbst versteht:

> D 23.3.5pr-4 Ulp 31 Sab (Ulp 2751)
> Profecticia dos est, quae a patre vel parente profecta est de bonis vel facto eius. (1) Sive igitur parens dedit dotem sive procurator eius sive iussit alium dare sive, cum quis dedisset negotium eius gerens, parens ratum habuerit, profecticia dos est. (2) Quod si quis patri donaturus dedit, Marcellus libro sexto digestorum scripsit hanc quoque a patre profectam esse: et est verum. (3) Sed et si curator furiosi vel prodigi vel cuiusvis alterius dotem dederit, similiter dicemus dotem profecticiam esse. (4) Sed et si proponas praetorem vel praesidem decrevisse, quantum ex bonis patris vel ab hostibus capti aut a latronibus oppressi filiae in dotem detur, haec quoque profecticia videtur.
>
> Als väterliche Mitgift gilt, was aus dem Vermögen des Vaters oder eines männlichen Vorfahren stammt oder auf seine Veranlassung bestellt wird. (1) Es liegt also immer eine väterliche Mitgift vor, wenn ein männlicher Vorfahr oder sein Vertreter die Mitgift bestellt oder er einen anderen zur Bestellung angewiesen oder sie genehmigt hat, nachdem jemand es als sein Geschäftsführer getan hat. (2) Hat aber jemand eine Mitgift bestellt, um den Vater zu beschenken, sei dies, wie Marcell im sechsten Buch seiner Digesten schreibt, ebenfalls eine vom Vater stammende Mitgift; und dies trifft zu. (3) Aber auch wenn der Pfleger eines Geisteskranken oder eines Verschwenders oder eines anderen Betreuten die Mitgift bestellt hat, müssen wir gleichfalls sagen, dass es sich um eine väterliche Mitgift handelt. (4) Aber auch wenn vorgebracht werden sollte, der Prätor oder Provinzstatthalter habe bestimmt, wieviel aus dem Vermögen eines in Kriegsgefangenschaft oder von Räubern festgehaltenen Vaters der Tochter als Mitgift überlassen wird, wird dies als väterliche Mitgift angesehen.

Nach der vielleicht von Sabinus stammenden Definition[286] der *dos profecticia* als einer vom Vater der Frau oder einem anderen männlichen Vorfahren aus seinem Vermögen bestellten Mitgift zählt Ulpian eine Reihe von Situationen auf, in denen die Zuwendung zwar tatsächlich durch einen Dritten erfolgt, aber dem Vater zuzurechnen ist: Der einfachste Fall ist der, in dem die Bestellung durch einen Vertreter erfolgt, der offensichtlich allein für den Vater als Geschäftsherr auftritt. Bei der Leistung auf Anweisung wird der Angewiesene zwar erkennbar auch tätig, um seine eigene Schuld gegenüber dem Vater zu tilgen; es gilt aber wie sonst auch, dass die Zuwendung des Angewiesenen als eine Leistung des Geschäftsherrn oder Anweisenden gilt.[287] Während der Dritte in diesen beiden Konstella-

**285** UE 6.4.
**286** Für sabinianisch halten sie *Schulz*, Sabinus-Fragmente, S. 70 und *Astolfi*, Sabino, S. 132.
**287** D 46.1.18 Iul 90 dig.

tionen aufgrund des vorherigen Mandats des Vaters tätig wird, verhält es sich anders bei einer Geschäftsführung ohne Auftrag; hier bewirkt erst die spätere Genehmigung durch den Vater, dass die Bestellung der Mitgift durch den Geschäftsbesorger ebenso anzusehen ist wie eine solche, die der Vater selbst vorgenommen hat. Bei der schon von Marcell behandelten Zuwendung durch einen Schenker kann sich die Zurechnung an den Vater sowohl aus dessen vorangehender Anweisung ergeben, dann liegt der Fall so wie bei der Zuwendung durch einen Schuldner des Vaters; oder die Schenkung wird durch ihre nachträgliche Annahme durch den Vater vollzogen, dann ist die Situation der nachträglich genehmigten Geschäftsführung vergleichbar. Nicht an das privatautonome Handeln des Vaters, sondern an eine institutionelle Beziehung knüpft die Zurechnung hingegen an, wenn die Mitgift durch einen *curator* bestellt wird, der wegen der Geisteskrankheit oder Verschwendungssucht des Vaters für diesen tätig wird. Ähnlich liegt der Fall, in dem der Vater in die Gefangenschaft von Feinden oder Räubern geraten ist und der Prätor oder Provinzstatthalter eine Bestellung der *dos* für seine Tochter anordnet; im Gegensatz zum *curator* werden diese Amtsträger zwar nicht im Rahmen einer umfassenden Vermögenssorge, aber doch für den Vater tätig, der an einer Bestellung der Mitgift in eigener Person gehindert ist.[288]

Schwerer fällt die Entscheidung in dem folgenden Fall, für dessen Lösung sich Ulpian auf Julian beruft:

> D 23.3.5.5 Ulp 31 Sab (Ulp 2751)
> Si pater repudiaverit hereditatem dotis constituendae causa (forte quod maritus erat substitutus aut qui potuit ab intestato hereditatem vindicare), dotem profecticiam non esse Iulianus ait. sed et si legatum in hoc repudiaverit pater, ut apud generum heredem remaneat dotis constituendae causa, Iulianus probat non esse profectum id de bonis, quia nihil erogavit de suo pater, sed non adquisivit.
>
> Hat ein Vater, um eine Mitgift zu bestellen, eine Erbschaft ausgeschlagen (etwa weil der Ehemann als Ersatzerbe eingesetzt war oder den Nachlass als gesetzlicher Erbe herausverlangen könnte), liege hierin, wie Julian schreibt, keine väterliche Mitgift. Aber auch falls der Vater ein Vermächtnis ausgeschlagen hat, damit sein Gegenstand bei seinem Schwiegersohn als Erben verbleibt, nimmt Julian an, dass sie nicht aus seinem Vermögen stammt, weil der Vater nichts aufgewendet, sondern nur von einem Erwerb abgesehen hat.

Hat der Vater eine Erbschaft ausgeschlagen, um seinen Schwiegersohn als Erbe zum Zuge kommen zu lassen, oder auf ein Vermächtnis verzichtet, mit dem der

288 Zumindest im Fall der Kriegsgefangenschaft setzt die Zuordnung zum Vater freilich dessen spätere Rückkehr voraus; andernfalls ist die Mitgiftbestellung seinen Erben zuzurechnen.

Schwiegersohn belastet ist, soll dies keine vom Vater ausgehende Mitgift sein.[289] Zu diesem Ergebnis kann man schon dadurch gelangen, dass man die Abstinenz von einem Vermögenserwerb schlechthin nicht als Zuwendung gelten lässt, sei sie nun zur Bestellung einer Mitgift oder zu einem anderen Zweck gedacht. Ulpian geht jedoch von Begriff und Definition der *dos profecticia* voraus: Von einer Herkunft aus dem Vermögen des Vaters könne keine Rede sein, wenn dieser keine Aufwendung mache, sondern sich nur eines Erwerbs enthalte. Die Aussicht auf die Erbschaft oder den Gegenstand des Vermächtnisses bildet also einen Gegenfall zur Schenkung durch einen Dritten: Zwar wendet der Vater hier auch nichts aus seinem schon vorhandenen Vermögen auf; mit der Annahme der Schenkung durch den Vater ist er jedoch schon um ihren Gegenstand bereichert, so dass er auch als Besteller der Mitgift gelten kann.

Dass die Annahme einer *dos profecticia* ausnahmsweise auch ungeachtet eines wirklich erbrachten Opfers des Vaters ausscheidet, zeigt die erste von zwei Entscheidungen, die der Hochklassiker Neraz getroffen hat:

> D 23.3.5.6 – 8 Ulp 31 Sab (Ulp 2751)
> Si pater non quasi pater, sed alio dotem promittente fideiussit et quasi fideiussor solverit, Neratius ait non esse profecticiam dotem, quamvis pater servare a reo id quod solvit non possit. (7) Sed si pater dotem promisit et fideiussorem vel reum pro se dedit, ego puto profecticiam esse dotem: sufficit enim, quod pater sit obligatus sive reo sive fideiussori. (8) Si filius familias mutuatus creditorem delegavit, ut daret pro filia dotem, vel etiam ipse accepit et dedit, videri dotem ab avo profectam Neratius ait hactenus, quatenus avus esset dotaturus neptem suam: id enim in rem avi videri versum.
>
> Hat ein Vater nicht als Vater, sondern nach Übernahme einer Bürgschaft für einen anderen, der die Mitgift versprochen hatte, als Bürge geleistet, handele es sich, wie Neraz schreibt, nicht um eine väterliche Mitgift, auch wenn der Vater sich wegen der Leistung nicht beim Hauptschuldner erholen kann. (7) Hat der Vater hingegen die Mitgift versprochen und einen Bürgen oder Schuldübernehmer für sich gestellt, handelt es sich, wie ich glaube, um eine väterliche Mitgift; es genügt nämlich, dass der Vater entweder dem Schuldübernehmer oder dem Bürgen verpflichtet ist. (8) Hat ein Haussohn ein Darlehen aufgenommen und seinen Gläubiger angewiesen, für seine Tochter eine Mitgift zu bestellen, oder die Leistung selbst erhalten und als Mitgift bestellt, werde sie, wie Neraz schreibt, so angesehen, als stamme sie insoweit vom Großvater, als dieser für seine Enkelin eine Mitgift bestellen wollte; sie scheint nämlich in das Vermögen des Großvaters gelangt zu sein.

Nimmt der Vater die Zuwendung an seinen Schwiegersohn als Bürge zur Erfüllung des Mitgiftversprechens eines Dritten vor, ist keine *dos profecticia* bestellt. Grund

289 In welchem konkreten Zusammenhang hiermit die von *Lenel* beigeordneten Aussagen zur Nachlasspflegschaft in D 27.10.3 und zur Freilassung durch einen wegen zur Kapitalstrafe Verurteilten in D 49.14.40 stehen könnten, ist ungewiss.

ist nicht etwa, dass der Vater seine Aufwendung vom Hauptschuldner ersetzt erhält. Auch wenn ihm ein Regress wegen der Insolvenz des Hauptschuldners oder aus Rechtsgründen versagt ist, kann er nicht als Mitgiftbesteller gelten, weil eine Leistung auf die akzessorische Bürgenpflicht nicht ihm selbst, sondern dem Hauptschuldner zugerechnet werden muss. Im umgekehrten Fall, in dem der Vater die Mitgift versprochen und ein anderer als Bürge oder Übernehmer der Schuld geleistet hat, liegt dagegen folgerichtig eine *dos profecticia* vor. Ulpian beruft sich hier darauf, dass der Vater dem Bürgen oder Schuldübernehmer zum Ausgleich verpflichtet ist. Eine vergleichbare Erwägung rechtfertigt die Entscheidung in dem zweiten von Neraz behandelten Fall, in dem ein Haussohn die Mitgift seiner Tochter mit Hilfe eines von einem Dritten aufgenommenen Darlehens finanziert. Wird es an den Sohn oder auf dessen Anweisung unmittelbar an den Ehemann der Tochter ausgezahlt, kommt eine *dos profecticia* zustande, die dem Großvater der Tochter zugerechnet wird.[290] Wegen der Verwendung des Betrags für die Mitgift ist er durch dessen Leistung nämlich in jedem Fall bereichert und dem Darlehensgeber daher mit der *actio de in rem verso* haftbar. Ebenso wie die als Gegenstück zu Neraz' erster Entscheidung gebildete Konstellation führt auch diese Lösung damit zu den anfangs behandelten Fällen der Bestellung der Mitgift durch einen *procurator*, angewiesenen Schuldner oder Geschäftsführer ohne Auftrag zurück.

Um eine Abwandlung des ebenfalls schon besprochenen Falles einer Schenkung an den Vater geht es hingegen in dem nächsten Abschnitt:

> D 23.3.5.9 Ulp 31 Sab (Ulp 2751)
> Si quis certam quantitatem patri donaverit ita, ut hanc pro filia daret, non esse dotem profecticiam Iulianus libro septimo decimo digestorum scripsit: obstrictus est enim ut det aut, si non dederit, condictione tenetur. hoc et in matre iuris esse ait, si forte sub ea condicione uxor marito det, ut pro filia genero in dotem daret, nec videri uxorem marito donasse rectissime ergo ait, ut non sit interdicta donatio iure civili: non enim ad hoc dedit, ut ipse habeat, sed ut genero pro filia expendat: denique si non dederit, condictione tenetur. esse igitur dotem istam adventiciam Iulianus ait: et ita utimur.
>
> Hat jemand einem Vater einen bestimmten Betrag geschenkt, damit dieser ihn für seine Tochter als Mitgift verwendet, handele es sich, wie Julian im 17. Buch seiner Digesten schreibt, nicht um eine väterliche Mitgift; er ist nämlich verpflichtet, sie zu bestellen, oder haftet, wenn er es nicht tut. Er schreibt, dies gelte auch im Fall einer Mutter, wenn etwa eine Ehefrau ihrem Mann unter der Bedingung eine Leistung erbringt, dass er sie für die Tochter dem Schwiegersohn als Mitgift überlässt; und die Ehefrau werde, wie er sehr richtig schreibt, nicht so angesehen, als habe sie ihren Ehemann beschenkt, so dass die Schenkung auch nicht nach Zivilrecht verboten ist; sie hat die Leistung nämlich nicht zu dem Zweck erbracht,

**290** Vgl. Sin 10.

dass er sie behält, sondern damit er sie für die Tochter dem Schwiegersohn weiterreicht; schließlich haftet er mit der Kondiktion, wenn er es nicht tut. Julian schreibt, daher handele es sich nicht um eine väterliche Mitgift; und so halten wir es.

Erfolgt die Schenkung unter der Auflage, dass der Vater den zugewendeten Gegenstand für die Mitgift seiner Tochter verwendet, stammt diese nur formal aus dem Vermögen des Vaters. Denn er müsste sie, wenn er sie nicht zum Objekt der *dos* machte, an den Schenker zurückgeben, nimmt also kein Opfer auf sich. Ein Fall, den Julian dabei im Blick hat, ist die Schenkung, die von der Mutter der Ehefrau ausgeht. Hier stellt sich die zusätzliche Frage, ob sie gegen das Verbot der Schenkung unter Ehegatten verstößt. Sie lässt sich aus demselben Grund verneinen wie die Annahme einer *dos profecticia:* Da der Vater den geschenkten Gegenstand entweder für die Bestellung der Mitgift verwenden oder zurückgewähren muss, ist er durch die Zuwendung seiner Frau nicht bereichert und diese die Bestellerin einer *dos adventicia.*[291]

In der Schlusspassage des Fragments D 23.3.5 befasst sich Ulpian mit verschiedenen Fällen, in denen sich die Frage stellt, ob ein Vater, der die Mitgift tatsächlich geleistet hat, sie auch aufgrund seines eigenen Verwandtschaftsverhältnisses zu der Frau bestellt hat:

D 23.3.5.10 – 14 Ulp 31 Sab (Ulp 2751)
Si filius familias dotem promiserit et sui iuris factus dederit, profecticiam esse dotem: non enim pro hereditate patris aes alienum solvit, sed suum aes alienum susceptum, dum filius familias esset, pater familias factus exoneravit. (11) Si pater pro filia emancipata dotem dederit, profecticiam nihilo minus dotem esse nemini dubium est, quia non ius potestatis, sed parentis nomen dotem profecticiam facit: sed ita demum, si ut parens dederit: ceterum si, cum deberet filiae, voluntate eius dedit, adventicia dos est. (12) Papinianus libro decimo quaestionum ait, cum pater curator suae filiae iuris sui effectae dotem pro ea constituisset, magis eum quasi patrem id quam quasi curatorem fecisse videri. (13) Iulianus libro nono decimo digestorum adoptivum quoque patrem, si ipse dotem dedit, habere eius repetitionem ait. (14) Si quis pro aliena filia dotem promiserit et promissori pater heres exstiterit, Iulianus distinguit interesse, ante nuptias pater heres exstiterit et dotem dederit an postea: si ante, videri dotem ab eo profectam (potuit enim nuntium remittendo resolvere dotem), quod si post nuptias, non esse profecticiam.

Hat ein Haussohn eine Mitgift versprochen und sie nach seiner rechtlichen Verselbständigung bestellt, handele es sich um eine väterliche Mitgift; er hat nämlich nicht für die väterliche Erbschaft geleistet, sondern sich von einer als Haussohn übernommenen eigenen Verpflichtung als Familienvater befreit. (11) Hat ein Vater eine Mitgift für eine emanzipierte Tochter bestellt, handelt es sich zweifellos nichtsdestoweniger um eine väterliche Mitgift,

291 Dies kann man begrifflich mit *Misera*, Der Bereicherungsgedanke bei der Schenkung unter Ehegatten, Köln/Wien 1974, S. 160 auch so erfassen, dass hier anstelle einer Schenkung eine *datio ob rem* vorliegt.

weil nicht das Gewaltverhältnis, sondern die Person des Vaters sie zu einer solchen macht; aber dies gilt nur, wenn er als Vater geleistet hat; hat er dagegen als Schuldner der Tochter auf deren Anweisung geleistet, handelt es sich nicht um eine väterliche Mitgift. (12) Papinian schreibt im zehnten Buch seiner Rechtsfragen, dass, wenn ein Vater Pfleger seiner rechtlich verselbständigten Tochter ist und eine Mitgift für sie bestellt hat, er dies eher als Vater denn als Pfleger getan habe. (13) Julian schreibt im 19. Buch seiner Digesten, dass, wenn ein Adoptivvater eine Mitgift bestellt hat, er selbst den Rückgewähranspruch habe. (14) In dem Fall, dass jemand für die Tochter eines anderen eine Mitgift versprochen hat und von dem Vater beerbt worden ist, unterscheidet Julian danach, ob er vor der Heirat Erbe geworden ist und die Mitgift bestellt hat oder danach; wenn vorher, sei die Mitgift als väterlich anzusehen (er hätte die Mitgiftbestellung nämlich durch Übersendung eines Scheidungsbriefs ungeschehen machen können); wenn nachher, handele es sich nicht um eine väterliche Mitgift.

Verspricht der Vater der Ehefrau die Mitgift noch als Haussohn, ist sie zwangsläufig *dos profecticia* seines eigenen Vaters, wenn er bei der Leistung noch in dessen Gewalt steht. Erfüllt er sein Versprechen aber erst nach seiner Emanzipation, stellt sich die Frage, ob sie ihm selbst oder den Erben seines eigenen Vaters zuzuordnen ist. Ulpian weist dem Haussohn schon die noch im Zustand der Gewaltabhängigkeit begründete Verpflichtung zu. Hieraus folgt, dass er auch die Leistung für sich erbringt und so eine ihm zurechenbare Mitgift bestellt.

Die rechtliche Selbständigkeit der Frau bietet umgekehrt den Anlass für die Frage, ob es zur Annahme einer *dos profecticia* auf das Gewalt- oder das Verwandtschaftsverhältnis ankommt. Ulpian entscheidet sich für Letzteres[292] und erklärt daher eine Mitgift, die ein Vater für seine schon emanzipierte Tochter leistet, zur *dos profecticia*. Voraussetzung ist freilich, dass der Vater auch als Besteller der *dos* auftritt. Erbringt er die Leistung lediglich, um eine eigene Schuld gegenüber der Frau zu erfüllen, hat man es mit einem Anweisungsfall zu tun, wie Ulpian ihn ganz am Anfang des Fragments schon behandelt hat. Die Mitgift ist dann der Frau zuzurechnen.

In einem weiteren Fall ist zwar nicht zweifelhaft, dass der Vater auch der Besteller der Mitgift ist; wegen der Doppelrolle, die er als Vater und *curator* seiner Tochter spielt, kann sie aber sowohl eine auf dem Verwandtschaftsverhältnis beruhende *dos profecticia* als auch *dos adventicia* sein, wie sie von einem Pfleger bestellt wird. Nach Ansicht des von Ulpian zitierten Papinian soll im Zweifel anzunehmen sein, dass der Vater sie als Verwandter bestellt hat.

Weniger problematisch ist dies, wenn die Mitgift von einem Adoptivvater stammt, weil es auf die rechtliche und nicht auf die natürliche Verwandtschaft ankommt. Gleichwohl bemüht Ulpian hier die Autorität Julians, den er auch als Gewährsmann für die Lösung des wiederum recht speziellen Falles zitiert, in dem

---

**292** Dass es im älteren römischen Recht umgekehrt war, meint *Söllner* (Fn. 270), S. 56.

der Vater zum Erben eines nicht verwandten Erblassers wird, der die Mitgift versprochen hat. Ob sie bei einer Leistung durch den Vater zu einer ihm zurechenbaren *dos profecticia* wird, will Julian davon abhängig machen, ob er vor oder nach der Eheschließung zum Erben geworden ist. War die Frau bei Antritt der Rechtsnachfolge schon verheiratet, konnte der Vater keinen Einfluss mehr auf die vom Erblasser begründete Verpflichtung zur Bestellung der Mitgift nehmen; folglich hat er diese auch nicht als Verwandter der Frau, sondern als Rechtsnachfolger des Erblassers geleistet. War die Ehe dagegen noch nicht geschlossen, hätte der Vater die vom Erblasser stammende Verbindlichkeit noch durch Auflösung des Verlöbnisses beseitigen können, die er zumindest bei einer gewaltabhängigen Tochter noch allein herbeiführen kann[293]. Hat er davon abgesehen und die Mitgift geleistet, ist sie ihm als eigene *dos profecticia* zuzuordnen.

So disparat die in §§ 10 bis 14 des Fragments behandelten Fälle auf den ersten Blick auch erscheinen mögen, haben sie doch ein durchgängiges Thema, nämlich ob der Vater die Mitgift auch *‚ut parens‘* oder in einer anderen Funktion geleistet hat, die ihm aufgrund der Umstände des jeweiligen Falls zukommt. Gleichwohl kann man nicht behaupten, Ulpian kommentiere hier das Lemma *‚a patre‘* aus der am Anfang vorgestellten und vielleicht von Sabinus stammenden Definition der *dos profecticia.*[294] Denn schon im Bürgschaftsfall von § 6 stellt Ulpian die Frage, ob der Vater *‚quasi pater‘* geleistet hat, wohingegen es ihm in §§ 7 bis 9, wo er den Bürgschaftsfall umkehrt, die Darlehensaufnahme durch einen *filius familias* und eine Schenkung unter Auflage behandelt, um die Herkunft der Mittel geht. In der Definition der *dos profecticia* lässt sie sich eher dem Merkmal *‚de bonis vel facto eius‘* zuordnen.[295] Hierum kreist aber erkennbar auch schon § 5, wo Ulpian die Ausschlagung einer Erbschaft oder eines Vermächtnisses behandelt[296]. Unterstellte man Ulpian, er orientiere sich an den einzelnen Elementen der sabinianischen Definition, käme man schwerlich um die Feststellung umhin, er schwanke in seiner Kommentierung hin und her und befasse sich abwechselnd einmal mit dem einen, dann mit dem anderen Lemma. Hinzu kommt, dass sich die in §§ 1 bis 4 behandelten Fälle jeweils sowohl unter dem Gesichtspunkt der Herkunft der Mittel als auch mit Hilfe des Kriteriums beurteilen lassen, ob der Vater als Besteller der *dos* tätig wird: Bei der Zuwendung durch einen *procurator*, Geschäftsbesorger, angewiesenen Schuldner oder Schenker ist es gerade die Zurechnung der Leistung zum Vermögen des Vaters, die ihn als Besteller der Mitgift erscheinen lässt. Und so lassen sich auch die Fälle erfassen, in denen für den

293 D 23.1.10 Ulp 3 disp.

294 So aber *Schulz*, Sabinus-Fragmente, S. 71.

295 Dies verkennt *Schulz* a. a. O.

296 Dies muss auch *Schulz*, Sabinus-Fragmente, S. 70 einräumen.

Vater ein *curator* oder der Prätor tätig wird, zumal Ulpian hier ausdrücklich davon spricht, dass die Leistung ‚*ex bonis patris*' erfolgt. Entzieht sich damit schon die Definition selbst einer klaren Zergliederung, kann man diese erst recht nicht in die ulpianische Darstellung hineinlesen.

Das Ordnungsschema, nach dem Ulpian bis zu § 9 des Fragments verfährt, ergibt sich hingegen offenbar aus der Komplexität der Fallgestaltung, deren Problem sich jeweils aus dem Hinzutreten eines Dritten ergibt: Am einfachsten liegen die Fälle des Vertreters oder eines angewiesenen Schuldners. Die nachträglich genehmigte Geschäftsführung ohne Auftrag ist eine Steigerung des Vertreterfalles, die Schenkung eine komplizierte Abwandlung der Schuldneranweisung. Mit der Leistung der *dos* durch einen *curator* oder den Prätor ist der Kreis einer privatautonom bewirkten Zurechnung zum Vater verlassen; die Fälle lassen sich dennoch in Anlehnung an die Konstellation des *procurator* lösen. Der Verzicht auf einen letztwillig erlangten Vorteil ähnelt dem der Schenkung, ist aber umgekehrt zu entscheiden. Die Fälle der Bürgschaft und der Versionshaftung haben dagegen wieder einen Bezug zur Vertretung und Schuldneranweisung. Die Schenkung unter Auflage ist ersichtlich eine Variante der gewöhnlichen Schenkung und abermals anders als der Grundfall zu entscheiden. Die Zitate der älteren Juristen setzen erst im zweiten Teil dieses Abschnitts ein, wenn die Fälle komplizierter werden. Demselben Muster folgt Ulpian in der aus §§ 10 bis 14 bestehenden Schlusspassage, in der es um das Problem der verwandtschaftlichen Beziehung geht: Hier widmet sich Ulpian zunächst den vergleichsweise einfachen Fragen, die eine rechtliche Verselbständigung auf der Seite des Vaters oder der Tochter Fragen aufwerfen. Dann geht er zu den schwierigeren Konstellationen über, in denen der Vater eine Doppelrolle spielt oder auf ungewöhnliche Weise mit der Tochter verwandt ist, und greift hierfür auf Entscheidungen von Papinian und Julian zurück. Das Resultat ist eine zwar problemorientierte, aber doch umfassende Abhandlung, in der nahezu alle schwierigen Fälle und ihre Varianten einer Entscheidung zugeführt werden. Dabei geht Ulpian zwar von der anfangs aufgeführten Definition einer *dos profecticia* aus. Weil sich diese aber schwerlich in einzelne Bestandteile zerlegen lässt, muss er die einzelnen Fälle einer Drittbeteiligung durchgehen, die das Vorliegen einer väterlichen Mitgift fraglich machen.

## 2 Zuweisung der Früchte

Das nächste längere Fragment aus dem 31. Buch *ad Sabinum* gilt den Früchten, die aus den zur *dos* gehörenden Gegenständen gezogen werden. Ulpian beginnt die Darstellung mit grundsätzlichen Erwägungen:

D 23.3.7pr-2 Ulp 31 Sab (Ulp 2752)
Dotis fructum ad maritum pertinere debere aequitas suggerit: cum enim ipse onera matrimonii subeat, aequum est eum etiam fructus percipere. (1) Si fructus constante matrimonio percepti sint, dotis non erunt: si vero ante nuptias percepti fuerint, in dotem convertuntur, nisi forte aliquid inter maritum futurum et destinatam uxorem convenit: tunc enim quasi donatione facta fructus non redduntur. (2) Si usus fructus in dotem datus sit, videamus, utrum fructus reddendi sunt nec ne. et Celsus libro decimo digestorum ait interesse, quid acti sit, et nisi appareat aliud actum, putare se ius ipsum in dote esse, non etiam fructus qui percipiuntur.

Die Gerechtigkeit gebietet, dass die Früchte der Mitgift dem Ehemann zustehen; da er nämlich die Lasten der Ehe trägt, ist es gerecht, wenn er auch die Früchte zieht. (1) Sind Früchte während der Ehe gezogen worden, gehören sie nicht zur Mitgift; sind sie aber vor der Ehe gezogen worden, gelangen sie in die Mitgift, wenn nichts anderes zwischen den künftigen Ehegatten vereinbart ist; dann brauchen sie, weil eine Schenkung vorliegt, nicht herausgegeben zu werden. (2) Ist ein Nießbrauch als Mitgift überlassen worden, müssen wir zusehen, ob die Früchte herauszugeben sind oder nicht. Und Celsus schreibt im zehnten Buch seiner Digesten, es komme darauf an, was vereinbart ist, und für den Fall, dass dies nicht erhelle, glaube er, dass nur das Recht selbst Gegenstand der Mitgift sei, nicht auch die gezogenen Früchte.

Dass die während der Ehe gezogenen Früchte dem Ehemann zustehen und bei Auflösung der Verbindung nicht zurückgegeben werden müssen, erscheint Ulpian als ein Gebot der *aequitas*, weil der Ehemann auch die mit der Ehe verbundenen Lasten zu tragen hat.[297] Gemeint ist der standesgemäße Unterhalt der Frau, zu dem der Mann zwar nicht rechtlich, aber doch moralisch verpflichtet ist.[298] Aus dieser *ratio* ergibt sich ohne weiteres, dass Früchte, die vor der Eheschließung gezogen worden und an den Mann gelangt sind, diesem grundsätzlich nicht zustehen und bei Auflösung der Ehe herauszugeben sind. Ein Rechtsgrund für ihren Einbehalt besteht allenfalls dann, wenn sie zum Gegenstand einer Schenkung geworden sind, die vorehelich und damit auch nicht vom Verbot der *donatio inter virum et uxorem* erfasst ist. Von der automatischen Zuweisung an den Mann ausgenommen können ferner die Früchte sein, die der Ehemann aufgrund eines ihm als Mitgift eingeräumten Nießbrauchs zieht. Da dieser gerade in einem Fruchtbezugsrecht besteht, liegt freilich die Annahme nicht fern, dass der mit seiner Hilfe erzielte Ertrag auch zu der Mitgift gehören muss, die bei Eheauflösung

**297** Dies kann man mit *Stagl*, Die Ausgleichung von Vorteil und Nachteil als Inhalt klassischer *aequitas*, in: Mantovani/Schiavone (Hg.), Testi e problemi del giurisnaturalismo romano, Pavia 2007, S. 675, 699, 702 sicherlich als Ausprägung des Gedankens eines Ausgleichs von Vor- und Nachteilen begreifen. Dass Ulpian die *aequitas* hier deshalb bemüht, weil die Zuordnung der *dos* den römischen Eigentumsbegriff sprengt, scheint dagegen eher zweifelhaft.
**298** *Stagl* (Fn. 297), S. 704 f.

herauszugeben ist. Der von Ulpian zitierte Celsus unterscheidet aber zwischen dem Recht, das der Ehemann mit Bestellung der *dos* erlangt, und den auf dieser Grundlage gezogenen Früchten. Während dieses zurückzugewähren ist, darf der Mann die Früchte vorbehaltlich einer abweichenden Vereinbarung behalten. So gesteht er nicht nur dem Mann den ihm gebührenden Ausgleich für die Ehelasten zu, sondern vermeidet auch die aus Sicht der Frau unerwünschte Konsequenz, dass sie als nicht dotiert gilt.[299]

In seiner Palingenesie lässt Lenel hierauf ein Fragment aus dem Digestentitel 23.4 folgen, das den Gedankengang fortsetzt und sich daher sehr wahrscheinlich unmittelbar und ohne ausgefallenes Zwischenstück an das Celsus-Zitat angeschlossen hat:

D 23.4.4 Ulp 31 Sab (Ulp 2753)
Si convenerit, ut fructus in dotem converteretur, an valeat conventio? et Marcellus ait libro octavo digestorum conventionem non valere: prope enim indotatam mulierem hoc pacto fieri. sed ita distinguit, ut, si quidem fundum in dotem dederit mulier ita, ut maritus fructus redderet, non esse ratum pactum: idemque esse et si usum fructum in dotem hoc pacto dedit. quod si convenisset de fructibus reddendis, hoc est ut in dote essent fructus quosquos percepisset, et fundus vel usus fructus in hoc traditus est, non ut fundus vel fructus fieret dotalis, sed ut fructus perciperet dotis futuros, cogendum de dote actione fructus reddere. erunt igitur in dote fructus et fruetur iste usuris, quae ex fructibus collectis et in sortem redactis percipi possunt. ego utrubique arbitror interesse, qua contemplatione dos sit data, ut, si ob hoc ei maiorem dotem mulier dedit, quia fructus volebat esse dotis contento marito ea pecunia quae ex usuris redituum colligitur, posse dici conventionem valere: nec enim videtur sterilis esse dos. finge quadragena annua esse reditus apud eum, qui non acciperet in dotem, nisi hoc convenisset, plus trecentum: uti boni consuleret tam uberem dotem consecutus. et quid dicimus, si pactum tale intervenit, ut maritus fructus in dotem converteret et mulier se suosque aleret tuereturve et universa onera sua expediret? quare non dicas conventionem valere?

Ist man übereingekommen, dass die Früchte zur Mitgift gerechnet werden sollen, stellt sich die Frage, ob diese Vereinbarung wirksam ist. Und Marcell schreibt im achten Buch seiner Digesten, die Vereinbarung sei nicht wirksam. Die Frau werde durch sie nämlich gewissermaßen zu einer Frau ohne Mitgift. Aber er unterscheidet derart, dass die Vereinbarung nicht wirksam sei, wenn die Frau ein Grundstück so als Mitgift gegeben hat, dass der Ehemann die Früchte zu erstatten hat. Und es sei genauso, wenn sie mit einer solchen Abrede den Nießbrauch als Mitgift bestellt hat. Ist man aber über die Rückgabe der Früchte übereingekommen, das heißt, dass all die Früchte in der Mitgift sein sollten, die er gezogen hat, und das Grundstück oder der Nießbrauch nicht übertragen worden ist, um selbst zur Mitgift gehören, sondern damit der Mann Früchte zieht, die zur Mitgift gehören werden, müsse er mit der Klage auf Rückgabe der Mitgift gezwungen werden, die Früchte herauszugeben. Es werden

299 *Söllner* (Fn. 270), S. 118 erkennt hierin die Funktion der *dos* wieder, den Bestand der Ehe sicherzustellen.

> also die Früchte Gegenstand der Mitgift sein und der Mann wird in den Genuss der Zinsen kommen, die aus den gesammelten und zu einem Stammkapital gemachten Früchten gezogen werden können. Ich glaube, dass es in beiden Fällen darauf ankommt, mit welcher Überlegung die Mitgift überlassen worden ist, so dass man sagen kann, dass die Vereinbarung wirksam ist, wenn die Frau ihm deshalb eine größere Mitgift überlassen hat, weil sie wollte, dass die Früchte hierzu gehören, und der Ehemann mit dem Betrag zufrieden ist, den er aus dem Zinsertrag erlangt; denn die Mitgift kann hier nicht so angesehen werden, als bringe sie keine Früchte hervor. Man nehme an, 400 sei der jährliche Zinsertrag für denjenigen, der, wenn die Vereinbarung nicht getroffen worden wäre, nicht mehr als 300 erhalten hätte; er ist gut beraten, eine so üppige Mitgift anzunehmen. Und was sollen wir sagen, wenn eine Vereinbarung getroffen worden ist, wonach der Ehemann die Früchte zum Gegenstand der Mitgift macht und die Frau sich und die ihrigen ernährt, sonst unterhält und alle ihre Lasten trägt? Warum soll man nicht sagen, dass die Vereinbarung wirksam sei?

Der Hochklassiker Marcell wirft die Frage auf, ob eine Mitgift in der Weise bestellt werden könnte, dass die vom Ehemann gezogenen Früchte in die *dos* fallen. Zweifel an der Wirksamkeit eines solchen *pactum* ergeben sich aus demselben Grund, der Celsus zur Unterscheidung zwischen dem Nießbrauch als Fruchtbezugsrecht und den Früchten bewogen hat: Zählen auch die Früchte zu der bei Beendigung der Ehe auszukehrenden *dos*, verbleibt dem Ehemann scheinbar nichts, so dass er die Lasten der Ehe ohne Ausgleich tragen müsste und die Frau als nicht dotiert anzusehen wäre.[300] Marcell hält die Vereinbarung für unwirksam, unterscheidet sie aber von der Bestellung einer Mitgift, die sich von vornherein auf die Früchte beschränkt: Hat die Ehefrau dem Ehemann eine Sache nicht als Gegenstand der Mitgift, sondern nur zur Gewinnung der Früchte überlassen, die dann selbst die *dos* darstellen sollen, sei diese Vereinbarung wirksam. Die Früchte, die dem Ehemann zustehen und die Frau vor dem Makel bewahren, als Ehefrau ohne *dos* zu gelten, bestehen dann in den Zinsen, die der Ehemann aus den gezogenen und zum Gegenstand der Mitgift gemachten Früchten erwirtschaftet. Ulpian erkennt, dass diese Erwägung auch dann verfängt, wenn dem Ehemann schon die fruchttragenden Gegenstände selbst als *dos* überlassen werden. Statt der formalistischen Unterscheidung nach deren Objekt will er die materiellen Beweggründe für das getroffene *pactum* entscheiden lassen: Ist die Mitgift derart umfangreich, dass schon die mit den Früchten erwirtschafteten Zinsen dem Mann einen angemessenen Ausgleich für die Lasten der Ehe verschaffen, gibt es keinen Anlass, einer solchen Vereinbarung die Wirksamkeit zu versagen. Dasselbe gilt, wenn der Mann gar keines Ausgleichs bedarf, weil die Frau den Unterhalt für sich und ihren Hausstand selbst übernimmt.

---

**300** *Hendel, Marcelli ratio*, Berlin 2015, S. 211 f. sieht hierin eine Ausprägung des *favor dotis*, der nicht nur im Interesse der Frau, sondern auch zugunsten der Familie bestehe.

Die beiden Fragmente ergeben eine geschlossene Abhandlung, in der Ulpian ausgehend von dem anfangs aufgestellten Grundsatz zu komplexer werdenden Fallgestaltungen vordringt: Auf den einfachen Fall vorehelicher Früchte folgt die schon mit einem Zitat versehene Konstellation, in der ein Nießbrauch als *dos* bestellt wird. Das hier aufgeworfene Problem stellt sich noch dringender in der von Marcell behandelten Situation eines besonderen Dotalpakts, wonach die Früchte in die Mitgift fallen sollen. Ulpian will hier in Abweichung von der Meinung des älteren Juristen unter Rückgriff auf die von ihm anfangs ermittelte *ratio* der Fruchtzuweisung an den Ehemann entscheiden: Erhält er einen hinreichenden Ausgleich für die von ihm zu tragenden Lasten der Ehe oder ist ein solcher Ausgleich nicht geboten, ist die Vereinbarung wirksam. Spuren einer auf Sabinus zurückgehenden Äußerung enthält dieser Abschnitt nicht.[301] Schon der erste Satz enthält nämlich einen typisch ulpianischen Rekurs auf die *aequitas*, aus deren näherer Bestimmung mit Hilfe des Ausgleichsgedankens sich das Weitere ergibt.[302]

## 3 Verteilung der Früchte des Scheidungsjahres

Entgegen seiner überkommenen Inskription stammt aus dem 31. Buch *ad Sabinum* wohl auch

> D 24.3.5 Ulp 30 Sab (Ulp 2754):[303]
> De divisione anni eius, quo divortium factum est, quaeritur, ex die matrimonii an ex die traditi marito fundi maritus sibi computet tempus. et utique in fructibus a viro retinendis neque dies dotis constitutae neque nuptiarum observabitur, sed quo primum dotale praedium constitutum est id est tradita possessione.
>
> Bei der Aufteilung für das Jahr der Scheidung stellt sich die Frage, ob der Ehemann die Zeit ab dem Tag der Eheschließung oder der Übergabe des Grundstücks an ihn berechnen muss. Und zumindest für die vom Ehemann einzubehaltenden Früchte kommt es weder auf den Tag der Bestellung der Mitgift noch auf den der Eheschließung, sondern auf den Tag an, an dem das Grundstück zum Gegenstand der Mitgift geworden, also ihm der Besitz übertragen worden ist.

---

**301** Anders zu Unrecht *Schulz*, Sabinus-Fragmente, S. 71. Auch *Astolfi*, Sabino, S. 132f. geht lediglich davon aus, dass Ulpian hier einen nicht überlieferten Satz behandelt, der der Regel von PS 2.22.1 ähnlich gewesen sein könnte.

**302** Vgl. *Stagl* (Fn. 297), S. 708ff.

**303** *Lenel, Palingenesia*, Bd. 2 Sp. 1133 Fn. 3.

Stehen die aus den Dotalsachen gezogenen Früchte bis zur Scheidung dem Ehemann und danach der Frau zu, führte dies bei ungleichmäßigem Fruchtbezug, wie er in der Landwirtschaft und auch bei einer Verpachtung vorkommt, zu ungerechten Ergebnissen. Denn die Ernte oder die Pachtzahlung fiele jeweils völlig dem Teil zu, der im maßgeblichen Zeitraum zum Fruchtbezug berechtigt ist, während der andere Gatte leer ausginge. Daher müssen alle Früchte, die im Jahr der Scheidung anfallen, nach dem Verhältnis der Zeitabschnitte aufgeteilt werden, in denen die Ehe besteht oder schon aufgelöst ist. Um aber das Jahr bestimmen zu können, in dem diese Aufteilung erfolgt, muss ein Zeitpunkt festgelegt werden, zu dem die Jahreszählung beginnt. Ulpian entscheidet sich dabei weder für das Datum der Eheschließung noch für den Moment, in dem der Dotalvertrag abgeschlossen wird, sondern für den Termin, in dem der Ehemann die jeweilige Sache übergeben bekommt. Da er diesen Zeitpunkt als letzten nennt, setzt Ulpian offenbar voraus, dass die Übergabe typischerweise erst nach der Eheschließung erfolgt.[304] Zwar wäre durchaus nachzuvollziehen gewesen, wenn Ulpian sich für einen der beiden anderen Momente entschieden hätte; denn der Ehemann trägt die Lasten der Ehe ab deren Eingehung und kann seit dem Abschluss des Dotalvertrags die Überlassung der zur Mitgift gehörenden Gegenstände erwarten. Für die Anknüpfung an den Moment ihrer wirklichen Übergabe spricht aber, dass er den Beginn der tatsächlichen Fruchtziehung markiert.

Die überlieferte Fassung des folgenden Fragments lässt vermuten, dass Ulpian einen anderen Ansatz verfolgt, wenn es um die Aufwendungen geht, die bei der Verteilung der Früchte berücksichtigt werden müssen:

> D 24.3.7pr Ulp 31 Sab (Ulp 2755)
> Fructus eos esse constat, qui deducta impensa supererunt: quod Scaevola et ad mariti et ad mulieris impensas refert. nam si mulier pridie vindemias doti dedit, mox sublatis a marito vindemiis divortit, non putat ei undecim dumtaxat mensum fructus restitui, sed et impensas, quae, antequam portiones fructuum fiant, deducendae sunt: igitur, si et maritus aliquid impendit in eundem annum, utriusque impensae concurrent. [ita et, si impensarum a muliere factarum ratio habeatur, cum plurimis annis in matrimonio fuit, necesse est primi anni computari temporis quod sit ante datum praedium.]
>
> Es steht fest, dass die Früchte aus dem bestehen, was nach Abzug der Aufwendungen übrigbleibt; Scaevola bezieht dies sowohl auf die Aufwendungen der Frau als auch auf die Aufwendungen des Mannes. Er glaubt nämlich, dass, wenn eine Frau die Mitgift kurz vor der Weinlese bestellt und sich wenig später, nachdem der Ehemann den Wein geerntet hatte, geschieden hat, ihr nicht nur die Früchte für elf Monate herauszugeben, sondern vor der Aufteilung auch ihre Aufwendungen abzuziehen sind; daher treffen, wenn auch der Ehe-

304 Richtig *König*, Die vor der Ehe bestellte *dos* nach klassischem römischen Recht, SDHI 29 (1963) 151, 153 f.

mann in demselben Jahr etwas aufgewendet hat, beider Aufwendungen zusammen. [Folglich muss, wenn die Ehe mehrere Jahre bestanden hat, bei der Rücksicht auf die Aufwendungen der Frau auch die Zeit des ersten Jahres vor der Übergabe einbezogen werden.]

Kann der Mann von den herauszugebenden Früchten die korrespondierenden Aufwendungen abziehen, müssen umgekehrt auch Aufwendungen, die der Frau entstanden sind, ihren Anspruch erhöhen. Der von Ulpian zitierte Scaevola demonstriert dies an einem Fall, in dem zwischen der Bestellung der Mitgift und der Auflösung der Ehe nur ein Monat vergangen ist. Die in dieser Zeit eingebrachte Weinernte muss auf das gesamte Jahr verteilt werden, so dass der Mann von vornherein nur ein Zwölftel behalten darf und den Rest der Frau auskehren muss. Außerdem muss er von seinem Anteil noch die Aufwendungen abziehen, die der Frau in den elf Monaten nach der Auflösung der Ehe entstanden und seinem Anteil an den Früchten zuzurechnen sind. Dies erfolgt so, dass die Aufwendungen beider Ehegatten zusammengerechnet und von dem Ertrag der gesamten Ernte abgezogen werden; die Differenz ist dann im Verhältnis 1:11 aufzuteilen. An diese ohne weiteres nachzuvollziehende Berechnung schließt sich die Bemerkung an, dass die Frau auch Aufwendungen in Ansatz bringen kann, die ihr vor der Übergabe des Grundstücks entstanden sind; und dies soll sogar für den Fall gelten, dass die Ehe mehrere Jahre bestanden hat. Hätte sich Ulpian tatsächlich dafür ausgesprochen, Aufwendungen vor der Übergabe des Grundstücks zu berücksichtigen, dürfte er diese Lösung aber nicht auf den Fall einer mehrjährigen Ehe beschränken, sondern müsste ebenso in dem von Scaevola behandelten Fall entscheiden, in dem die Ehe nicht einmal ein Jahr bestanden hat. Dabei bliebe offen, ab wann die Aufwendungen in die Rechnung eingehen, ab dem Moment der Eheschließung oder ab dem Zeitpunkt, in dem der Dotalvertrag eingegangen wird. Erscheint auch weder das eine noch das andere, für sich genommen, unplausibel, vertragen sich beide Lösungen aber keineswegs damit, dass das Dotaljahr erst mit der Übergabe des Grundstücks zu laufen beginnen soll. Bleiben Früchte, die vorher gezogen worden sind, außer Betracht, kann nichts anderes für Aufwendungen gelten. Andernfalls würde der Ehemann an den Lasten der Bewirtschaftung des Dotalgegenstands beteiligt, ohne dass er zugleich von dem Ertrag profitierte. Dies ist nicht nur evident ungerecht, sondern steht auch offensichtlich im Widerspruch zum Vorangehenden. Der maßgebliche Satz kann daher schwerlich von Ulpian stammen, sondern muss auf einen späteren Bearbeiter zurückgehen, dem die Bedeutung der Entscheidung über die Berechnung des Dotaljahres verborgen geblieben ist.

Sind Aufwendungen im Wege einer Gesamtabrechnung für das Scheidungsjahr zu ermitteln, gilt nichts anderes beim Zusammentreffen zweier unterschiedlicher Arten der Fruchtziehung. In diesem Fall beruft sich Ulpian auf Papinian:

> D 24.3.7.1–3 Ulp 31 Sab (Ulp 2755)
> Papinianus autem libro undecimo quaestionum divortio facto fructus dividi ait non ex die locationis, sed habita ratione praecedentis temporis, quo mulier in matrimonio fuit: neque enim, si vindemiae tempore fundus in dotem datus sit eumque vir ex calendis Novembribus primis fruendum locaverit, mensis Ianuarii suprema die facto divortio, retinere virum et vindemiae fructus et eius anni, quo divortium factum est, quartam partem mercedis aequum est: alioquin si coactis vindemiis altera die divortium intercedat, fructus integros retinebit. itaque si fine mensis Ianuarii divortium fiat et quattuor mensibus matrimonium steterit, vindemiae fructus et quarta portio mercedis instantis anni confundi debebunt, ut ex ea pecunia tertia portio viro relinquatur. (2) E contrario quoque idem observandum est: nam si mulier percepta vindemia statim fundum viro in dotem dederit et vir ex calendis Martiis eundem locaverit et calendis Aprilibus primis divortium fuerit secutum, non solum partem duodecimam mercedis, sed pro modo temporis omnium mensum, quo dotale praedium fuit, ex mercede quae debebitur portionem retinebit. (3) Item si messes eius anni, quo divortium factum est, colonum ex forma locationis sequantur, ante vindemiam soluto matrimonio nihilo minus pecunia messium in computationem cum spe futurae vindemiae veniet.
>
> Papinian schreibt aber im elften Buch der Rechtsfragen, dass nach der Scheidung die Früchte nicht erst ab dem Tag der Verpachtung, sondern unter Einbeziehung der vorhergehenden Zeit, in der die Frau verheiratet war, zu verteilen seien; ist nämlich ein Grundstück zur Zeit der Weinlese als Mitgift überlassen worden und hat der Mann es vom 1. November an verpachtet und ist die Scheidung am letzten Tag des Januars erfolgt, wäre es nicht gerecht, wenn der Ehemann sowohl die Weinernte als auch ein Viertel der Pacht des Scheidungsjahres behielte; andernfalls könnte er, wenn die Scheidung am Tag nach der Weinlese erfolgt, die gesamten Früchte behalten. Daher sind, wenn die Scheidung am Ende des Januars erfolgt und die Ehe vier Monate bestanden hat, sowohl die Weinernte als auch ein Viertel der Pacht dieses Jahres zusammenzurechnen, so dass dem Mann aus diesem Betrag ein Drittel gebührt. (2) Auch im umgekehrten Fall ist dasselbe zu beachten; hat nämlich eine Frau ihrem Mann ein Grundstück unmittelbar nach der Weinlese als Mitgift überlassen und hat der Mann es ab dem 1. März verpachtet und ist am 1. April die Scheidung erfolgt, darf er nicht nur ein Zwölftel der Pacht, sondern für alle Monate, die das Grundstück zur Mitgift gehörte, einen Anteil an der geschuldeten Pacht einbehalten. (3) Auch wenn die Ernte des Scheidungsjahres nach dem Pachtvertrag dem Pächter zusteht, wird bei einer Scheidung vor der Weinernte deren Ertrag zusammen mit der Aussicht auf die künftige Ernte einbezogen.

Ist ein Dotalgrundstück bei Auflösung der Ehe verpachtet, kommt es nicht nur zu einer Aufteilung des Pachtzinses, sondern auch einer selbst eingebrachten Ernte. Beide Erträge werden zusammengerechnet und zwischen den Ehegatten nach dem Maß aufgeteilt, in dem die Ehe während des Scheidungsjahres Bestand hat. Dies kann einerseits dazu führen, dass die Frau an einer von dem Mann noch vor der Verpachtung eingebrachten Ernte partizipiert, andererseits aber auch dazu, dass der Mann noch über die Dauer des Pachtvertrags während der Ehe hinaus an der gesamten Jahrespacht beteiligt wird, falls diese auf eine Ernte bezogen ist, die noch in das Scheidungsjahr fällt. Und es spielt auch keine Rolle, ob die Ernte von einem der Ehegatten oder vom Pächter eingebracht wird.

Es folgen zwei kurze Sätze, die zwar inhaltlich richtig sind, aber das Thema wechseln, das Ulpian dann im Folgenden wieder aufnimmt:

> D 24.3.7.4 – 5 Ulp 31 Sab (Ulp 2755)
> Apparet igitur ex his illos fructus, quos mulier percepit antequam nuberet, non debere in contributionem venire. (5) Ob donationes, item ob res amotas ex his fructibus, qui post divortium percepti sunt, compensationes fieri possunt.
>
> Aus alldem ergibt sich, dass Früchte, die die Frau vor der Heirat gezogen hat, nicht in die Verteilung eingehen. (6) Wegen Schenkungen, ferner wegen entwendeter Sachen kann die Aufrechnung mit den Früchten erfolgen, die nach der Scheidung gezogen worden sind.

Dass der Mann nicht an Früchten beteiligt wird, die vor der Ehe gezogen worden sind, ergibt sich schon aus dem in D 24.3.5 aufgestellten Grundsatz, dass das Dotaljahr nicht vor der Überlassung der Mitgift an den Ehemann zu laufen beginnt. Es ergibt sich keineswegs *‚ex his illos‘*, wenn man dies auf die in D 24.3.7 bislang behandelten Probleme bezieht. Entweder ist hier also ein Textteil ausgefallen, in dem Ulpian Fälle beurteilt hat, aus denen sich dieser Schluss ziehen lässt; oder § 4 des Fragments geht wiederum auf einen späteren Bearbeiter zurück. Hierfür spricht, dass auch die weitere Bemerkung, der Ehemann könne wegen zurückzugebender Geschenke und von der Ehefrau entwendeter Sachen die Aufrechnung vornehmen, ebenfalls keinen Bezug zu dem Vorangehenden und dem Folgenden aufweist. Dort spricht sich Ulpian für eine entsprechende Anwendung der bislang aufgestellten Regeln in den Fällen aus, in denen die Fruchtziehung einem anderen als dem Jahresrhythmus gehorcht:

> D 24.3.7.6 – 8 Ulp 31 Sab (Ulp 2755)
> Quod in anno dicitur, potest dici et in sex mensibus, si bis in anno fructus capientur, ut est in locis inriguis. (7) Et in pluribus annis idem dici potest, ut in silva caedua. (8) Item si locatio agri talis sit, ut super annuam mercedem quinquennio quoque aliquid amplius praestaretur: in eo enim quod amplius est tempus ad quinquennium computamus.
>
> Was für das Jahr gilt, kann man auch für sechs Monate gelten lassen, wenn wie bei bewässerten Feldern zweimal im Jahr geerntet wird. (7) Man kann es auch für mehrere Jahre gelten lassen wie etwa bei einem schlagbaren Wald. (8) Auch wenn die Verpachtung eines Feldes so vorgenommen wird, dass über die jährliche Pacht hinaus alle fünf Jahre zusätzlich etwas zu leisten ist, legt man dieses auf fünf Jahre um.

Eine abweichende Nutzungsperiode kann sich sowohl aus der Art der Bewirtschaftung des Bodens ergeben als auch das Resultat einer besonderen Vertragsgestaltung sein: Fällt ein Vorteil nicht jährlich, sondern in kürzeren oder längeren Abständen an, treten diese an die Stelle des Dotaljahres, so dass die Nutzungen nach dem Maß verteilt werden, in dem die Ehe in der jeweiligen Nutzungsperiode bestanden hat, die im Moment der Scheidung läuft.

Hat sich Ulpian bislang auf landwirtschaftlich genutzte Grundstücke bezogen, stellt er nun klar, dass das hierfür geltende Regime auch bei anderen Dotalsachen Anwendung findet. Bei Tieren kommt es auf den Zyklus der Geburten oder nicht ständig anfallender Erzeugnisse wie etwa Wolle an, bei vermieteten Sklaven oder städtischen Grundstücken auf die Zeitspanne, für die die Miete geschuldet ist:

> D 24.3.7.9–11 Ulp 31 Sab (Ulp 2755)
> Non solum autem de fundo, sed etiam de pecore idem dicemus, ut lana ovium fetusque pecorum praestaretur. quare enim, si maritus prope partum oves doti acceperit, item proximas tonsurae, post partum et tonsas oves protinus divortio facto nihil reddat? nam et hic fructus toto tempore quo curantur, non quo percipiuntur, rationem accipere debemus. (10) In servo quoque anni ratio habetur, si in annum forte operae eius locatae sunt, ut praeteriti temporis ad maritum, post divortium autem ad mulierem operae pertineant. (11) De pensionibus quoque praediorum urbanorum idem est quod in fructibus rusticorum.
>
> Dies gilt nicht nur für ein Grundstück, sondern auch für Vieh, so dass auf dieselbe Weise auch Junge oder die Wolle von Schafen zu leisten sind. Warum sollte nämlich ein Ehemann, wenn er Schafe kurz vor der Geburt von Jungen oder der nächsten Schur erhalten hat, bei einer Scheidung unmittelbar nach der Geburt oder Schur nichts herausgeben? Denn auch hier müssen die Früchte auf die ganze Zeit, in der für die Tiere gesorgt wird, und nicht nur auf die Zeit, in der sie gezogen werden, umgelegt werden. (10) Auch bei einem Sklaven ist von einem Jahr auszugehen, wenn seine Dienste für ein Jahr verdungen worden sind, so dass der Lohn für die vergangenen Dienste dem Ehemann, der für die nach der Scheidung geleisteten Dienste der Frau zusteht. (11) Auch für die Miete städtischer Grundstücke gilt dasselbe wie für die Fruchtziehung aus ländlichen Grundstücken.

Im nächsten Abschnitt befasst sich Ulpian mit der Reichweite des Begriffs ‚*fructus*'. Nur die hierunter fallenden Sachen werden zwischen den Ehegatten aufgeteilt, während die übrige Ausbeute entweder dem Mann allein zufällt oder ihn zum Schadensersatz verpflichtet:

> D 24.3.7.12–14 Ulp 31 Sab (Ulp 2755)
> Si fundum viro uxor in dotem dederit isque inde arbores deciderit, si hae fructus intelleguntur, pro portione anni debent restitui (puto autem, si arbores caeduae fuerunt vel gremiales, dici oportet in fructu cedere), si minus, quasi deteriorem fundum fecerit, maritus tenebitur. sed et si vi tempestatis ceciderunt, dici oportet pretium earum restituendum mulieri nec in fructum cedere non magis, quam si thensaurus fuerit inventus: in fructum enim non computabitur, sed pars eius dimidia restituetur quasi in alieno inventi. (13) Si vir in fundo mulieris dotali lapidicinas marmoreas invenerit et fundum fructuosiorem fecerit, marmor, quod caesum neque exportatum est, mariti et impensa non est ei praestanda, quia

nec in fructu est marmor: nisi tale sit, ut lapis ibi renascatur, quales sunt in Gallia, sunt et in Asia. (14) Sed si cretifodinae, argentifodinae vel auri vel cuius alterius materiae sint vel harenae, utique in fructu habebuntur.

Hat eine Ehefrau ihrem Mann ein Grundstück als Mitgift übergeben und dieser hierauf Bäume gefällt, sind diese, wenn sie als Früchte anzusehen sind, nach dem Jahresanteil herauszugeben werden (ich glaube aber, dass man, wenn die Bäume schlagbar oder Brennholz waren, sagen kann, dass sie zu den Früchten gehören); falls nicht, haftet der Ehemann, weil er das Grundstück verschlechtert hat. Aber auch, wenn sie durch die Gewalt eines Sturmes umgestürzt sind, muss man sagen, dass der Frau ihr Wert zu erstatten ist und dieser nicht zu den Früchten gehört, und zwar ebenso wenig wie ein Schatz; dieser ist nämlich auch nicht zu den Früchten zu zählen, sondern seine Hälfte herauszugeben, als ob er in fremdem Boden gefunden worden wäre. (13) Hat ein Mann auf dem Grundstück seiner Frau Marmorvorkommen entdeckt und ist das Grundstück dadurch wertvoller geworden, gehört der Marmor, der gewonnen, aber noch nicht fortgeschafft worden ist, dem Ehemann, und seine Aufwendungen sind ihm nicht zu ersetzen, weil Marmor nicht zu den Früchten gehört, es sei denn, dass der Stein dort nachwächst, wie es in Gallien und Asien vorkommt. (14) Sind es hingegen Gruben von Kreide, Silber, Gold oder eines anderen Materials oder von Sand, zählen sie zu den Früchten.

Bäume zählen nur dann zu den Früchten, wenn sie schlagreif sind oder sich als Brennholz eignen. Ansonsten bedeutet ihre Fällung eine Verschlechterung des Grundstücks, für die der Mann einzustehen hat. Dasselbe gilt für die Entfernung entwurzelter Bäume. Da sie gleichsam von einer höheren Gewalt gefällt wurden, will Ulpian sie ebenso wenig als Frucht ansehen wie einen Schatz, den der Mann auf dem Dotalgrundstück gefunden hat. Dieser soll zwischen den Ehegatten so aufgeteilt werden, als hätte der Mann ihn auf einem regelrecht fremden Grundstück gefunden. Hierfür hat Hadrian die Regel aufgestellt, dass der Schatz zwischen dem Finder und dem Grundstückseigentümer geteilt wird.[305] Indem Ulpian diese Lösung auf eine Dotalsache anwendet, trägt er deren besonderem Charakter Rechnung. Sie steht zwar im Eigentum des Mannes, gehört aber zu einem Sondervermögen, das der Frau in gewisser Hinsicht schon vor der Rückgewähr der Mitgift zugerechnet wird.[306] Die durch Abbau von Bodenbestandteilen gewonnene Ausbeute zählt hingegen zu den Früchten.[307] Bei Marmor will Ulpian freilich differenzieren. Hier hängt er der bei Plinius[308] bezeugten Vorstellung an, es

**305** IJ 2.1.39.

**306** Vgl. *Söllner* (Fn. 270), S. 32f. und *Stagl* (Fn. 261), S. 253.

**307** Ebenso entscheidet Paulus; vgl. D 24.3.8 Paul 7 Sab. Anders sieht dies offenbar Pomponius, der den Erlös aus dem Verkauf von gewonnenen Steinen der Mitgift zuordnet; vgl. D 23.3.32 Pomp 16 Sab.

**308** Nat hist 36.24.125.

handle sich zuweilen um einen nachwachsenden Rohstoff.[309] Soweit dies der Fall ist, will er den gebrochenen Marmor zu den Früchten rechnen, sonst dem Mann zusprechen und diesen auch vom Aufwendungsersatz ausnehmen.[310]

Am Schluss des Fragments gibt Ulpian eine Übersicht über die Verfahrensweise, in der die Verteilung der Früchte und Aufwendungen erfolgt:

> D 24.3.7.15 – 16 Ulp 31 Sab (Ulp 2755)
> Interdum marito de fructibus a muliere cavetur et nihil retinet, si fructibus stantibus fundum mulier recipiet: interdum retinebit tantum maritus et nihil restituet, id est si non plus erit, quam pro portione eum retinere oportet: interdum vero et reddet, si plus percepit quam eum retinere oportet. eadem condicio erit etiam, si cum socero vel cum herede alterutrius de dote agatur. (16) Impendi autem fructuum percipiendorum Pomponius ait, quod in arando serendoque agro impensum est, quodque in tutelam aedificiorum aegrumve servum curandum, scilicet si ex aedificio vel servo fructus aliqui percipiebantur. sed hae impensae non petentur, cum maritus fructum totum anni retinet, quia ex fructibus prius impensis satisfaciendum est. plane si novam villam necessario exstruxit vel veterem totam sine culpa sua collapsam restituerit, erit eius impensae petitio: simili modo et si pastina instituit. hae enim impensae aut in res necessarias aut utiles cedunt pariuntque marito actionem.

> Zuweilen wird dem Ehemann von der Frau wegen der Früchte Sicherheit geleistet und er darf nichts einbehalten, wenn die Frau das Grundstück mit den ungetrennten Früchten zurückerlangt; zuweilen behält der Ehemann alles ein und muss nichts herausgeben, und zwar, wenn es nicht mehr gibt, als er für seinen Anteil einbehalten darf; zuweilen muss er etwas herausgeben, nämlich wenn er mehr Früchte gezogen hat, als er einbehalten darf. Dies gilt auch, wenn gegen den Schwiegervater oder dessen oder den Erben des Mannes wegen der Mitgift geklagt wird. (16) Pomponius schreibt aber, zur Fruchtziehung aufgewendet sei, was zum Pflügen und Sähen auf einem Acker, zur Erhaltung von Gebäuden oder zur Pflege eines kranken Sklaven verwendet wird, falls nämlich mit Hilfe des Gebäudes oder Sklaven irgendwelche Früchte gezogen werden. Aber diese Aufwendungen sind nicht zu ersetzen, wenn der Ehemann alle Früchte eines Jahres einbehält, weil aus diesen zunächst die Aufwendungen zu bestreiten sind. Hat er aber, weil es nötig war, ein neues Landhaus errichtet oder ein altes, das ohne seine Schuld eingestürzt war, wiederhergestellt, besteht für ihn eine Klage auf Aufwendungsersatz; ebenso wenn er den Boden zur Neuanpflanzung umgegraben hat. Solche Aufwendungen gehören nämlich zu den notwendigen und nützlichen und begründen ein Klagerecht für den Mann.

Stehen dem Ehemann sämtliche gezogenen Früchte zu, darf er sie behalten und muss nur die fruchttragende Dotalsache selbst herausgeben. Steht ihm nur ein Teil der Früchte zu, muss er den Rest an die Ehefrau auskehren. Steht ihm ein Anteil der Früchte zu, die sich noch nicht trennen lassen, muss er zwar die Do-

309 So auch Javolen in D 23.5.18pr Iav 6 post Lab.

310 Im Fall des Aufwendungsersatzes anders Javolen, der das Grundstück aber ebenso wie Ulpian und im Gegensatz zu Labeo durch die Entdeckung des Marmorvorkommens auch nicht verschlechtert sieht; vgl. D 23.5.18pr Iav 6 post Lab.

talsache mitsamt den Früchten herausgeben, kann dies aber von einer Sicherheitsleistung abhängig machen, mit der die Beteiligung des Mannes an den künftig zu ziehenden Früchten gewährleistet wird. Auf dieselbe Weise kann der Mann den Ersatz von Aufwendungen erwirken, die über das zur Fruchtziehung nötige Maße hinausgehen und nicht schon hierdurch kompensiert werden. Als Klagerecht des Mannes, das Ulpian besonders erwähnt, kommt zumindest im Fall der notwendigen Verwendungen auch eine Kondiktion in Betracht, für deren Gewährung sich Ulpian an anderer Stelle seines Sabinuskommentars eigens ausspricht.[311]

Sieht man von den drei Sätzen ab, die vermutlich auf einen späteren Bearbeiter des Textes zurückgehen, haben wir es in den Fragmenten D 24.3.5 und D 24.3.7 mit einer umfassenden Darstellung des Themas der Fruchtverteilung zu tun. Ulpian beginnt mit der Frage, wie das Scheidungsjahr zu ermitteln ist, in dem die Früchte zwischen dem Mann und der Frau aufgeteilt werden. Dann bestimmt er als Gegenstand der Verteilung den Nettoertrag, der sich aus der Differenz zwischen dem Wert der gezogenen Früchte und den Aufwendungen beider Seiten ergibt. Die hier erforderliche Zusammenrechnung soll auch dann stattfinden, wenn zwei verschiedene Arten der Fruchtziehung, namentlich eigene Bewirtschaftung der Dotalsache und ihre Verpachtung, aufeinandertreffen. Eine entsprechende Aufteilung soll auch dann erfolgen, wenn die Fruchtziehung einem anderen Zyklus als dem Jahresrhythmus unterliegt. Diese bislang für Grundstücke aufgestellten Regeln erstreckt Ulpian dann auf andere Dotalsachen, bevor er den Begriff der *fructus* beleuchtet, als deren Prototyp er bislang vor allem die Weinernte behandelt hat. Schließlich gibt er einige Hinweise zum Verfahren der Fruchtteilung im Prozess.

Es ist durchaus möglich, dass diese Ausführungen von einem Satz des Sabinus ausgehen; im überlieferten Text lässt er sich jedoch nicht mehr ausmachen.[312] Selbst wenn Ulpian ihn zur Grundlage seiner Ausführungen gemacht hat, stellen diese jedenfalls keine lemmatische Kommentierung dar. Vielmehr entfaltet Ulpian selbständig einen Gedankengang mit dem Ziel, das behandelte Thema so weit wie möglich zu erschöpfen.

---

**311** S.u. S. 152ff.

**312** Dies gilt entgegen *Schulz*, Sabinus-Fragmente, S. 71 auch für den einleitenden Satz zur Anrechnung der Aufwendungen in D 23.3.7pr, den man nur dann in § 16 des Fragments kommentiert sehen könnte, wenn man sich über die dazwischen zu findenden Ausführungen hinwegsetzt.

## 4 Der Eigentumserwerb an den Dotalsachen

Der zweite Teil von D 23.3.7 betrifft ebenso wie das daran anschließende Fragment D 23.3.9 nicht mehr die Früchte der *dos*, sondern die Art und Weise, in der eine Mitgift bestellt wird:

> D 23.3.7.3, 9pr Ulp 31 Sab (Ulp 2756/2757)
> Si res in dote dentur, puto in bonis mariti fieri accessionemque temporis marito ex persona mulieris concedendam. fiunt autem res mariti, si constante matrimonio in dotem dentur. quid ergo, si ante matrimonium? si quidem sic dedit mulier, ut statim eius fiant, efficiuntur: enimvero si hac condicione dedit, ut tunc efficiantur, cum nupserit, sine dubio dicemus tunc eius fieri, cum nuptiae fuerint secutae. proinde si forte nuptiae non sequantur nuntio remisso, si quidem sic dedit mulier, ut statim viri res fiant, condicere eas debebit misso nuntio: enimvero si sic dedit, ut secutis nuptiis incipiant esse, nuntio remisso statim eas vindicabit. sed ante nuntium remissum si vindicabit, exceptio poterit nocere vindicanti aut doli aut in factum: doti enim destinata non debebunt vindicari. (9pr) Si ego Seiae res dedero, ut ipsa suo nomine in dotem det, efficientur eius, licet non in dotem sint datae: sed condictione tenebitur. quod si pro ea res ego dem, si quidem ante nuptias, interest qua condicione dedi, utrum ut statim fiant accipientis an secutis nuptiis: si statim, nuntio misso condicam: sin vero non statim, potero vindicare, quia meae res sunt. quare et si sequi nuptiae non possunt propter matrimonii interdictionem, ex posteriore casu res meae remanebunt.
>
> Ich glaube, dass, wenn Sachen als Mitgift überlassen werden, sie in das Vermögen des Ehemannes gelangen und die Zeit des Besitzes der Frau dem Ehemann zugerechnet werden muss, falls sie während der Ehe als Mitgift überlassen werden. Was soll aber gelten, wenn sie vor der Ehe überlassen werden? Überlässt die Frau sie mit der Maßgabe, dass sie sofort zum Eigentum des Mannes werden, wird dies auch bewirkt; überlässt sie die Sachen aber mit der Maßgabe, dass sie mit der Eheschließung Eigentum des Mannes werden, müssen wir ohne Zweifel sagen, dass sie ihm erst dann gehören, wenn die Eheschließung erfolgt. Kommt es nicht zur Eheschließung, sondern wird das Verlöbnis durch Scheidungsbrief aufgelöst, muss die Frau die Sachen kondizieren, wenn sie sie so überlassen hat, dass sie sofort dem Mann gehören; hat sie sie hingegen so überlassen, dass sie ihm mit der Eheschließung gehören, kann sie sie nach Übersendung des Scheidungsbriefs sofort vindizieren. Vindiziert sie sie aber vorher, schadet ihrer Klage entweder die Arglist- oder eine Tatsacheneinrede; was als Mitgift bestimmt ist, darf nämlich nicht vindiziert werden. (9pr) Überlasse ich Seia Sachen, damit sie sie im eigenen Namen als Mitgift überlässt, gehören sie auch dann ihr, wenn sie nicht als Mitgift überlassen werden; aber sie haftet mit der Kondiktion. Überlasse ich sie aber für sie [dem Ehemann] vor der Eheschließung, kommt es darauf an, mit welcher Maßgabe ich sie überlassen habe, entweder damit sie sofort dem Erwerber gehören oder erst mit der Eheschließung; sollen sie sofort dem Erwerber gehören, kann ich sie nach Übersendung des Scheidungsbriefes kondizieren; sollen sie ihm nicht sofort gehören, kann ich sie vindizieren, weil sie mir gehören. Daher bleiben sie in diesem Fall auch dann mein Eigentum, wenn die Eheschließung wegen eines Eheverbots nicht erfolgen kann.

Am Anfang steht das Prinzip, dass die zur Mitgift gehörenden Gegenstände in das Vermögen des Ehemannes übergehen. Dies bedeutet, dass er Eigentümer der

Sachen wird, die bisher der Frau oder dem Besteller der *dos* gehörten. Außerdem wird ihm die Zeit von deren Besitz zugerechnet, so dass er einen stärkeren Besitzschutz genießt[313] und sich die Frist für die Ersitzung von Sachen verkürzt,[314] an denen er nicht sofort das Eigentum erwirbt.[315] Die Zuordnung zur Mitgift setzt freilich voraus, dass auch eine Ehe besteht. Werden die für die Mitgift bestimmten Sachen dem Ehemann schon vorher überlassen, können sie erst mit der Eheschließung in die *dos* fallen. Dies schließt nicht aus, dass der Ehemann bereits das Eigentum an ihnen erwirbt. Hierfür genügt schon die Einigung über die Zugehörigkeit zu der künftig mit der Eheschließung konstituierten Mitgift.[316] Kommt es nicht zur Heirat, unterliegen die Sachen aber einer Kondiktion, weil der Rechtsgrund für ihren Erwerb schließlich doch ausgefallen ist. Die Frau kann den Eigentumsübergang auch unter eine Bedingung stellen und davon abhängig machen, dass die Ehe geschlossen wird. In diesem Fall kann sie bei Ausfall der Heirat statt eines Bereicherungsanspruchs die Eigentumsherausgabeklage erheben.[317] Voraussetzung ist aber, dass der Plan der Eheschließung, wenn diese am Willen der Ehegatten scheitert, offensichtlich aufgegeben und das Verlöbnis durch Übermittlung eines Scheidungsbriefs gelöst ist. Vorher steht der Vindikation die Einrede der Arglist oder eine auf den Sachverhalt zugeschnittene *exceptio* entgegen:[318] Obwohl sie noch Eigentümerin ist, hat sich die Frau, indem sie die Sachen bedingt übereignet hat, selbst auf die Schwebesituation eingelassen und muss bis zu deren Beendigung hinnehmen, dass sie sie nicht zurückerhält.

Dies muss erst recht gelten, wenn die Frau die Sachen sogar unbedingt übereignet hat und ihre Rückgewähr im Wege der Kondiktion erfolgt. Ulpian erwähnt es freilich erst bei der Behandlung der Fallvariante, in der die Sachen nicht von der Frau, sondern von einem Dritten stammen. Übergibt er sie der Frau, damit diese sie selbst zum Gegenstand der Mitgift macht, spricht mehr dafür, dass die Übereignung unbedingt stattfindet, weil die Frau ja gerade über die Sachen verfügen können soll. Bei einer unmittelbaren Überlassung der Sachen an den künftigen Ehemann sind dagegen wieder sowohl eine bedingte als auch eine direkte Übereignung denkbar; und die Rückforderung erfolgt wiederum im einen Fall durch Vindikation, im anderen mit der *condictio*. Beide Rechtsbehelfe sind an

---

**313** Vgl. Gai 4.151.

**314** Vgl. IJ 2.6.13.

**315** Dass es nur um die Ersitzung geht, meint *König*, SDHI 29 (1963) 151, 173 f.

**316** Richtig *König*, SDHI 29 (1963) 151, 174 ff.

**317** Die Möglichkeit einer bedingten Übereignung wird nicht dadurch in Frage gestellt, dass in vielen Fällen nur von einer Kondiktion die Rede ist; vgl. *König*, SDHI 29 (1963) 151, 158 ff. Dies entspricht der Vermutung für eine unbedingte Übereignung; vgl. D 41.9.1 (u. S. 131 ff.).

**318** Hierzu *König*, SDHI 29 (1963) 151, 171 f.

den Ausfall einer wirksamen Eheschließung geknüpft und daher auch dann zuständig, wenn die Ehe nicht am Willen der Ehegatten, sondern an einem Verbot der Eheschließung scheitert.

Hat der Veräußerer den Eigentumsübergang auf den Ehemann von der Eheschließung abhängig gemacht, ergibt sich ein zusätzliches Problem daraus, dass der Zuwendung im Valutaverhältnis zu der Frau eine Schenkung zugrunde liegt:

> D 23.3.9.1 Ulp 31 Sab (Ulp 2757)
> Si res alicui tradidero, ut nuptiis secutis dotis efficiantur, et ante nuptias decessero, an secutis nuptiis dotis esse incipiant? et vereor, ne non possint in dominio eius effici cui datae sunt, quia post mortem incipiat dominium discedere ab eo qui dedit, quia pendet donatio in diem nuptiarum et cum sequitur condicio nuptiarum, iam heredis dominium est, a quo discedere rerum non posse dominium invito eo fatendum est. sed benignius est favore dotium necessitatem imponi heredi consentire ei quod defunctus fecit aut, si distulerit vel absit, etiam nolente vel absente eo dominium ad maritum ipso iure transferri, ne mulier maneat indotata.
>
> Habe ich Sachen einem anderen übergeben, damit sie mit der Eheschließung zur Mitgift gehören, und sterbe ich vor der Eheschließung, stellt sich die Frage, ob sie mit der Eheschließung zur Mitgift gehören. Und ich fürchte, dass sie nicht in das Eigentum des Erwerbers wechseln können, weil das Eigentum des Veräußerers mit dessen Tod übergeht, die Schenkung bis zum Tag der Eheschließung in der Schwebe bleibt und bei Eintritt der Bedingung der Eheschließung es schon das Eigentum des Erben ist, von dem es gegen seinen Willen nicht übergehen kann. Aber es entspricht der Güte mehr, dem Erben wegen des Vorzugs der Mitgift aufzugeben, der Verfügung des Erblassers zuzustimmen, oder, wenn er zögert oder abwesend ist, das Eigentum auch gegen seinen Willen oder in seiner Abwesenheit auf den Ehemann übergehen zu lassen, damit die Frau nicht ohne Mitgift auskommen muss.

Die Schwierigkeit ergibt sich aus dem Schenkungsverbot der *lex Cincia*. Während es bei der Übereignung an die Frau oder einer unbedingten Zuwendung an den Ehemann keine Rolle spielt, weil die Schenkung mit dem Eigentumserwerb perfekt wird, verhält es sich bei einer bedingten Übereignung anders: Hier kann sich der Schenker bis zum Eintritt der Bedingung auf die *exceptio legis Cinciae* berufen und auf dieser Grundlage die Vindikation anstellen, ohne eine Arglisteinrede fürchten zu müssen. Wird der Schenker selbst von diesem Recht aus Rücksicht auf die Frau auch nur selten Gebrauch machen,[319] droht ein solcher Widerruf der Schenkung doch vor allem, wenn der Schenker vor der Eheschließung stirbt und an seine Stelle ein Erbe als Eigentümer der Sachen tritt. Mangels Perfektion kann er sich noch auf das Schenkungsverbot berufen, und dies nicht nur vor dem Be-

---

**319** *Stagl* (Fn. 261), S. 206 hält einen Widerruf der Schenkung durch den Schenker dagegen von vornherein für ausgeschlossen.

dingungseintritt, sondern auch noch danach, wenn die Schenkung ohne sein Wissen erfolgt ist. Zwar geht das Eigentum hier mit der Eheschließung auf den Ehemann über; dem Erben des Schenkers, der sein Vermögen so durch Untätigkeit unabsichtlich vermindert hat, steht jedoch eine *condictio indebiti* zu.[320] Ulpian will ihm diese Befugnis aber nehmen, um dem *favor dotis* gerecht zu werden.[321] Den Erben soll eine *necessitas* zur Zustimmung treffen. Dies heißt praktisch, dass im Zweifel von seinem Einverständnis auszugehen und dieses sogar dann zu unterstellen ist, wenn der Erbe eigens widerspricht oder sich wegen Abwesenheit nicht erklären kann. Grundlage dieser Fiktion, die sowohl eine Vindikation als auch eine Kondiktion ausschließt, ist die sittliche Pflicht, einen Zustand zu vermeiden, in dem die Frau als nicht dotiert gilt. Sie rechtfertigt eine Vernachlässigung des wirklichen Willens des Erben zugunsten der Absicht, die ein *bonus pater familias* haben müsste.

Nachdem Ulpian das Problem des Eigentumserwerbs behandelt hat, widmet er sich der Abgrenzung zu anderen Arten der Vermögensüberlassung aus Anlass der Eheschließung:

> D 23.3.9.2–3 Ulp 31 Sab (Ulp 2759)
> Dotis autem causa data accipere debemus ea, quae in dotem dantur. (3) Ceterum si res dentur in ea, quae Graeci *parapherna* dicunt quaeque Galli peculium appellant, videamus, an statim efficiuntur mariti. et putem, si sic dentur ut fiant, effici mariti, et cum distractum fuerit matrimonium, non vindicari oportet, sed condici, nec dotis actione peti, ut divus Marcus et imperator noster cum patre rescripserunt. plane si rerum libellus marito detur, ut Romae volgo fieri videmus ( nam mulier res, quas solet in usu habere in domo mariti neque in dotem dat, in libellum solet conferre eumque libellum marito offerre, ut is subscribat, quasi res acceperit, et velut chirographum eius uxor retinet res quae libello continentur in domum eius se intulisse): hae igitur res an mariti fiant, videamus. et non puto, non quod non ei traduntur (quid enim interest, inferantur volente eo in domum eius an ei tradantur?), sed quia non puto hoc agi inter virum et uxorem, ut dominium ad eum transferatur, sed magis ut certum sit in domum eius illata, ne, si quandoque separatio fiat, negetur: et plerumque custodiam earum maritus repromittit, nisi mulieri commissae sint. videbimus harum rerum nomine, si non reddantur, utrum rerum amotarum an depositi an mandati mulier agere possit. et si custodia marito committitur, depositi vel mandati agi poterit: si minus, agetur

320 Anders scheint dies Julian zu sehen, der einen Widerruf der Schenkung bei einem Bedingungseintritt nach dem Erbfall offenbar nicht mehr für möglich hält; vgl. D 39.5.2.5 Iul 60 dig und *König*, SDHI 29 (1963) 151, 168 ff. (der sich freilich mit obsoleten Interpolationsvermutungen abplagen muss) sowie *Wacke*, Die Konstruktion des Anwartschaftsrechts aus bedingter Übereignung und der *favor dotis* bei Ulpian D 23,3,9,1, in: Pichonnaz u. a. (Hg.), Spuren des römischen Rechts. Festschrift für Huwiler, Bern 2007. S. 651, 665 ff.. Entgegen *Stagl* (Fn. 261), S. 202 lässt sich die Divergenz nicht dadurch beseitigen, dass man in Julians Fall nur die Wirkung und hier schon das Geschäft für bedingt erklärt.

321 Hierzu *Stagl* (Fn. 261), S. 204 ff.

rerum amotarum, si animo amoventis maritus eas retineat, aut ad exhibendum, si non amovere eas connisus est.

Als der Mitgift halber überlassen müssen wir verstehen, was als Gegenstand der Mitgift überlassen wird. (3) Werden hingegen Sachen übergeben, um in das Vermögen zu gelangen, das die Griechen Frauengut, die Gallier Sondergut nennen, müssen wir zusehen, ob sie sofort dem Ehemann gehören. Und ich glaube dies, wenn sie so überlassen werden, dass sie dem Ehemann gehören; und wenn die Ehe aufgelöst wird, können sie nicht vindiziert, sondern müssen kondiziert werden, und sie können auch nicht mit der Mitgiftklage gefordert werden, wie der göttliche Mark Aurel und unser Kaiser zusammen mit seinem Vater befunden haben. Sind die Sachen freilich nach einem Verzeichnis überlassen worden, wie wir dies in Rom gewöhnlich beobachten können (denn eine Frau trägt die Sachen, die sie gewöhnlich in Gebrauch hat und die sie nicht als Mitgift überlässt, üblicherweise in ein Verzeichnis ein und gibt dieses dem Ehemann, damit er durch seine Unterschrift den Empfang bestätigt, und die Ehefrau behält es als Bestätigung über die Einbringung der in dem Verzeichnis aufgeführten Sachen in seinen Haushalt), müssen wir zusehen, ob sie dem Ehemann gehören. Und ich glaube dies nicht, und zwar nicht, weil sie ihm nicht übergeben seien (was macht es denn für einen Unterschied, ob sie mit seinem Willen in seinen Haushalt eingebracht oder ihm regelrecht übergeben werden), sondern deshalb, weil die Ehegatten nicht bezwecken, das Eigentum auf den Mann zu übertragen, sondern vielmehr festzustellen, was in sein Haus eingebracht worden ist, damit dies im Fall der Scheidung nicht geleugnet wird; und häufig verspricht der Ehemann die Bewachung der Sachen, sofern sie nicht der Frau überlassen sind. Wir müssen zusehen, ob die Frau wegen dieser Sachen, wenn sie nicht zurückgegeben werden, die Klage wegen entwendeter Sachen, die Verwahrungs- oder die Auftragsklage erheben kann. Und falls sie dem Ehemann zur Bewachung überlassen worden sind, kann sie die Verwahrungs- oder die Auftragsklage erheben, falls nicht, die Klage wegen entwendeter Sachen, falls der Ehemann sie in der Absicht, sie zu entwenden, zurückbehält, oder die Vorlegungsklage, falls er nicht vorhatte, sie zu entwenden.

Von der Mitgift zu unterscheiden sind vor allem die mit in die Ehe gebrachten Gegenstände des täglichen Gebrauchs.[322] Auch hier ist denkbar, dass sie in das Eigentum des Ehemannes wechseln. Da sie ihm auch in diesem Fall nur treuhänderisch überlassen sind, kann er aber nach Auflösung der Ehe mit der *condictio* zu ihrer Rückübereignung gezwungen werden. Näher liegt aus Ulpians Sicht jedoch, dass sie von vornherein im Eigentum der Ehefrau verbleiben. Die zumindest unter Römern übliche Aufnahme in ein Register deutet Ulpian nicht als Zeichen einer Eigentumsübertragung, sondern als Quittung, um die spätere Rückgabe sicherzustellen. Hat der Mann versprochen, die Sachen der Frau zu bewachen, ist so eine Verwahrung oder ein Auftrag begründet, woran sich eine vertragliche Haftung für den Verlust der Sachen anschließt. Fehlt es hieran, kommen nur gesetzliche Ansprüche in Betracht, bei einer Unterschlagung der

322 Dass der von Ulpian in Bezug genommene Begriff der *paraphema* nicht scharf ist, zeigt *Wolff*, Zur Geschichte der *parapherna*, SZ 72 (1955) 335ff.

Sachen die *actio rerum amotarum*[323] und ansonsten die stets zuständige Vorlegungsklage, die mit dem Eigentumsherausgabeanspruch der Frau einhergeht[324].

Ein weiteres Fragment aus dem 31. Buch *ad Sabinum* überschneidet sich inhaltlich mit D 23.3.7 und 9. Es gilt der Ersitzung einer als Mitgift überlassenen Sache durch den Ehemann:

D 41.9.1 Ulp 31 Sab (Ulp 2558)
Titulus est usucapionis et quidem iustissimus, qui appellatur pro dote, ut, qui in dotem rem accipiat, usucapere possit spatio sollemni, quo solent, qui pro emptore usucapiunt. (1) Et nihil refert, singulae res an pariter universae in dotem darentur. (2) Et primum de tempore videamus, quando pro dote quis usucapere possit, utrum post tempora nuptiarum an vero et ante nuptias. est quaestio volgata, an sponsus possit (hoc est qui nondum maritus est) rem pro dote usucapere. et Iulianus inquit, si sponsa sponso ea mente tradiderit res, ut non ante eius fieri vellet, quam nuptiae secutae sint, usu quoque capio cessabit: si tamen non evidenter id actum fuerit, credendum esse id agi Iulianus ait, ut statim res eius fiant et, si alienae sint, usucapi possint: quae sententia mihi probabilis videtur. ante nuptias autem non pro dote usucapit, sed pro suo. (3) Constante autem matrimonio pro dote usucapio inter eos locum habet, inter quos est matrimonium: ceterum si cesset matrimonium, Cassius ait cessare usucapionem, quia et dos nulla sit. (4) Idem scribit et si putavit maritus esse sibi matrimonium, cum non esset, usucapere eum non posse, quia nulla dos sit: quae sententia habet rationem.

Ein Titel der Ersitzung, und zwar ein überaus gerechter, ist derjenige, der ‚für die Mitgift' genannt wird, so dass derjenige, der eine Sache als Mitgift erhält, diese über den festgelegten Zeitraum ersitzen kann, in dem auch Käufer ersitzen können. (1) Und es macht keinen Unterschied, ob Sachen einzeln oder in Gesamtheit als Mitgift überlassen werden. (2) Und zunächst müssen wir zusehen, ab wann jemand etwas für die Mitgift ersitzen kann, entweder erst nach der Eheschließung oder schon vorher. Es ist eine altbekannte Frage, ob ein Verlobter (also jemand, der noch nicht Ehemann ist) eine Sache für die Mitgift ersitzen kann. Und Julian schreibt, dass keine Ersitzung stattfinde, wenn die Verlobte dem Verlobten eine Sache mit der Maßgabe übergibt, dass sie ihm nicht vor der Eheschließung gehören soll. Sei dies dagegen nicht erweislich vereinbart, sei, wie Julian schreibt, anzunehmen, dass sie ihm sofort gehören solle und sie, wenn sie fremd sei, ersessen werden könne. Diese Ansicht erscheint mir sinnvoll. Vor der Ehe findet die Ersitzung aber nicht für die Mitgift, sondern für sich statt. (3) Bei bestehender Ehe findet die Ersitzung aufgrund einer Mitgiftbestellung unter denjenigen statt, zwischen denen die Ehe besteht. Dagegen scheide eine Ersitzung, wie Cassius sagt, aus, wenn die Ehe nicht besteht, weil auch keine Mitgift bestehen könne. (4) Derselbe schreibt, dass der Ehemann, auch wenn er glaube, dass die Ehe bestehe, während dies in Wirklichkeit nicht der Fall sei, nicht ersitzen könne, weil keine Mitgift bestehen könne. Diese Ansicht ist richtig.

**323** Hierzu *Wacke* (Fn 46), S. 71 f.
**324** Hierzu *Harke* (Fn. 136), S. 63 f.

Ulpian stellt den Erwerb *pro dote* als Titel der Ersitzung vor: Unabhängig davon, ob dem Ehemann eine Sache separat oder zusammen mit anderen Sachen überlassen wird, kann er sie, wenn er wegen der fehlenden Berechtigung der Frau nicht sofort das Eigentum erlangt, so ersitzen, als ob er sie gekauft hätte. Der Vergleich zu diesem Vertrag bietet sich nicht nur deshalb an, weil er den Prototyp eines rechtmäßigen Erwerbs bildet; er liegt auch aus dem Grunde nahe, dass zumindest die Bestellung einer *dos aestimata* in mancher Hinsicht wie ein Kaufvertrag behandelt wird.[325] Da die Mitgift als solche erst mit der Eheschließung konstituiert wird, stellt sich wie beim direkten Eigentumserwerb die hier als ‚*quaestio volgata*' bezeichnete Frage, welche Wirkung die vorherige Übergabe der Sache hat. Die Antwort, für die sich Ulpian auf Julian beruft, ergibt sich wiederum aus der zwischen den Ehegatten getroffenen Vereinbarung: Hat sich die Ehefrau ihr vermeintliches Eigentum an der Sache bis zur Eheschließung vorbehalten, ist dem Ehemann vor diesem Moment auch eine Ersitzung verwehrt. Soll er dagegen das Eigentum sofort erlangen, läuft die Ersitzungsfrist ab Übergabe. Haben die Parteien keine besondere Vereinbarung getroffen, ist zu vermuten, dass die Übereignung unbedingt erfolgen soll,[326] weil die Einschaltung einer *condicio* den Ausnahmefall gegenüber der unmittelbar wirksamen Übereignung darstellt.[327] Ulpian stimmt im Ergebnis zwar mit Julian überein, erlaubt sich aber einen Hinweis, der für das Folgende nicht unwichtig ist: Da die Mitgift als solche erst ab Eheschließung besteht,[328] kann eine vorher stattfindende Ersitzung nicht mit dem Titel ‚*pro dote*' erfolgen; vielmehr muss der Ehemann die Sache ‚*pro suo*', also schlicht aufgrund der unbedingten Übereignung der Sache, ersitzen. Die voreheliche Zuwendung einer Sache entbehrt zwar nicht eines Rechtsgrundes; dieser kann aber noch nicht in dem Dotalverhältnis bestehen, das erst mit der Eheschließung in Kraft tritt.

Diese Klarstellung fördert die Einsicht in die Entscheidung der nächsten beiden Konstellationen: Hier endet die Ehe, bevor die Ersitzung vollendet ist, oder sie kommt nur scheinbar zustande und ist in Wahrheit, insbesondere wegen eines Eheverbotes, nichtig. Hielte man sich schlicht an das Ergebnis, das eine Ersitzung auch schon durch eine voreheliche Zuwendung ausgelöst werden kann, könnte man dazu neigen, eine Ersitzung auch in diesen beiden Fällen zu bejahen; denn die Auflösung oder Unwirksamkeit der Ehe ändert nichts daran, dass der Ehemann die Sache einmal mit der Zweckbestimmung erhalten hat, dass sie in die

325 S.u.

326 Ebenso entscheidet Callistrat; vgl. D 23.3.8 Call 2 quaest.

327 *Babusiaux*, *Id quod actum est*, München 2006, S. 247 führt dies darauf zurück, dass schon die *traditio* den Willen zum sofortigen Erwerb nahelegt.

328 Vgl. D 23.3.3 Ulp 36 ed.

*dos* gelangt. Die voreheliche Zuwendung ist aber instabil und muss wieder rückabgewickelt werden, wenn es entgegen der Erwartung der Parteien doch nicht zur Eheschließung kommt. Kann die Ersitzung ‚*pro dote*' erst mit der Heirat einsetzen, bedeutet dies aber auch, dass sie mit der Auflösung der Ehe beendet wird. Ulpian beruft sich insoweit auf Cassius, dem er auch im Fall einer bloß fälschlich für wirksam gehaltenen Ehe folgt. Seine Entscheidung gegen die sogenannte Putativtitelersitzung[329] entspricht der herrschenden Meinung der spätklassischen Jurisprudenz.[330] Sie steht aber bemerkenswerterweise im Widerspruch zur Auffassung des soeben erst zitierten Julian.[331] Dieser lässt noch ebenso wie Neraz eine Ersitzung auch dann zu, wenn der Besitzer einen hinreichenden Anlass für die Annahme eines in Wahrheit nicht vorhandenen Rechtsgrundes hat. Dieser Lösung liegt eine andere Vorstellung der Ersitzung und der Rolle der *bona fides* zugrunde. Während sie für Julian umfassender Maßstab für die Beurteilung der Position des Besitzers ist,[332] erscheint sie den Juristen der Spätklassik nur noch als subjektive Ersitzungsvoraussetzung des guten Glaubens, die zum objektiven Erfordernis des Rechtsgrundes hinzutritt[333]. Dieser wird so unabdingbar und kann nicht unter Rücksicht auf die *bona fides* vernachlässigt werden. Ulpian betont dies noch einmal in einem Fragment, das sich direkt an das zweite Cassius-Zitat angeschlossen haben könnte und von *Lenel* auch mit D 41.9.1 zusammengestellt ist:

D 41.3.27 Ulp 31 Sab (Ulp 2758)
Celsus libro trigensimo quarto errare eos ait, qui existimarent, cuius rei quisque bona fide adeptus sit possessionem, pro suo usucapere eum posse nihil referre, emerit nec ne, donatum sit nec ne, si modo emptum vel donatum sibi existimaverit, quia neque pro legato neque pro donato neque pro dote usucapio valeat, si nulla donatio, nulla dos, nullum legatum sit, idem et in litis aestimatione placet, ut, nisi vere quis litis aestimationem subierit, usucapere non possit.

Im 34. Buch schreibt Celsus, es irrten diejenigen, die glaubten, jemand könne eine Sache für sich ersitzen, deren Besitz er in gutem Glauben erlangt habe, ohne dass es darauf ankomme, ob er sie gekauft habe oder nicht, ob sie ihm geschenkt sei oder nicht, falls er nur geglaubt habe, sie sei gekauft oder geschenkt worden, da keine Ersitzung aufgrund eines Vermächtnisses, einer Schenkung oder einer Mitgiftbestellung stattfinde, wenn keine Schenkung,

---

**329** *König*, SDHI 29 (1963) 151, 223 ff. deutet sie dagegen so, dass sich Cassius gegen eine Ersitzung außerhalb der Ehe schlechthin wendet.

**330** D 41.8.3 Pap 23 quaest, D 41.4.2.2 Paul 54 ed, D 41.6.1pr Paul 54 ed, D 41.4.2pr Paul 54 ed und hierzu *Harke*, Gutgläubiger Erwerb und Rechtsgrund, in: Studien zu Vertrag und Eigentumserwerb im römischen Recht, Berlin 2013,, S. 54, 66 ff.

**331** Vgl. D 41.4.10 Iul 2 Min, D 41.4.11 Afr 7 quaest. Ebenso entscheidet Neraz; vgl. D 41.10.5 Ner 5 membr, D 41.10.3 Pomp 22 Sab. Hierzu *Harke* (Fn. 330), S. 58 ff. m. w. N.

**332** Vgl. *Harke* (Fn. 330), S. 78 ff.

**333** Vgl. *Harke* (Fn. 330), S. 81 ff.

keine Mitgift, kein Vermächtnis vorliege. Dasselbe gilt bei der Streitschätzung, so dass jemand nicht ersitzen kann, wenn er sich nicht auf die Schätzung eingelassen hat.

Der apodiktischen Forderung nach einem Rechtsgrund, die hier ohne sachliches Argument durch schlichte Verkürzung der Gegenansicht und ihre Überhöhung ins Groteske vorgetragen wird,[334] liegt ein translatives Konzept der Ersitzung zugrunde: Im Gegensatz zu Julian gilt den Vertretern der von Ulpian geteilten Ansicht das mit der Ersitzung zufallende Eigentum nicht als das Ergebnis seiner Umverteilung durch die Rechtsordnung, sondern als von dem nichtberechtigten Veräußerer erlangt. Der hierfür erforderliche Titel ergibt sich gewöhnlich aus einem Rechtsverhältnis wie Kauf, Schenkung oder Mitgift. Daneben erkennt Ulpian zwar eine Ersitzung ‚*pro suo*' an, die bei einer vorehelichen Zuwendung einen Verbleib der Sache bei ihrem Empfänger nur bis zu dem Moment trägt, in dem feststeht, ob eine Eheschließung stattfindet oder nicht. Danach kommt für ihn jedoch allein eine Ersitzung ‚*pro dote*' in Betracht, die aus seiner Sicht aber nicht ohne gültige Ehe denkbar ist.

Ulpian sieht zwar davon ab, den zuvor genannten Julian als Befürworter einer Putativtitelersitzung zu benennen. Er verschweigt die Existenz der Gegenansicht aber nicht. Um sie zu diskreditieren, beruft er sich auch nicht zufällig auf Celsus, das letzte Schuloberhaupt der prokulianischen Rechtsschule. Im Zusammenspiel mit dem vorangehenden Zitat des Sabinianers Cassius erweckt seine Erwähnung den Eindruck, als sei schon in beiden Rechtsschulen der Früh- und Hochklassik die Ansicht herrschend gewesen, eine Ersitzung setze einen gültigen Rechtsgrund voraus; und dies obwohl mit Julian und Neraz gerade zwei von Ulpian häufig als Gewährsmänner angeführte Juristen, die sich noch dazu ebenfalls auf die beiden Rechtsschulen verteilen, anderer Ansicht waren.

Der aus den Fragmenten D 41.9.1 und D 41.3.27 bestehende Text bildet wiederum eine geschlossene Abhandlung: Ulpian benennt die Mitgiftbestellung als tauglichen Ersitzungstitel und wendet sich dann den Fragen zu, die sich aus ihrem Zusammenhang mit der Eheschließung ergeben: Was gilt bei einer Zuwendung vor der Ehe? Wie verhält es sich nach der Beendigung der Ehe? Ist eine Ersitzung bei einer ungültigen Ehe denkbar? Dem letzten Thema schenkt er besondere Aufmerksamkeit, weil es zu einer Entscheidung in der schwierigen Frage nach der Zulässigkeit einer Putativtitelersitzung nötigt. Seine ablehnende Antwort fällt im Sinne der zeitgenössischen Mehrheitsmeinung aus. Er bereitet sie aber dadurch vor, dass er die zuvor zitierte Ansicht Julians zu den vorehelichen Zuwendungen mit einer Klarstellung versieht.

---

**334** Vgl. *Harke* (Fn. 31), S. 24ff.

Zwar lässt sich nicht völlig ausschließen, dass der Text, wie *Lenel* annimmt, ursprünglich zwischen dem Mittel- und Schlussteil von D 23.3.9 zu finden war. Wahrscheinlich ist dies aber nicht. Denn auch dieser Text enthält eine erschöpfende Darstellung: Er streift das Problem einer Ersitzung allenfalls durch den am Anfang angebrachten Hinweis auf eine *accessio temporis* und behandelt dann ausschließlich die mit einer gewöhnlichen Mitgiftbestellung verbundenen Probleme des Eigentumserwerbs: Zunächst geht es um eine Übereignung, die die Ehefrau vor der Heirat vornimmt, dann um eine Zuwendung, die ein Dritter der Ehefrau zum Zwecke der Mitgiftbestellung macht, schließlich um eine direkte Übereignung durch den Dritten an den Ehemann. Wie bei der Übereignung durch die Ehefrau stellt Ulpian hier jeweils die Varianten einer bedingten und bedingungslosen Rechtsübertragung vor und widmet sich dann dem Problem einer bedingten Übereignung des Dritten an den Ehemann, in dem das Schenkungsverbot der *lex Cincia* durch den *favor dotis* überwunden werden muss. Am Ende behandelt er mit dem Eigengut der Frau einen weiteren Fall, in dem sich die Alternative eines Eigentumserwerbs und einer schlichten Besitzübertragung an den Ehemann stellt. Ebenso wie bei der vorehelichen Zuwendung stellt sich auch hier die Frage nach der Rückgewähr der Sachen, wenn die Überlassung an den Ehemann ihren Sinn einbüßt.

Verteilt sich das Thema des Eigentumserwerbs an den Dotalsachen auf zwei abgerundete Abhandlungen, deutet dies auf eine grundlegende Eigenart der *libri ad Sabinum* hin: Statt einer durchgehenden Darstellung enthält sie offenbar einzelne Erörterungen, die jeweils ein Thema erschöpfen, aber unverbunden nebeneinander stehen. Der Grund könnte sein, dass sie von einzelnen Satz aus dem Lehrbuch des Sabinus ausgehen. Von diesem fehlt aber auch hier wieder jede Spur. Es ist ganz willkürlich, die ersten beiden Sätze von D 23.3.7.3 zum Werk von Sabinus zu erklären, um dann in den folgenden Ausführungen die Erläuterungen ihrer Elemente zu sehen.[335] Dass die *dos*-Bestellung nur ‚*constante matrimonio*' voll wirksam ist,[336] bestimmt sowohl die Darstellung zum gewöhnlichen Eigentumserwerb durch voreheliche Zuwendungen als auch die Ausführungen zur Ersitzung und lässt sich schlechterdings nicht von dem Merkmal abgrenzen, dass die Mitgift ‚*in bonis mariti*' wechselt. Abgrenzbar ist allein die Darstellung zum Eigengut der Frau, die aber keine Aufteilung zu verschiedenen Lemmata eines Sabinus-Textes und für sich allein auch nicht die Annahme einer Kommentierung der Wendung ‚*dotis causa data*' trägt[337].

---

**335** So aber *Schulz*, Sabinus-Fragmente, S. 71 f.

**336** Den entsprechenden Passus im zweiten Satz von D 23.3.7.3 ordnet *Astolfi*, Sabino, S. 133 f. schon Ulpian zu.

**337** So aber in Übereinstimmung mit *Schulz* auch *Astolfi*, Sabino, S. 134.

## 5 Die *dos aestimata*

Nachdem sich Ulpian in den Büchern 32 und 33 seines Sabinuskommentars mit dem Verbot der Schenkungen unter Ehegatten beschäftigt hat, kommt er im 34. Buch wieder auf die Mitgift zu sprechen und wendet sich der *dos aestimata* zu. Die einschlägigen Fragmente haben Justinians Kompilatoren durchaus mit Bedacht an Ulpians Ausführungen zur Mitgiftbestellung in D 23.3.9 angeschlossen.

D 23.3.10pr-3 Ulp 34 Sab (Ulp 2783)
Plerumque interest viri res non esse aestimatas idcirco, ne periculum rerum ad eum pertineat, maxime si animalia in dotem acceperit vel vestem, qua mulier utitur: eveniet enim, si aestimata sit et eam mulier adtrivit, ut nihilo minus maritus aestimationem eorum praestet. quotiens igitur non aestimatae res in dotem dantur, et meliores et deteriores mulieri fiunt. (1) Si praediis inaestimatis aliquid accessit, hoc ad compendium mulieris pertinet: si aliquid decessit, mulieris damnum est. (2) Si servi subolem ediderunt, mariti lucrum non est. (3) Sed fetus dotalium pecorum ad maritum pertinent, quia fructibus computantur, sic tamen, ut suppleri proprietatem prius oporteat et summissis in locum mortuorum capitum ex adgnatis residuum in fructum maritus habeat, quia fructus dotis ad eum pertineat.

Meistens hat der Mann ein Interesse daran, Sachen nicht zum Schätzwert zu erhalten, damit ihn nicht die Sachgefahr trifft, und zwar vor allem dann, wenn er Tiere oder von der Frau benutzte Kleidung als Mitgift erhält; es kann nämlich vorkommen, dass der Ehemann, wenn diese geschätzt und dann von der Frau abgetragen wird, nichtsdestoweniger ihren Schätzwert leisten muss. Werden Sachen nicht zu ihrem Schätzwert überlassen, ist von Verbesserungen und Verschlechterungen immer die Frau betroffen. (1) Tritt bei Grundstücken, die nicht zum Schätzwert überlassen sind, ein Zuwachs ein, ist dies zum Vorteil der Frau; ein Abgang ist zum Schaden der Frau. (2) Haben Sklaven Nachkommen, ist es nicht zum Vorteil des Ehemannes. (3) Aber die Jungen von zur Mitgift gehörigem Vieh stehen dem Ehemann zu, weil sie zu den Früchten gerechnet werden, freilich derart, dass er zunächst den Bestand auffüllen muss und ihm erst, wenn er die gestorbenen Tiere durch die Nachkommen ersetzt hat, der Überschuss als Früchte zukommt, weil ihm die Früchte der Mitgift zustehen.

Ulpian stellt zunächst allgemein die Wirkungen vor, die eine Übernahme der Dotalsachen zum Schätzwert und ein Verzicht auf diese Abrede haben: Die Bestimmung eines Schätzwertes hat in erster Linie zur Folge, dass der Ehemann die Gefahr eines zufälligen Verlustes oder einer zufälligen Verschlechterung der Sachen übernimmt, indem er ungeachtet ihres Zustands bei Auflösung der Ehe den Schätzbetrag leisten muss. Als Beispiel, das diese Gefahrübernahme besonders hart erscheinen lässt, nennt Ulpian die Kleidung der Frau: Obwohl sie selbst durch ihre Nutzung dafür sorgt, dass die Kleider an Wert verlieren, ist dies doch eine zufällige Verschlechterung, die in den Risikobereich des Mannes fällt. Anders verhält es sich bei einer gewöhnlichen Mitgiftbestellung. Hier geht ein Wertverlust, sofern nicht vom Ehemann verschuldet, zwangsläufig zulasten der Frau, weil diese bei Beendigung der Ehe ja nur die Dotalsachen in ihrem jeweiligen Zustand beanspruchen kann. Aus diesem Grund profitiert sie aber auch von ihrer Verbesserung. Ulpian demonstriert dies am Beispiel von Zu- und Abgängen zu einem Grundstück, bevor er zu den Nachkommen von Sklaven und Tieren übergeht. Bei Kindern von Sklaven gilt uneingeschränkt die Regel, dass ein Zuwachs der Frau zugutekommt.[338] Bei Tierjungen konkurriert sie dagegen mit dem von Ulpian schon behandelten Prinzip, dass die Früchte der *dos* dem Mann zustehen. Dies bedeutet, dass er den Nachwuchs einer Herde behalten darf, sofern er nicht zur Deckung des natürlichen Abgangs dient. Dass Sklavenkinder nicht der Fruchtzuweisung an den Mann unterliegen, ergibt sich daraus, dass sie als Menschen nicht zu den *fructus* gezählt werden können.[339]

Anschließend geht Ulpian auf die Rechtsnatur der *aestimatio* und die damit verbundene Frage ein, was in dem schon mehrfach behandelten Fall gelten soll, dass die Mitgift vor der Ehe bestellt wird:[340]

> D 23.3.10.4–5 Ulp 34 Sab (Ulp 2783)
> Si ante matrimonium aestimatae res dotales sunt, haec aestimatio quasi sub condicione est: namque hanc habet condicionem ‚si matrimonium fuerit secutum'. secutis igitur nuptiis aestimatio rerum perficitur et fit vera venditio. (5) Inde quaeri potest, si ante nuptias mancipia aestimata deperierint, an mulieris damnum sit, et hoc consequens est dicere: nam cum sit condicionalis venditio, pendente autem condicione mors contingens exstinguat venditionem, consequens est dicere mulieri perisse, quia nondum erat impleta venditio [quia aestimatio venditio est].

> Sind die als Mitgift bestimmten Sachen vor der Eheschließung geschätzt worden, steht diese Schätzung gewissermaßen unter einer Bedingung; denn sie enthält die Bedingung: „wenn die Eheschließung folgt". Mit der Eheschließung wird die Schätzung wirksam und es kommt zu einem wirklichen Verkauf. (5) Daher kann man fragen, ob es zum Schaden der Frau ist, wenn vor der Eheschließung geschätzte Sklaven sterben, und es ist folgerichtig, dies zu behaupten; da es nämlich ein bedingter Verkauf ist und ein Tod in der Schwebezeit den Verkauf ausfallen lässt, ist es folgerichtig zu behaupten, dass sie zum Nachteil der Frau gestorben seien, weil der Verkauf noch nicht perfekt war [weil die Schätzung einen Verkauf darstellt].

Da der Mann auch bei einem zufälligen Untergang einer Dotalsache zur Zahlung ihres Schätzwertes verpflichtet ist, steht die Überlassung einer *dos aestimata* einem Kaufvertrag gleich, bei dem die Verpflichtung zur Zahlung des Kaufpreises

---

**338** Ebenso entscheidet Papinian; vgl. D 23.369.9 Pap 4 resp.

**339** D 22.1.28.1 Gai 2 rer cott, IJ 2.1.37.

**340** In welchem konkreten Zusammenhang hiermit die Aussage von D 12.1.4pr Ulp 34 Sab stehen könnte, ist offen. *Lenel* ordnet dieses Fragment nach D 23.3.10.5 ein; es handelt aber von Verwahrung und Darlehen.

mit dem Ende der Ehe fällig wird.[341] Ebenso wie bei einem gewöhnlichen Kaufvertrag erheischt die Regel des *'periculum emptoris'* aber noch keine Geltung, wenn der Vertrag unter einer aufschiebenden Bedingung abgeschlossen und deren Eintritt noch in der Schwebe ist. Geht die Sache in diesem Stadium unter, kann der Vertrag auch bei späterer Erfüllung der Bedingung nicht mehr gültig werden und der Verkäufer nicht die Zahlung des Kaufpreises verlangen.[342] Dementsprechend ist auch der Mann nicht verpflichtet, den Schätzwert einer Sache zu entrichten, die schon vor der Eheschließung untergegangen ist. Wie Ulpian bei seiner Beschäftigung mit dem Eigentumserwerb des Ehemannes an den Dotalsachen schon festgestellt hat, hängt die Bestellung der Mitgift schlechthin vom Zustandekommen der Ehe ab.[343] Folglich kann ohne diese auch die Vereinbarung des Schätzwertes keine Wirkung zeitigen.[344]

Nach dem Vorbild des gewöhnlichen Kaufvertrags ist auch der Fall zu bewältigen, in dem die Leistung des Schätzwertes neben der Herausgabe der Sache selbst zur Wahl steht:

> D 23.3.10.6 Ulp 34 Sab (Ulp 2784)
> Si res in dotem datae fuerint quamvis aestimatae, verum convenerit, ut aut aestimatio aut res praestentur, si quidem fuerit adiectum 'utrum mulier velit', ipsa eliget, utrum malit petere rem aestimationem: verum si ita fuerit adiectum 'utrum maritus velit', ipsius erit electio. aut si nihil de electione adiciatur, electionem habebit maritus, utrum malit res offerre an pretium earum: nam et cum illa aut illa res promittitur, rei electio est, utram praestet. sed si res non exstet, aestimationem omnimodo maritus praestabit.
>
> Sind Sachen zu einem Schätzwert überlassen und hat man trotzdem vereinbart, dass entweder der Schätzwert oder die Sachen zu leisten sind, darf die Frau auswählen, ob sie den Schätzwert oder die Sache bevorzugt, wenn hinzugefügt worden ist: „nach der Wahl der Frau"; ist dagegen hinzugefügt worden: „nach der Wahl des Ehemannes", ist diesem die Wahl überlassen. Ist aber nichts zur Wahlbefugnis vereinbart, hat der Ehemann die Wahl, ob er lieber die Sachen oder ihren Wert anbieten will; ist nämlich „diese oder jene Sache" versprochen worden, hat der Schuldner die Wahl, welche er leistet. Ist die Sache aber nicht mehr vorhanden, muss der Ehemann in jedem Fall den Schätzwert leisten.

Haben die Ehegatten die Wahlbefugnis eigens einer der beiden Parteien zugestanden, darf diese auch über den Gegenstand der Leistung entscheiden. Ein

341 Da das abschließende *'quia aestimatio venditio est'* lediglich diesen schon zuvor mehrfach ausgesprochenen Gedanken wiederholt, handelt es sich vermutlich um eine in den Haupttext geratene Glosse; vgl. *Lenel, Palingenesia*, Bd. 2 Sp. 1148 Fn. 2.

342 D 18.6.8pr Paul 33 ed.

343 S. o. S. 126 ff.

344 Dies nimmt auch Paulus an; vgl. D 23.3.17.1 Paul 7 Sab. Vgl. hierzu auch *König*, SDHI 29 (1963) 151, 184.

Problem wirft nur der Fall auf, in dem offengelassen ist, ob die Frau oder der Mann berechtigt sein soll, zwischen einer Sache und ihrem Schätzwert zu wählen. Ulpian greift hier auf den Parallelfall einer Wahlschuld aus Stipulation zurück, bei der die Entscheidung im Zweifel dem Schuldner zusteht.[345] Dass Ulpian darüber hinaus auch das Kaufrecht bemüht hat, erhellt ein isoliert überlieferter Satz, den Lenel zu Recht in den Text von D 23.3.10.6 einfügt:

D 18.1.25pr Ulp 34 Sab (Ulp 2784)
Si ita distrahatur ‚illa aut illa res', utram eliget venditor, haec erit empta.

Wird „diese oder jene Sache" verkauft, ist diejenige verkauft, die der Verkäufer auswählt.

Die Wahlbefugnis des Ehemannes endet freilich, wenn die Sache untergegangen ist. Hier muss er den Schätzwert leisten, woraus sich auch ergibt, dass er, wenn auch nicht die Gefahr einer zufälligen Verschlechterung der Sache, so doch das Risiko ihres zufälligen Untergangs trägt.

Als nächstes wendet sich Ulpian den Mängeln zu, unter denen die Mitgiftbestellung leidet, wenn die Schätzung nicht dem wirklichen Wert der Sache entspricht. Hier zeigen sich die Grenzen der Gleichstellung von *dos aestimata* und Kauf:

D 23.3.12pr-1 Ulp 34 Sab (Ulp 2785)
Si res aestimata post contractum matrimonium donationis causa adprobetur, nulla est aestimatio, quia nec res distrahi donationis causa potest, cum effectum inter virum et uxorem non habeat: res igitur in dote remanebit. sed si ante matrimonium, magis est, ut in matrimonii tempus collata donatio videatur: atque ideo non valet. (1) Si mulier se dicat circumventam minoris rem aestimasse, ut puta servum, si quidem in hoc circumventa est, quod servum dedit, non tantum in hoc, quod minoris aestimavit: in eo acturam, ut servus sibi restituatur. enimvero si in aestimationis modo circumventa est, erit arbitrium mariti, utrum iustam aestimationem an potius servum praestet. et haec, si servus vivit. quod si decessit, Marcellus ait magis aestimationem praestandam, sed non iustam, sed eam quae facta est: quia boni consulere mulier debet, quod fuit aestimatus: ceterum, si simpliciter dedisset, procul dubio periculo eius moreretur, non mariti. idemque et in minore circumventa Marcellus probat. plane si emptorem habuit mulier iusti pretii, tunc dicendum iustam aestimationem praestandam idque dumtaxat uxori minori annis praestandum Marcellus scribit: Scaevola autem in marito notat, si dolus eius adfuit, iustam aestimationem praestandam: et puto verius, quod Scaevola ait.

Ist eine Sache erweislich nach Eingehung der Ehe schenkungshalber geschätzt worden, ist die Schätzung nichtig, weil die Sache auch nicht schenkungshalber veräußert werden kann, da dies unter Mann und Ehefrau keine Wirkung hat; die Sache bleibt also in der Mitgift. Auch wenn es vor der Eheschließung geschehen ist, ist es richtiger, die Schenkung als auf die Zeit

345 Vgl. auch D 13.4.2.3 Ulp 27 ed (mit Zitat des Scaevola).

der Ehe bezogen anzusehen; und daher gilt sie nicht. (1) Behauptet die Frau, sie sei übervorteilt und die Sache, etwa ein Sklave, zu gering geschätzt worden, kann sie, wenn sie so übervorteilt worden ist, dass sie den Sklaven überlassen hat, und nicht nur insoweit, als sie ihn zu gering geschätzt hat, darauf klagen, dass ihr der Sklave zurückgewährt wird. Ist sie hingegen nur bei der Schätzung übervorteilt worden, steht es im Ermessen des Ehemannes, ob er den gerechten Schätzwert oder eher den Sklaven leistet. Und dies gilt, wenn der Sklave noch lebt. Ist er aber gestorben, sei, so schreibt Marcell, eher der Schätzwert zu leisten, aber nicht der gerechte, sondern der vereinbarte, weil die Frau gut beraten war, ihn überhaupt schätzen zu lassen; hätte sie ihn schlicht überlassen, wäre sein Tod zweifellos auf ihr Risiko gegangen, nicht auf das des Ehemannes. Dasselbe vertritt Marcell auch, wenn eine Minderjährige übervorteilt worden ist. Hat die Frau freilich einen Käufer, der den Sklaven zum gerechten Preis kaufen will, sei, wie Marcell schreibt, zu sagen, dass der gerechte Schätzwert zu leisten sei, dies aber nur im Fall einer minderjährigen Frau; Scaevola bemerkt, dass, wenn Arglist auf Seiten des Ehemannes vorgekommen ist, der gerechte Schätzwert zu leisten sei; und ich halte für richtig, was Scaevola schreibt.

Ulpian beginnt mit dem Fall, dass die Schätzung im beiderseitigen Einverständnis von dem Wert der Sache abweicht. Ist sie zu niedrig bewertet, haben die Parteien eine Schenkung der Frau an den Mann beabsichtigt, im umgekehrten Fall eine Schenkung des Mannes an die Frau. Sind die Parteien bei Vornahme der Schätzung schon verheiratet, verstoßen sie auf diese Weise zweifellos gegen das Verbot der Schenkungen unter Ehegatten. Erfolgt die Schätzung vor der Ehe, scheint auf den ersten Blick nur eine voreheliche Zuwendung vorzuliegen, die nicht dem Verbot unterfällt. Da die Zahlung des Preises, mit der die Schenkung perfekt wird, aber erst bei der Auflösung der Ehe erfolgen soll, sieht Ulpian die Zuwendung auf die Zeit der Ehe bezogen und daher gleichfalls als verboten an. Die Konsequenz ist, dass die geschätzte Sache Gegenstand der Mitgift bleibt und von der Frau bei Auflösung der Ehe gefordert werden kann. Bei einem gewöhnlichen Kaufvertrag streiten die Juristen darüber, ob er stets insgesamt oder nur insoweit nichtig ist, als die Parteien den Preis bewusst in Abweichung vom Wert der Kaufsache bestimmt haben: Während Julian den Kaufvertrag schlechthin für unwirksam hält, nimmt Neraz, dessen Auffassung Ulpian zu teilen scheint, dies nur dann an, wenn er sonst überhaupt nicht abgeschlossen worden wäre; ansonsten unterfalle nur der Nachlass oder Aufschlag auf den Preis dem Ehegattenschenkungsverbot.[346] Für eine derartige Unterscheidung sieht Ulpian bei einer Mitgiftbestellung anscheinend keinen Anlass.[347] Wegen des *favor dotis* lässt sich kaum annehmen, dass sie insgesamt unwirksam ist. In Betracht käme nur, die *aestimatio* zum

346 D 24.1.5.5 Ulp 32 Sab.

347 Anders *Misera* (Fn. 291) S. 121, der annimmt, Ulpian schließe sich hier der Auffassung von Julian an.

wahren Wert der Sache bestehen zu lassen, so dass der Frau zumindest das Risiko einer Sachverschlechterung oder des Sachuntergangs abgenommen ist. Voraussetzung wäre aber, dass die Parteien bereits eine feste Absicht gehabt hätten, eine *dos aestimata* zu bestellen, bevor sie den Schätzwert in Schenkungsabsicht erhöht oder gesenkt haben. Dies hält Ulpian offenbar für fernliegend. Deshalb erklärt er die Schätzung für unwirksam und die Sache zum Gegenstand der Mitgift.

Auch in dem Fall, dass die Frau unfreiwillig einen zu geringen Schätzbetrag akzeptiert hat, kommt Ulpian nicht ohne weiteres zu dem Ergebnis, dass statt des vereinbarten der wirkliche Wert der Sache zu leisten ist. Dies gilt, wie Ulpian im Anschluss an Scaevola befindet, zwar in dem Fall, dass die Frau zum Opfer einer arglistigen Täuschung durch den Mann geworden ist, und, wie schon Marcell entschieden hat, auch dann, wenn die Frau bei der Schätzung unter 25 Jahre alt ist und daher in den Genuss der einschlägigen *restitutio* kommt.[348] Ist sie hingegen älter und ohne die Arglist des Mannes übervorteilt worden,[349] fällt die Lösung, die wiederum von Marcell stammt, differenziert aus: Hätte die Frau die geschätzte Sache in Kenntnis ihres wahren Wertes überhaupt nicht zum Gegenstand der Mitgift gemacht, kann sie sie zurückverlangen, sofern sie noch existiert.[350] Hätte sie die Sache dem Ehemann hingegen in jedem Fall überlassen, hat dieser die Wahl, ob er die Sache zurückgibt oder einen Betrag zahlt, der ihrem wirklichen Wert entspricht. Ist die Sache vor Auflösung der Ehe untergegangen, kann die Frau freilich nur den vereinbarten Wert fordern. Denn sie hat schon einen Vorteil davon, dass die Sache überhaupt geschätzt worden ist. Wäre sie dem Mann ohne *aestimatio* überlassen worden, hätte die Frau auch das Risiko des zufälligen Verlustes der Sache getragen und ihretwegen überhaupt keinen Anspruch gehabt.

Während die Fälle, in denen der Mann arglistig oder die Frau minderjährig ist, in gleicher Weise auch bei einem gewöhnlichen Kaufvertrag beurteilt würden, wäre hier kein Raum für eine Rücksicht auf ein einfaches Missverhältnis von Wert und Preis der Kaufsache. Eine derartige *circumventio* gilt den klassischen Juristen und auch Ulpian noch als legitim und geradezu in der Natur des Kaufvertrags

---

**348** Entgegen *Streicher, Periculum dotis*, Berlin 1973, S. 15f. kann diese ebenso wie die *dolus*-Haftung nur dann zum Erfolg führen, wenn die Frau einen ansonsten vermiedenen Schaden erlitten hat. Dies ist nicht der Fall, wenn die Sache ohnehin zu ihrem Nachteil untergegangen wäre. Der Vorbehalt, die Frau müsse für den gestorbenen Sklaven einen Käufer gehabt haben, auf den sie das Risiko seines Todes abgewälzt hätte, ist daher durchaus angebracht.

**349** Dass die *circumventio* keinen *dolus* des Ehemannes impliziert, nimmt zu Recht auch *Streicher* (Fn. 348), S. 15 an.

**350** Dass dies schon während bestehender Ehe möglich sein soll, ist im Text nicht gesagt und erscheint mir im Gegensatz zu *Streicher* (Fn. 348), S. 4, 17 auch unwahrscheinlich.

angelegt.[351] Erst Diokletian nimmt die Verfehlung des *pretium iustum* zum Anlass, einem Verkäufer die Rückabwicklung des Vertrags zu gestatten, falls der vereinbarte Preis nicht einmal die Hälfte des wirklichen Wertes der Sache ausmacht.[352] Zugrunde liegt wohl die Annahme eines konsenshindernden Irrtums über die Art des abgeschlossenen Vertrags, der bei Unterschreitung der Grenze von 1:2, objektiv gesehen, eher Schenkung als Kaufvertrag ist.[353] Anders verhält es sich bei der *dos aestimata:* Wie ein Satz aus dem Sabinuskommentar des Pomponius erhellt, soll eine Abweichung des Schätzbetrags vom wahren Wert der Sache stets und deshalb sanktioniert werden, weil die in der Klageformel der *actio rei uxoriae* in Bezug genommenen Werte von *aequum* und *bonum* die Bereicherung des einen Ehegatten auf Kosten des anderen verbieten.[354] Sind die Ehegatten damit in stärkerem Maße als Parteien eines gewöhnlichen Kaufvertrags zur Rücksicht auf die Interessen des Kontrahenten verpflichtet, erlaubt diese Rücksicht aber wiederum nicht, dass der Schätzbetrag einfach durch den wahren Wert ersetzt wird: Der Mann, der sich nicht den Vorwurf der Arglist gefallen lassen muss, kann sich lediglich dafür entscheiden, der Frau das *iustum pretium* zu zahlen.[355] Er darf auch die Sache zurückgeben. Mehr kann die Frau selbst dann nicht verlangen, wenn sie sich nur wegen des Schätzungsfehlers überhaupt darauf eingelassen hat, die Sache zum Gegenstand der Mitgift zu machen. Und das Vertrauen des Ehemannes auf den vereinbarten Betrag wird auch dann geschützt, wenn die Sache untergegangen ist:[356] Da die Frau in diesem Fall zumindest von der Übertragung des Verlustrisikos auf den Mann profitiert, soll dieser nicht stärker als in dem erwarteten Umfang belastet werden.[357] Es kommt also zu einem Interessenausgleich, der ganz jenseits des Regimes des Kaufvertrags liegt.

Bevor Ulpian sich weiter mit der Frage beschäftigt, wie weit der Vergleich zum Kaufvertrag trägt, folgt in der Überlieferung ein Passus mit einem anderen Thema:

---

**351** D 4.4.16.4 Ulp 11 ed (mit Zitat des Pomponius); vgl. auch D 19.2.22.3 Paul 34 ed.

**352** CJ 4.44.2 (28. Okt. 285); hierzu *Harke, Iuris prudentia Diocletiana*, Berlin 2019, S. 179 ff.

**353** Vgl. *Harke* (Fn. 352), S. 181 f., *ders.*, SZ 122 (2005) 91, 94 ff.

**354** D 23.3.6.2 Pomp 14 Sab: *Si in dote danda circumventus sit alteruter, etiam maiori annis viginti quinque succurrendum est, quia bono et aequo non conveniat aut lucrari aliquem cum damno alterius aut damnum sentire per alterius lucrum.* („Ist bei der Bestellung einer Mitgift einer der Ehegatten übervorteilt worden, ist ihm auch dann zu helfen, wenn er älter als 25 Jahre ist, weil es den Geboten des Guten und Gerechten widerspricht, wenn sich jemand zum Schaden eines anderen bereichert oder unter Bereicherung eines anderen einen Schaden erleidet.")

**355** Nur noch als Höchstgrenze seiner Verpflichtung erscheint dieses hingegen bei Diokletian; vgl. CJ 5.18.6.2 (26. Okt. 290/293).

**356** Vgl. *Streicher* (Fn. 348), S. 18.

**357** Dies übernimmt auch Diokletian; vgl. CJ 5.18.6.3 (26. Okt. 290/293).

D 23.3.12.2 Ulp 34 Sab (Ulp 2786)
Si cum marito debitore mulier pacta sit, ut id quod debeat in dotem habeat, dotis actione scilicet eam agere posse existimo: licet enim ipso iure priore debito liberatus non sit, sed tamen exceptionem habere potest.

Hat die Frau mit ihrem Ehemann vereinbart, dass er als Mitgift haben soll, was er ihr schuldet, kann sie nach meiner Auffassung die Mitgiftklage erheben; ist er auch von seiner früheren Schuld nicht befreit, kann ihm doch eine Einrede zustehen.

Erfolgt die Bestellung einer Mitgift in Gestalt des Erlasses einer Schuld des Mannes gegenüber der Frau, stellt sich die Frage, ob es der *actio rei uxoriae* bedarf, um diese Verfügung bei Auflösung der Ehe wieder rückgängig zu machen. Einfach bejahen ließe sich dies, wenn die Frau auf ihre Forderung förmlich im Wege einer *acceptilatio* verzichtet. Denn in diesem Fall wäre die Verpflichtung des Mannes regelrecht erloschen und müsste neu begründet werden. Bei einem formlosen Erlass durch *pactum* leuchtet weniger ein, warum der Frau die Mitgiftklage zustehen soll. Denn die Verpflichtung des Mannes besteht ja noch und ist nur wegen einer *exceptio pacti* nicht durchsetzbar. Ließe sich hier vielleicht auch vertreten, dass diese Einrede mit der Auflösung der Ehe automatisch ihre Kraft verliert, hält Ulpian eine Klage aus der alten Schuld doch nicht für den richtigen Ort, um über die Rückabwicklung der Mitgift zu streiten. Wenn er stattdessen die *actio rei uxoriae* für zuständig erklärt, hat dies den Vorteil, dass der Mann in diesem Verfahren auch ohne weiteres die aus dem Dotalverhältnis entspringenden Zurückbehaltungsrechte geltend machen kann[358] und nur nach Maßgabe seines eigenen Leistungsvermögens verurteilt wird[359]. Wie wichtig den Juristen diese Haftungsbeschränkung ist, zeigt sich daran, dass der Mann auf sie nicht verzichten kann und eine entsprechende Vereinbarung am Verbot sittenwidriger Verträge scheitert.[360]

Die letzten beiden Abschnitte des Textes gelten dagegen wieder der Frage, inwieweit die Bestellung einer *dos aestimata* einem gewöhnlichen Kaufvertrag gleichsteht. Ulpian stellt sie jeweils im Zusammenhang mit Leistungsdefiziten auf Seiten der Frau:[361]

D 23.3.14 Ulp 34 ed (Ulp 2787) - D 23.3.16 Ulp 34 Sab (Ulp 2788)
Si rem aestimatam mulier in dotem dederit, deinde ea moram faciente in traditione in rerum natura esse desierit, actionem eam habere non puto. (16) Quotiens res aestimata in dotem

**358** S.u. S. 150 ff.

**359** D 24.3.12 Ulp 36 Sab.

**360** D 24.3.14.1 Ulp 36 Sab (mit Zitat von Pomponius).

**361** Die weiteren Fragmente aus dem 34. Buch *ad Sabinum*, die *Lenel* im Anschluss an D 23.3.16 als Ulp 2789 bis 2795 aufführt, lassen keinen Erörterungszusammenhang mehr erkennen.

datur, evicta ea virum ex empto contra uxorem agere et quidquid eo nomine fuerit consecutus, dotis actione soluto matrimonio ei praestare oportet. quare et si duplum forte ad virum pervenerit, id quoque ad mulierem redigetur. quae sententia habet aequitatem, quia non simplex venditio sit, sed dotis causa, nec debeat maritus lucrari ex damno mulieris: sufficit enim maritum indemnem praestari, non etiam lucrum sentire.

Hat eine Frau eine Sache zum Schätzwert als Mitgift überlassen wollen und ist sie untergegangen, nachdem sie mit der Übergabe in Verzug geraten ist, steht ihr, wie ich glaube, keine Klage zu. (16) Ist eine Sache zum Schätzwert als Mitgift überlassen, kann der Mann nach ihrer Entwehrung aus dem Kaufvertrag gegen seine Ehefrau klagen und muss alles, was er aus diesem Grund erlangt, nach Auflösung der Ehe aufgrund der Mitgiftklage an die Frau auskehren. Hat der Mann etwa das Doppelte erlangt, muss er auch dieses an die Frau zurückgewähren. Diese Lösung ist deshalb gerecht, weil es kein einfacher, sondern ein wegen der Mitgift vorgenommener Verkauf ist und sich der Ehemann nicht zum Schaden der Frau bereichern darf; es reicht nämlich, wenn der Ehemann schadlos gehalten wird, er soll sich nicht auch bereichern.

Da der Zusammenhang zu dem vorangehenden Fragment D 23.3.12 und dem folgenden D 23.3.16 auf der Hand liegt, muss man annehmen, dass die überkommene Inskription von D 23.3.14 falsch ist und das Fragment ebenso wie die beiden anderen aus dem 34. Buch *ad Sabinum* und nicht etwa aus dem Ediktskommentar stammt.[362] Die Lakonie der überlieferten Aussage ist wohl der Zusammenstellung mit einer Aussage aus dem Sabinuskommentar des Pomponius geschuldet.[363] Sie erhellt, dass es um die Regel des *periculum emptoris* geht. Erklärt dieses Prinzip, warum der Mann bei Bestellung einer *dos aestimata* die Gefahr des zufälligen Untergangs der Dotalgegenstände trägt, muss es doch außer im schon behandelten Fall eines bedingten Vertragsschlusses eine Ausnahme erleiden, wenn es zum Verzug kommt. Kehrt sich unter diesen Umständen beim gewöhnlichen Kaufvertrag die Gefahrtragung um,[364] darf nichts anderes für die Bestellung einer Mitgift zum Schätzwert gelten: Zwar trägt hier der Mann die Gefahr des zufälligen Untergangs schon ab Eheschließung und noch vor Übergabe der Sache.[365] Hält sich die Frau nicht an den hierfür ausgemachten Termin oder

---

**362** Vgl. *Lenel, Palingenesia*, Bd. 2 Sp. 1149 Fn. 2.

**363** D 23.3.15 Pomp 14 Sab: *Quod si per eam non stetisset, perinde pretium aufert ac si tradidisset, quia quod [e]venit emptoris periculo est.* („Hat es aber nicht an ihr gelegen, erhält sie den Wert, als ob sie die Sache übereignet hätte, weil auch eine Kaufsache auf die Gefahr des Käufers geht.")

**364** Dies ergibt der Gegenschluss aus dem Vorbehalt für einen Verzug des Verkäufers in D 18.4.21 Paul 16 quaest, CJ 4.48.4 (18. Dez. 239) und CJ 4.48.6 (18. Dez. 294); hierzu *Harke* (Fn. 221), S. 31 ff. und *ders.* (Fn. 352) S. 141 f. diocl

**365** Insoweit richtig *Streicher* (Fn. 348), S. 7.

muss der Mann sie an die Leistung erinnern, kann er aber nicht dazu gezwungen werden, den Schätzwert zu leisten, wenn die Sache danach untergeht.[366]

Durchaus dem Muster des Kaufvertrags folgt im Ansatz auch die Lösung des Falles eines Rechtsmangels:[367] Hat die Frau dem Mann eine fremde Sache überlassen, kann er nach deren Eviktion durch ihren wahren Eigentümer die Frau ebenso wie einen Verkäufer in Anspruch nehmen.[368] Hat die Frau eigens ein Vertragsstrafversprechen, insbesondere in Gestalt einer *stipulatio duplae*, abgegeben, kann er sich auch der hierfür einschlägigen Klage bedienen; ansonsten steht ihm die *actio empti* zu Gebote,[369] die eine übliche Garantie für Rechtsmängel einschließt.[370] Was er auf diesem Wege erlangt, kann er natürlich dazu einsetzen, der Frau bei Auflösung der Ehe den Schätzwert zu leisten. Geht die Rechtsmängelhaftung darüber hinaus, vor allem weil die Frau dem Mann auf der Grundlage des Strafversprechens oder ihrer Verpflichtung aus der *actio empti* den doppelten Kaufpreis erstattet hat, darf der Mann diesen Überschuss aber nicht über das Ende der Ehe hinaus behalten, sondern muss ihn bei deren Auflösung an die Frau zurückgeben.[371] Hier macht sich bemerkbar, dass eben kein üblicher Kauf, sondern ein *dotis causa* abgeschlossener Vertrag vorliegt. Während ein gewöhnlicher Käufer von der wegen eines Rechtsmangels erhaltenen Garantieleistung unbedingt profitieren darf, gilt dies bei einem Ehemann, dem eine zur Mitgift gehörende Sache entwehrt wird, nur bis zur Auflösung der Ehe. Zwar soll er infolge des Rechtsmangels keinen Verlust erleiden; er soll aus diesem Grund aber auch keine Bereicherung erfahren.[372] Die *ratio*, die Ulpian hier eigens angibt, ist dieselbe, die hinter der Entscheidung des zuvor behandelten Falles steht, in dem der Schätz-

---

**366** Entgegen *Streicher* (Fn. 348), S. 9 f. lässt sich auch bei der einfachen Zusage einer Übergabe der Dotalsache durchaus von einem Verzug sprechen; es bedarf hierzu keiner klagbaren Verpflichtung.

**367** Die in D 18.1.25.1 Ulp 34 Sab überlieferte Aussage zur Übereignungspflicht beim Kaufvertrag stellt *Lenel* sicher nicht zu Unrecht mit D 23.3.16 zusammen; der konkrete Zusammenhang bleibt aber ungewiss.

**368** Anders ist dies, wenn keine regelrechte *dos aestimata* vorliegt, sondern nur ein Schätzwert für die bei Auflösung der Ehe zurückzugebenden Sachen bestimmt ist; hier gilt kein Kaufrecht; vgl. D 23.3.69.7 Pap 4 resp, CJ 5.12.1.2 (1. Aug. 201) und hierzu *Harke* (Fn. 90), S. 47 f.

**369** Ebenso entscheidet Paulus; vgl. Vat 105. Die hier genannte *sexta* darf der Mann wohl aus anderen Gründen, nicht wegen des Rechtsmangels einbehalten, der, für sich genommen, keine *retentio propter mores* rechtfertigt; vgl. auch *Kaser*, Römisches Privatrecht, Bd. 1, 2. Aufl., München 1971, S. 338 Fn. 15.

**370** D 21.1.31.20 Ulp 1 ed aed cur.

**371** Ebenso entscheidet Marcian; vgl. D 23.3.52 Marcian 3 reg.

**372** Zur Anrufung der *aequitas* in diesem Zusammenhang *Stagl* (Fn. 297), S. 703; vgl. ferner *dens.* (Fn. 261), S. 277.

wert zum Nachteil der Frau vom *iustum pretium* abweicht. Auch dort gebietet die besondere Zweckbestimmung der Mitgift eine Abweichung vom Regime des einfachen Kaufvertrags.[373]

Der inhaltliche Zusammenhang dieser letzten Entscheidung mit der früheren Erörterung der *circumventio* einer Frau bei der Bestimmung des Schätzwertes unterstreicht den Eindruck, den auch eine Gesamtschau auf die Fragmente D 23.3.10, 12, 14 und 16 vermittelt: Ulpian widmet sich der *dos aestimata*, um dieses Thema gründlich zu behandeln, wenn nicht gar völlig zu erschöpfen. Er beginnt mit der wesentlichen Wirkung der *aestimatio*, die Gefahr einer Verschlechterung oder des Untergangs der Dotalsachen auf den Mann abzuwälzen. Nachdem er den Kontrast zur Gefahrverteilung bei einer gewöhnlichen Mitgift dargetan hat, stellt er die Ähnlichkeit zu einem Kaufvertrag als maßgebliches Strukturelement vor und folgert hieraus auf die Gefahrzuweisung bei einer *aestimatio*, die vor Eingehung der Ehe stattfindet. Die nächste Fallgestaltung, mit der sich Ulpian befasst, ist die einer *dos aestimata* mit Wahlbefugnis, die Ulpian nach dem Muster einer Wahlschuld aus Stipulation oder Kaufvertrag beurteilt. Hiervon löst er sich dagegen, wenn es darum geht, Mängel der Schätzung zu bewältigen. Dies gilt nicht nur für eine Schätzung, die in Schenkungsabsicht zu hoch oder zu niedrig ausfällt. Auch bei einer unfreiwilligen Benachteiligung der Frau entscheidet sich Ulpian im Anschluss an Marcell und in erkennbarem Gegensatz zum Kaufrecht dazu, das *iustum pretium* als Ziel der *aestimatio* zu bestimmen. Auf dieser Grundlage sucht er nach einem Ausgleich mit den Interessen des Mannes, der nicht dolos handelt und daher auch für das Missverhältnis von Schätzbetrag und wahrem Wert der Kaufsache nicht verantwortlich ist. Es folgt das Thema der Leistungsstörungen, bei denen das Kaufrecht differenziert zur Anwendung kommt: Uneingeschränkt gilt es bei einem Verzug der Frau, der die Gefahrverteilung wieder umkehrt. Im Fall eines Rechtsmangels ist hingegen Rücksicht darauf geboten, dass die kaufähnliche Schätzungsabrede im Kontext der Mitgiftbestellung steht und daher keine Bereicherung des Ehemannes zulässt. Sieht man von dem Passus über die Bestellung einer *dos* durch Erlass (D 23.3.12.2) ab, der vielleicht erst im Zuge der justinianischen Kompilation an diese Stelle gerutscht ist, haben wir es mit einer geschlossenen Darstellung mit konzentrierter Gedankenführung zu tun. Spuren eines Zitats aus dem sabinianischen Werk fehlen abermals völlig.[374]

---

**373** Trotz unnötiger Interpolationsannahme richtig *Wolff*, SZ 53 (1933) 297, 337.

**374** Dies gilt entgegen *Schulz*, Sabinus-Fragmente, S. 74 f. sowohl für den Beginn von D 23.3.12.1, wo das Marcellus-Zitat keineswegs geeignet ist anzuzeigen, dass vorher die Meinung des Sabinus wiedergegeben ist, als auch für D 23.3.16, wo das von Ulpian ausgesprochene Lob einer *sententia* noch keineswegs bedeutet, dass diese von Sabinus stammt; vgl. *Astolfi*, Sabino, S. 138 ff.

## 6 Die Klage unter Beteiligung der gewaltunterworfenen Tochter

Aus dem 35. Buch *ad Sabinum* stammt nur ein längeres Fragment, das allerdings wiederum eine klare Gedankenführung erkennen lässt:

D 24.3.2 Ulp 35 Sab (Ulp 2800)
Soluto matrimonio solvi mulieri dos debet. nec cogitur maritus alii eam ab initio stipulanti promittere, nisi hoc ei nihil nocet: nam si incommodum aliquod maritus suspectum habet, non debere eum cogi alii quam uxori promittere dicendum est. haec si sui iuris mulier est. (1) Quod si in patris potestate est et dos ab eo profecta sit, ipsius et filiae dos est: denique pater non aliter quam ex voluntate filiae petere dotem nec per se nec per procuratorem potest. sic ergo et promittendum Sabinus ait. ei ergo promittendum erit, cui uterque iusserit. ceterum si pater solus iussit, dotis actio filiae non erit adempta, quandoque sui iuris filia fuerit facta. item si voluntate solius filiae promittatur, remanebit dotis actio integra patri: sed utrum ut et agat solus an et ut adiuncta quoque filiae persona experiri possit? et puto nec eam actionem amissam, quam adiuncta filiae persona potest habere. quod si sui iuris fuerit facta filia, nocebit ei ista stipulatio. (2) Voluntatem autem filiae, cum pater agit de dote, utrum sic accipimus, ut consentiat an vero ne contradicat filia? et est ab imperatore Antonino rescriptum filiam, nisi evidenter contradicat, videri consentire patri. et Iulianus libro quadragesimo octavo digestorum scripsit quasi ex voluntate filiae videri experiri patrem, si furiosam filiam habeat: nam ubi non potest per dementiam contradicere, consentire quis eam merito credet. sed si absens filia sit, dicendum erit non ex voluntate eius id factum cavendumque ratam rem filiam habituram a patre: ubi enim sapit, scire eam exigimus, ut videatur non contradicere.

Nach Auflösung der Ehe muss die Mitgift der Frau geleistet werden. Der Ehemann kann auch nicht gezwungen werden, sie von vornherein einem anderen durch Stipulation zu versprechen, es sei denn, dass ihm dies nicht schadet; befürchtet er irgendeinen Schaden, ist nämlich zu sagen, dass er nicht gezwungen werden darf, ein Versprechen einem anderen als seiner Frau zu leisten. So verhält es sich, wenn die Frau rechtlich selbständig ist. (1) Befindet sie sich aber in der Gewalt ihres Vaters und stammt die Mitgift von ihm, steht die Mitgift ihm und der Frau zu; daher kann der Vater die Mitgift nur mit Zustimmung der Frau fordern, sei es, dass er es selbst tut, sei es, dass er durch einen Vertreter handelt. Sabinus schreibt, so müsse auch versprochen werden. Es ist also demjenigen zu versprechen, den beide durch Anweisung vorgegeben haben. Hat hingegen der Vater allein die Anweisung erteilt, bleibt der Tochter die Mitgiftklage erhalten, falls sie rechtlich selbständig wird. Auch wenn das Versprechen nur auf Weisung der Tochter geleistet wird, bleibt die Mitgiftklage dem Vater erhalten. Aber so, dass er allein klagen muss, oder so, dass er auch unter Beteiligung der Tochter die Klage erheben kann? Und ich glaube, dass ihm die Klage, die er unter Beteiligung der Tochter erheben kann, nicht verlorengeht. Ist die Tochter aber gewaltfrei geworden, schadet ihr das geleistete Versprechen. (2) Müssen wir aber, wenn der Vater die Mitgiftklage erhebt, unter der Zustimmung der Tochter verstehen, dass sie diese erklärt oder dass sie nur nicht widerspricht? Und Kaiser Caracalla hat den Bescheid erteilt, dass sie, wenn sie nicht offenkundig widerspricht, so angesehen wird, als stimme sie zu. Und Julian schreibt im 48. Buch, dass der Vater so angesehen werde, als klage er mit Zustimmung der Tochter, falls diese geisteskrank ist; denn wenn sie wegen ihrer Geisteskrankheit nicht widersprechen kann, muss man annehmen, dass sie zustimmt. Ist die Tochter aber abwesend, ist zu sagen, dass es nicht mit ihrer Zustimmung geschieht und der Vater Sicherheit für die Genehmigung durch die Tochter zu leisten hat. Ist sie nämlich bei Verstand, müssen wir verlangen, dass sie Kenntnis hat, damit wir annehmen können, sie widerspreche nicht.

Zwar ist die Textaussage überschaubar. Das Fragment ist für die Zwecke dieser Untersuchung jedoch deshalb von besonderem Interesse, weil es sich thematisch teilweise mit einem schon behandelten Fragment aus dem Ediktskommentar überschneidet. Dies gilt noch nicht direkt für die zunächst behandelten Fragen, ob der Mann sich eine Anweisung zum Versprechen der Rückgabe der Mitgift an einen Dritten gefallen lassen muss und welche Wirkungen davon ausgehen, wenn die Anweisung allein durch den Vater der Ehefrau oder seine gewaltabhängige Tochter erfolgt. Immerhin lässt sich in diesem zweiten Fall aber ein Vergleich zu den Abschnitten aus dem Ediktskommentar anstellen, in denen Ulpian die Konsequenzen einer freiwilligen Leistung an die gewaltunterworfene Frau oder eine vom Vater allein erhobene Klage behandelt (D 24.3.22.1, 3).[375] Während das Prinzip, dass der Vater den Ehemann nur *‚adiuncta filiae persona'* belangen kann, dort lediglich vorausgesetzt wird, ist es hier ausdrücklich an den Anfang der Erörterung gestellt und sogar materiellrechtlich gewendet, indem Ulpian davon spricht, dass die Mitgift beiden gemeinsam gehört (*‚ipsius et filiae dos est'*). Es erscheint als Ausgangspunkt der mit einem Sabinus-Zitat unterlegten Folgerung, dass auch die Anweisung zum Versprechen an einen Dritten nur dann volle Wirkung zeitigt, wenn sie durch beide gemeinsam erteilt wird.[376]

Anschließend untersucht Ulpian eingehend, welche Folgen ein Versprechen hat, das nur auf der Anweisung einer der beiden Personen erfolgt: Hat der Vater sie allein erteilt, bleibt der Tochter das Klagerecht erhalten; sie kann hiervon aber erst Gebrauch machen, wenn sie nicht mehr in der Gewalt des Vaters steht und rechtlich selbständig geworden ist. Hat nur die Tochter die Anweisung erteilt, bleibt der Vater klagebefugt. Es stellt sich aber die Frage, ob er seine Tochter nach wie vor an dem Verfahren gegen den Ehemann beteiligen darf; denn durch vorangehende Anweisung zum Versprechen an einen Dritten hat die Tochter ihr Recht an der Mitgift gleichsam verwirkt. Für ausgeschlossen hält Ulpian jedoch nur eine Klage, die die Tochter allein nach ihrer Entlassung aus der väterlichen Gewalt erhebt; in diesem Fall ist nur der Vater klagebefugt.[377] Solange sie noch in der Gewalt ihres Vaters steht, kann er entscheiden, ob er die Tochter zu dem Verfahren hinzuziehen will. Der Gegensatz zur Darstellung im Ediktskommentar

---

**375** S.o. S. 90 ff.

**376** Entgegen *Astolfi*, Sabino, S. 141 lässt sich dies nicht als Teil eines Kommentarschemas ansehen. Hiervon sieht sogar Schulz ab, der das Fragment schlicht unerwähnt lässt.

**377** Vgl. *Stagl* (Fn. 261), S. 284.

ist wiederum frappant: Während Ulpian dort das verwandte Thema der Forderung der Mitgift durch eine der beiden Personen nur anhand asymmetrischer Fallkonstellationen behandelt, entfaltet er das Problem hier mit Sorgfalt. Nicht nur, dass er den maßgeblichen Grundsatz zunächst eigens ableitet. Er bildet auch zwei spiegelbildliche Fälle und untersucht, welche Konsequenzen ein Verstoß gegen das Prinzip jeweils hat.

Den Eindruck, den der Vergleich von D 24.3.2.1 zu den thematisch verwandten Passagen im Ediktskommentar hinterlässt, verstärkt eine Gegenüberstellung von § 2 des Fragments mit den direkt korrespondierenden Ausführungen aus den *libri ad edictum* (D 24.3.22.5, 6, 9).[378] Zwar behandelt Ulpian dort auch Fragen, die im Sabinuskommentar unerwähnt bleiben, nämlich wann die Zustimmung der Tochter zur Prozessführung durch den Vater vorliegen muss, wann sie ausnahmsweise allein klagen kann und der Richter über ihre Abwesenheit hinweggehen darf. Diese Probleme werden jedoch ohne erkennbare Verbindung und Grundlegung in der Entscheidung über die Eigenart der Zustimmung abgehandelt. Ganz anders verläuft die Darstellung in den *libri ad Sabinum*. Hier geht Ulpian von der Frage aus, wann eine Zustimmung der Tochter zur Klage des Vaters anzunehmen ist, nur im Fall ihrer ausdrücklichen Erklärung oder auch schon dann, wenn die Tochter keinen Widerspruch erhebt. Geklärt ist diese Frage in dem zuletzt genannten Sinn durch ein Reskript von Caracalla, das Ulpian als maßgebliche Rechtsquelle anführt. Sie bildet die Grundlage für die Entscheidung in den beiden Fällen, in denen die Tochter geisteskrank oder abwesend ist. Während diese im Ediktskommentar einfach mitgeteilt wird, leitet Ulpian sie hier aus dem vom Kaiser aufgestellten Prinzip ab: Genügt für die Annahme einer Zustimmung der Tochter schon deren fehlender Widerspruch, folgt hieraus zwangsläufig, dass der Vater, wenn die Tochter geisteskrank ist, die Klage allein erheben kann; denn zu dem erforderlichen Widerspruch ist die Tochter infolge ihrer Erkrankung nicht fähig. Differenziert muss die Entscheidung dagegen ausfallen, wenn die Tochter abwesend ist. Auch hier liegt zwar kein Widerspruch vor. Ein solcher ist jedoch überhaupt nur möglich, wenn die Tochter über die Klageerhebung durch den Vater unterrichtet ist. Fehlt ihr dieses Wissen, lässt sich nicht behaupten, dass sie dem Vorgehen ihres Vaters nicht widersprochen habe. Im Gegensatz zu den *libri ad edictum* kommt es Ulpian also nicht auf die reine Vermittlung von Entscheidungen, sondern darauf an, dass der Leser ihren Grund und Ableitungszusammenhang erfährt.

---

**378** S. o. S. 92 ff.

## 7 Verwendungsersatz für den Ehemann

Aus dem 36. Buch *ad Sabinum*, in dem die Ausführungen zur Mitgift ein Ende finden, ist wiederum nur ein längerer Abschnitt überliefert, der in der justinianischen Kompilation in mehrere Teile aufgespalten ist. Er bildet den Leittext für den Digestentitel über die Verwendungen, die der Ehemann auf die Mitgift gemacht hat. An seinem Beginn steht die Einteilung der Verwendungen in notwendige, nützliche und Luxusverwendungen. Hieran schließt sich eine Darstellung der *impensa necessaria* an:

> D 25.1.1, 3 Ulp 36 Sab (Ulp 2805)
> Impensarum quaedam sunt necessariae, quaedam utiles, quaedam vero voluptariae. (1) Necessariae hae dicuntur, quae habent in se necessitatem impendendi: ceterum si nulla fuit necessitas, alio iure habentur. (2) In necessariis impensis hoc sciendum est eas demum impensas dotem minuere, quae in dotem factae sunt: ceterum si in dotem factae non sint, non habent in se reputationem. (3) Inter necessarias impensas esse Labeo ait moles in mare vel flumen proiectas. sed et si pistrinum vel horreum necessario factum sit, in necessariis impensis habendum ait. proinde Fulcinius inquit, si aedificium ruens quod habere mulieri utile erat refecerit, aut si oliveta reiecta restauraverit, vel ex stipulatione damni infecti ne committatur praestiterit (3pr) vel si vites propagaverit vel arbores curaverit vel seminaria pro utilitate agri fecerit, necessarias impensas fecisse videbitur.
>
> Manche Verwendungen sind notwendig, andere nützlich, wieder andere Luxusverwendungen. (1) Notwendig werden Verwendungen genannt, die aus Notwendigkeit erfolgen; gab es keine Notwendigkeit, sind sie nach anderem Recht zu beurteilen. (2) Zu den notwendigen Verwendungen muss man wissen, dass sie nur dann die Mitgift verringern, wenn sie auf diese gemacht worden sind; sind sie hingegen nicht auf die Mitgift gemacht worden, finden sie keine Berücksichtigung. (3) Zu den notwendigen Verwendungen gehören, wie Labeo schreibt, Molen, die ins Meer oder den Fluss gerammt sind. Aber auch wenn die Errichtung einer Mühle oder eines Speichers notwendig ist, gehören sie, wie er schreibt, zu den notwendigen Verwendungen. Daher schreibt Fulcinius, dass, wenn der Mann ein verfallendes Gebäude, das für die Frau von Nutzen war, oder vernachlässigte Olivenhaine wiederhergestellt hat, oder etwas geleistet hat, damit ein Versprechen wegen drohenden Schadens nicht verfällt, (3pr) oder er Anpflanzungen vorgenommen oder Bäume beschnitten oder er eine Pflanzschule zur besseren Nutzung des Grundstücks angelegt hat, er ersichtlich notwendige Verwendungen gemacht habe. (3.1) Wir müssen allgemein festlegen, dass es einen großen Unterschied macht, ob die Verwendung zum dauerhaften Nutzen für das Grundstück und nicht nur auf die Gegenwart bezogen ist oder die Früchte des laufenden Jahres betrifft; in diesem Fall findet eine Verrechnung mit den Früchten statt; ist sie aber nicht nur auf die Gegenwart bezogen, gehört sie zu den notwendigen Verwendungen.

Auf die recht tautologische Definition[379] der notwendigen Verwendungen mit Hilfe des Begriffs der *necessitas*[380] folgt die wiederum selbstverständliche Einschränkung, dass eine Verwendung, um ein Ersatzrecht des Mannes zu zeitigen, einen Bezug zu einem Dotalgegenstand aufweisen muss. Diese wenig handhabbare Bestimmung ergänzt Ulpian im Anschluss an Fulcinius um eine Aufzählung von Beispielen. Sie umfasst Molen, die zum Schutz eines Grundstücks ins Meer oder einen Fluss eingebracht sind, die Sorge um vorhandene Pflanzen, die Restauration eines verfallenen, aber noch nutzbringenden Gebäudes oder vernachlässigten Olivenhaines oder Leistungen, mit denen eine Haftung gegenüber einem Nachbarn aus einer *cautio damni infecti* abgewendet wird. Zu diesen ohne weiteres einsichtigen Fällen kommen solche hinzu, in denen sich die Notwendigkeit der Aufwendungen nicht von selbst versteht. Es sind die Vornahme neuer Anpflanzungen, die Anlage einer Pflanzschule und die Errichtung neuer Gebäude in Form von Mühlen oder Speichern. Dass diese Vorhaben ebenfalls *impensa necessaria* sein können, ergibt sich aus dem landwirtschaftlichen Zweck, der mit ihnen verfolgt wird: Dient ein dem Mann überlassenes Grundstück der Agrikultur, erfordert seine gehörige Bewirtschaftung auch die Schaffung neuer Pflanzungen und der zur Verarbeitung der Ernte nötigen Gebäude.[381] Um ein Abzugsrecht des Mannes zu begründen, dürfen sich dessen Tätigkeiten aber nicht darin erschöpfen, die Ernte im Dotaljahr einzubringen. Da sie dem Mann zufällt, muss er auch die damit verbundenen Aufwendungen tragen. Ein Verwendungsersatzrecht entsteht erst, wenn ein bleibender Vorteil für das Grundstück geschaffen wird, der sich auch bei künftigen Ernten bemerkbar macht.[382]

Nachdem er die notwendigen Verwendungen inhaltlich bestimmt hat, widmet sich Ulpian der hiermit verbundenen Rechtsfolge. Dabei greift er die schon verwendete Formulierung auf, dass die Aufwendungen „die Mitgift verringern" (‚*impensae dotem minuunt*'):

---

**379** *Bürge*, *Retentio* im römischen Sachen- und Obligationenrecht, Zürich 1979, S. 35 sieht in ihr den Ausdruck des Gedankens, dass sich über die Notwendigkeit einer Verwendung nur im Einzelfall entscheiden lässt.

**380** Sinnvoller ist die Definition, die Ulpian in den *regulae* und Paulus in seinem Plautiuskommentar gibt. Danach ist eine Verwendung als notwendig anzusehen, wenn die zur Mitgift gehörende Sache ansonsten untergegangen oder verschlechtert worden wäre; vgl. D 25.1.14pr Ulp 5 reg, D 50.16.79pr Paul 6 Plaut.

**381** Anders sieht dies offenbar Paulus, der neue Anpflanzungen und Gebäude den *impensae utiles* zuordnet; vgl. D 25.1.6 Paul 7 Sab, D 50.16.79.1 Paul 6 Plaut. *Bürge* (Fn. 379), S. 36 erkennt hierin wiederum den einzelfallbezogenen Charakter der Beurteilung durch die Juristen.

**382** Auf D 25.1.3.1 bezieht sich Sin 8, wo auch von einer übereinstimmenden Ansicht des Paulus die Rede ist.

D 25.1.5pr-2 Ulp 36 Sab (Ulp 2806)
Quod dicitur necessarias impensas dotem minuere, sic erit accipiendum, ut et Pomponius ait, non ut ipsae res corporaliter deminuantur, ut puta fundus vel quodcumque aliud corpus: etenim absurdum est deminutionem corporis fieri propter pecuniam. ceterum haec res efficiet desinere esse fundum dotalem vel partem eius. manebit igitur maritus in rerum detentationem, donec ei satisfiat: non enim ipso iure corporum, sed dotis fit deminutio. ubi ergo admittimus deminutionem dotis ipso iure fieri? ubi non sunt corpora, sed pecunia: nam in pecunia ratio admittit deminutionem fieri. proinde si aestimata corpora in dotem data sint, ipso iure dos deminuetur per impensas necessarias. hoc de his impensis dictum est, quae in dotem ipsam factae sint: ceterum si extrinsecus, non imminuent dotem. (1) Sed si impensis necessariis mulier satisfecerit, utrum dos crescat an vero dicimus ex integro videri dotem? et ego, ubi pecunia est, non dubito dotem videri crevisse. (2) Si dos tota soluta sit non habita ratione impensarum, videndum est, an condici possit id, quod pro impensis necessariis compensari solet. et Marcellus admittit condictioni esse locum: sed etsi plerique negent, tamen propter aequitatem Marcelli sententia admittenda est.

Wenn gesagt wird, die notwendigen Verwendungen verringerten die Mitgift, ist dies, wie auch Pomponius schreibt, so zu verstehen, dass sie nicht selbst körperlich verringert wird, wie etwa ein Grundstück oder ein anderer Körper; es wäre nämlich widersinnig, wenn ein Körper wegen einer Geldforderung aufgeteilt würde. Es würde ja bewirken, dass eine Sache ganz oder teilweise nicht mehr zur Mitgift gehört. Der Ehemann kann also nur bis zu seiner Befriedigung die Sachen behalten; die Verringerung tritt nämlich nicht von selbst ein und betrifft nicht die Gegenstände, sondern die Mitgift als Ganzes. Wo lassen wir also zu, dass die Verringerung von selbst eintritt? Dort, wo keine Gegenstände, sondern nur Geld vorhanden ist; denn bei Geld ist eine Verringerung denkbar. Daher wird die Mitgift, wenn Gegenstände zum Schätzwert als Mitgift überlassen sind, von selbst durch die notwendigen Verwendungen verringert. Dies gilt für Verwendungen, die auf die Mitgift selbst gemacht worden sind; betreffen sie sie nicht, verringern sie nicht die Mitgift. (1) Hat die Frau aber wegen der notwendigen Verwendungen Sicherheit geleistet, stellt sich die Frage, ob die Mitgift wächst oder wir sagen müssen, dass die Mitgift in ihrem Zustand bleibt. Und ich habe, wenn es um Geld geht, keinen Zweifel, dass die Mitgift wächst. (2) Ist die gesamte Mitgift ohne Rücksicht auf die Verwendungen ausgekehrt, müssen wir zusehen, ob der Betrag kondiziert werden kann, für den wegen notwendiger Verwendungen eine Verrechnung üblich ist. Und Marcell lässt die Kondiktion Platz greifen; und auch, wenn dies viele bestreiten, ist die Ansicht Marcells zu billigen, um der Gerechtigkeit Genüge zu tun.

Der Satz, der bei Paulus in der zugespitzten Form erscheint, die notwendigen Verwendungen verringerten die Mitgift ‚*ipso iure*',[383] ist insofern missverständlich, als er einen direkten Abgang von Dotalgegenständen nahelegt. Zu einer solchen automatischen Reduktion kann es aber nur bei der *dos aestimata* kommen, wo der Geldbetrag, der dem Mann als Ersatz für die Aufwendungen zusteht, von der Summe abgezogen werden kann, die der Mann kraft der *aestimatio* schuldet. Ansonsten begründen die Verwendungen nur ein Zurückbehaltungsrecht, das der

**383** D 23.3.56.3 Paul 6 Plaut.

Mann ausüben kann, bis er seine Aufwendungen ersetzt erhält.[384] Die Frau kann es überwinden, indem sie dem Mann Sicherheit leistet. Bei der *dos aestimata* wächst hierdurch die Mitgift selbst an, um sich dann um den Betrag, der dem Mann als Verwendungsersatz zusteht, automatisch wieder zu verringern.[385] Hat er die Mitgift der Frau schon in vollem Umfang zurückgewährt, stellt sich die Frage, ob ihm wegen der noch nicht ersetzten Verwendungen eine Kondiktion zusteht. Ulpian schließt sich der Ansicht von Marcell an, der eine solche Kondiktion zulässt. Überraschend ist weniger diese Entscheidung, als dass Ulpian auf eine Gegenansicht der *plerique* verweist und eigens die *aequitas* bemüht, um das von Marcell befürwortete Ergebnis zu rechtfertigen. Denn schon Julian hat ebenso in dem ähnlichen Fall entschieden, dass ein Erbe ein von ihm restauriertes Haus einem Fideikommissar herausgegeben hat, ohne wegen seiner Verwendung von seinem Zurückbehaltungsrecht Gebrauch zu machen.[386] Als Begründung hat sich Julian darauf berufen, dass der Erbe *‚plus debito'* geleistet habe, weshalb der gewöhnliche Tatbestand einer *condictio indebiti* vorliegt.[387] Dies lässt sich auch im Fall der Herausgabe einer *dos* behaupten, weil diese eine Leistung darstellt, zu der der Mann nicht in vollem Umfang verpflichtet war. Es trifft insbesondere auf eine *dos aestimata* zu, die von Marcells und Ulpians Entscheidung zumindest miterfasst ist. Ein Einwand gegen die Gewährung der Kondiktion könnte sich nur aus dem *favor dotis* ergeben, aus dem die Vertreter der Gegenansicht schließen, dass die Frau nach Auskehr der Mitgift nicht mit Rückforderungsansprüchen belastet werden darf.[388] Begegnen lässt sich diesem Argument aber zumindest im Fall der *impensae necessariae* mit der von Ulpian soeben behandelten Redewendung, die notwendigen Aufwendungen verringerten die Mitgift. Denn sie erhellt, dass die Frau, wenn der Ehemann sein Verwendungsersatzrecht nicht ausgeübt hat, nicht nur ihre Mitgift, sondern mehr und damit zu viel erhalten hat.

Dass Ulpian dieser Überlegung folgt, zeigt der Fortgang des Textes, in dem er sich den *impensae utiles* und *voluptariae* zuwendet:

---

**384** Ebenso urteilt Paulus, der aber im Anschluss an Scaevola glaubt, auch eine Sache könne ihre Qualität als Dotalgegenstand einbüßen, wenn die Aufwendungen ihren Wert übersteigen; vgl. D 23.3.56.3 Paul 6 Plaut.

**385** Zu der schwierigen Frage, ob ein solches Anwachsen auch bei einer gewöhnlichen Mitgift stattfindet, äußert sich Ulpian nicht; behandelt wird sie von Paulus im Anschluss an Scaevola in D 23.3.56.3 Paul 6 Plaut.

**386** D 30.60 Iul 39 dig.

**387** Hierzu und zum Zusammenhang mit D 12.6.33 Iul 39 dig *Harke* (Fn. 205), S. 203 f.

**388** So der Sache nach auch *Heine* (Fn. 146), S. 37 f.

D 25.1.5.3, 7, 9 Ulp 36 Sab (Ulp 2807)
Utiles autem impensae sunt, quas maritus utiliter fecit, remque meliorem uxoris fecerit, hoc est dotem. (7) Voluptariae autem impensae sunt, quas maritus ad voluptatem fecit et quae species exornant. quarum utiles non quidem minuunt ipso iure dotem, verumtamen habent exactionem. (9) Pro voluptariis impensis, nisi parata sit mulier pati maritum tollentem, exactionem patitur. nam si vult habere mulier, reddere ea quae impensa sunt debet marito: aut si non vult, pati debet tollentem, si modo recipiant separationem: ceterum si non recipiant, relinquendae sunt: ita enim permittendum est marito auferre ornatum quem posuit, si futurum est eius quod abstulit. (11pr) In voluptariis autem Aristo scribit nec si voluntate mulieris factae sunt, exactionem parere. (11.1) Donationem inter virum et uxorem circa impensas quoque inhibitam vere Sabinus scribit.

Nützliche Verwendungen sind solche, die der Ehemann sinnvollerweise vornimmt und die das Vermögen der Frau, also die Mitgift, verbessern. (7) Luxusverwendungen sind solche, die der Ehemann zum Vergnügen vornimmt und die das Aussehen der Dotalsachen verschönern. Soweit diese Verwendungen nützlich sind, verringern sie die Mitgift zwar nicht von selbst, können aber trotzdem geltend gemacht werden. (9) Bei Luxusverwendungen, muss die Frau, wenn sie nicht bereit ist, die Wegnahme zu gestatten, ihre Geltendmachung hinnehmen. Denn wenn sie sie behalten will, muss sie dem Ehemann die Verwendung ersetzen; will sie sie hingegen nicht behalten, muss sie die Wegnahme durch ihn dulden, falls eine Trennung möglich ist; ist eine Trennung nicht möglich, müssen sie zurückgelassen werden; dem Ehemann ist nämlich nur die Wegnahme des von ihm angebrachten Schmucks zu erlauben, der bei seiner Wegnahme ihm gehört. (11pr) Aristo schreibt über Luxusverwendungen, dass sie selbst dann nicht geltend gemacht werden können, wenn sie mit Willen der Frau gemacht worden sind. (11.1) Sabinus schreibt, auch im Hinblick auf Verwendungen sei eine Schenkung unter Ehegatten verboten.

Für Luxusverwendungen, die eine Dotalsache bloß verschönern, ohne aber ihren Wert zu steigern, kann der Mann nur dann Ersatz verlangen, wenn die Frau sich weigert, eine mögliche Wegnahme zuzulassen. Sind die Einrichtungen, mit denen der Mann die Sache versehen hat, nicht von ihr zu trennen oder gestattet die Frau deren Wegnahme, hat er ihrem Anspruch auf Herausgabe der Mitgift nichts entgegenzusetzen. Dies soll nach der Ansicht von Aristo sogar dann gelten, wenn die Frau der Verwendung im Vorhinein zugestimmt hat. Dem Mann ist mit der Befugnis zur Wegnahme hinreichend gedient. Wo sie nicht möglich ist, weil sie zur Zerstörung der Einrichtung führte, scheitert sein Begehren am Schikaneverbot.[389]

Anders verhält es sich bei nützlichen Verwendungen, die der betroffenen Dotalsache zu einem höheren Wert verhelfen. Hier spricht Ulpian dem Mann die Befugnis zur einer ‚*exactio*' zu. Da er sich desselben Begriffs bei den Luxusverwendungen bedient, die zweifellos keinen regelrechten Anspruch, sondern allenfalls ein Zurückbehaltungsrecht zeitigen, kann damit auch im Fall der *im-*

389 *Bürge* (Fn. 379), S. 38 f. Auch hier passt der von Celsus zur *rei vindicatio* aufgestellte Satz: ‚*malitiis non indulgendum est*'; vgl. D 6.1.38 Cels 3 dig und hierzu *Harke* (Fn. 31), S. 109 ff.

*pensae utiles* nur gemeint sein, dass der Mann die Herausgabe der Mitgift von dem Ersatz seiner Verwendungen abhängig machen kann. Soll der Unterschied zu den notwendigen Aufwendungen darin bestehen, dass diese die Mitgift *ipso iure* mindern, kann dies nur bedeuten, dass es bei bloß nützlichen und den ausnahmsweise zu ersetzenden Luxusaufwendungen kein Klagerecht gibt, mit dem der Mann nach einer Auskehr der *dos* noch gegen die Frau vorgehen könnte. Hier gilt die bei Pomponius zu findende Regel, dass ein bloßes Zurückbehaltungsrecht, wenn der Schuldner sich seiner nicht bedient, mit der Leistung untergeht und sich nicht in einen Kondiktionsanspruch wandelt.[390] Diese Rechtsfolge ist den *impensae necessariae* vorbehalten, weil sie die Mitgift selbst herabsetzen und deren vollständige Auskehr zu einer teilweise ungeschuldeten Leistung machen.

Auch bei Ulpians Ausführungen zum Verwendungsersatzrecht des Mannes haben wir es mit einer geschlossenen Darstellung zu tun. Ihr Schwerpunkt liegt auf der Durchsetzung dieses Ersatzrechts. Die einzelnen Arten der Verwendungen werden jeweils mit einer knappen Definition vorgestellt, die im Fall der *impensae necessariae* noch durch Beispiele ergänzt ist. Ausführlicher behandelt Ulpian den Weg, auf dem der Mann den Verwendungsersatz erlangt. Er geht dabei von der Redewendung aus, die notwendigen Verwendungen bewirkten von selbst eine Reduktion der Mitgift. Sie passt in jeder Hinsicht nur auf die *dos aestimata* und ist ansonsten insofern unrichtig, als die Mitgift nicht um einzelne Gegenstände gekürzt wird. Stattdessen verfügt der Ehemann zunächst einmal nur über ein Zurückbehaltungsrecht, mit dem er den Ersatz seiner Verwendungen bloß indirekt erzwingen kann. Der Satz von der automatischen Verringerung der *dos* hat aber insofern seine Richtigkeit, als notwendige Verwendungen auch zum Gegenstand einer Kondiktion werden können, weil der Ehemann, der die Mitgift ungekürzt ausgefolgert hat, mehr als geschuldet geleistet hat. Anders ist die Situation bei nützlichen und Luxusaufwendungen. Letztere zeitigen allenfalls ein Leistungsverweigerungsrecht, kraft dessen der Mann die Wegnahme der Einrichtungen erreichen kann, mit denen er die Dotalsachen versehen hat. Bei nützlichen Verwendungen kann er die *dos* wiederum mit dem Ziel des Verwendungsersatzes zurückbehalten. Im Gegensatz zu notwendigen Verwendungen findet nach freiwilliger Herausgabe der *dos* aber keine Kondiktion statt, weil die Mitgift nicht automatisch geschmälert ist.

Vermutlich hat Ulpian diese wohl strukturierte Darstellung fortgeführt, indem er sich näher mit dem Zurückbehaltungsrecht wegen einer verbotenen Ehegattenschenkung befasst hat. Da es, wie Ulpian in dem letzten überlieferten Satz des Textes unter Verweis auf Sabinus feststellt, auch für Verwendungen gilt,

**390** D 12.6.51 Pomp 6 QM.

können diese ausnahmsweise doch eine Kondiktion auslösen, wenn sie nicht notwendig sind.[391] Denn Leistungen, die gegen das Ehegattenschenkungsverbot verstoßen, begründen stets einen Bereicherungsanspruch.[392] Wie Ulpian an anderer Stelle seines Sabinuskommentars bemerkt, ist dieser auch dann zuständig, wenn der Mann davon abgesehen hat, sein Ersatzrecht dem Anspruch auf Herausgabe der Mitgift entgegenzusetzen.[393]

## III Fazit

Ein Vergleich der auf die Mitgift bezogenen Titel in Ulpians Edikts- und Sabinuskommentar bestätigt den Eindruck, den schon die Untersuchung der Passagen zum *furtum* ergeben hat:

Obwohl die lakonische Formel der *actio rei uxoriae* wenig Ansatzpunkte für eine Kommentierung bietet, weist der einschlägige Text in Ulpians *libri ad edictum* eine klare Grobstruktur auf: Ulpian beginnt mit der Aktivlegitimation und wechselt dann zur Passivlegitimation, bevor er sich mit der Fälligkeit und dem Inhalt des Anspruchs auf Rückgewähr der Mitgift befasst. Eine strukturierte Darstellung widmet Ulpian aber nur der Passivlegitimation, bei der er von einfachen zu immer komplizierter werdenden Fällen fortschreitet. Dagegen lassen die Ausführungen zur Aktivlegitimation zwar ein Hauptthema, nämlich die Klage des Vaters unter Beteiligung seiner gewaltabhängigen Tochter, erkennen. Ulpian setzt hier aber mehr voraus, als er erklärt, und versieht seinen Leser mit Informationen zu zahlreichen Einzelfällen, deren Einordnung er diesem selbst überlässt. Auch bei der Fälligkeit des Anspruchs auf Rückgabe der Mitgift greift Ulpian unumwunden auf Ausnahmefälle zu, in denen die *dos* ausnahmsweise vor der Ehe herauszugeben oder eine Sicherheitsleistung zu erbringen ist. Zum Anspruchsinhalt präsentiert Ulpian schließlich Entscheidungen zu völlig disparaten Fällen, die von einer Haftung des Ehemannes für die Misshandlung von Dotalsklaven über das Schenkungsverbot und die Sachentwendung unter Ehegatten bis hin zur Einziehung des Vermögens der Frau reichen.

In den *libri ad Sabinum* fehlt es hingegen wieder an einer nachvollziehbaren Grobeinteilung des Stoffs, keineswegs aber an einer klaren Struktur der einzelnen Darstellungen. Geradezu ein Musterbeispiel konzentrierter Gedankenführung bildet die Abhandlung zur *dos aestimata*. Ulpian geht hier von dem Grundsatz

---

**391** Ein direktes Zitat von Sabinus ist dagegen nicht auszumachen und wird auch von *Schulz*, Sabinus-Fragmente, S. 75 nicht behauptet.

**392** D 24.1.5.18 Ulp 32 Sab, D 24.1.6 Gai 11 ed prov.

**393** D 24.1.19.1 Ulp 32 Sab (mit Zitat von Julian).

aus, dass die Bestellung einer Mitgift zum Schätzwert wie ein Kauf zu behandeln ist, und zeigt dann an einzelnen Fällen, wo das Prinzip und wo die Besonderheit zum Tragen kommt, dass der Kaufvertrag eben *dotis causa* abgeschlossen ist. Ähnlich ist die Darstellung zum Verwendungsersatz, bei der Ulpian die einzelnen Arten von *impensae* vorstellt und den Satz ausdeutet, dass notwendige Verwendungen die Mitgift automatisch verringern. Von der Regel, dass dem Ehemann die Früchte der Mitgift zustehen, lässt sich Ulpian leiten, wenn er sich besonderen Vereinbarungen zur Zuweisung der Früchte widmet.

Um eine erschöpfende Darstellung bemüht sich Ulpian erkennbar in seiner Abhandlung über die Verteilung der Früchte des Scheidungsjahres. Hier geht er zunächst auf dessen Berechnung ein, beschäftigt sich im Folgenden mit der Bestimmung des zur Verteilung anstehenden Ertrags, um dann vom Grundstück als typischen Dotalgegenstand und der Weinernte als jährlich gewonnener Frucht zu anderen Dotalsachen und Zyklen der Fruchtziehung zu wechseln. Von demselben Bestreben nach Vollständigkeit ist auch die Abhandlung zur *dos profecticia* geprägt. Sie ist zwar problemorientiert, aber doch durch die allmähliche Steigerung der Fallkomplexität gekennzeichnet. Einer weitergehenden inhaltlichen Strukturierung steht die zugrundeliegende Definition der väterlichen Mitgift entgegen, die sich kaum sinnvoll zergliedern lässt.

Der Unterschied zum Ediktskommentar zeigt sich besonders deutlich bei der kurzen Abhandlung zur Klage des Vaters unter Beteiligung seiner gewaltabhängigen Tochter, die sich inhaltlich mit dem entsprechenden Passus in den *libri ad edictum* überschneidet: Anders als dort reiht Ulpian hier nicht einfach die Entscheidungen schwieriger Fälle aneinander. Stattdessen geht er von einem kaiserlichen Reskript aus, dem er die *ratio* für die Lösung weiterer Konstellationen entnimmt.

Von einer besonders behutsamen Heranführung des Lesers an das Thema zeugen schließlich auch die Abhandlungen zu Eigentumserwerb und Ersitzung von Dotalsachen, in denen es jeweils um das Prinzip geht, dass eine Mitgift als solche nur *constante matrimonio* existieren kann. Trotz einer gewissen inhaltlichen Überschneidung handelt es sich doch um getrennte Abhandlungen, die in sich geschlossen sind. Diese Segmentierung kann ebenso wie der Mangel einer groben Stoffeinteilung damit zusammenhängen, dass Ulpian jeweils von einem Satz des Sabinus ausgeht. Sicher zuschreiben lässt sich dem Frühklassiker in den Texten zur Mitgift aber keine bestimmte Äußerung, die nicht als solche gekennzeichnet wäre und sich damit von den Zitaten anderer Juristen unterschiede. Für eine lemmatische Kommentierung gibt es erst recht keine Anzeichen.

# Drittes Kapitel
# De emptione et venditione

## I Der Ediktskommentar

Auch im Fall des Kaufvertrags sind die im Edikt für beide Vertragsparteien proponierten Formeln für eine Bewältigung des Stoffes denkbar ungeeignet. Sie beschränken sich nämlich darauf, als Tatbestand den Kauf eines bestimmten Objekts und als Rechtsfolge die Verpflichtung zu *‚quidquid ob eam rem dare facere oportet ex fide bona'* zu benennen.[394] Die Auszüge aus der Kommentierung des Edikts folgen in der justinianischen Kompilation wiederum auf die Exzerpte aus den *libri ad Sabinum*. Während sich diese auf die einzelnen Titel des 18. Buchs verteilen, bildet Ulpians Kommentierung des Edikts den Grundstock des Titels 19.1: *De actionibus empti venditi*. Auch hier steht sie aber nicht am Anfang, sondern ist einer Gruppe von Fragmenten aus den Sabinuskommentaren verschiedener Juristen nachgeordnet. Sie ist nur durch wenige Einschübe unterbrochen und im Wesentlichen in drei langen Abschnitten überliefert. Ergänzt werden sie noch durch ein längeres Fragment, das zum Leittext des Digestentitels 18.3 über die *lex commissoria*, den Rücktrittsvorbehalt wegen fehlender Zahlung des Kaufpreises, geworden ist, ferner durch einen Text, der Grenzfälle des Kaufs auf Probe betrifft und von den Kompilatoren in den Titel über die *actio praescriptis verbis*, die ergänzende Klage für nicht vertypte Schuldverhältnisse, übernommen worden ist.

### 1 Die Hauptpflichten des Verkäufers

Der erste Abschnitt beginnt mit einem Passus, der erkennbar auch im Originaltext an der Spitze der Kommentierung gestanden haben muss. Ulpian stellt hier die Kaufklage als *bonae fidei iudicium* und die Hauptpflichten des Verkäufers im Vergleich zur maßgeblichen Verpflichtung des Käufers vor:

> D 19.1.11pr-2 Ulp 32 ed (Ulp 930)
> Ex empto actione is qui emit utitur. (1) Et in primis sciendum est in hoc iudicio id demum deduci, quod praestari convenit: cum enim sit bonae fidei iudicium, nihil magis bonae fidei congruit quam id praestari, quod inter contrahentes actum est. quod si nihil convenit, tunc ea praestabuntur, quae naturaliter insunt huius iudicii potestate. (2) Et in primis ipsam rem

394 Vgl. *Lenel*, EP, S. 299, *Mantovani* (Fn. 30), S. 53 f. (Nr. 32 f.).

https://doi.org/10.1515/9783110773736-004

praestare venditorem oportet, id est tradere: quae res, si quidem dominus fuit venditor, facit et emptorem dominum, si non fuit, tantum evictionis nomine venditorem obligat, si modo pretium est numeratum aut eo nomine satisfactum. emptor autem nummos venditoris facere cogitur.

Der Käufer bedient sich der Kaufklage. (1) Und zuvörderst muss man wissen, dass zum Gegenstand dieser Klage die Leistungen werden, die vereinbart worden sind; denn es handelt sich um eine Klage nach guter Treue, und nichts entspricht der guten Treue mehr, als die vereinbarten Leistungen zu erbringen. Ist aber nichts vereinbart, ist zu leisten, was dieser Klage nach ihrer Natur inhärent ist. (2) Und zuvörderst muss der Verkäufer die Kaufsache leisten, nämlich übergeben, wodurch der Käufer, wenn der Verkäufer der Eigentümer war, auch zum Eigentümer und dann, wenn der Verkäufer es nicht war, dieser wegen Entwehrung haftbar wird, falls der Kaufpreis gezahlt oder deshalb Sicherheit geleistet worden ist. Der Käufer wird aber gezwungen, den Verkäufer zum Eigentümer der Münzen zu machen.

Die Leistungen, zu denen der Verkäufer *naturaliter* verpflichtet ist,[395] sind die Übergabe der Kaufsache und die Garantie für den Fall ihrer Entwehrung. Den Gegenschluss, dass der Verkäufer nicht dazu verpflichtet ist, den Käufer zum Eigentümer der Kaufsache zu machen, überlässt Ulpian dem Leser.[396] Er ergibt sich aus einem Vergleich zur Verpflichtung des Käufers: Dieser muss dem Verkäufer das Eigentum an den Geldstücken übertragen, mit denen er seine Verpflichtung zur Entrichtung des Kaufpreises tilgen will.[397] Dessen Zahlung ist zwar nicht Voraussetzung dafür, dass der Käufer seinen Anspruch auf Übergabe der Kaufsache geltend machen kann. Wird die Sache vorher übergeben, bewirkt aber erst die Kaufpreiszahlung den Übergang des Eigentums.[398] Folglich muss sie auch Bedingung für die Haftung des Verkäufers wegen Entwehrung der Kaufsache sein, weil diese ja den durch das fehlende Eigentum des Verkäufers entstandenen Mangel sanktioniert.[399] Der regelrechten Zahlung steht eine entsprechende Sicherheitsleistung gleich. Ulpian lässt unerwähnt, dass der Verkäufer auch auf die Zahlung des Preises als Voraussetzung von Eigentumsübergang und Rechtsmängelhaftung verzichten und so dem Käufer gleichsam Kredit einräumen kann.[400]

**395** Dass es hier weniger um die Vertragsnatur als um die Kaufsache geht, meint *Babusiaux*, Id quod actum est, München 2006, S. 219f.

**396** Ausdrücklich sagt er es in D 18.1.25.1 Ulp 34 Sab.

**397** Vgl. auch D 19.4.1pr Paul 32 ed.

**398** D 18.1.19 Pomp 31 QM, D 18.1.53 Gai 28 ed prov.

**399** Richtig *Brägger*, *Actio auctoritatis*, Berlin 2012, S. 59; anders *Benöhr*, Das sogenannte Synallagma in den Konsensualkontrakten des klassischen römischen Rechts, Hamburg 1965, S. 47, der meint, ohne die Preiszahlung könne der Käufer keinen ersatzfähigen Schaden erlitten haben.

**400** Dies erwähnt D 18.1.19 Pomp 31 QM.

## 2 Rückabwicklung als Klageziel der *actio empti*

Nachdem Ulpian die beiden wichtigsten Klageziele genannt hat, die der Käufer mit der *actio empti* durchsetzt,[401] wendet er sich dem auf den ersten Blick eher ungewöhnlichen Thema zu, ob und wie der Käufer auf diesem Weg auch eine Auflösung des Kaufvertrags anstreben kann:[402]

> D 19.1.11.3–6 Ulp 32 ed (Ulp 931)
> Redhibitionem quoque contineri empti iudicio et Labeo et Sabinus putant et nos probamus. (4) Animalium quoque venditor cavere debet ea sana praestari, et qui iumenta vendidit solet ita promittere ‚esse bibere, ut oportet'. (5) Si quis virginem se emere putasset, cum mulier venisset, et sciens errare eum venditor passus sit, redhibitionem quidem ex hac causa non esse, verum tamen ex empto competere actionem ad resolvendam emptionem, et pretio restituto mulier reddatur. (6) Is qui vina emit arrae nomine certam summam dedit: postea convenerat, ut emptio irrita fieret. Iulianus ex empto agi posse ait, ut arra restituatur, utilemque esse actionem ex empto etiam ad distrahendam, inquit, emptionem. ego illud quaero: si anulus datus sit arrae nomine et secuta emptione pretioque numerato et tradita re anulus non reddatur, qua actione agendum est, utrum condicatur, quasi ob causam datus sit et causa finita sit, an vero ex empto agendum sit. et Iulianus diceret ex empto agi posse: certe etiam condici poterit, quia iam sine causa apud venditorem est anulus.
>
> Dass auch die Wandlung Gegenstand der Kaufklage sein kann, glauben sowohl Labeo als auch Sabinus; und wir befürworten es auch. (4) Auch für Tiere muss der Verkäufer die Garantie übernehmen, dass sie gesund übergeben werden, und wer Zugtiere verkauft, verspricht üblicherweise, dass sie „fressen und trinken, wie es sich gehört". (5) Hat jemand geglaubt, eine Jungfrau zu kaufen, während eine Frau zum Verkauf kam, und hat der Verkäufer seinen Irrtum wissentlich hingenommen, finde aus diesem Grund zwar keine Wandlung statt, aber es stehe die Kaufklage auf Auflösung des Kaufvertrags zu, und die Frau muss unter Rückzahlung des Kaufpreises zurückgenommen werden. (6) Ein Käufer von Wein hat eine bestimmte Summe als Angeld gezahlt; später hat man vereinbart, dass der Vertrag aufgehoben sein soll. Julian schreibt, mit der Kaufklage könne auf Rückgewähr des Angelds geklagt werden; und sie sei auch, wie er schreibt, für die Auflösung des Kaufvertrags zuständig. Ist ein Ring als Angeld überlassen worden und er nach Vertragsschluss, Zahlung des Kaufpreises und Übergabe der Kaufsache nicht zurückgewährt worden, frage ich mich, welche Klage zu erheben ist, ob kondiziert werden muss, weil etwas aus einem Grund geleistet worden ist, der dann weggefallen ist, oder ob die Kaufklage erhoben werden kann.

---

401 Es ist natürlich keineswegs ausgeschlossen, dass sich Ulpian zuvor in den beiden von *Lenel* hier eingeordneten Fragmenten D 21.2.4 und D 21.2.37 mit den Einzelheiten der Rechtsmängelhaftung befasst hat; dies könnte jedoch ebenso gut auch im weiteren Verlauf der Darstellung geschehen sein, in der sich Ulpian eingehend mit der Rechtsmängelhaftung beschäftigt. Für diese Untersuchung ist daher davon auszugehen, dass sich D 19.1.11.3 unmittelbar an die erste Hälfte des Fragments angeschlossen hat.

402 Hierzu auch *Donadio*, La tutela del compratore tra *actiones aediliciae* e *actio empti*, Mailand 2004, S. 221ff.

Und Julian schreibt, es könne die Kaufklage erhoben werden; es kann aber sicherlich auch kondiziert werden, weil sich der Ring nicht mehr mit Rechtsgrund beim Verkäufer befindet.

Dass der Käufer statt der Erfüllung des Kaufvertrags auch seine Rückabwicklung begehren kann, stellt Ulpian nicht nur als die eigene Ansicht, sondern zugleich als die der Ahnherrn der beiden früh- und hochklassischen Rechtsschulen und damit als ganz herrschende Meinung dar. Die folgende Bemerkung zu den beim Tierkauf üblichen Garantien scheint hierzu auf den ersten Blick in keiner Beziehung zu stehen. Der Zusammenhang ergibt sich erst, wenn man die folgende Entscheidung zur Haftung beim Sklavenverkauf miteinbezieht. Hier wird der Begriff *redhibitio* offensichtlich in einer anderen Bedeutung als in dem einleitenden Zitat von Labeo und Sabinus verwendet: Während es dort heißt, die *actio empti* schließe auch die Wandlung ein, soll sie hier ausgeschlossen, die Kaufklage aber für dasselbe Klageziel der Rückabwicklung des Kaufvertrags zuständig sein. Die *redhibitio* bezeichnet in diesem Fall also technisch das Verfahren der *actio redhibitoria* nach dem ädilizischen Edikt. Dieses ist bei bestimmten Mängeln eines gekauften Sklaven eröffnet, zu denen aber nicht die fehlende Jungfräulichkeit gehört, über die der Käufer in dem besprochenen Fall fehlgeht.[403] Ist ihm damit eine Wandlungsklage nach dem ädilizischen Edikt versagt, kann er doch den Verkäufer, wenn dieser seinen Irrtum erkannt, aber nicht richtig gestellt hat, mit der Kaufklage belangen und so dasselbe Ziel erreichen wie mit der *actio redhibitoria*.[404] Haftungsgrund ist nicht etwa der Mangel der gekauften Sklavin, sondern die arglistige Täuschung durch den Verkäufer,[405] der die gebotene Richtigstellung der Fehlannahme des Käufers unterlassen hat. Dessen Interesse an der Rückabwicklung des Kaufs ergibt sich daraus, dass ihm mit einer bloßen Ersatzleistung für die zu Unrecht unterstellte Eigenschaft der Sklavin nicht gedient ist. Sie käme einer bloßen Herabsetzung des Kaufpreises gleich, die nichts an der fehlenden Eignung der Sklavin für die von ihm verfolgten Zwecke änderte.[406] Um die Arglist des Verkäufers angemessen zu sanktionieren, muss dieser die Sklavin zurücknehmen und den Kaufpreis zurückzahlen.[407] Dies ist die *redhibitio* im

---

**403** Vgl. *Donadio* (Fn. 402), S. 229 f.

**404** Die *actio empti* ist mit dieser Funktion zwangsläufig subsidiär zur *actio redhibitoria*; vgl. *Donadio* (Fn. 402), S. 232.

**405** *Medicus* (Fn. 155), S. 146, *Harke* (Fn. 88), S. 76 f.

**406** *Harke* (Fn. 88), S. 76.

**407** *Medicus* (Fn. 155), S. 146, *Vacca*, Ancora sull'estensione dell'ambito di applicazione dell'actio empti in età classica, IVRA 45 (1994) 60, 69. Dass sich Ulpian außerstande sieht, den Wert der Jungfräulichkeit zu bemessen, glaubt dagegen *Procchi*, *Dolus* e *culpa in contrahendo* nella

weiteren, untechnischen Sinne, von der Ulpian vorher als Ziel der Kaufklage spricht.[408] Sie kann ein Käufer auch dann anstreben, wenn der Verkäufer eines Tieres eine Garantie übernommen hat, die nicht unter das ädilizische Edikt fällt, sei es, dass es sich nicht um ein Zugtier handelt, auf dessen Verkauf sich die ediktale Regelung beschränkt, sei es, dass das für ein Zugtier übernommene Versprechen wie im Fall von ‚*esse bibere, ut oportet*' jenseits der im Edikt vorgeschriebenen Garantie für die Abwesenheit von Krankheiten und Gebrechen (*morbi vitiique*)[409] liegt, aber als Gegenstand gängiger Vertragspraxis unterstellt wird.[410] Der Haftungsgrund liegt hier darin, dass der Verkäufer die Gewähr für eine bestimmte Eigenschaft übernommen oder diese Garantie unterlassen hat, obwohl er hierzu nach dem Gebot der *bona fides* verpflichtet war. Ebenso wie im Fall seiner Arglist muss der Verkäufer hier hinnehmen, dass der Käufer sein Interesse an der Rückabwicklung des Kaufs mit der *actio empti* geltend macht.[411]

Erschließt sich der Zusammenhang zwischen dem Zitat von Labeo und Sabinus und der beiden danach behandelten Fälle nur über das Ziel des Käufers, jenseits des ädilizischen Regimes eine Rückabwicklung des Vertrags zu erreichen, ergibt sich hieraus auch die Verbindung zu dem anschließend behandelten Problem der *arrha*. Hier hat die Kaufklage ebenfalls die Funktion, für eine Rückgewähr zu sorgen. Dies gilt sowohl für den Fall, in dem die Parteien den Kaufvertrag noch vor seinem Vollzug durch *contrarius consensus* wieder aufheben, als auch dann, wenn das Angeld nach Durchführung des Vertrags wieder zurückgegeben werden soll. Hier wie dort erhebt sich die Frage, ob neben oder anstelle der Kaufklage die *condictio* zum Zuge kommt, weil sich das Angeld ohne Rechtsgrund beim Verkäufer befindet. Ulpian stellt und bejaht sie nur im zweiten Fall,[412] den er ersichtlich bloß deshalb behandelt, weil er auch bei dem von ihm zitierten Julian im Anschluss an die Konstellation eines *contrarius consensus* erscheint. Im Gegensatz zu dieser passt er nicht zu der übergreifenden Fragestellung, ob die

---

compravendita, in: Garofalo (Hg.), La compravendita e l'interdepenza delle obligazioni nel diritto romano, Padua 2007, Bd. 1, S. 207.

**408** Den Unterschied zur eigentlichen *redhibitio* nach dem ädilizischen Edikt betont *Donadio*, Azioni edilizie e interdipendenza delle obbligazioni nell' *emptio venditio*, in: Garofalo (Fn. 408), Bd. 2, S. 451, 512 ff.

**409** D 21.1.38pr Ulp 2 ed aed.

**410** Vgl. *Jakab*, *Praedicere* und *cavere* beim Marktkauf, München 1997, S. 175.

**411** *Rossetti*, Interedpendenza delle obligazioni e ‚risoluzione' della emptio venditio, in: Garofalo (Fn. 408), Bd. 2, S. 3, 31 f., 39 ff. will die Rückabwicklung des Vertrags dagegen mit der Verpflichtung zum *habere licere* und mit der Entscheidung Julians in D 19.1.31.1 in Verbindung bringen. Dort geht es aber um einen anderen Haftungsgrund; s. u. S. 176 ff.

**412** *Knütel*, *Contrarius consensus*, Köln/Graz 1968, S. 42 nimmt deshalb an, die Erwähnung der *condictio* im ersten Fall sei einer späteren Kürzung des Textes zum Opfer gefallen.

Kaufklage auch mit dem Ziel der Rückabwicklung des Vertrags angestellt werden kann. Wird die Rückgabe der *arrha* nach Durchführung des Vertrags gefordert, sollen die erbrachten Leistungen gerade Bestand haben: und die Rückgabe der *arrha* ist Gegenstand einer vom Verkäufer von vornherein zusätzlich übernommenen Pflicht. ‚*Ad distrahendam emptionem*' und damit in derselben Funktion wie in den Fällen der *redhibitio* kommt die Kaufklage nur zum Zuge, wenn die Parteien von dem Vertrag wieder einverständlich abgehen. Anspruchsgrund ist in diesem Fall die Aufhebungsabrede. Ihre Wirksamkeit und Rechtsfolge sind hier deshalb zweifelhaft, weil ein *contrarius consensus* eigentlich nur *re integra* gültig ist und dann dazu führt, dass die Klagen aus dem Kauf eben grundsätzlich nicht mehr zuständig sind. Dass der Kaufvertrag noch keineswegs vollzogen ist, ergibt sich daraus, dass das Angeld noch keine Anzahlung auf den Kaufpreis,[413] sondern nur ein Mittel zur Bekräftigung des Vertragsschlusses ist[414]. Muss es zurückgewährt werden, läuft dies nicht dem Zweck des *re integra*-Erfordernisses zuwider, zu verhindern, dass an ein bloßes *pactum* die Rechtsfolgen eines Konsensualvertrags geknüpft sind.[415] Ist der *contrarius consensus* damit wirksam, gibt es auch keinen überzeugenden Grund, zu seiner Umsetzung nicht die Kaufklage einzusetzen. Denn die Aufhebung der Vertragsbindung bedeutet nicht, dass die *emptio venditio* damit in jeder Hinsicht als Anknüpfungspunkt von Verpflichtungen wegfiele. So zeigt die von Julian stammende Entscheidung zur *arrha* einen weiteren speziellen Fall auf, in dem die Kaufklage gleichfalls mit dem Ziel der *redhibitio* zur Anwendung kommt.

Erkennt man die inhaltliche Verbindung zwischen den Fällen der Garantie, Arglist und Aufhebungsabrede, schwindet der Eindruck, dass es sich um willkürlich zusammengestellte Entscheidungen handelt. Mit Ausnahme der zweiten Entscheidung zur *arrha*, die Ulpian in Fortführung des Gedankengangs von Julian gewissermaßen als Exkurs aufführt, geht es um drei Konstellationen, in denen sich der Satz von Labeo und Sabinus bewahrheitet, dass die Kaufklage auch zum Zwecke einer *redhibitio* angestellt werden könne. Dass nahezu jede Erläuterung fehlt, die diesen Zusammenhang verdeutlicht, bedeutet nicht, dass diese im ulpianischen Original vorhanden gewesen sein müsste.[416] Ganz im Gegenteil: Es ist ganz und gar unwahrscheinlich, dass Justinians Kompilatoren absichtlich von der Überlieferung einer solchen Verständnishilfe abgesehen haben könnten.

413 *Knütel* (Fn. 413), S. 38. Zur Abgrenzung auch CJ 4.45.2 (5. April 293) und hierzu *Harke* (Fn. 352), S. 143 ff.

414 Vgl. Gai 3.139.

415 Vgl. hierzu D 2.14.58 Ner 3 memb.

416 So aber *Jakab*, Risikomanagement beim Weinkauf, München 2009, S. 110, die annimmt, die Elemente des ursprünglichen Textes seien völlig durcheinandergeworfen worden.

Anzunehmen ist vielmehr, dass schon Ulpian auf sie verzichtet hat, weil er sich an einen informierten Leser richtet, dem er mit einer thematisch geordneten Sammlung eher gedient sieht als mit einem Traktat, das eine Ableitung der Entscheidungen ermöglicht.

## 3 Garantiehaftung für Fluchtneigung, Noxalverbindlichkeit und Besitzmangel

Auf die Ausführungen zur *redhibitio* als Ziel der *actio empti* folgt eine Reihe monoton eingeleiteter Zitate von Neraz, die einem neuen Thema gelten:

> D 19.1.11.7–13 Ulp 32 ed (Ulp 931)
> Venditorem, etiamsi ignorans vendiderit, fugitivum non esse praestare emptori oportere Neratius ait. (8) Idem Neratius, etiamsi alienum servum vendideris, furtis noxisque solutum praestare te debere ab omnibus receptum ait et ex empto actionem esse, ut habere licere emptori caveatur, sed et ut tradatur ei possessio. (9) Idem ait non tradentem quanti intersit condemnari: satis autem non dantem, quanti plurimum auctorem periclitari oportet. (10) Idem Neratius ait propter omnia haec satis esse quod plurimum est praestari, id est ut sequentibus actionibus deducto eo quod praestitum est lis aestimetur. (11) Idem recte ait, si quid horum non praestetur, cum cetera facta sint, nullo deducto condemnationem faciendam. (12) Idem libro secundo responsorum ait emptorem noxali iudicio condemnatum ex empto actione id tantum consequi, quanti minimo defungi potuit: idemque putat et si ex stipulatu aget: et sive defendat noxali iudicio, sive non, quia manifestum fuit noxium servum fuisse, nihilo minus vel ex stipulatu vel ex empto agere posse. (13) Idem Neratius ait venditorem in re tradenda debere praestare emptori, ut in lite de possessione potior sit: sed Iulianus libro quinto decimo digestorum probat nec videri traditum, si superior in possessione emptor futurus non sit: erit igitur ex empto actio, nisi hoc praestetur.
>
> Neraz schreibt, ein Verkäufer müsse auch dann, wenn er einen Sklaven gutgläubig verkauft, dafür einstehen, dass dieser nicht zur Flucht neigt. (8) Neraz schreibt ferner, es sei allgemein anerkannt, dass du auch dann, wenn du einen fremden Sklaven verkauft hast, dafür einstehen müssest, dass er von einer Haftung wegen Diebstahls oder eines sonstigen Delikts frei ist, und die Kaufklage sei dafür zuständig, dass dem Käufer Sicherheit nicht nur für den ungestörten Besitz, sondern auch für die Übergabe des Besitzes an ihn geleistet werde. (9) Neraz schreibt auch, dass derjenige, der die Kaufsache nicht übergibt, in das Interesse zu verurteilen sei; wer keine Sicherheit leistet, müsse dagegen nur das höchste Risiko abdecken, das er als Gewährsmann läuft. (10) Neraz schreibt ferner, es müsse nur der Höchstbetrag geleistet werden, bei nachfolgenden Klagen der Streitgegenstand also unter Abzug einer schon erbrachten Leistung geschätzt werden. (11) Neraz schreibt auch zu Recht, dass, wenn hiervon etwas nicht, das Übrige aber geleistet werde, die Verurteilung ohne Abzug stattfinden müsse. (12) Neraz schreibt auch im zweiten Buch seiner Rechtsgutachten, ein im Noxalprozess verurteilter Käufer könne mit der Kaufklage nur erlangen, womit er sich am leichtesten befreien konnte; er glaubt dies auch für den Fall, dass der Käufer aus dem Versprechen klagt; und er könne sowohl aus dem Versprechen als auch mit der Kaufklage vorgehen, sei es, dass er den Sklaven im Noxalprozess verteidigt hat, sei es, dass er dies nicht

getan hat, weil die Begehung der Tat durch den Sklaven offensichtlich war. (13) Neraz schreibt auch, ein Verkäufer müsse dem Käufer bei der Übergabe dafür einstehen, dass er im Streit über den Besitz obsiege; dagegen vertritt Julian im 15. Buch seiner Digesten die Ansicht, man könne nicht von einer Übergabe ausgehen, wenn der Käufer im Streit über den Besitz nicht obsiege; wenn dies nicht geleistet werde, stehe daher die Kaufklage zu.

Die knappe Aussage zum Verkauf eines Sklaven mit Fluchtneigung ist nicht aus sich heraus verständlich. Soll der Verkäufer für diesen charakterlichen Mangel ohne Rücksicht auf seine Kenntnis einstehen, gibt es hierfür zwei mögliche Anknüpfungspunkte. Zum einen gibt es eine entsprechende Haftung nach dem ädilizischen Edikt,[417] in dem die Fluchtneigung eigens als Grund dafür genannt ist, dass der Verkäufer auch ohne sein Verschulden mit der *actio redhibitoria* zur Rückabwicklung des Vertrags gezwungen werden kann[418]. Zum anderen könnte der von Ulpian zitierte Neraz von der Verpflichtung des Verkäufers zum *habere licere* ausgehen, das nicht nur bei einer Entwehrung, sondern auch im Fall der Flucht des verkauften Sklaven beeinträchtigt ist. Zwar würde eine Anlehnung an das ädilizische Regime gut dazu passen, dass Ulpian vorher die *redhibitio* als Gegenstand der *actio empti* behandelt hat. Wie sich der erneuten Behandlung des Themas im weiteren Verlauf des Ediktskommentars entnehmen lässt,[419] geht aber zumindest Ulpian von der Pflicht zu *habere licere* aus.

Dass auch Neraz dies tut, legt das folgende Zitat nahe, das dem ähnlichen Fall einer Noxalhaftung gilt. Auch diese ist im ädilizischen Edikt aufgeführt, wird von Neraz aber gerade mit der Besitzverschaffung in Verbindung gebracht: Zur Abschirmung des Käufers vor der Gefahr, dass er den gekauften Sklaven im Zuge eines Noxalverfahrens verliert, soll der Verkäufer eine *cautio* für die Übergabe und das *habere licere* leisten. Damit kann nur die Garantie gemeint sein, die der Verkäufer gewöhnlich für die Entwehrung der Kaufsache übernehmen muss.[420] In dem von Neraz behandelten Fall kann der Käufer sie eigentlich nicht verlangen; denn die Parteien haben sich darauf verständigt, dass ein ‚*servus alienus*', also ein Sklave zum Verkauf kommt, von dem beide Parteien wissen, dass er nicht dem Verkäufer gehört.[421] Kann der Käufer daher auch nicht die übliche Gewährleistung wegen Entwehrung verlangen, gesteht Neraz sie ihm doch aufgrund der Belastung des Sklaven mit einer Noxalverbindlichkeit zu. Diese ist nämlich nicht von dem stillschweigenden Haftungsausschluss erfasst, auf den sich die Parteien durch die

---

**417** An sie denkt *Honsell*, *Quod interest* im *bonae fidei iudicium*, München 1969, S. 81f.
**418** D 21.1.1.1–2 Ulp 1 aed cur.
**419** S.u. S. 176ff.
**420** Vgl. auch *Rabel*, Die Haftung des Verkäufers wegen Mangels im Rechte, Leipzig 1902, S. 68.
**421** *Pennitz*, Das *periculum rei venditae*, Wien u.a. 2000, S. 445f. Fn. 9.

Bezeichnung des Sklaven als ‚*alienus*' verständigt haben. Erstreckt Neraz die eigentlich für fehlendes Eigentum oder die Belastung mit einem dinglichen Recht gedachte Rechtsmängelhaftung auf die Fälle einer Noxalhaftung und Fluchtneigung, versteht sich auch von selbst, warum der Verkäufer nach seiner Ansicht selbst bei fehlender Kenntnis von diesen Fehlern einzustehen hat. Da die Haftung auf einer Garantie beruht, die der Verkäufer übernehmen muss, kann es ebenso wie im Fall der Entwehrung nicht auf sein Verschulden ankommen.

Die folgenden Aussagen sind wegen ihres Abstraktionsgrades nur schwer verständlich: Neraz nimmt in dem Fall, dass der Sklave wegen der Noxalverbindlichkeit gar nicht erst übergeben werden kann, eine Haftung auf das volle Interesse des Käufers, ansonsten anscheinend nur eine Verpflichtung zur Sicherheitsleistung in Höhe des größtmöglichen Schadens an.[422] Dabei soll zwar eine schon erbrachte Leistung berücksichtigt,[423] die Verpflichtung aber nicht dadurch reduziert werden, dass der Verkäufer ein gewisses Risiko abgedeckt und ein anderes für den Käufer hat bestehenlassen. Dass es hier nach wie vor um den Schutz des Käufers vor einer Belastung mit einer Noxalverbindlichkeit geht, erhellt erst aus dem nächsten Zitat, in dem Neraz sich zu Inhalt und Voraussetzungen der Haftung in dem Fall äußert, dass der Käufer schon von einem Noxalgläubiger in Anspruch genommen worden ist: Sein Regressanspruch gegen den Verkäufer, der sich entweder aus einer schon freiwillig übernommenen *cautio* oder zumindest aus der Kaufklage ergibt, soll nicht davon abhängen, dass er sich auf den Prozess einlässt. Auch wenn er wegen der Aussichtslosigkeit eines solchen Vorgehens von der Verteidigung absieht und den Gläubiger freiwillig abfindet, soll er sich beim Verkäufer schadlos halten können. Er kann aber nur Ersatz für die Leistung verlangen, die erforderlich ist, um sich von der Noxalverbindlichkeit zu befreien. Ist der vom Gläubiger geltend gemachte Schaden geringer als der Wert des Sklaven, kann er diesen auch dann nicht verlangen, wenn er ihn tatsächlich ausgeliefert hat; stattdessen muss er sich mit dem geforderten Schadensersatz begnügen, weil er seine Haftung so ebenfalls hätte zum Erlöschen bringen können. Und im umgekehrten Fall, in dem die Haftungssumme über dem Wert des Sklaven liegt, kann der Käufer, selbst wenn er den Gläubiger in

---

**422** Anders *Honsell* (Fn. 417), S. 22f., der glaubt, es finde bei Verweigerung der Sicherheitsleistung eine sofortige Verurteilung in die Höchstsumme statt. Dies passt jedoch keineswegs zu dem einleitenden ‚*satis autem*'. Es zeigt an, dass die Verurteilung desjenigen, der keine Sicherheit leistet, weniger beschwerlich ist als die eines Verkäufers, der die Kaufsache erst gar nicht übergibt.

**423** Dies nimmt Neraz an anderer Stelle auch für die gewöhnliche Rechtsmängelhaftung an; vgl. D 21.2.48 Ner 6 membr.

Geld befriedigt hat, nur den Wert des Sklaven beanspruchen, weil er sich durch dessen Auslieferung leichter hätte befreien können.[424]

Das nächste Zitat von Neraz betrifft nicht mehr die Einstandspflicht des Verkäufers für eine Noxalverbindlichkeit, sondern einen anderen Grenzfall der Rechtsmängelhaftung: Offensichtlich will Neraz dem Verkäufer eine weitere Garantie dafür auferlegen, dass der Käufer in einem Streit über den Besitz an der Kaufsache die Oberhand behält. Bei beweglichen Sachen ist dies dann nicht der Fall, wenn sich der Käufer im Verfahren über das *interdictum utrubi* nicht auf einen fehlerfreien Besitz in der überwiegenden Zeit des letzten Jahres berufen kann,[425] sei es, dass der ihm anzurechnende Besitz des Verkäufers nicht lange genug gedauert hat, sei es, dass er gewaltsam, heimlich oder durch *precarium* begründet und damit fehlerhaft ist. Nur wenn Neraz in diesem Fall, der einer regelrechten Entwehrung durch dingliche Klage nicht unähnlich ist, abermals eine Gewährleistungspflicht nach dem Vorbild der Rechtsmängelhaftung bejaht,[426] ergibt sich ein wirklicher Gegensatz zu dem von Ulpian ebenfalls zitierten Julian. Dieser spricht sich zwar auch für eine Haftung des Verkäufers aus, will diese aber an dessen Verpflichtung zur Übergabe anknüpfen. Für Julian bleibt sie unerfüllt, wenn der Käufer nicht eine Besitzposition erlangt, mit der er sich im Interdiktenverfahren durchsetzen kann. Ein praktischer Unterschied zur Ansicht von Neraz ergibt sich daraus, dass die Verpflichtung zur Übergabe der Kaufsache als gewöhnliche Obligation nur im Fall des Verschuldens des Verkäufers sanktioniert ist und keine Garantiehaftung zeitigt. Auch Ulpian, der Neraz bis hierher widerspruchslos zu folgen scheint, entscheidet sich in diesem Punkt gegen eine Ausweitung des Regimes der Rechtsmängelgewähr und für die Bewältigung des Falles mit Hilfe der Pflicht zur Übergabe der Kaufsache.[427]

Lässt sich dem Staccato von Neraz-Zitaten bei gehöriger Deutung schließlich ein guter Sinn und vernünftiger Zusammenhang abgewinnen, erschließt er sich dem Leser doch nur unter großen Mühen. Gerade dies macht es aber wieder unwahrscheinlich, dass der Text durch Kürzungen der Kompilatoren entstellt worden ist. Zu vermuten ist vielmehr, dass sich Ulpian hier selbst auf die lakonische Zusammenstellung der aus seiner Sicht relevanten Aussagen Neraz' zu zwei Grenzfällen der Rechtsmängelhaftung beschränkt hat. Ulpian macht kaum Anstalten, diesen Kontext herauszustellen; und ebenso wie schon bei den Ausführungen zur *redhibitio* fehlt es an Erläuterungen, die eine gedankliche Verbindung zwischen den einzelnen Zitaten des Hochklassikers schaffen.

---

**424** Vgl. *Rabel* (Fn. 420), S. 138 Fn. 1 und *Honsell* (Fn. 417), S. 67 f.

**425** Hierauf bezieht die Entscheidung zu Recht *Rabel* (Fn. 420), S. 90 f.

**426** Gai 4.151.

**427** Vgl. *Harke*, Julian und die Rechtsmängelhaftung, OIR 11 (2006) 63, 88 ff.

## 4 Konkurrenz von Rechtsmängelgewährleistung und Kaufklage

Nachdem Ulpian die Reihe von Neraz-Zitaten mit einer Entscheidung für die gegenteilige Ansicht von Julian beendet hat, schließt er sich in seinen weiteren Ausführungen diesem Juristen an. Thema ist nun die Zuständigkeit der Kaufklage bei Ausfall der eigenständigen Rechtsmängelhaftung aus Eviktionsversprechen:

D 19.1.11.14–17 Ulp 32 ed (Ulp 931)

Cassius ait eum, qui ex duplae stipulatione litis aestimationem consecutus est, aliarum rerum nomine, de quibus in venditionibus caveri solet, nihil consequi posse. Iulianus deficiente dupla ex empto agendum putavit. (15) Denique libro decimo apud Minicium ait, si quis servum ea condicione vendiderit, ut intra triginta dies duplam promitteret, postea ne quid praestaretur, et emptor hoc fieri intra diem non desideraverit, ita demum non teneri venditorem, si ignorans alienum vendidit: tunc enim in hoc fieri, ut per ipsum et per heredem eius emptorem habere liceret: qui autem alienum sciens vendidit, dolo, inquit, non caret et ideo empti iudicio tenebitur. (16) Sententiam Iuliani verissimam esse arbitror in pignoribus quoque: nam si iure creditoris vendiderit, deinde haec fuerint evicta, non tenetur nec ad pretium restituendum ex empto actione creditor: hoc enim multis constitutionibus effectum est. dolum plane venditor praestabit, denique etiam repromittit de dolo: sed et si non repromiserit, sciens tamen sibi non obligatam vel non esse eius qui sibi obligavit vendiderit, tenebitur ex empto, quia dolum eum praestare debere ostendimus. (17) Si quis rem vendiderit et ei accessurum quid dixerit, omnia quidem, quae diximus in re distracta, in hoc quoque sequenda sint, ut tamen evictionis nomine non in duplum teneatur, sed in hoc tantum obligetur, ut emptori habere liceat, et non solum per se, sed per omnes.

Cassius schreibt, derjenige, der aus dem Versprechen des Doppelten schon den Streitwert erhalten hat, könne wegen anderer Umstände, für die bei Kaufverträgen üblicherweise ein Versprechen abgegeben wird, nichts erlangen. Julian glaubt, er könne, wenn es an einem Versprechen des Doppelten fehle, die Kaufklage erheben. (15) Ferner schreibt er im zehnten Buch zu Minicius, dass, wenn jemand einen Sklaven mit der Maßgabe verkauft hat, dass er innerhalb von 30 Tagen das Doppelte verspricht und nachher nichts geleistet werde, und der Käufer es nicht fristgemäß gefordert hat, der Verkäufer nur dann nicht hafte, wenn er unwissentlich einen fremden Sklaven verkauft hat; hier gelte nämlich, dass er nur dafür einzustehen habe, dass es nicht am Verkäufer selbst oder seinen Erben liegt, dass der Käufer im Besitz gestört wird; wer aber wissentlich einen fremden Sklaven verkauft hat, entgehe, wie er schreibt, dem Vorwurf der Arglist nicht und hafte deshalb mit der Kaufklage. (16) Ich glaube, dass die Ansicht Julians auch bei Pfandsachen zutrifft; denn wenn sie jemand als Gläubiger verkauft und sie danach entwehrt werden, haftet der Gläubiger mit der Kaufklage noch nicht einmal auf Rückerstattung des Kaufpreises; dies ist nämlich in vielen Verordnungen so vorgesehen. Für seine Arglist haftet der Verkäufer freilich; und deshalb verspricht er auch, dass keine Arglist geschehe; aber auch wenn er es nicht versprochen hat, haftet er mit der Kaufklage, wenn er die Sache in dem Wissen verkauft hat, dass sie ihm nicht verpfändet worden ist oder nicht dem Verpfänder gehört, weil er, wie wir gezeigt haben, für seine Arglist einstehen muss. (17) Hat jemand eine Sache verkauft und versichert, dass sie Zubehör hat, dann gilt hierfür zwar alles, was wir über die verkaufte Sache gesagt haben, jedoch mit der Maßgabe, dass der Verkäufer wegen Entwehrung nicht auf das Doppelte haftet, sondern nur dazu verpflichtet wird, dass der Käufer nicht im Besitz gestört wird, und zwar nicht nur durch ihn selbst, sondern auch nicht durch andere.

Auf das Zitat von Cassius, der die Haftung aus der *stipulatio duplae* für abschließend erklärt,[428] folgt eine allgemeine Feststellung Julians, die der Darstellung die Richtung vorgibt: Hat der Verkäufer keine eigenständige Garantie für Rechtsmängel durch ein Eviktionsversprechen in Höhe des doppelten Kaufpreises übernommen, kann sich der Käufer, wenn ihm die Sache entwehrt wird, der *actio empti* bedienen. Dies gilt aber nur insoweit, als der Ausfall der selbständigen Rechtsmängelhaftung nicht auf einem Grund beruht, der auch der Inanspruchnahme des Verkäufers mit der *actio empti* entgegensteht. Der Fall ist dies, wenn die Parteien eine Eviktionshaftung des Verkäufers einverständlich ausgeschlossen haben. Statt mit dem einfachen Fall ihrer schlichten Abbedingung wendet sich Ulpian unter Berufung auf eine Entscheidung aus Julians *libri ad Minicium* aber einer vergleichsweise komplizierten Konstellation zu:[429] Ein Verkäufer sagt die Übernahme einer Garantie durch *stipulatio duplae* zu, macht aber zu ihrer Voraussetzung, dass der Käufer die Abgabe des Versprechens binnen 30 Tagen fordert, und lehnt ansonsten jegliche Gewähr ab. Lässt der Käufer die Frist ungenutzt verstreichen, hat er sich auf den Ausfall der Rechtsmängelhaftung eingelassen und kann den Verkäufer grundsätzlich auch nicht mehr mit der *actio empti* in Anspruch nehmen. Eine Ausnahme gilt freilich dann, wenn der vereinbarte Haftungsausschluss wirkungslos bleibt, weil er im Widerspruch zum Sinn der Vertragsbindung stünde. Dies ist zum einen dann anzunehmen, wenn die Störung des Käufers gerade vom Verkäufer oder seinen Rechtsnachfolgern ausgeht.[430] Zum anderen kann auch die Haftung für eine arglistige Täuschung nicht abbedungen werden. Hier wie dort bliebe sonst eine vorsätzliche Schädigung des Käufers sanktionslos. Der Gewährleistungsausschluss ist daher wirkungslos, und der Käufer kann mit der *actio empti* gegen den Verkäufer vorgehen.

Ulpian überträgt Julians Entscheidung auf den Fall des Pfandverkaufs. Hier berichtet Ulpian von zahlreichen kaiserlichen Konstitutionen, in denen eine Eviktionshaftung des Pfandgläubigers verneint worden sei. Erhalten geblieben ist

---

**428** Entgegen *Brägger* (Fn. 399), S. 217 lässt sich hieraus nichts dafür entnehmen, ob der *actio empti* oder der Klage aus der Eviktionsstipulation der Vorrang gebührt.

**429** Für eine Entscheidung von Minicius selbst hält die Stellungnahme *Rabel* (Fn. 420), S. 94 Fn. 1.

**430** Dies ist aber entgegen *Cristaldi*, Il contenuto dell'obbligazione del venditore nel pensiero di giuristi dell'età imperiale, Mailand 2007, S. 208 gerade nicht die umfassende Haftung für *habere licere*, für die sich Julian erst in seinen *digesta* ausspricht und über die Ulpian erst im Folgenden in D 19.1.11.18 (s.u. S. 171 ff.) unterrichtet.

nur ein Reskript aus der Zeit von Ulpians Tod.[431] Hierin wird es aber als allgemein anerkannte Regel dargestellt, dass der Verkauf eines Pfandes auch ohne besondere Vereinbarung keine Rechtsmängelhaftung zeitigt. Der Haftungsausschluss berührt nach Ulpians Ansicht aber nicht die Einstandspflicht für Arglist, die sich ein Pfandgläubiger vorhalten lassen muss, wenn er eine Sache in Kenntnis seines mangelnden Verwertungsrechts verkauft, sei es, dass er von der fehlenden Berechtigung des Verpfänders weiß, sei es, dass er einen Mangel der Verpfändung, etwa das Fehlen einer gesicherten Forderung, kennt. Zur Unterstützung verweist Ulpian auf die gängige Praxis, dass ein Pfandgläubiger, wenn er auch keine Eviktionsgarantie übernimmt, so doch zumindest die Abwesenheit von *dolus* zusichert. Dieser Brauch dient ihm einerseits als Beleg dafür, dass die Haftung für Arglist von der Gewähr für Rechtsmängel unabhängig ist, nötigt ihn aber andererseits auch zu der Klarstellung, dass man aus dem Fehlen eines solchen Versprechens nicht darauf schließen darf, eine Verantwortlichkeit für *dolus* sei wirksam ausgeschlossen. Da ein solcher Verzicht die Entscheidung zum Vertragsschluss konterkarieren würde, bleibt die Arglisthaftung in jedem Fall erhalten und kann zumindest mit der Kaufklage durchgesetzt werden.

Die nächste Entscheidung ist wieder schwer verständlich: Ulpian erläutert die Haftung des Verkäufers für Zubehör der Kaufsache. Auch wenn er es eigens zum Gegenstand eines *dictum* gemacht hat, soll seine Entwehrung doch keine Haftung auf das *duplum* zeitigen. Der Verkäufer soll vielmehr nur zur Gewährleistung des *habere licere* verpflichtet sein. Haftungsbegründend ist dabei aber nicht nur eine Störung durch den Verkäufer, sondern auch eine Beeinträchtigung des Käuferbesitzes durch Dritte. Wenn Ulpian schreibt, es gelte im Grundsatz nichts anderes als bei einer Eviktion der Hauptsache, meint er damit offensichtlich weniger die unmittelbar vorangehenden Erläuterungen zur *dolus*-Haftung bei Ausschluss der Gewährleistung für Rechtsmängel als vielmehr, dass diese prinzipiell auch für Zubehör gilt. Der Verkäufer hat also unabhängig von seinem Verschulden für jegliche Entwehrung einzustehen, die auch von einem beliebigen Dritten ausgehen kann. Ein Unterschied besteht nur insoweit, als die Verpflichtung zur Zahlung des doppelten Kaufpreises, die gewöhnlich zum Gegenstand einer Garantiestipulation gemacht wird und daher im Regelfall auch aufgrund des Kaufvertrags selbst gefordert werden kann, hier ausnahmsweise nicht eingreift. Stattdessen hat der Verkäufer nur zu leisten, was er aufgrund einer *stipulatio habere licere* leisten

---

431 CJ 8.45.1 (18. Oktober 223).

müsste, nämlich Ersatz für den Schaden, der dem Käufer durch den Verlust des Zubehörs entstanden ist.[432]

Um den Begriff des *habere licere* und dessen persönliche Reichweite kreist auch der folgende Abschnitt, in dem sich Ulpian wiederum in Anschluss an Julian mit einem Ausschluss der Rechtsmängelhaftung beschäftigt:

D 19.1.11.18 Ulp 32 ed (Ulp 931)
Qui autem habere licere vendidit, videamus quid debeat praestare. et multum interesse arbitror, utrum hoc polliceatur per se venientesque a se personas non fieri, quo minus habere liceat, an vero per omnes. nam si per se, non videtur id praestare, ne alius evincat: proinde si evicta res erit, sive stipulatio interposita est, ex stipulatu non tenebitur, sive non est interposita, ex empto non tenebitur. sed Iulianus libro quinto decimo digestorum scribit, etiamsi aperte venditor pronuntiet per se heredemque suum non fieri, quo minus habere liceat, posse defendi ex empto eum in hoc quidem non teneri, quod emptoris interest, verum tamen ut pretium reddat teneri. ibidem ait idem esse dicendum et si aperte in venditione comprehendatur nihil evictionis nomine praestatum iri: pretium quidem deberi re evicta, utilitatem non deberi: neque enim bonae fidei contractus hac patitur convenitone, ut emptor rem amitteret et pretium venditor retineret. nisi forte, inquit, sic quis omnes istas supra scriptas conventiones recipiet, quemadmodum recipitur, ut venditor nummos accipiat, quamvis merx ad emptorem non pertineat, veluti cum futurum iactum retis a piscatore emimus aut indaginem plagis positis a venatore, vel pantheram ab aucupe: nam etiamsi nihil capit, nihilo minus emptor pretium praestare necesse habebit: sed in supra scriptis conventionibus contra erit dicendum. nisi forte sciens alienum vendit: tunc enim secundum supra a nobis relatam iuliani sententiam dicendum est ex empto eum teneri, quia dolo facit.

Sehen wir zu, wofür einstehen muss, wer eine Sache zum ungestörten Besitz verkauft hat. Ich glaube, dass es einen großen Unterschied macht, ob der Verkäufer lediglich verspricht, dass weder durch ihn noch durch seine Rechtsnachfolger bewirkt werde, dass der Käufer nicht ungestört besitzen kann, oder ob er verspricht, dass dies durch niemanden geschehe. Verspricht er nur, dass nichts durch ihn selbst geschehe, steht er nicht dafür ein, dass kein Dritter die Sache entwehrt. Julian schreibt jedoch im 15. Buch seiner Digesten, es lasse sich die Ansicht vertreten, dass der Verkäufer mit der Kaufklage auch dann, wenn er ausdrücklich erklärt, es werde weder von ihm noch von seinen Erben bewirkt, dass der Käufer die Sache nicht ungestört besitzen könne, zwar nicht auf das Interesse des Käufers, wohl aber darauf hafte, dass er den Kaufpreis zurückerstatte. An derselben Stelle meint er, dasselbe sei zu sagen, wenn in den Vertrag ausdrücklich aufgenommen wird, dass wegen Entwehrung nicht gehaftet werde. In diesem Fall werde der Kaufpreis geschuldet, nicht das Interesse. Ein Vertrag nach Treu und Glauben duldet nämlich keine Vereinbarung mit der Wirkung, dass der Käufer die Sache verliert und der Verkäufer den Kaufpreis behält. Etwas anderes könne, wie er sagt, nur dann gelten, wenn man die oben beschriebenen Vereinbarungen so auffasst

---

432 Pomponius nennt dies das *simplum*; vgl. D 21.2.16 Pomp 9 Sab. Ebenso wie Ulpian fordert er aber als Grundlage der Haftung für einen Verlust des Zubehörs ein besonderes *dictum* des Verkäufers; vgl. *Backhaus*, Die Einstandspflicht des Verkäufers eines mit einer Servitut belasteten Grundstücks, in: Altmeppen u. a. (Hg.), Festschrift für Knütel, Heidelberg 2009, S. 62 und Fn. 37.

> wie diejenigen, wonach der Verkäufer den Kaufpreis auch dann erhält, wenn die Kaufsache dem Käufer nicht zusteht, wie zum Beispiel, wenn wir einen künftigen Fischfang von einem Fischer oder von einem Jäger die Beute aus einem netzumstellten Jagdbezirk oder den Fang eines Vogelfängers kaufen; denn auch wenn sie nichts fangen, muss der Käufer nichtsdestoweniger den Kaufpreis zahlen. Aber bei den oben beschriebenen Vereinbarungen ist gegenteilig zu entscheiden. Etwas anderes gilt aber, wenn jemand wissentlich eine fremde Sache verkauft hat; dann ist nämlich nach der oben von uns wiedergegebenen Ansicht Julians zu entscheiden, dass er mit der Kaufklage haftet, weil er arglistig handelt.

Wie in der Entscheidung zur Entwehrung von Zubehör unterscheidet Ulpian danach, ob sich das *habere licere* nur auf eine Störung durch den Verkäufer oder seine Rechtsnachfolger oder auch auf Dritte bezieht. Eine gewöhnliche Eviktionsgarantie deckt jeglichen Entzug der Kaufsache unabhängig von der Person desjenigen ab, der den Käufer im Besitz stört. Verspricht der Verkäufer ausdrücklich, für eine Besitzstörung durch sich und seine Rechtsnachfolger einstehen zu wollen, liegt hierin folglich ein konkludenter Ausschluss dieser üblichen Rechtsmängelhaftung.[433] Julian, den Ulpian hier nicht aus seinen *libri ad Minicium*, sondern aus seinen *digesta* zitiert, schränkt dessen Wirkung aber ein, indem er den Verkäufer bei Entwehrung der Kaufsache stets zur Rückzahlung des Kaufpreises zwingen will. Ausschlaggebend ist für ihn das Gebot der *bona fides:* Sie lasse prinzipiell nicht zu, dass der Verkäufer den Kaufpreis behält, während der Käufer der Kaufsache entbehren muss. Eine Ausnahme gelte nur beim Hoffnungskauf, wie er vor allem mit einem Fischer oder Jäger abgeschlossen wird.[434] Der Käufer spekuliert hier auf einen besonders reichen Ertrag der Jagd oder des Fischfangs, nimmt aber auch bewusst in Kauf, dass er vielleicht leer ausgeht.[435] Unter diesen Umständen ist es nicht zu beanstanden, wenn der Verkäufer eine Leistung ohne Gegenleistung erhält.[436] Ansonsten widerspricht ein solches Ergebnis der Natur des Austauschvertrags. Der Verkäufer ist daher, wenn auch wegen des Haftungsausschlusses nicht zu den gewöhnlich durch Garantie versprochenen Leistungen und mangels Verschulden nicht zum Schadensersatz, so doch zur Rückgewähr des Preises verpflichtet. Mit dieser Lösung wandelt sich das *habere licere* vom Gegenstand einer besonderen Garantie, deren Übernahme der

---

**433** Zu den Spuren der Rechtspraxis in dieser Entscheidung *Rabel* (Fn. 420), S. 34 ff. und *Nörr*, SZ 121 (2004) 152, 170.

**434** Ihn erwähnt Ulpian auch in dem aus demselben Buch des Ediktskommentars stammenden Fragment D 18.4.11.

**435** Aus diesem Grund scheitert der Vertrag auch nicht an dem Satz von der Unwirksamkeit eines Kaufs *sine re*; vgl. D 18.1.8.1 Pomp 9 Sab.

**436** Vgl. *Knütel*, Hoffnungskauf und Eviktionshaftung, in: Jakab/Ernst (Hg.), Kaufen nach römischem Recht, Berlin/Heidelberg 2008, S. 139, 148.

Käufer vom Verkäufer verlangen kann, zu einem Element des eigentlichen Kaufvertrags:[437] Der Verkäufer ist außer zur Übergabe der Kaufsache auch dazu verpflichtet, den Käufer im Besitz der Kaufsache zu erhalten. Bleibt diese Pflicht unerfüllt, weil ein Dritter dem Käufer die Sache abnimmt, löst dies bei Ausschluss einer Eviktionsgarantie keine Haftung im eigentlichen Sinne aus; es entfällt jedoch der Grund für den Verbleib der Gegenleistung des Käufers beim Verkäufer.

Ulpian ergänzt diesen innovativen Gedankengang des Hochklassikers lediglich um den Hinweis, dass die Haftung für Arglist stets und damit auch in den Fällen des Hoffnungskaufs eingreift. Er nimmt also Anleihe bei der vorher referierten Entscheidung zur zeitlich begrenzten Zusage einer Garantie, die Julian *apud Minicium* behandelt hat. Bei der Wiedergabe dieser Aussage hat Ulpian aber noch davon abgesehen, die grundstürzende Neuerung zu erwähnen, mit der Julian in seinen *digesta* aufwartet; und dies, obwohl sie im Fall einer befristeten Garantie nicht weniger Geltung beansprucht als bei einem indirekten Ausschluss der Rechtsmängelhaftung durch ein in personeller Hinsicht begrenztes Versprechen.[438] Da die beiden Entscheidungen in Ulpians Kommentar auch nicht unmittelbar aufeinander folgen, bleibt die Darstellung des Falles der befristeten Garantie unvollständig, ja bei isolierter Betrachtung durch einen unerfahrenen Leser sogar irreführend. Dies erhellt, dass Ulpian seine Ausführungen zwar thematisch ordnet, aber keineswegs mit dem Bestreben verfasst, ein Thema kohärent abzuhandeln. Nachdem er sich von Neraz und den Grenzfällen der Rechtsmängelhaftung abgewandt hat, trägt er Lesefrüchte aus Julians Schriften zum Ausfall der Eviktionshaftung zusammen, ohne dem Leser jeweils ein umfassendes Bild der Rechtslage verschaffen zu wollen. Ulpian unterstellt offenbar, dass dieser hinlänglich mit der Materie vertraut ist und statt nach Ableitungszusammenhängen nach Referenzentscheidungen sucht.

## 5 Haftung für *dolus*

Ulpian fährt mit einem Zitat aus demselben Buch von Julians Digesten fort. Es gilt auf den ersten Blick einem ganz anderen Fall der Mängelhaftung, steht aber in

---

437 Hierzu und zu den Konsequenzen beim sogenannten *concursus causarum Harke*, OIR 11 (2006) 63, 76 ff.

438 *Medicus* (Fn. 155), S. 62 bezweifelt dies deshalb, weil Ulpian die befristete Bereitschaft zur Übernahme einer Eviktionsgarantie als ausreichend angesehen habe. Der Gedanke, dass eine Leistung nicht ohne Gegenleistung bleiben kann, ist jedoch von der Art und Weise des Haftungsausschlusses völlig unabhängig.

unmittelbaren Zusammenhang mit der Entscheidung zur Rechtsmängelgewährleistung:[439]

> D 19.1.13pr Ulp 32 ed (Ulp 934)
> Iulianus libro quinto decimo inter eum, qui sciens quid aut ignorans vendidit, differentiam facit in condemnatione ex empto: ait enim, qui pecus morbosum aut tignum vitiosum vendidit, si quidem ignorans fecit, id tantum ex empto actione praestaturum, quanto minoris essem empturus, si id ita esse scissem: si vero sciens reticuit et emptorem decepit, omnia detrimenta, quae ex ea emptione emptor traxerit, praestaturum ei: sive igitur aedes vitio tigni corruerunt, aedium aestimationem, sive pecora contagione morbosi pecoris perierunt, quod interfuit [idonea venisse] <id non evenisse> erit praestandum.[440]
>
> Julian macht im 15. Buch seiner Digesten einen Unterschied in der Verurteilung aus der Kaufklage zwischen demjenigen, der eine Sache in Kenntnis ihres Mangels verkauft hat, und demjenigen, der sie unwissentlich verkauft hat. Er sagt nämlich, dass wer krankes Vieh oder einen schadhaften Balken verkauft hat, falls er es unwissentlich getan hat, aus der Kaufklage nur so viel leisten müsse, um wie viel ich die Sache billiger gekauft hätte, wenn ich von ihrem Zustand gewusst hätte; wenn er den Mangel dagegen wissentlich verschwiegen und den Käufer getäuscht hat, müsse er diesem den gesamten Schaden ersetzen, den der Käufer aus dem Kauf erleidet, sei es den Wert des Hauses, wenn es infolge des schadhaften Balkens eingestürzt ist, sei es das Interesse daran, dass anderes Vieh nicht wegen Ansteckung mit dem kranken eingegangen wäre.

Statt um einen Rechtsmangel geht es um einen Makel der Kaufsache, der nach modernem Verständnis der Sachmängelhaftung zuzuordnen wäre: Hat jemand krankes Vieh oder einen schadhaften Balken verkauft und ist es hierdurch im Vermögen des Käufers zu einem Folgeschaden gekommen, hängt dessen Ersatz davon ab, ob der Verkäufer arglistig gehandelt hat. Nur wenn er den Mangel kennt, muss er dem Käufer den Verlust ersetzen, der diesem durch eine Ansteckung anderer Tiere oder den Einsturz eines mit dem Balken errichteten oder verstärkten Gebäudes entstanden ist. Weiß der Verkäufer hingegen nicht von dem Fehler der Kaufsache, muss er den Folgeschaden nicht ersetzen; er soll aber so viel vom Kaufpreis erstatten, wie dieser niedriger ausgefallen wäre, wenn der Käufer den Mangel schon bei Vertragsschluss gekannt hätte.

Während die umfassende Einstandspflicht für *dolus* keineswegs überrascht, ist fraglich, auf welcher Grundlage Julian den Verkäufer zur anteiligen Rückgewähr des Kaufpreises bei fehlender Kenntnis vom Mangel verpflichten will. Ein erster Blick führt zur *actio quanti minoris* des ädilizischen Edikts. Ginge es Julian

439 Dies macht es eher unwahrscheinlich, dass sich dazwischen ursprünglich die beiden von *Lenel* hierher gesetzten Fragmente D 18.4.11 (Ulp 932) und D 18.4.4 (Ulp 933) befunden haben.
440 Zur Konjektur und den hieraus zu ziehenden Schlüssen *Harke* (Fn. 88), S. 218 Fn. 37.

und Ulpian darum, deren Funktion auf die Kaufklage zu übertragen,[441] läge hierin eine gewisse Parallele zu der in seinem Kommentar behandelten *redhibitio*. Ulpian hat sie in D 19.1.11.4 bereits als Klageziel der *actio empti* vorgestellt und im Folgenden als Anwendungsfall auch eigens eine Konstellation benannt, in der ein Verkäufer für die Gesundheit eines verkauften Tieres einzustehen hat.[442] Ulpian ist thematisch jedoch schon zur Haftung für Rechtsmängel und *dolus* gewechselt. Außerdem hat die ädilizische Minderungsklage ungeachtet der Ähnlichkeit ihres Namens einen ganz anderen Gegenstand: Sie ist auf den Ersatz des Minderwertes gerichtet, den die Sache infolge ihres Mangels hat.[443] Mit der von Julian befürworteten *actio empti* soll der Käufer aber eine relative Herabsetzung des Kaufpreises erreichen können. Der gutgläubige Verkäufer muss keinen Schadensersatz leisten, sondern den Teil des Kaufpreises herausgeben, um den er infolge des Sachmangels ungerechtfertigt bereichert ist.[444] Diese Verpflichtung gleicht derjenigen, für die sich Julian bei Ausschluss der Eviktionshaftung ausspricht. Dort muss der Verkäufer den Kaufpreis zurückzahlen, weil infolge einer Entwehrung der Kaufsache die Gegenleistung des *habere licere* ausfällt. Hier hat er den Kaufpreis insoweit zu erstatten, als die Kaufsache hinter den Erwartungen an ihren tatsächlichen Zustand zurückbleibt. Gerade in den angeführten Fällen kranken Viehs oder schadhafter Balken wiegt der Mangel dabei typischerweise so schwer, dass sich der hypothetische Preis der Sache auf 0 reduziert. Hätte der Käufer die Sache in Kenntnis ihres Fehlers überhaupt nicht gekauft, muss der Verkäufer ebenso wie bei einer Entwehrung der Kaufsache den vollen Kaufpreis erstatten.

Die Übereinstimmung mit der vorangehenden Entscheidung zum Rechtsmangel besteht nicht nur im Ergebnis; sie betrifft auch das Räsonnement:[445] Eine vollständige oder teilweise Reduktion des Preises ist keineswegs in jedem Fall angebracht, in dem der Käufer durch den Zustand der Kaufsache enttäuscht wird. Sie kommt nur in Betracht, wenn seine Erwartung so selbstverständlich ist, dass sie auch ohne ausdrückliche Zusicherung des Verkäufers geschützt wird. Dies gilt insbesondere für die Stabilität eines Balkens sowie für die Gesundheit eines Tieres. In derartigen Fällen haben nach dem Zeugnis des Pomponius schon Labeo und Sabinus dem Verkäufer die Übernahme einer stillschweigenden Garantie

441 Dies nehmen etwa *Kaser* (Fn. 369), S. 558, *Medicus* (Fn. 155), S. 143 und *Jakab* (Fn. 410), S. 191 f. an.

442 S.o. S. 160 ff.

443 D 21.1.38pr Ulp 2 ed aed.

444 Ausführlich *Harke* (Fn. 88), S. 219 ff. Anders etwa *Honsell* (Fn. 417), S. 86 f., der von einer subjektiven Ermittlung des Minderwertes ausgeht.

445 *Harke*, OIR 11 (2006) 63, 87 f.

unterstellt und ihn aus diesem Grund auch im Fall seiner Gutgläubigkeit für einen Fehler einstehen lassen, mit dem der Käufer nicht zu rechnen brauchte.[446] Julian mildert diese Haftung nur ab, indem er den nicht über den Mangel informierten Verkäufer statt zum Schadensersatz lediglich zur anteiligen Rückgewähr des Kaufpreises verpflichtet. Er verfährt dabei ebenso wie beim Ausschluss der Rechtsmängelhaftung, wo er deren Ziel zum Gegenstand einer gewöhnlichen Leistungspflicht aus dem Kaufvertrag macht: So wie ein Verkäufer daher stets für das *habere licere* zu sorgen hat, muss er nach Julians Ansicht die Kaufsache, auch ohne eine besondere Gewähr übernommen zu haben, in einem Zustand übergeben, der sich nach der Verkehrserwartung von selbst versteht. Bleibt seine Leistung hinter diesem Standard zurück, bedeutet dies noch nicht, dass er deshalb Schadensersatz leisten muss. Die Verpflichtung hierzu trifft ihn nur im Fall seiner Arglist. Da sein fehlendes Verschulden aber nichts daran ändert, dass er eine ihm obliegende Leistung nicht erbracht hat, muss er hinnehmen, dass der Käufer die Gegenleistung teilweise oder vollständig zurückerhält.

Im Folgenden überträgt Ulpian die differenzierte Lösung Julians auf einen weiteren Fall, nimmt einen anderen aber zugleich von ihr aus:

D 19.1.13.1–2 Ulp 32 ed (Ulp 934)
Item qui furem vendidit aut fugitivum, si quidem sciens, praestare debebit, quanti emptoris interfuit non decipi: si vero ignorans vendiderit, circa fugitivum quidem tenetur, quanti minoris empturus esset, si eum esse fugitivum scisset, circa furem non tenetur: differentiae ratio est, quod fugitivum quidem habere non licet et quasi evictionis nomine tenetur venditor, furem autem habere possumus. (2) Quod autem diximus ‚quanti emptoris interfuit non decipi', multa continet, et si alios secum sollicitavit ut fugerent, vel res quasdam abstulit.

Ebenso muss jemand, der einen Dieb oder zur Flucht neigenden Sklaven verkauft, wenn er es wissentlich getan hat, dem Käufer sein Interesse daran leisten, nicht getäuscht worden zu sein; hat er ihn aber unwissentlich verkauft, haftet er wegen des zur Flucht neigenden Sklaven darauf, um wieviel er ihn billiger gekauft hätte, wenn er von seiner Fluchtneigung gewusst hätte, wegen des Diebs hingegen nicht; der Grund der Unterscheidung liegt darin, dass man einen zur Flucht neigenden Sklaven nicht in ungestörtem Besitz haben kann und der Verkäufer daher gleichsam wegen Entwehrung haftet, wohingegen man einen Dieb in Besitz haben kann. (2) Sprechen wir aber von dem Interesse daran, nicht getäuscht worden zu sein, enthält dies vieles, auch den Schaden, der dadurch entsteht, dass er andere zur gemeinsamen Flucht überredet oder Sachen entwendet hat.

Verkauft jemand einen Sklaven mit Fluchtneigung, soll er für diesen Fehler in gleicher Weise einstehen wie für die Krankheit verkauften Viehs oder die Schadhaftigkeit eines Balkens: Kennt er den charakterlichen Mangel des Sklaven, muss er dem Käufer den gesamten hieraus resultierenden Schaden ersetzen.

446 D 19.1.6.4 Pomp 9 Sab.

Hierzu gehört auch der Verlust weiterer Sklaven, die der *fugitivus* zur gemeinsamen Flucht anstiftet.[447] Ist der Verkäufer über die Fluchtneigung hingegen nicht im Bilde, muss er nur die Differenz zwischen dem gezahlten und dem Kaufpreis erstatten, auf den sich die Parteien in beiderseitiger Kenntnis des Mangels verständigt hätten.

Anders ist aus Ulpians Sicht aber der Fall zu beurteilen, dass es sich bei dem verkauften Sklaven um einen Dieb handelt. Auch hier ist Verkäufer, wenn er über diesen Makel unterrichtet war, zwar wiederum zu umfassendem Schadensersatz verpflichtet, der außer dem charakterbedingten Minderwert des Sklaven auch den Nachteil einschließt, der dem Käufer aus weiteren Taten des Sklaven entsteht. Ohne Kenntnis von dem Mangel soll der Verkäufer dagegen überhaupt nicht haften und auch in vollem Umfang den Kaufpreis behalten können. Der Unterschied ergibt sich für Ulpian daraus, dass der Käufer einen Dieb durchaus besitzen könne, wohingegen der Verkäufer eines zur Flucht neigenden Sklaven ‚*quasi evictionis nomine*' einstehen müsse.[448] Er soll ebenso wie im Fall einer Entwehrung des Sklaven haften, weil es ihm infolge der Fluchtgefahr nicht gelingt, für einen ungestörten Besitz des Käufers zu sorgen. Nach der in D 19.1.11.18 vorgestellten und in D 19.1.13pr fortgeführten Differenzierung bedeutet dies, dass er, wenn er keine Garantie übernommen und auch nicht arglistig gehandelt hat, zumindest den Kaufpreis in dem Umfang zurückgewähren muss, in dem seine eigene Leistung defizitär ist. Ermittelt wird dieser Betrag durch einen Vergleich zwischen dem wirklich gezahlten und dem hypothetischen Kaufpreis, zu dem der *fugitivus* als solcher zum Verkauf gekommen wäre.

Entfaltet Ulpian in D 19.1.11.18 und im *principium* und § 1 von D 19.1.13 schrittweise einen einheitlichen Gedanken, fällt doch abermals der fehlende Bezug auf vorangehende Passagen derselben Kommentierung auf: Hat Ulpian schon bei dem Referat von Julians Entscheidung zum Verkauf kranken Viehs unerwähnt gelassen, dass er sich bereits für eine Verpflichtung des Verkäufers zur Garantie der Gesundheit des Tieres ausgesprochen hat, übergeht er jetzt die ein-

---

**447** Dass Ulpian dabei nicht von der Differenzhypothese moderner Prägung ausgeht, meint *Medicus* (Fn. 155), S. 135 ff.; dezidiert anders *Honsell* (Fn. 417), S. 68, 91 ff.

**448** Vgl. *Vacca*, IVRA 45 (1994) 63 f. *Jakab* (Fn. 410), S. 192 f., *Klingenberg*, CRRS X.6: *Servus fugitivus*, S. 77 (Text 62) und *Procchi* (Fn. 407), S. 217 führen den Unterschied hingegen darauf zurück, dass es sich bei der Fluchtneigung um einen durch das ädilizische Edikt sanktionierten Mangel handelt, während eine verschuldensunabhängige Haftung beim Verkauf eines *fur* eine entsprechende Zusicherung des Verkäufers voraussetzt (vgl. D 19.1.4 Paul 5 Sab). Dies ist natürlich auch eine plausible Erklärung für die Differenzierung; sie trifft aber nicht Ulpians Begründung und taugt erst recht nicht zur Grundlage für die Annahme einer Textverfälschung, wie sie noch bei *Honsell* (Fn. 417), S. 84 f. und *Harke* (Fn. 88), S. 218 f. Fn. 38 zu finden ist.

schlägigen Zitate von Neraz. In D 19.1.11.7 hat er sich auf diesen schon für die Feststellung berufen, ein Verkäufer müsse auch im Fall seiner Gutgläubigkeit dafür einstehen, dass ein verkaufter Sklave nicht zur Flucht neige; und in den folgenden Abschnitten hat er ihn mit weiter ins Detail gehenden Ausführungen zur Haftung wegen der Belastung des Sklaven mit einer Noxalverbindlichkeit zitiert. Da sie den Verkäufer auch dann trifft, wenn er von dieser Belastung keine Ahnung hat, kann mit dem *fur*, von dem jetzt die Rede ist und für dessen Fehler der Verkäufer nur bei Kenntnis haften soll, nicht ein Sklave gemeint sein, der sich schon eines Diebstahls zum Nachteil eines Dritten schuldig gemacht. Vielmehr muss es sich um einen Sklaven handeln, der lediglich eine Sache seines bisherigen Eigentümers entwendet hat. Zwar fällt eine solche Tat eigentlich aus dem Begriff des *furtum* heraus.[449] Übernimmt der Verkäufer eines Sklaven freiwillig eine Garantie, dass es sich nicht um einen Dieb handele, ist jedoch anerkannt, dass sie auch dann verfällt, wenn er lediglich seinen Eigentümer bestohlen hat.[450] Der untechnischen Bedeutung der Bezeichnung ‚*fur*', die dieser Entscheidung zugrunde liegt, kann sich Ulpian auch hier bedienen. Erstaunlich ist aber, dass er von einer entsprechenden Klarstellung absieht. So nimmt er die Gefahr des Missverständnisses in Kauf, es gehe um einen Dieb im eigentlichen Sinne. Einen Leser mit weniger Vorbildung oder Kombinationsgabe könnte dies durchaus zur Annahme eines Selbstwiderspruchs verleiten.

Dasselbe gilt für die fehlende Verknüpfung mit Neraz' Entscheidung zur Haftung für Fluchtneigung. Hier verfährt Ulpian in ähnlicher Weise wie in den Ausführungen zum Ausfall der Eviktionsgarantie: Nachdem er in D 19.1.11.15 und 16 lediglich eine Haftung für *dolus* erwähnt hat, kommt er in § 18 des Fragments erstmals darauf zu sprechen, dass Julian auch ohne Arglist des Verkäufers einen Anspruch des Käufers auf Rückzahlung des Kaufpreises befürwortet. Während sich die Verwirrung des Lesers wegen des geringen Abstands zwischen diesen Passagen noch in Grenzen hält, lässt sich dies für Ausführung zu einem *servus fugitivus* nicht behaupten: Das Neraz-Zitat in D 19.1.11.7 ist zu weit von D 19.1.13.1 entfernt, als dass sich ein Missverständnis vermeiden ließe. Während der Leser zunächst den Eindruck gewinnt, Ulpian spreche sich im Anschluss an Neraz für eine unbedingte Haftung des Verkäufers eines *fugitivus* aus, wird dies erst nachträglich korrigiert und erkennbar, dass Ulpian doch im Anschluss an Julian nach seiner Gut- und Bösgläubigkeit differenzieren möchte. Hieran zeigt sich erneut, dass sich Ulpians Kommentierung mehr an den ausgewählten Zitaten als am Ziel einer strukturierten Darstellung orientiert.

**449** S. o. S. 53 f.

**450** D 21.1.31.1 Ulp 1 ed aed; vgl. D 21.1.52 Marcian 4 reg.

Die Erörterung nimmt ihren Fortgang mit dem Fall, in dem der Verkäufer Gewähr für den guten Charakter des Sklaven übernommen hat. Ulpian führt die Haftung auf die Einstandspflicht für *dolus* zurück:

> D 19.1.13.3 Ulp 32 ed (Ulp 934)
> Quid tamen si ignoravit quidem furem esse, adseveravit autem bonae frugi et fidum et caro vendidit? videamus, an ex empto teneatur. et putem teneri. atqui ignoravit: sed non debuit facile quae ignorabat adseverare. inter hunc igitur et qui scit <et tacuit non multum interest: nam qui scit> praemonere debuit furem esse, hic non debuit facilis esse ad temerariam indicationem.
>
> Was gilt aber, wenn er nicht wusste, dass der Sklave ein Dieb ist, jedoch versichert hat, er sei tüchtig und zuverlässig und ihn deshalb teuer verkauft hat? Wir müssen zusehen, ob er mit der Kaufklage haftet. Und ich glaube, dass er haftet, auch wenn er unwissend war; er darf nämlich nicht leichtfertig versichern, was er nicht weiß. Zwischen ihm und demjenigen, der es weiß <und schweigt, ist kein großer Unterschied; denn wer es weiß> hätte davor warnen müssen, dass es ein Dieb ist, er dagegen nicht leichtfertig eine gewagte Behauptung aufstellen dürfen.

Ulpian bleibt beim Verkauf eines *fur*, wandelt den Fall aber dahingehend ab, dass ein gutgläubiger Verkäufer versichert, der Sklave sei ‚*bonae frugi et fidus*'. Für die folgende Überlegung wäre es einfacher gewesen, wenn Ulpian von der Zusage ‚*furem non esse*' ausgegangen wäre. Bei dem allgemeineren Versprechen, der verkaufte Sklave sei tüchtig und zuverlässig, muss man nämlich den gedanklichen Zwischenschritt machen, dass diese Zusicherung auch einschließt, dass der Sklave keinen Hang zum Diebstahl hat.[451] Ulpian setzt dies stillschweigend voraus, wenn er sich der Frage zuwendet, warum ein gutgläubiger Verkäufer überhaupt für die unrichtige Versicherung einer Eigenschaft des Kaufobjekts einzustehen hat. Es ergibt sich für ihn gerade aus seiner fehlenden Kenntnis seiner wirklichen Beschaffenheit: Wer nicht sicher sein kann, dass seine Behauptung zutrifft, handelt aus Ulpians Sicht in gleicher Weise vorwerfbar wie derjenige, der den Käufer nicht über einen ihm bekannten Mangel aufklärt. Schon indem er eine falsche Zusicherung abgibt, verhält er sich gewissermaßen ebenfalls arglistig und muss sich daher die bei *dolus* eingreifende Haftung gefallen lassen.

Diese Ableitung der Einstandspflicht für Zusicherung aus der Haftung für Arglist nimmt Ulpian zum Anlass, sich mit einer weiteren Erscheinungsform des *dolus* zu beschäftigen. Nachdem er sich bislang mit Konstellationen befasst hat, in denen der Verkäufer einen ihm bekannten Mangel der Kaufsache verschweigt, widmet er sich nun dem Fall einer aktiven Täuschung durch bewusst wahrheitswidrige Zusicherung. Ausweislich ihrer Wiedergabe in indirekter Rede geht

---

**451** Vgl. *Jakab* (Fn. 410), S. 193 f., *Donadio* (Fn. 402), S. 175.

die Entscheidung auf einen älteren Juristen zurück, bei dem es sich nur um den im *principium* und in den folgenden Abschnitten zitierten Julian handeln kann:

> D 19.1.13.4 Ulp 32 ed (Ulp 934)
> Si venditor dolo fecerit, ut rem pluris venderet, puta de artificio mentitus est aut de peculio, empti eum iudicio teneri, ut praestaret emptori, quanto pluris [servum emisset] <servus esset>, si ita peculiatus esset vel eo artificio instructus.
>
> Hat der Verkäufer arglistig bewirkt, dass er die Sache teurer verkauft, indem er zum Beispiel über seine Fertigkeiten oder sein Sondergut gelogen hat, hafte er mit der Kaufklage darauf, dass er dem Käufer so viel leistet, [wie der Kaufpreis für den Sklaven höher] <wie der Sklave mehr wert> gewesen wäre, wenn er mit einem entsprechenden Sondergut ausgestattet oder in diesen Fertigkeiten unterwiesen gewesen wäre.

Es ist offensichtlich, dass unwahre Angaben über die Fähigkeiten eines verkauften Sklaven oder den Umfang seines Sonderguts, die der Verkäufer zur Erhöhung des Kaufpreises gemacht hat, seine Haftung mit der *actio empti* zeitigen müssen. Deren Ziel ist in der überlieferten Fassung des Textes freilich in widersinniger Weise als Differenz zu einem noch höheren Kaufpreis angegeben.[452] Stattdessen muss der von Ulpian zitierte Jurist dem Käufer den Unterschied zwischen dem Preis und dem wahren Wert zugesprochen haben.[453] Dies macht sein Interesse daran aus, vom Verkäufer nicht getäuscht worden zu sein.

Dass es auch umgekehrt zu einer Haftung des Käufers auf die Differenz zwischen dem Wert der Kaufsache und eines täuschungshalber zu niedrig bemessenen Kaufpreises kommen kann, zeigt Ulpian an einer weiteren Entscheidung Julians. Die Verwendung von Eigennamen lässt auf einen realen Fall schließen, in dem ein gewisser Bellicus durch Entwendung von Gegenständen aus

---

**452** Richtig *Medicus* (Fn. 155), S. 142 und *Procchi* (Fn. 407), S. 194. Anders *Honsell* (Fn. 417), S. 103f., der glaubt, Ulpian behandle einen Fall, in dem ein Sklave trotz der Täuschung des Verkäufers noch unter Wert verkauft worden ist. Hierfür fehlt es nicht nur an einem Anhaltspunkt im Text; es ginge auch der Antagonismus zur Entscheidung im folgenden § 5 verloren, den Ulpian mit ‚*per contrariam*' einleitet. *Honsells* Überlegung finden nichtsdestoweniger Anklang bei *Donadio* (Fn. 402), S. 190.

**453** Dies ist auch der Sinn der für die Paraphrase des Textes in PS 2.17.6 verwendeten Formulierung; vgl. *Medicus* (Fn. 155), S. 172. Zwar ist dort umgekehrt von ‚*quanto minoris valuisset*' die Rede; es fehlt jedoch der in D 19.1.13.4 folgende Bedingungssatz, so dass auch nur die Differenz zwischen Kaufpreis und Wert gemeint sein kann. Die Erwähnung der *redhibitio* führt *Liebs*, Römische Jurisprudenz in Africa, 2. Aufl., Berlin 2005, S. 75 plausibel darauf zurück, dass Ulpian diese schon in D 19.1.11.3 ff. behandelt hat.

dem Nachlass eines Terentius Victor dessen Erben zum Verkauf der ihm zugefallenen Erbschaft unter Wert bestimmt hat:[454]

> D 19.1.13.5 Ulp 32 ed (Ulp 934)
> Per contrarium quoque idem Iulianus scribit, cum Terentius Victor decessisset relicto herede fratre suo et res quasdam ex hereditate et instrumenta et mancipia Bellicus quidam subtraxisset, quibus subtractis facile, quasi minimo valeret hereditas, ut sibi ea venderetur persuasit: an venditi iudicio teneri possit? et ait Iulianus competere actionem ex vendito in tantum, quanto pluris hereditas valeret, si hae res subtractae non fuissent.
>
> Zum umgekehrten Fall schreibt Julian: Als ein Terentius Victor starb und seinen Bruder als Erben hinterließ, entwendete ein gewisser Bellicus Sachen aus der Erbschaft, sowohl Inventar als auch Sklaven, und konnte ihn deshalb leicht überreden, ihm die Erbschaft so zu verkaufen, als sei sie kaum etwas wert; könne er mit der Verkäuferklage haften? Und Julian schreibt, es stehe die Verkäuferklage darauf zu, um wieviel die Erbschaft mehr wert gewesen wäre, wenn die Sachen nicht entwendet worden wären.

Da es hier um die Haftung mit der *actio venditi* geht, gehört die Entscheidung eigentlich nicht in eine Erläuterung der Kaufklage. Sie ist Gegenstand eines Exkurses, zu dem sich Ulpian wahrscheinlich durch die Lektüre Julians verleiten lässt. Auf diesen geht vermutlich nicht nur schon die vorangegangene Aussage zur Verkäuferhaftung zurück, die Ulpian in indirekter Rede wiedergibt; er erscheint auch im nächsten Abschnitt mit einer Entscheidung, der wiederum ein wirklicher Rechtsstreit zugrunde gelegen haben muss:

> D 19.1.13.6 Ulp 32 ed (Ulp 934)
> Idem Iulianus dolum solere a venditore praestari etiam in huiusmodi specie ostendit: si, cum venditor sciret fundum pluribus municipiis legata debere, in tabula quidem conscripserit uni municipio deberi, verum postea legem consignaverit, si qua tributorum aut vectigalis indictionisve quid nomine aut ad viae collationem praestare oportet, id emptorem dare facere praestareque oportere, ex empto eum teneri, quasi decepisset emptorem: quae sententia vera est.
>
> Dass der Verkäufer für seine Arglist einstehen muss, zeigt Julian auch an folgendem Fall: Hat ein Verkäufer, obwohl er wusste, dass sein Grundstück mehreren Gemeinden abgabepflichtig war, in der Vertragsurkunde geschrieben, es sei nur einer Gemeinde abgabepflichtig, und später die Klausel hinzugefügt, der Käufer müsse tun, machen und leisten, falls etwas zu leisten sei, hafte er mit der Kaufklage, weil er den Käufer getäuscht hat; diese Entscheidung ist richtig.

---

454 Zur Beschränkung auf die *dolus*-Haftung *Harke, Dolus in contrahendo*, Mitverschulden und reine Vermögensschäden im römischen Recht, in: Studien zu Vertrag und Eigentumserwerb im römischen Recht, Berlin 2013, S. 39, 44; s. u.

Die Fakten des Falles sind zu speziell, als dass sie ausgedacht sein könnten: Auf einem verkauften Grundstück ruht eine mehrfache Abgabenlast gegenüber verschiedenen Gemeinden, von denen der Verkäufer im Kaufvertrag aber nur eine erwähnt. Da er auch die Verpflichtung gegenüber den anderen Gemeinden kennt, handelt er arglistig und kann der hieraus resultierenden Haftung nicht dadurch entgehen, dass er den Käufer durch eine allgemein gehaltene Klausel zur Übernahme sonstiger Abgaben verpflichtet.

Dass es um einen wirklich ausgetragenen Rechtsstreit geht, bekundet der von Ulpian erneut zitierte Julian schließlich eigens in dem nächsten Zitat, mit dem der Abschnitt über die *dolus*-Haftung sein Ende findet:[455]

> D 19.1.13.7 Ulp 32 ed (Ulp 934)
> Sed cum in facto proponeretur tutores hoc idem fecisse, qui rem pupillarem vendebant, quaestionis esse ait, an tutorum dolum pupillus praestare debeat. et si quidem ipsi tutores vendiderunt, ex empto eos teneri nequaquam dubium est: sed si pupillus auctoribus eis vendidit, in tantum tenetur, in quantum locupletior ex eo factus est, tutoribus in residuum perpetuo condemnandis, quia nec transfertur in pupillum post pubertatem hoc, quod dolo tutorum factum est.
>
> Aber als in einem konkreten Fall vorgebracht wurde, Vormünder hätten beim Verkauf einer Sache ihres Mündels arglistig getäuscht, stellte sich, wie er schreibt, die Frage, ob das Mündel für die Arglist seiner Vormünder einstehen müsse. Und wenn die Vormünder selbst verkauft haben, ist ganz unzweifelhaft, dass sie mit der Kaufklage haften; hat aber das Mündel mit ihrer Zustimmung verkauft, haftet es nur insoweit, als es bereichert worden ist, während die Vormünder ohne zeitliche Grenze auf den Rest zu verurteilen seien, weil auf das Mündel nach Erreichen der Volljährigkeit nicht übergeht, was durch die Arglist der Vormünder bewirkt worden ist.

Verkauft ein Vormund im eigenen Namen eine Sache des Mündels, ist er dem Käufer schon deshalb für seine Arglist haftbar, weil er dessen Vertragspartner ist. Nimmt das Mündel das Geschäft hingegen selbst vor und erteilt der Vormund nur seine Genehmigung, ist nicht ohne weiteres ausgemacht, ob das Mündel sich den *dolus* des Vormunds zurechnen lassen oder dieser hierfür einstehen muss. Ulpian beantwortet die von Julian gestellte Fallfrage differenziert: Das Mündel ist zwar für eine von dem Vormund verübte Täuschung haftbar, allerdings nur in dem Umfang, in dem es auch durch das Geschäft bereichert ist.[456] Ulpian folgt damit

---

**455** *Knütel*, *Dolus tutoris pupillo non nocet*, in: Medicus/Seiler (Hg.), Festschrift für Kaser, München 1976, S. 101, 106 f. nimmt vielleicht nicht zu Unrecht an, es gehe hier wieder um die Täuschung über die auf einem Grundstück ruhende Abgabenlast. Julian hätte denselben Fall dann in zwei Schritten behandelt.

**456** Es steht damit, wie *Knütel* (Fn. 455), S. 107 f. bemerkt, so, als habe es das Geschäft ohne die Zustimmung des Vormunds vorgenommen.

dem von ihm andernorts eigens erwähnten[457] und von Papinian auf Sabinus zurückgeführten[458] Grundsatz, dass der *dolus* eines Vormunds dem Mündel weder schaden noch nützen darf.[459] Interessant ist, dass er daneben eine Einstandspflicht des Vormunds für die Differenz zwischen dem vom Mündel zu leistenden Ersatz und dem eingetretenen Schaden bejaht. Da diese Haftung zeitlich unbegrenzt sein soll, kann ihr Vehikel nicht die auf ein Jahr befristete *actio de dolo* sein, die Ulpian mit dem Hinweis auf die Dauer der Einstandspflicht vermutlich gerade ausschließen will.[460] Es kann nur die Kaufklage sein, die Ulpian hier auf eine Person erstreckt, die nicht selbst Partei des Vertrags, sondern auf andere Weise maßgeblich an ihm beteiligt ist. Bemerkenswert ist ferner, dass Ulpian nicht auf den Fall eingeht, dass der Vormund die Sache im Namen des Mündels verkauft; denn hier nimmt er ausweislich einer isoliert überlieferten Stellungnahme zur Eviktionshaftung aus demselben Buch des Ediktskommentars an, dass das Mündel dem Vertragspartner zumindest bei Insolvenz des Tutors im Wege einer *actio utilis* direkt verpflichtet wird.[461] Diese Haftung darf bei einem dolosen Verhalten des Vormunds ebenfalls nicht weiter reichen als die Bereicherung des Mündels.[462]

Überblickt man den Abschnitt zur *dolus*-Haftung, springt als prägendes Merkmal sofort sein zitatgeleiteter Charakter ins Auge. Zwar handelt es sich um eine thematisch abgegrenzte Darstellung; und diese lässt auch zumindest in der Reihung der Fälle eines Kaufs fehlerhafter Sachen (D 19.1.13.pr) und charakterlicher Mängel von Sklaven (D 19.1.13.1, 2) sowie ihren Anschluss an Julians Grundsatzentscheidung zur Rechtsmängelhaftung (D 19.1.11.18) einen strukturierten Aufbau erkennen. Die Positionierung dieses Abschnitts scheint vor allem dem Umstand geschuldet, dass Julian in einem vorangehenden Zitat zur Rechtsmängelhaftung einen Vorbehalt für den Fall macht, dass der Verkäufer arglistig handelt (D 19.1.11.16). Ulpian greift diesen Vorbehalt ganz am Ende der Ausführungen zur Rechtsmängelhaftung als ‚*sententia Iuliani*' auf und nimmt sie zum Anlass, weitere Entscheidungen dieses Juristen zur *dolus*-Haftung zu referieren. Diese weisen untereinander keinen weiteren Zusammenhang auf. Da sie auf reale Fälle zurückgehen, standen sie vielleicht schon bei Julian unverbun-

457 D 14.4.3.1 Ulp 29 ed; vgl. auch D 15.1.21.1 Ulp 29 ed.

458 D 26.9.3 Pap 20 quaest.

459 Hierzu eingehend *Knütel* (Fn. 455), S. 101 ff.

460 Anders *Knütel* (Fn. 455), S. 108 f., der glaubt, Julian gewähre die Arglistklage hier jenseits der Jahresfrist.

461 D 21.2.4.1 Ulp 32 ed; hierzu *Harke* (Fn. 42) S. 336 f.

462 Dass Julian die Haftung mit einer zweckdienlichen Klage ganz verneint hat, glaubt dagegen *Knütel* (Fn. 455), S. 107.

den nebeneinander. Ulpian übernimmt diese Sammlung des Hochklassikers und macht sie zu seiner Darstellung des Themas der Arglisthaftung in seinem Kommentar. Dabei nimmt er in Kauf, dass zuvor getroffene Feststellungen und ein Zitat von Neraz nun in einem ganz anderen Licht erscheinen und, für sich genommen, missverständlich sind. Erschließen können sie sich nur einem Leser, der sie auch ohne Hilfe in einen Zusammenhang zu bringen vermag.

## 6 Preiszahlung als Voraussetzung der Haftung

Ein Erfordernis, das die Haftung des Verkäufers mit der *actio empti* generell betrifft, behandelt Ulpian in den beiden nächsten Paragraphen von D 19.1.13:

D 19.1.13.8 – 9 Ulp 32 ed (Ulp 934)
Offerri pretium ab emptore debet, cum ex empto agitur, et ideo etsi pretii partem offerat, nondum est ex empto actio: venditor enim quasi pignus retinere potest eam rem quam vendidit. (9) Unde quaeritur, si pars sit pretii soluta et res tradita postea evicta sit, utrum eius rei consequetur pretium integrum ex empto agens an vero quod numeravit? et puto magis id quod numeravit propter doli exceptionem.

Der Käufer muss die Zahlung des Kaufpreises anbieten, wenn er die Kaufklage erhebt; und daher besteht seine Klage noch nicht, wenn er nur einen Teil des Kaufpreises anbietet; der Verkäufer kann nämlich die verkaufte Sache wie ein Pfand zurückbehalten. (9) Daher stellt sich die Frage, ob, wenn nur ein Teil des Kaufpreises geleistet worden und die übergebene Kaufsache später entwehrt worden ist, der Käufer mit der Kaufklage den gesamten Preis dieser Sache oder nur das erlangen kann, was er gezahlt hat. Und ich glaube, dass es eher nur das ist, was bereits gezahlt worden ist, und zwar wegen der Arglisteinrede.

Da der Verkäufer seine Leistung zurückhalten darf, bis der Käufer die ihm obliegende Gegenleistung erbringt, kann dieser mit der Erhebung der Kaufklage nur dann Erfolg haben, wenn er die Zahlung des Kaufpreises zumindest anbietet.[463] Will er nur einen Teil des Preises zahlen, genügt dies nicht, weil der Verkäufer die Kaufsache auch nicht bloß teilweise einbehalten kann. Ulpian verdeutlicht dies durch einen Vergleich zu einem Pfandrecht:[464] Ebenso, wie ein Gläubiger sein Verwertungsrecht erst in dem Moment verliert, in dem die gesicherte Forderung vollständig erfüllt oder eine entsprechende Leistung angeboten ist, behält auch

463 Vgl. *Benöhr* (Fn. 399), S. 43 ff., ferner *Pennitz* (Fn. 421), S. 75 ff.
464 Diesen stellt er auch anlässlich eines Zitats von Marcell in D 21.1.31.8 Ulp 1 ed aed an. Hier geht es um einen Kaufvertrag, den ein *servus communis* eingegangen ist und den nur einer seiner Eigentümer erfüllen möchte.

ein Verkäufer sein Zurückbehaltungsrecht so lange, bis er den gesamten Kaufpreis erhalten hat oder auf das Angebot seiner Zahlung nicht eingegangen ist.

Muss der Käufer die vollständige Entrichtung des Kaufpreises anbieten, um mit der *actio empti* durchzudringen, stellt sich die Frage, wie sich dies auf die Gewähr für Rechtsmängel auswirkt. Zwar hängt die Übernahme einer entsprechenden Garantie, wie Ulpian schon in D 19.1.11.2 festgestellt hat, ebenfalls von der Zahlung des Kaufpreises ab. Da diese vom Käufer nach der Entwehrung der Kaufsache aber nicht mehr erwartet werden kann, erscheint es jedoch keineswegs abwegig, dem Käufer auch ohne Rücksicht auf dieses Erfordernis einen Anspruch auf die Garantieleistung zuzugestehen. Ulpian bejaht ihn denn auch im Grundsatz, begrenzt die Bemessungsgrundlage für das als Garantieleistung geschuldete *duplum* oder *simplum* aber auf den schon gezahlten Teil des Kaufpreises.[465] Verlangte der Käufer eine Zahlung, die sich am vollen Kaufpreis orientiert, müsste er sich den Vorwurf gefallen lassen, nach einer ungerechtfertigten Bereicherung zu streben, weil er die als Maßstab dienende eigene Leistung ebenfalls nur teilweise erbracht hat. Die hieraus entspringende Arglisteinrede erheischt im *bonae fidei iudicium* der Kaufklage zwar automatisch Berücksichtigung, kann im Formularprozess aber auch in die Klageformel aufgenommen werden.[466]

Es überrascht vielleicht noch nicht, dass Ulpian diese Ausführungen von den einleitenden Bemerkungen in D 19.1.11.2 trennt, in denen er schon auf den Konnex zwischen der Kaufpreiszahlung und den Verpflichtungen des Verkäufers hingewiesen hat. Er bemüht sich aber nicht, dem Leser zu erklären, warum er dort die Entrichtung des Kaufpreises, hier dagegen zunächst nur ein entsprechendes Angebot fordert. Dass beides gleichwertig ist, ergibt sich daraus, dass der Verkäufer, wenn er auf das Angebot der Preiszahlung nicht eingeht, in Verzug der Annahme gerät und sich daher so behandeln lassen muss, als hätte er den Preis schon erhalten. Die Kenntnis dieses Zusammenhangs setzt Ulpian offenbar hier ebenso wie schon am Anfang der Kommentierung voraus.

## 7 Zuweisung von Früchten und sonstigem Zuwachs

Thema der nächsten Abschnitte von D 19.1.13 ist die Zuständigkeit von Früchten und sonstigem Zuwachs der Kaufsache nach Abschluss des Kaufvertrags.

---

**465** Anders offenbar *Finkenauer*, Zur Inhärenz von Einreden im *bonae fidei iudicium*, IVRA 68 (2020) 100 f., der von einer Interessehaftung ausgeht. *Finkenauer* wendet sich aber zu Recht gegen die Annahme von *Honsell* (Fn. 417), S. 48, demzufolge Ulpian statt der im Text eigens genannten *actio empti* eine Verpflichtung aus einem schon übernommenen Garantieversprechen behandelt.
**466** Richtig *Finkenauer*, IVRA 68 (2020) 101 f.

D 19.1.13.10 – 13 Ulp 32 ed (Ulp 934)
Si fructibus iam maturis ager distractus sit, etiam fructus emptori cedere, nisi aliud convenit, exploratum est. (11) Si in locatis ager fuit, pensiones utique ei cedent qui locaverat: idem et in praediis urbanis, nisi si quid nominatim convenisse proponatur. (12) Sed et si quid praeterea rei venditae nocitum est, actio emptori praestanda est, damni forte infecti vel aquae pluviae arcendae vel Aquiliae vel interdicti quod vi aut clam. (13) Item si quid ex operis servorum vel vecturis iumentorum vel navium quaesitum est, emptori praestabitur, et si quid peculio eorum accessit, non tamen si quid ex re venditoris.

Ist ein Feld mit reifen Früchten verkauft worden, fallen anerkanntermaßen auch die Früchte dem Käufer zu, falls nicht etwas anderes vereinbart ist. (11) Ist das Feld verpachtet, fällt die Pacht jedenfalls dem Verpächter zu; dasselbe gilt für städtische Grundstücke, falls nicht vorgetragen wird, es sei ausdrücklich etwas anderes vereinbart worden. (12) Aber auch wenn die verkaufte Sache später beschädigt wird, ist dem Käufer die einschlägige Klage abzutreten, etwa die Klage wegen drohenden Gebäudeschadens oder zur Abwehr von Regenwasser oder aus dem aquilischen Gesetz oder aufgrund der Verfügung ‚was gewaltsam oder heimlich'. (13) Auch muss dem Käufer geleistet werden, was aus der Überlassung von Sklavendiensten oder an Frachtlohn für Zugtiere oder Schiffe erworben wird, und auch was zu einem Sondergut hinzukommt, es sei denn, dass es aus dem Vermögen des Verkäufers stammt.

Ulpian beginnt in § 10 mit den Sachfrüchten, die ein landwirtschaftlich genutztes Grundstück hervorbringt: Dass sie dem Käufer zukommen, liegt dann auf der Hand, wenn sie noch unreif und offensichtlich Teil des verkauften Landes sind. Raum für Zweifel lassen eher erntereife Früchte, weil sie sich aus der Sicht eines unbedarften Betrachters schon wie selbständige Sachen ausnehmen.[467] Da sie aber rechtlich ebenfalls noch zu der Kaufsache gehören, stehen sie ebenfalls dem Käufer zu. Ulpian überlässt es dem Leser, hieraus den Schluss zu ziehen, dass sie auch im Fall ihrer Trennung vom Grundstück dem Käufer herausgegeben werden müssen.[468]

Anderen Gesetzen gehorcht die Zuweisung der Rechtsfrüchte: Hier soll es nach § 11 sowohl bei der Verpachtung landwirtschaftlich genutzter Flächen als auch bei der Vermietung städtischer Grundstücke auf die Person des Verpächters oder Vermieters ankommen. Ist der Verkäufer den Pacht- oder Mietvertrag eingegangen, steht ihm die Pacht oder Miete also auch für die Zeit nach Abschluss des Kaufvertrags zu.[469] Dieser Vorteil ist freilich indirekt durch die Pflicht zur

**467** Richtig *Weyand*, Kaufverständnis und Verkäuferhaftung im klassischen römischen Recht, TR 51 (1983) 225, 234.

**468** *Weyand*, TR 51 (1983) 225, 235 hält das Erfordernis der mindestens anteiligen Kaufpreiszahlung für eine Neuerung aus der Zeit der Entstehung der Paulussentenzen.

**469** Dies wird auch von Proculus in D 18.1.68pr Proc 6 ep vorausgesetzt, wenn er eine Pflicht zur Auskehr der Pacht von einer entsprechenden Vereinbarung der Parteien abhängig macht.

Übergabe der Kaufsache begrenzt: Kann der Verkäufer ihr nicht gerecht werden, weil er die Sache dem Pächter oder Mieter überlassen hat, darf er zwar das von diesem gezahlte Entgelt behalten, verliert aber den Kaufpreis. Ulpian stellt dies nicht eigens klar; und er bemüht sich auch nicht darum, den scheinbaren Widerspruch zu § 13 zu vermeiden. Dort weist er das Entgelt, das der Verkäufer für die Überlassung von Sklaven, Zugtieren oder Schiffen einnimmt, dem Käufer zu.[470] Gemeint können damit nur kurzfristige Verträge sein, die der Verkäufer nach Abschluss des Kaufvertrags eingegangen ist.[471] Zwar ist Vertragspartner auch hier der Verkäufer; er wird jedoch gleichsam für den Käufer tätig. Ab der Perfektion des Kaufvertrags kommt diesem allein die Befugnis zu, die Kaufsache Dritten zu überlassen, weshalb ihm das Entgelt ebenso wie ein Zuwachs des *peculium* zufällt, sofern dieser nicht auf eine Zuwendung des Verkäufers zurückgeht.

Eine völlig andere Art von Vorteil stellen die von Ulpian dazwischen in § 12 behandelten Klagen dar, die sich aus einer Beschädigung der Kaufsache ergeben. Ulpian zählt außer der allgemeinen Klage aus dem aquilischen Gesetz noch einen Anspruch aus einer *cautio damni infecti* auf, die sich der Verkäufer wegen eines drohenden Gebäudeschadens hat geben lassen, ferner die aus einer ungebührlichen Ableitung von Regenwasser folgende *actio aquae pluviae arcendae* und die Klage, die sich im Nachverfahren aus einem *interdictum quod vi aut clam* ergibt.[472] Dass diese Ansprüche dem Käufer zustehen, führt Ulpian an anderer Stelle darauf zurück, dass ihn seit Abschluss des Kaufvertrags die mit der Kaufsache verbundenen Vor- und Nachteile gleichermaßen treffen:[473] Kann er daher den Verkäufer nicht mehr belangen, wenn die Kaufsache von dritter Seite beschädigt wird, muss dieser ihm zum Ausgleich doch die Klagen abtreten, die sich hieraus gegen den Schädiger ergeben.[474] Ulpian erspart sich eine solche Begründung an dieser Stelle und überlässt sie ebenso dem Leser wie schon die Überlegung, dass es bei den erwähnten Fällen der Vermietung und Verpachtung einmal um langfristige, das

**470** Dass es um Sklaven geht, die zusammen mit einem Grundstückskauf veräußert werden, glaubt *Pennitz* (Fn. 421) S. 168 f.

**471** *Weyand*, TR 51 (1983) 225, 238 f.

**472** Entgegen *Reichard*, Die Frage des Drittschadensersatzes im klassischen römischen Recht, Köln u.a. 1993, S. 96 f. stehen diese Klagen nicht schon zwangsläufig dem Käufer zu, weil sie eine andauernde Beeinträchtigung eines Grundstücks sanktionieren. Zwar kann der Käufer selbst das Interdikt beantragen; hat es aber der Verkäufer schon erwirkt, wird er auch zum Inhaber der Schadensersatzklage. Bei der *actio aquae pluviae arcendae* ist an den vom Pomponius in D 39.3.16 Pomp 20 Sab behandelten Fall zu denken, dass die Klage schon vor dem Verkauf rechtshängig geworden ist. Vgl. zum *interdictum quod vi aut clam* auch D 43.24.11.9 Ulp 71 ed.

**473** D 43.24.11.9 Ulp 71 ed.

**474** Zur Konkurrenz mit einer Haftung des Verkäufers für *custodia Reichard* (Fn. 472), S. 103 f.

andere Mal um Verträge mit kurzer Laufzeit nach Perfektion des Kaufvertrags geht.

Nach der erläuterungsarmen Auflistung möglicher Zuwächse zur Kaufsache geht Ulpian auf zwei Konstellationen ein, in denen sich die Frage stellt, ob ein drohendes Defizit der Leistung des Verkäufers nachträglich wettgemacht wird:

D 19.1.13.14 – 15 Ulp 32 ed (Ulp 934)
Si Titius fundum, in quo nonaginta iugera erant, vendiderit et in lege emptionis dictum est in fundo centum esse iugera et antequam modus manifestetur, decem iugera alluvione adcreverint, placet mihi Neratii sententia existimantis, ut, si quidem sciens vendidit, ex empto actio competat adversus eum, quamvis decem iugera adcreverint, quia dolo fecit nec dolus purgatur: si vero ignorans vendidit, ex empto actionem non competere. (15) Si fundum mihi alienum vendideris et hic ex causa lucrativa meus factus sit, nihilo minus ex empto mihi adversus te actio competit.

In dem Fall, dass Titius ein Grundstück von 90 Morgen verkauft hat und in einer Bestimmung des Kaufvertrags angegeben ist, dass sich das Grundstück über 100 Morgen erstreckt, und vor der Abmessung des Grundstücks zehn Morgen durch Anschwemmung hinzugekommen sind, stimme ich der Ansicht von Neraz zu, der glaubte, dass, wenn er es wissentlich verkauft hat, trotz des Zuwachses von zehn Morgen die Kaufklage gegen ihn zustehe, weil er sich arglistig verhalten hat und diese Arglist nicht bereinigt wird; hat er es aber unwissentlich verkauft, stehe die Kaufklage nicht zu. (15) Hast du mir ein fremdes Grundstück verkauft und habe ich es aus unentgeltlichem Grund erworben, steht mir nichtsdestoweniger die Kaufklage gegen dich zu.

Die zunächst wiedergegebene Entscheidung von Neraz betrifft eine falsche Angabe zur Grundstücksgröße, für die der Verkäufer, weil er sie gleichsam garantiert, eigentlich ohne Rücksicht auf sein Verschulden einzustehen hat. Kommt die zunächst fehlende Fläche später durch Anlandung hinzu, ist zweifelhaft, ob die Zusage des Flächenmaßes noch als eingehalten gelten kann; denn eine nach dem Vertragsschluss eingetretene Anschwemmung kommt als ein mit dem Grundstück verbundener Vorteil grundsätzlich dem Käufer zu, der auch das Risiko eines Abgangs tragen müsste.[475] Hält Neraz das Grundstück gleichwohl für vertragskonform, kann dies nur daran liegen, dass er die Zusage des Flächenmaßes auf den Zeitpunkt der Abmessung bezieht.[476] Auch wenn der Vorteil einer Anschwemmung im Prinzip dem Käufer zufällt, ändert dies doch nichts daran, dass die vom Verkäufer gemachte Zusage im entscheidenden Moment richtig ist. An einen anderen Zeitpunkt knüpft hingegen die Haftung des Verkäufers an, der bei Vertragsschluss weiß, dass das von ihm angegebene Flächenmaß aktuell falsch

475 D 18.6.7pr Paul 5 Sab.

476 Es besteht also nicht der von *Weyand*, TR 51 (1983) 241 ff. behauptete Meinungsgegensatz zu Paulus.

ist. Er muss unbedingt für seinen bei Vertragsschluss vorhandenen *dolus* einstehen[477] und kann sich der Haftung nicht dadurch entziehen, dass er auf den späteren Zuwachs des Grundstücks verweist. Hier beansprucht der Satz, dass nach Vertragsschluss entstehende Vorteile dem Käufer zugewiesen sind, uneingeschränkt Geltung.[478]

Nur von oberflächlicher Ähnlichkeit ist der von Ulpian angefügte Fall eines sogenannten *concursus causarum*, in dem der Käufer das Eigentum an einem Grundstück, das ihm der Verkäufer nicht verschaffen konnte, nachträglich ‚*ex causa lucrativa*', also durch Schenkung oder von Todes wegen, erlangt. Selbst wenn der Käufer für diesen späteren Erwerb ein Entgelt entrichtet hätte, könnte hier mangels Entwehrung der Kaufsache keine Eviktionshaftung Platz greifen,[479] sei es, dass diese sich aus einer vom Verkäufer schon übernommenen Garantie ergeben soll, sei es, dass sie mangels einer solchen auf die Kaufklage zurückgeführt werden muss. In Betracht kommt nur ein Anspruch auf Rückzahlung des Kaufpreises, wie er als Klageziel auch explizit in der Paraphrase des Textes durch den Autor der Paulussentenzen benannt ist.[480] Zugrunde liegt die *ratio* der in D 19.1.11.18 wiedergegebenen Entscheidung Julians, wonach ein solcher Anspruch stets und sogar bei einem vertraglichen Ausschluss der Rechtsmängelhaftung besteht, weil der Verkäufer die ihm obliegende Verpflichtung zum *habere licere* nicht erbracht hat:[481] Zwar kann der Käufer, der das Eigentum später auf andere Weise erlangt, die Sache behalten. Er hat sie aber eben nicht mehr aufgrund des Kaufvertrags und damit als Gegenstand einer Leistung des Verkäufers inne.[482] Bleibt dessen Verpflichtung unerfüllt, ist auch ein Verbleib der Gegenleistung des Käufers bei ihm nicht mehr gerechtfertigt.[483] Dies wird besonders deutlich, wenn

---

**477** Wie PS 1.19.1 und 2.17.4 zeigen, setzt auch die alte *actio de modo agri* den Vorsatz des Käufers voraus, so dass entgegen *Medicus* (Fn. 155), S. 150 f. kein Anlass zur Annahme einer Textkürzung besteht.

**478** Vgl. auch *Pennitz* (Fn. 421), S. 182. Entgegen *Procchi* (Fn. 407), S. 192 kann man nicht davon sprechen, dass der *dolus* des Verkäufers haftungsverstärkend wirkt.

**479** Dies sagt eigens Sabinus in einem Zitat bei Paulus in D 21.2.9 Pau 76 ed.

**480** PS 2.17.8: *Fundum alienum mihi vendidisti: postea idem ex causa lucrativa meus factus est: competit mihi adversum te ad pretium recuperandum actio ex empto.* („Du hast mir ein fremdes Grundstück verkauft; später ist es aus unentgeltlichem Grund mein Eigentum geworden; mir steht gegen dich die Kaufklage auf Rückgewähr des Kaufpreises zu.") Dass damit auch die Ansicht Ulpians getroffen ist, nimmt zu Recht *Ernst*, Rechtsmängelhaftung, Tübingen 1995, S. 54 an.

**481** *Harke*, OIR 11 (2006) 63, 76 ff.

**482** Dies sagt ausdrücklich der von Pomponius zitierte Celsus in seiner Kritik an einer umgekehrten Entscheidung von Nerva; vgl. D 21.2.29pr Pomp 11 Sab; hierzu *Harke* (Fn. 205), S. 32 f.

**483** Von der anderen Seite beleuchtet Julian den Fall in D 19.1.29 Iul 4 Min, wo er eine Verwirklichung des lukrativen Rechtsgrundes vermisst, solange der Kaufpreis noch nicht zurückgezahlt ist.

sich der Käufer den nachträglichen Rechtserwerb durch eine Zahlung an einen Dritten erkauft hat. Es gilt aber nicht weniger, wenn er für den Erwerb des Eigentums kein Opfer gebracht hat, weil der Verkäufer auch in diesem Fall nicht mehr für ein *habere licere* der Kaufsache sorgen kann.

Wie man sieht, hat die Entscheidungsgrundlage beim *concursus causarum* nichts mit der in Neraz' Fall des falsch angegebenen Flächenmaßes gemein. Während es dort um das Zusammenspiel der Vorteilszuweisung an den Käufer mit einer Beschaffenheitszusage geht, kehrt Ulpian hier wieder zu dem seit Julian anerkannten Gegenseitigkeitsverhältnis zurück, in dem die Kaufpreiszahlung und das *habere licere* stehen. Im Rahmen der Darstellung von Rechtsfragen zu Früchten und Zuwachs der Kaufsache kommt der Aussage zu einem nachträglichen Erwerb der Kaufsache *ex causa lucrativa* damit nachgerade der Charakter eines Exkurses zu. Angeregt ist er allein durch die äußerliche Gemeinsamkeit, dass ein möglicher Mangel der Leistung des Verkäufers ohne dessen Zutun noch in der Weise behoben wird, dass der Käufer schließlich nicht schlechter steht als erwartet.[484] Die Entscheidungen weichen aber nicht nur im Ergebnis voneinander ab, weil die Leistung des Verkäufers im einen Fall doch erbracht, im anderen hingegen ausgefallen ist; auch das zugrunde liegende Räsonnement, über das Ulpian dem Leser keine Rechenschaft ablegt, ist völlig verschieden.

Im Anschluss wechselt Ulpian zu einem neuen Thema und Gewährsmann:

> D 19.1.13.16 Ulp 32 ed (Ulp 934)
> In his autem, quae cum re empta praestari solent, non solum dolum, sed et culpam praestandam arbitror: nam et Celsus libro octavo digestorum scripsit, cum convenit, ut venditor praeteritam mercedem exigat et emptori praestet, non solum dolum, sed et culpam eum praestare debere.
>
> Wegen der Sachen, die gewöhnlich zusammen mit der Kaufsache geleistet werden, ist nach meiner Ansicht nicht nur für Arglist, sondern auch für Fahrlässigkeit einzustehen; denn auch Celsus schreibt im achten Buch seiner Digesten, der Verkäufer müsse, wenn vereinbart sei, dass er die Miete oder Pacht für vergangene Zeiträume einziehe und dem Käufer leiste, nicht nur für Arglist, sondern auch für Fahrlässigkeit einstehen.

Ulpian stellt allgemein fest, dass der Verkäufer im Hinblick auf Nebenleistungen außer für seine Arglist auch für Fahrlässigkeit hafte und beruft sich auf eine Entscheidung von Celsus zu fälligen Miet- oder Pachtzahlungen, die er eintreiben und dem Käufer auskehren solle. Wie schon in § 11 ausgeführt, stehen diese

---

484 Eine tiefergehende Ähnlichkeit bestünde allenfalls, wenn man die eine Entscheidung entgegen ihrem überlieferten Wortlaut auf die *actio de modo agri* (s. o. Fn. 477), die andere auf *actio auctoritatis* bezöge; hierfür ist *Ernst* (Fn. 480), S. 58; anders hingegen *Brägger* (Fn. 399), S. 151.

Zahlungen grundsätzlich dem Verkäufer zu, wenn er den Miet- oder Pachtvertrag vor dem Abschluss des Kaufvertrags eingegangen ist. Der Käufer kann ihre Herausgabe also nicht ohne weiteres, sondern nur aufgrund einer besonderen Vereinbarung fordern. Diese scheint aber üblich zu sein; denn Ulpian will aus dem Celsus-Zitat auf weitere Leistungen folgern, zu denen der Verkäufer dem Käufer gewöhnlich neben der Lieferung der Kaufsache verpflichtet ist. Und gerade mit Blick auf den Einzug und die Weitergabe von Miet- oder Pachtzahlung hat vor Celsus auch schon Proculus eine Einstandspflicht für *dolus* und *culpa* befürwortet.[485]

Die Erwähnung des Haftungsmaßstabs im Rahmen der Erörterung, wie Früchte und sonstiger Zuwachs der Kaufsache zuzuweisen sind, überraschen aus zwei Gründen: Zum einen leuchtet nicht ein, warum Ulpian auf die grundlegende Frage des Haftungsgrades nur im Hinblick auf Nebenleistungen zu sprechen kommt und sie nicht mit Bezug auf die Hauptpflicht zur Lieferung der Kaufsache erwähnt. Zum anderen stellt sich die Frage, warum Ulpian keinen Zusammenhang zur Mängelhaftung herstellt, für die er im Verlauf der Kommentierung schon oft eine auf *dolus* beschränkte Einstandspflicht des Verkäufers behauptet hat.

Die Antwort auf die zweite Frage ergibt sich indirekt aus der Wahl des Beispielsfalles: Beim Einzug von Miet- und Pachtzahlungen soll der Verkäufer nach Vertragsschluss eine gewisse Aktivität entfalten, deren Erfolg nicht nur wegen seiner bösen Absicht, sondern auch aus bloßer Nachlässigkeit ausbleiben kann. Bei der Mängelhaftung geht es hingegen um eine vorvertragliche Schädigung des Käufers, die der Verkäufer dadurch herbeiführt, dass er einen Fehler der Kaufsache nicht schon vor Vertragsschluss offenlegt oder gar in Abrede stellt. Auch hier ist natürlich ebenso gut denkbar, dass er dies nicht vorsätzlich tut, sondern deshalb unterlässt, weil er sich nicht mit hinreichender Sorgfalt des Zustandes der Kaufsache vergewissert hat. Die hieraus folgende Schädigung bleibt jedoch sanktionslos, weil der Käufer mit Eingehung des Kaufvertrags selbst das Risiko übernommen hat, infolge eines Mangels der Kaufsache einen Schaden zu erleiden. Er muss sich seine Entscheidung zum Vertragsschluss gleichsam als Mitverschulden zurechnen lassen,[486] das auch bei einer außervertraglichen Haftung bloß Raum für eine Haftung des Schädigers wegen seines Vorsatzes lässt[487].

Kommt bei Mängeln der Kaufsache oder ihrer *accessio* von vornherein nur eine Einstandspflicht wegen *dolus* in Betracht, gilt etwas anderes doch für die

**485** D 18.1.68pr Proc 6 ep.

**486** Ausführlich *Harke* (Fn. 454), S. 52f.

**487** Dies ist die sogenannte *culpa*-Kompensation; vgl. D 9.2.9.4, 11pr Ulp 18 ed, 9.2.31 Paul 10 Sab; vgl. *Harke* (Fn. 454), S. 46ff.

Lieferung der Kaufsache selbst. Hier ist die Haftung des Verkäufers keineswegs auf Vorsatz begrenzt, sondern es gilt die von Ulpian andernorts wiedergegebene Regel, dass die Parteien bei Kaufverträgen einander generell für Vorsatz und Fahrlässigkeit verantwortlich sind.[488] Und die Verpflichtung des Verkäufers geht sogar noch über *culpa* hinaus, indem er auch die Bewachung (*custodia*) schuldet und daher zuweilen sogar für einen zufälligen Verlust der Kaufsache einzustehen hat. Übergeht Ulpian dies in seinem Ediktskommentar, nimmt er offenbar an, seine Leser seien hierüber schon hinreichend unterrichtet. Einer Erwähnung wert erscheint ihm nur die Feststellung des Celsus, der allgemeine Haftungsmaßstab erheische auch für Nebenleistungen Geltung.

Angeregt durch das Zitat des Hochklassikers wendet sich Ulpian dann einem Fall zu, dessen Entscheidung er ebenfalls bei Celsus vorgefunden hat. Er passt in gewisser Weise zwar wieder zu dem Thema, welches rechtliche Schicksal ein Zuwachs zur Kaufsache hat, ist aber völlig anders gelagert:

> D 19.1.13.17 Ulp 32 ed (Ulp 934)
> Idem Celsus libro eodem scribit: fundi, quem cum Titio communem habebas, partem tuam vendidisti et antequam traderes, coactus es communi dividundo iudicium accipere. si socio fundus sit adiudicatus, quantum ob eam rem a Titio consecutus es, id tantum emptori praestabis. quod si tibi fundus totus adiudicatus est, totum, inquit, eum emptori trades, sed ita, ut ille solvat, quod ob eam rem Titio condemnatus es. sed ob eam quidem partem, quam vendidisti, pro evictione cavere debes, ob alteram autem tantum de dolo malo repromittere: aequum est enim eandem esse condicionem emptoris, quae futura esset, si cum ipso actum esset communi dividundo. sed si certis regionibus fundum inter te et Titium iudex divisit, sine dubio partem, quae adiudicata est, emptori tradere debes.
>
> Celsus schreibt auch in demselben Buch: Du hast deinen Anteil an einem Grundstück, das dir mit Titius gemeinsam gehörte, verkauft und bist vor der Übergabe gezwungen worden, dich auf ein Teilungsverfahren einzulassen. Wird das Grundstück dem Teilhaber zugesprochen, musst du nur leisten, was du deshalb von Titius erlangst. Wird dir aber das gesamte Grundstück zugesprochen, musst du, wie er schreibt, dieses vollständig dem Käufer übergeben, aber nur unter der Bedingung, dass dieser den Betrag zahlt, zu dem du Titius deshalb verurteilt worden bist. Du musst freilich nur für den Anteil, den du verkauft hast, Sicherheit für Entwehrung leisten, wegen des anderen Anteils nur für Arglist; es ist nämlich gerecht, dass der Käufer so steht, wie er stünde, wenn gegen ihn die Teilungsklage erhoben worden wäre. Hat der Richter das Grundstück dagegen nach Flächen zwischen dir und Titius aufgeteilt, musst du zweifellos den Teil, der dir zugesprochen worden ist, dem Käufer übergeben.

Wird ein Grundstück nach dem Verkauf eines Miteigentumsanteils zum Gegenstand eines Teilungsverfahrens, trifft dieses im Innenverhältnis zwischen den

---

**488** D 50.17.23 Ulp 29 Sab.

Parteien des Kaufvertrags allein den Käufer: Wird das Grundstück real geteilt, erhält er das dem Verkäufer zugesprochene Areal. Wird das Grundstück vollständig dem anderen Teilhaber zugewiesen, muss der Verkäufer die hierfür erhaltene Ausgleichszahlung an den Käufer auskehren. Wird es hingegen in vollem Umfang dem Verkäufer zugesprochen, muss dieser es ganz dem Käufer herausgeben und dieser die Ausgleichszahlung an den Teilhaber erbringen. Die vom Verkäufer zu leistende Eviktionsgarantie beschränkt sich dabei auf den verkauften Anteil; für den anderen muss der Verkäufer nur versprechen, dass keine Arglist im Spiel ist. Dabei bleibt unerwähnt, dass der Verkäufer im Teilungsverfahren auch eine Eviktionsgarantie des Teilhabers erhält,[489] in deren Genuss er den Käufer kommen lassen muss. Die im Gegenzug geschuldete Ausgleichszahlung an den Teilhaber ist, wie Ulpian an einer anderen Stelle seines Ediktskommentars klarstellt, auch nicht etwa nur Voraussetzung für den Anspruch auf Übergabe des Grundstücks, sondern kann vom Verkäufer sogar aktiv mit der ihm zustehenden *actio venditi* verlangt werden.[490] Wird der Käufer so im Ergebnis zum Erwerb einer Sache gezwungen, die er gar nicht gekauft hat, ist dies doch nicht ungerecht, weil er mit der Entscheidung für die Übernahme des Miteigentumsanteils auch das inhärente Risiko übernommen hat, im Zuge eines Teilungsverfahrens zur Übernahme des gesamten Grundstücks gegen Ausgleichszahlung verpflichtet zu werden.[491]

Einen regelrechten Zuwachs erfährt die Kaufsache durch das Teilungsverfahren, wenn überhaupt, dann nur in dem Fall, in dem der Verkäufer das gesamte Grundstück zugesprochen bekommt. Obwohl Ulpian ihn andernorts auch als solchen bezeichnet,[492] hält er, da er durch eine Ausgleichszahlung für den anderen Miteigentumsanteil erkauft ist, aber keinen Vergleich zu einer gewöhnlichen *accessio* aus, die dem Käufer gerade ohne weiteres Opfer zukommt. Die Zuweisung des gesamten Grundstücks unterscheidet sich wirtschaftlich nicht von den Fällen, in denen dem Käufer entweder die Ausgleichszahlung des anderen Teilhabers oder aber eine real geteilte Grundstückshälfte zukommt. Statt eines Zuwachses zur Kaufsache liegt hier eine schuldrechtliche Surrogation vor. Sie folgt aber durchaus demselben Prinzip, das auch der Zuweisung von Früchten und sonstigem Zuwachs zugrunde liegt. Ulpian benennt es an dieser Stelle erstmals und auch nur annäherungsweise, indem er davon spricht, dass der Käufer so

---

**489** D 10.3.10.2 Paul 23 ed.

**490** D 10.3.7.13 Ulp 20 ed.

**491** Vgl. *Weyand*, TR 51 (1983) 225, 245, *Misera*, Akzession und Surrogation zufolge einer *adiudicatio*, SZ 103 (1986) 404.

**492** S. o. Fn. 490.

stehen muss, als ob er selbst Partei des Teilungsverfahrens geworden wäre.[493] Verallgemeinert man den Gedanken, gelangt man zu der Regel, dass der Käufer im Innenverhältnis zum Verkäufer so behandelt wird, als sei er mit Vertragsschluss Eigentümer der Kaufsache geworden.[494] Zählt die Kaufsache damit schon vor ihrer Übergabe zu seinem Vermögen, ergibt sich daraus einerseits, dass ihm auch die danach erwirtschafteten Sach- und Rechtsfrüchte und ein sonstiger Zuwachs, etwa in Gestalt einer Anschwemmung, zukommen muss. Andererseits gilt aber auch, dass er einen Gegenstand übernehmen darf und muss, der an die Stelle der Kaufsache tritt. Erwähnt Ulpian das Prinzip erst an dieser Stelle, hält er seine Anwendung in den zuvor behandelten Fällen anscheinend für selbstverständlich. Einer Erläuterung bedürftig erscheint ihm nur die bei Celsus gefundene Entscheidung der eher speziellen Konstellation eines Anteilskaufs mit nachträglichem Teilungsverfahren.

Auf derselben *ratio* beruht auch die letzte Entscheidung, die Ulpian in diesem Rahmen referiert:

> D 19.1.13.18 Ulp 32 ed (Ulp 934)
> Si quid servo distracto venditor donavit ante traditionem, hoc quoque restitui debet: hereditates quoque per servum adquisitae et legata omnia, nec distinguendum, cuius respectu ista sint relicta. item quod ex operis servus praestitit venditori, emptori restituendum est, nisi ideo dies traditionis ex pacto prorogatus est, ut ad venditorem operae pertinerent.
>
> Hat der Käufer einem verkauften Sklaven vor der Übergabe etwas geschenkt, muss dies auch herausgegeben werden, ebenso alle vom Sklaven erworbene Erbschaften und Vermächtnisse, und es sei nicht zu unterscheiden, auf welche Person die Verfügung bezogen worden ist. Auch was der Sklave dem Verkäufer an Diensten geleistet hat, ist dem Käufer zu erstatten, falls nicht der Termin zur Übergabe durch Vereinbarung aufgeschoben worden ist, damit die Dienstleistungen dem Verkäufer zustehen.

Ist die Kaufsache seit Abschluss des Kaufvertrags dem Käufer zugewiesen, versteht sich von selbst, dass der Verkäufer Dienste vergüten muss, die der Sklave in dieser Zeit noch für ihn erbringt, sofern diese nicht Gegenstand einer besonderen Vereinbarung geworden sind.[495] Weniger einfach fällt die Beurteilung von unentgeltlichen Zuwendungen an den Sklaven. Zwar gehören sie zum Sondergut

---

**493** Da die Begründung auf die Aussage zur Übernahme der Eviktions- und *dolus*-Garantie folgt und damit eigentlich an der falschen Stelle steht, ist es durchaus nicht unwahrscheinlich, dass sie, wie *Misera*, SZ 103 (1986) 406 meint, obgleich nicht als Zitat gekennzeichnet, auf Celsus zurückgeht.

**494** Für diesen Veräußerungscharakter des Kaufs ist nur ein anderer Name gefunden, wenn man mit *Weyand*, TR 51 (1983) 225, 245 von einer wertzuweisenden Betrachtung spricht.

**495** Dies ist wohl auch in PS 2.17.7 gemeint, zumal sich der Verfasser der Paulussentenzen auch in den umgebenden Paragraphen an Ulpians Ediktskommentar orientiert; s.o Fn. 453, 477, 480.

des Sklaven und sind damit von der schon in § 13 mitgeteilten Regel erfasst, dass dessen Mehrung dem Käufer zugutekommt. Bedenken erweckt jedoch, dass die Zuwendung dazu gedacht sein kann, auch oder sogar allein den Verkäufer zu begünstigen. Einer Rücksicht hierauf steht jedoch entgegen, dass die Verfügung in Kenntnis des Status des Sklaven und damit in dem Bewusstsein erfolgt, dass sich die Zuständigkeit seines Sondergutes mit einem Eigentümerwechsel ändert. Wer einen eigenen Sklaven nach dessen Verkauf beschenkt, bringt sogar konkludent zum Ausdruck, dass er den Käufer bereichern will; und wer einen Sklaven letztwillig bedenkt, nimmt, selbst wenn er eigentlich an seinen aktuellen Eigentümer denkt, das Risiko in Kauf, dass die Verfügung zum Nutzen eines Erwerbers ausfällt.[496]

Auch das Thema des Zuwachses zur Kaufsache behandelt Ulpian keineswegs systematisch, sondern in Manier eines Sammlers: Er führt eine Reihe von Fällen auf, bevor er anlässlich einer sehr speziell gelagerten Konstellation andeutungsweise den Gedanken enthüllt, der ihre Entscheidung verbindet: Dass die Kaufsache im Verhältnis der Vertragsparteien untereinander schon ab dem Vertragsschluss dem Vermögen des Käufers zugeschrieben wird, legt allein die Begründung von Celsus' Lösung beim Verkauf eines Miteigentumsanteils nahe. Im Übrigen setzt Ulpian voraus, dass seine Leser die *ratio* der Entscheidungen von selbst erkennen. Auch das zweite Grundprinzip, dass ein Verkäufer für Vorsatz und Fahrlässigkeit einzustehen hat, erscheint nur aus Anlass der Beurteilung einer besonderen Vereinbarung über Nebenleistungen, obwohl es ganz allgemein und nicht nur hierfür gilt. Auch in diesem Punkt beruft sich Ulpian wieder auf Celsus. Seinem und dem Werk von Neraz entnimmt er die schwierigen Fälle, die ihm Anlass bieten, die einschlägigen Regeln mitzuteilen, während er sich ansonsten darauf beschränkt, knapp das Ergebnis der aus seiner Sicht mitteilungswürdigen Entscheidungen zu referieren.

## 8 Hauptpflichten des Käufers

In ganz ähnlicher Weise wie die Erläuterung der Käuferklage beginnt Ulpian, wenn er zu ihrem Gegenstück, der *actio venditi*, übergeht. Auf einen kurzen Einleitungssatz folgt die Vorstellung der wesentlichen Verpflichtungen des Käufers:

---

**496** Vgl. *Buchwitz, Servus alienus heres*. Die Erbeinsetzung fremder Sklaven im klassischen römischen Recht, Wien u. a. 2012, S. 81.

D 19.1.13.19 – 22 Ulp 32 ed (Ulp 935)
Ex vendito actio venditori competit ad ea consequenda, quae ei ab emptore praestari oportet. (20) Veniunt autem in hoc iudicium infra scripta. in primis pretium, quanti res venit. item usurae pretii post diem traditionis: nam cum re emptor fruatur, aequissimum est eum usuras pretii pendere. (21) Possessionem autem traditam accipere debemus et si precaria sit possessio: hoc enim solum spectare debemus, an habeat facultatem fructus percipiendi. (22) Praeterea ex vendito agendo consequetur etiam sumptus, qui facti sunt in re distracta, ut puta si quid in aedificia distracta erogatum est: scribit enim Labeo et Trebatius esse ex vendito hoc nomine actionem. idem et si in aegri servi curationem impensum est ante traditionem aut si quid in disciplinas, quas verisimile erat etiam emptorem velle impendi. hoc amplius Labeo ait et si quid in funus mortui servi impensum sit, ex vendito consequi oportere, si modo sine culpa venditoris mortem obierit.

Die Verkäuferklage steht dem Verkäufer zu, um die vom Käufer zu erbringenden Leistungen zu erlangen. (20) Zum Gegenstand dieser Klage werden die im Folgenden beschriebenen Leistungen. Zuvörderst der Preis, zu dem die Sache zum Verkauf gekommen ist. Außerdem die Zinsen auf den Preis ab dem Tag der Übergabe; wenn nämlich der Käufer die Sache nutzen kann, ist es überaus gerecht, dass Zinsen auf den Kaufpreis anfallen. (21) Wir müssen aber auch dann annehmen, dass der Besitz übertragen worden ist, wenn der Besitz bittweise überlassen worden ist; denn wir dürfen nur darauf achten, ob der Käufer die Möglichkeit zur Fruchtziehung hat. (22) Außerdem kann der Verkäufer, indem er die Verkäuferklage erhebt, auch die Verwendungen erlangen, die er auf die verkaufte Sache gemacht hat, wie zum Beispiel, wenn er etwas für verkaufte Gebäude aufgewendet hat; Labeo und Trebaz schreiben nämlich, dass deswegen die Verkäuferklage zustehe. Dasselbe gilt, wenn vor der Übergabe Aufwendungen zur Heilung eines kranken Sklaven oder zu einer Ausbildung gemacht worden sind, die wahrscheinlich auch der Käufer hätte vornehmen wollen. Darüber hinaus schreibt Labeo, mit der Verkäuferklage könnten auch Aufwendungen für das Begräbnis eines Sklaven erlangt werden, falls er ohne Schuld des Verkäufers gestorben ist.

Den vielfältigen Hauptpflichten des Verkäufers, der die Übergabe der Kaufsache, das *habere licere* sowie die Übernahme einer Eviktionsgarantie und Gewähr für selbstverständliche Eigenschaften schuldet, steht nur die Verpflichtung des Käufers zur Zahlung des Kaufpreises gegenüber. Ulpian erscheint sie lediglich insofern erörterungsbedürftig, als er den Zeitpunkt bestimmt, ab dem der Käufer Zinsen leisten muss. Ohne besondere Vereinbarung ist es der Moment der Übergabe der Kaufsache.[497] Ulpian begründet dies damit, dass der Käufer ab diesem Zeitpunkt über die *facultas percipiendi* verfüge. Hieraus folgt für ihn, dass eine den Zinslauf auslösende *traditio* nicht nur dann anzunehmen ist, wenn der Käufer regelrechten Besitz erhält, der ihm vollen Besitzschutz gewährt und die Ersitzung einer nicht sofort zu Eigentum erworbenen Kaufsache ermöglicht. Die Verpflich-

497 Ebenso PS 2.17.9. Dem Verfasser der Paulussentenzen dient Ulpians Kommentar hier vermutlich ebenso wie bei den vorangehenden §§ 6 bis 8 als Vorlage; s. o. Fn. 495. *Liebs* (Fn. 453), S. 61 sieht dagegen Papinians Aussage in Vat 2 als Vorbild an.

tung zur Zahlung von Zinsen besteht auch dann, wenn der Käufer die Sache lediglich bittweise überlassen bekommt. Zwar genießt er hier als Inhaber einer *possessio vitiosa* keinen Besitzschutz gegenüber dem Verkäufer und ist auch von einer Ersitzung der Kaufsache ausgeschlossen;[498] statt dieser Rechtsfolgen ist für die Zinspflicht jedoch allein die entscheidend, dass der Käufer die Kaufsache tatsächlich innehat und die aus ihr zu gewinnenden Früchte ziehen kann.

Vor dem Hintergrund der unmittelbar vorangehenden Ausführungen zur Zuweisung von Früchten und Zuwachs der Kaufsache an den Käufer werfen diese Entscheidung und ihre Begründung eine Frage auf, die Ulpian unbeantwortet lässt: Warum sollen dem Käufer die Früchte der Kaufsache schon ab Vertragsschluss, dem Verkäufer Zinsen auf den Kaufpreis aber erst ab Übergabe der Kaufsache gebühren, wenn der Käufer die Früchte selbst ziehen kann?[499] Um eine Gleichbehandlung beider Seiten zu gewährleisten, müsste der Kaufpreis schon ab Vertragsschluss verzinst werden. Eine automatische Zurechnung zum Vermögen des Vertragspartners, wie sie den Ausschlag für die Zuweisung der Früchte gibt, ist beim Kaufpreis aber nicht möglich. Denn dieser ist, wie Ulpian schon eingangs seiner Kommentierung zur Käuferklage betont hat (D 19.1.11.2), Gegenstand einer regelrechten Pflicht zur Übereignung, während die Kaufsache dem Käufer lediglich übergeben werden muss. Der hier wirksame Veräußerungscharakter des Kaufs kann sich bei der rein obligatorischen Kaufpreisschuld nicht auswirken.[500] Eine Verzinsung kann folglich einsetzen, wenn der Verkäufer dem Käufer durch eine Übergabe vor Zahlung des Kaufpreises gleichsam einen Kredit gewährt und als Entgelt hierfür Zinsen wie ein Darlehensgeber verlangen kann.[501] Unter diesen Umständen tritt sie aber, wie Ulpian wiederum nur andeutet, auch automatisch ein und setzt im Gegensatz zu einer Verzinsung wegen Verzugs keine Mahnung des Schuldners voraus.[502]

Ein wirkliches Pendant zum Anspruch des Käufers auf Auskehr der nach Vertragsschluss gezogenen Früchte bildet das Recht zum Ersatz der Verwendun-

---

**498** Vgl. *Harke, Precarium*. Besitzvertrag im römischen Recht, S. 15 ff.

**499** Ausdrücklich hervorgehoben ist dieser Unterschied bei Papinian in Vat 2.

**500** *Harke* (Fn. 221), S. 42.

**501** Dagegen kann es entgegen *Knütel*, SZ 105 (1988) 526 ff. nicht darauf ankommen, dass der Käufer vor der Übergabe zum Ausgleich für die Früchtezuweisung auch die Gefahr eines zufälligen Untergangs der Kaufsache trägt. Denn diese Gefahr trifft ihn nach der *traditio* erst recht. Anders verhält es sich nur, wenn man an die Quellen die moderne Dogmatik der Leistungshindernisse heranträgt, die nach einer Erfüllung natürlich nicht mehr eintreten können. Auch die Erwägung von *Weyand*, TR 51 (1983) 225, 238, die Zuordnung der Früchte ab Vertragsschluss sei weniger wert als die umfassende Nutzungsmöglichkeit ab Übergabe, vermag die Ungleichbehandlung der Leistungen von Käufer und Verkäufer nicht hinreichend zu erklären.

**502** Insoweit klarer PS 2.17.9; hierzu *Knütel*, SZ 105 (1988) 518 und *Harke* (Fn. 221), S. 40 ff.

gen, die der Verkäufer nach Eingehung des Kaufvertrags auf die Kaufsache gemacht hat. Dass er ihre Erstattung verlangen kann, obwohl die Sache bis zur Übergabe noch in seinem Eigentum steht, liegt wiederum daran, dass sie im Verhältnis der Vertragsparteien untereinander schon dem Vermögen des Käufers zugerechnet wird. Der Verkäufer, der sich um sie bemüht, wird also in gewisser Hinsicht als Geschäftsführer in fremder Angelegenheit tätig. Deshalb haben ihm nach Ulpians Bericht bereits Labeo und der schon von diesem zitierte Trebaz die Verkäuferklage zugesprochen. Die neben der Renovierung eines Hauses angeführten Beispiele einer Heilbehandlung und Ausbildung eines verkauften Sklaven deuten auf eine Unterscheidung zwischen notwendigen und nützlichen Verwendungen hin:[503] Während der Verkäufer die zu einer Heilbehandlung erforderlichen Kosten als notwendige Aufwendungen unbedingt beanspruchen kann,[504] soll es bei der bestenfalls nützlichen Ausbildung des Sklaven darauf ankommen, ob er damit rechnen darf, dass der Käufer diese dem Sklaven ebenfalls angedeihen lassen will.[505] Zu den notwendigen Aufwendungen gehören jedenfalls die Kosten für das Begräbnis eines verkauften Sklaven, weil es einem redlichen Gewalthaber obliegt, für dessen ordentliche Beerdigung zu sorgen. Dass der Käufer hierfür aufkommen muss, ergänzt gewissermaßen seine Belastung mit dem Risiko eines zufälligen Untergangs der Kaufsache:[506] Hat der Verkäufer den Tod des Sklaven nicht schuldhaft verursacht, fällt er nach der Regel vom *periculum emptoris* in den Gefahrenbereich des Käufers. Obwohl er den Sklaven nie erhalten hat, muss er nicht nur den Kaufpreis zahlen, ohne eine Gegenleistung zu erhalten; er muss sogar noch die Folgekosten tragen, die mit seinem Verlust verbundenen sind. In diesem fast absurden Ergebnis zeigt sich der Veräußerungscharakter des Kaufvertrags in voller Drastik.[507]

---

**503** Richtig *Weyand*, TR 51 (1983) 225, 250.

**504** Nicht ganz klar ist das Verhältnis zu der Entscheidung von Celsus und den Juristen der Republik, wonach ein Verkäufer von Sklaven nach dem Annahmeverzug Ersatz für deren Verpflegung beanspruchen kann; vgl. D 19.1.38.1 Cels 18 dig. *Weyand*, TR 51 (1983) 225, 251 f. nimmt an, die Kosten seien deshalb erst ab Eintritt des Gläubigerverzugs zu erstatten, weil dem Verkäufer vorher die Gebrauchsvorteile zufallen, ohne dass er Ersatz leisten müsste. Eher anzunehmen ist, dass die Verpflegung als notwendige Aufwendung grundsätzlich voll zu ersetzen ist, ab Eintritt des Annahmeverzugs aber als nützliche Aufwendung gilt, weil der Verkäufer sich nicht mehr um die Kaufsache kümmern muss. Celsus erspart ihm hier nur den Nachweis, dass auch der Käufer diese Aufwendung getätigt hätte; vgl. *Harke* (Fn. 221), S. 98.

**505** Für Diokletian kommt es hier auf den Maßstab der *bona fides* an; vgl. CJ 4.49.16 (25. Dezember 294).

**506** So betrachtet es auch *Scognamiglio*, Note su sinallagma condizionale e *periculum rei venditae*, in: Garofalo (Fn. 408), Bd. 2, S. 171, 203, 219 f.

**507** Vgl. auch *Pennitz* (Fn. 421), S. 159 m. w. N.

## 9 Spezielle Käuferleistungen und Vertragsabschlusssituationen

An die Darstellung der grundlegenden Pflichten des Käufers schließt sich eine Reihe von Entscheidungen zu Verpflichtungen an, die durch Vereinbarung der Parteien eigens begründet oder den besonderen Umständen des Vertragsschlusses geschuldet sind. Ulpian beginnt mit Abreden zur Sicherstellung der Kaufpreiszahlung und der Weiterveräußerung der Kaufsache:

> D 19.1.13.23–24 Ulp 32 ed (Ulp 934)
> Item si convenerit, cum res veniret, ut locuples ab emptore reus detur, ex vendito agi posse, ut id fiat. (24) Si inter emptorem praediorum et venditorem convenisset, ut, si ea praedia emptor heresve eius pluris vendidisset, eius partem dimidiam venditori praestaret et heres emptoris pluris ea praedia vendidisset, venditorem ex vendito agendo partem eius, quo pluris vendidisset, consecuturum.
>
> Ebenso könne, wenn beim Verkauf einer Sache die Stellung zahlungskräftiger Schuldner vereinbart worden ist, die Verkäuferklage erhoben werden, damit dies geschieht. (24) Ist zwischen dem Käufer von Grundstücken und dem Verkäufer vereinbart, dass, wenn der Käufer diese Grundstücke zu einem höheren Preis verkauft, dem Verkäufer hiervon die Hälfte geleistet werden muss, und hat der Erbe des Käufers die Grundstücke zu einem höheren Preis verkauft, könne der Verkäufer mit der Verkäuferklage die Hälfte dessen verlangen, um wieviel der Preis höher ausgefallen ist.

Ebenso wie die Käuferklage kann auch die *actio empti* angestellt werden, um die Pflicht zu besonderen Leistungen durchzusetzen, die nach dem Willen der Parteien zu den schon von Rechts wegen einsetzenden Verpflichtungen hinzukommen sollen. Sehr häufig ist die Abrede, dass der Käufer, weil er den Kaufpreis nicht sofort leisten muss, seine künftige Zahlung sicherstellen soll, indem er für eine Bürgschaft oder Schuldübernahme durch einen solventen Dritten sorgt. Eher ausgefallen ist hingegen die Vereinbarung, der Käufer müsse einen Gewinn, den er durch die weitere Veräußerung der Kaufsache macht, mit dem Verkäufer teilen. Nichtsdestoweniger ist auch diese Vereinbarung einzuhalten und trifft für den Erben des Käufers ebenso wie diesen selbst zu.

Ulpian führt die Entscheidung jeweils in indirekter Rede auf und bezieht sich damit vermutlich auf den unmittelbar vorher zitierten Labeo, dessen Werk er diese beiden sehr disparaten Fälle entnimmt. Sie haben wiederum nichts mit den folgenden Aussagen zu tun, die von Papinian stammen und die ihrerseits keinen Zusammenhang aufweisen:

> D 19.1.13.25–26 Ulp 32 ed (Ulp 934)
> Si procurator vendiderit et caverit emptori, quaeritur, an domino vel adversus dominum actio dari debeat. et Papinianus libro tertio responsorum putat cum domino ex empto agi posse utili actione ad exemplum institoriae actionis, si modo rem vendendam mandavit: ergo et per

contrarium dicendum est utilem ex empto actionem domino competere. (26) Ibidem Papinianus respondisse se refert, si convenerit, ut ad diem pretio non soluto venditori duplum praestaretur, in fraudem constitutionum videri adiectum, quod usuram legitimam excedit: diversamque causam commissoriae esse ait, cum ea specie, inquit, non faenus illicitum contrahatur, sed lex contractui non improbata dicatur.

Hat ein Vertreter eine Sache verkauft und gegenüber dem Käufer eine Garantie übernommen, stellt sich die Frage, ob dem Geschäftsherrn und gegen ihn eine Klage zu gewähren ist. Und Papinian meint im dritten Buch seiner Rechtsgutachten, gegen den Geschäftsherrn, der den Verkauf der Sache angeordnet hat, könne aus dem Kauf mit einer zweckdienlichen Klage nach dem Vorbild der Geschäftsleiterklage geklagt werden. Also ist zu sagen, dass auch umgekehrt dem Geschäftsherrn eine zweckdienliche Klage aus Kauf zusteht. (26) An derselben Stelle berichtet Papinian, er habe in dem Fall, in dem vereinbart wurde, dass bei Überschreitung der Frist zur Zahlung des Kaufpreises das Doppelte geleistet werden müsse, befunden, dass dies unter Verstoß gegen die Verordnungen erfolge, sofern der gesetzliche Zinssatz überschritten sei; anders verhalte es sich, wie er sagt, mit der Auflösungsabrede, weil in diesem Fall, wie er sagt, kein verbotenes Darlehen, sondern eine zulässige Vertragsbedingung vereinbart werde.

Während die erste Entscheidung Papinians und ihre Ergänzung durch Ulpian einen Verkauf unter Drittbeteiligung betreffen und wegweisend für die Ausbildung des Stellvertretungsrechts sind, gilt die zweite wieder einer speziell vereinbarten Leistung des Käufers. Er soll nach dem Kaufvertrag verpflichtet sein, bei Versäumung des Zahlungstermins den doppelten Kaufpreis zu entrichten. Obwohl kein Darlehen im eigentlichen Sinne vorliegt, gewährt ein Verkäufer, wenn er dem Käufer einen Zeitraum für die Zahlung des Kaufpreises gewährt, doch gleichsam Kredit. Daher erheischt auch die für den Zinssatz bestimmte Höchstgrenze von 12 % Geltung,[508] und zwar nicht nur, wenn der Verkäufer die Sache dem Verkäufer schon übergeben hat, sondern erst recht, wenn die Kaufpreisschuld verzinslich sein soll, ohne dass der Käufer die Sache erhält. Eindeutig überschritten ist diese Zinsgrenze meistens, wenn sich der Kaufpreis bei Nichteinhaltung des vereinbarten Zahlungstermins verdoppeln soll; denn um unter der Marke von 12 % pro Jahr zu bleiben, müssten dem Käufer mehr als acht Jahre zur Verfügung stehen, um den Kaufpreis aufzubringen. Der von Ulpian zitierte Papinian scheint sich bewusst zu sein, dass er das Zinsverbot hier außerhalb seines eigentlichen Anwendungsbereichs im Wege eines Analogieschlusses zur Geltung bringt. Er stellt der Vereinbarung nämlich die übliche *lex commissoria* gegenüber, derzufolge ein Kaufvertrag bei Versäumung des Zahlungsziels als aufgehoben gilt. Sie dient

**508** Im Originalauszug aus Papinian in Vat 11 sind diese ‚*usurae centesimae*‘ eigens genannt, weshalb der Bezug auf ‚*constitutiones*‘ auch bei Ulpian einer späteren Textbearbeitung geschuldet sein könnte. Sicher ist dies freilich nicht.

ebenfalls dazu, den Käufer zur pünktlichen Leistung anzuhalten, hat aber nicht den Charakter eines verzinslichen Kredits auf, während in der Verdopplungsabrede ein ‚*faenus illicitum*' liegt.

Die zuerst referierte Entscheidung zu einem Verkauf durch einen Vertreter betrifft die Frage, ob dessen Geschäftsherr aus einer Eviktionsgarantie haftet, die sein *procurator* gegenüber dem Käufer abgegeben hat.[509] Papinian bejaht dies, indem er dem Käufer eine zweckdienliche Klage nach dem Vorbild der *actio institoria* gewährt, die das prätorische Edikt für den Fall vorsieht, dass jemand einen *institor* genannten Geschäftsleiter einsetzt und dieser im Rahmen dieser Tätigkeit einen Vertrag mit einem Dritten abschließt. Die hieraus folgende adjektizische Verpflichtung des Geschäftsherrn ist nicht nur bei Einschaltung eines seiner Gewalt unterworfenen Sklaven oder Hauskindes, sondern auch dann begründet, wenn er sich eines Freien als Geschäftsleiters bedient hat.[510] Sie dient erkennbar dem Schutz des Vertrauens, das der Rechtsverkehr der Einsetzung des Geschäftsleiters entgegenbringt und der Geschäftsherr auch in Anspruch nimmt. Den hier wirksamen Gedanken einer Verpflichtung aus Stellvertretung will Papinian im Wege einer Analogie in einem Fall zur Geltung bringen, in dem jemand nicht zur Leitung eines Betriebs, sondern zum Abschluss eines einzelnen Geschäfts bestellt worden ist. Damit eine Ähnlichkeit zum ediktalen Fall besteht, muss dieser Auftrag kundgemacht sein und darf sich nicht auf eine reine Innenvollmacht beschränken.[511] Unter diesen Umständen ist der Analogieschluss zur *actio institoria* aber wiederum nahezu unabweisbar, weil der Vertragspartner auf die Deckung des Geschäfts durch den Auftraggeber in gleicher Weise zählen darf wie im Fall der Bestellung eines Geschäftsleiters. Er ist zwar das Werk Papinians, dessen Entscheidung für die zweckdienliche Klage gleich mehrfach und für unterschiedliche Fallgestaltungen überliefert ist; der Rechtsgedanke der Vertretung ist jedoch in dem Edikt zur *actio institoria* selbst angelegt.[512]

Anders verhält es sich mit der Gegenklage des Geschäftsherrn gegen den Käufer. Obwohl sie überhaupt erst den Anlass gibt, den Fall des Verkaufs durch einen *procurator* an dieser Stelle zu behandeln, verfährt Ulpian bei ihrer Schilderung derart sparsam, dass ihre Eigenart im Dunkeln bleibt. Nur aus ihrer Er-

---

**509** Vgl. *Finkenauer*, Direkte Stellvertretung bei Stipulationen?, SZ 125 (2008) 480, *Harke* (Fn. 42), S. 318.

**510** Gai 4.71.

**511** Vgl. *Claus*, Gewillkürte Stellvertretung im römischen Privatrecht, Berlin 1973, *Benke*, Zu Papinians *actio ad exemplum institoriae actionis*, SZ 105 (1988) 592, 625 ff., *Finazzi*, Agire per altri nei rapporti obbligatori, in: Schioppa (Hg.), Agire per altri, Neapel 2010, S. 81, *Harke* (Fn. 42), S. 319.

**512** *Claus* (Fn. 511), S. 72 und *Harke* (Fn. 42), S. 325 f.

wähnung an einer Stelle in Ulpians Ediktskommentar[513] und vor allem aus Stellungnahmen von Gaius[514] und Paulus[515] lässt sich entnehmen, dass die Klage keineswegs unbedingt, sondern nur als außerordentlicher Notbehelf gewährt wird. Sie ist für den Fall gedacht, dass der Käufer zwar mit der adjektizischen Klage gegen den Geschäftsherrn durchdringt, dieser sich aber seinerseits wegen des Vermögensverfalls des *procurator* nicht bei jenem erholen kann. Im Gegensatz zur *actio institoria* und der ihr nachgebildeten *actio utilis* beruht diese Gegenklage also nicht auf dem Vertretungsgedanken;[516] vielmehr geht es um die Abwehr einer ungerechtfertigten Bereicherung, die im Einzelfall infolge des Durchgriffs auf den Geschäftsherrn droht.[517] Sofern der überlieferte Wortlaut von D 19.1.13.25 nicht das Ergebnis einer Textkürzung ist, setzt Ulpian offenbar voraus, dass seine Leser diese Zusammenhänge kennen.

Das Thema eines Verkaufs unter Einschaltung eines Vertreters greift Ulpian nach dem Papinian-Zitat zum Zinsverbot wieder auf. Es führt ihn zu zwei Fällen, in denen der Vertrag in der Weise besteht, dass nur eine Seite seine Erfüllung verlangen kann:

> D 19.1.13.27–29 Ulp 32 ed (Ulp 934)
> Si quis colludente procuratore meo ab eo emerit, an possit agere ex empto? et puto hactenus, ut aut stetur emptioni aut discedatur. (28) Sed et si quis minorem viginti quinque annis circumvenerit, et huic hactenus dabimus actionem ex empto, ut diximus in superiore casu. (29) Si quis a pupillo sine tutoris auctoritate emerit, ex uno latere constat contractus: nam qui emit, obligatus est pupillo, pupillum sibi non obligat.
>
> Hat jemand in arglistigem Zusammenwirken mit meinem Vertreter von mir gekauft, stellt sich die Frage, ob er die Käuferklage erheben kann. Und ich glaube, dass dies nur in der Weise möglich ist, dass er mich zu der Entscheidung zwingt, ob der Kauf Bestand hat oder aufgelöst wird. (28) Aber auch wenn jemand einen Minderjährigen unter 25 Jahren übervorteilt hat, gewähren wir die Käuferklage nur nach Maßgabe dessen, was wir im vorangehenden Fall gesagt haben. (29) Hat jemand von einem Mündel ohne Zustimmung seines Vormunds gekauft, hat der Vertrag nur einseitig Bestand; denn der Käufer ist dem Mündel verpflichtet, hat sich das Mündel aber nicht verpflichtet.

Hat ein Käufer gemeinsame Sache mit dem Vertreter des Verkäufers gemacht, kann er diesen nur dann in Anspruch nehmen, wenn sich der Verkäufer dafür

---

**513** D 14.1.1.18, D 14.3.1 Ulp 28 ed.

**514** D 14.3.2 Gai 9 ed.

**515** D 46.5.5 Paul 48 ed.

**516** So aber *Wieling*, Drittwirkungen des Mandats und ähnlicher Rechtsverhältnisse, in: Nörr/ Nishimura (Hg.), *Mandatum* und Verwandtes, Berlin u.a. 1993, S. 260 f. und *Finkenauer*, SZ 125 (2008) 440, 480 f.

**517** *Harke* (Fn. 42), S. 328 f. Ähnlich vorher schon *Claus* (Fn. 511), S. 225 f.

entscheidet, den Vertrag einzuhalten. Auch wenn dem Käufer grundsätzlich eine zweckdienliche Klage nach dem Vorbild der *actio institoria* zusteht, kann der Verkäufer seine Inanspruchnahme doch unter Berufung auf die Arglist des Käufers abwehren. Nur wenn er hiervon absieht und den Vertrag selbst gelten lassen will, dringt der Käufer mit seinem Anspruch durch. Ergänzt Ulpian hier seine Aussage zur Haftung eines Verkäufers aus einem Vertretergeschäft, betrifft die nächste Entscheidung wieder eine einfache Zwei-Personen-Konstellation: Ebenso wie bei einem kollusiven Zusammenwirken mit einem Vertreter soll ein Verkäufer behandelt werden, wenn er unter 25 Jahre alt und vom Käufer übervorteilt worden ist. Der Käuferklage steht hier das Recht auf Wiedereinsetzung entgegen, die der Verkäufer wegen seiner Minderjährigkeit nach dem einschlägigen Edikt beanspruchen kann. Ob der Vertrag durchgeführt wird oder nicht, hängt damit wieder von der Entscheidung des Verkäufers darüber ab, ob er sich des ihm zustehenden Verteidigungsmittels bedienen will.

Der Zusammenhang mit dem vorangehenden Fall des Vertretergeschäfts ergibt sich allein aus der Ähnlichkeit der Rechtsfolge. Indem er sich an ihr orientiert, verliert Ulpian aus dem Auge, dass er sich eigentlich mit der *actio venditi* befasst, und kehrt in einem assoziativen Exkurs zur *actio empti* zurück. Diesen setzt Ulpian noch mit einem weiteren Fall fort, in dem anerkannt ist, dass es nur zu einer einseitigen Bindung an den Vertrag kommt. Es handelt sich um das sogenannte *negotium claudicans*, das ein Mündel ohne die Zustimmung seines Vormunds eingeht. Hier gilt seit Antoninus Pius, dass das Mündel zwar einen Anspruch gegen den anderen Teil erlangt, seinerseits aber allenfalls insoweit belangt werden kann, als es infolge des Geschäfts bereichert ist.[518] Entscheidet sich das Mündel gegen die Durchführung des Vertrags, kann der Vertragspartner diese wiederum nicht erzwingen. Der Problemschwerpunkt liegt abermals auf der *actio empti* und nicht auf der Verkäuferklage, dem dieser Abschnitt des Ediktskommentars eigentlich gewidmet ist.

Beiden Klagen gilt dann wieder die letzte Entscheidung dieses Kapitels. Sie betrifft erneut eine Klausel, mit der sich ein Verkäufer eine zusätzliche Leistung des Käufers ausbedingt. Diese ist bereits Gegenstand von Entscheidungen der republikanischen Juristen Servius und Tubero:

D 19.1.13.30 Ulp 32 ed (Ulp 934)
Si venditor habitationem exceperit, ut inquilino liceat habitare, vel colono ut perfrui liceat ad certum tempus, magis esse Servius putabat ex vendito esse actionem: denique Tubero ait, si iste colonus damnum dederit, emptorem ex empto agentem cogere posse venditorem, ut ex locato cum colono experiatur, ut quidquid fuerit consecutus, emptori reddat.

---

**518** D 26.8.5pr Ulp 40 Sab; vgl. auch IJ1.21pr.

Behält sich ein Verkäufer ein Wohnrecht vor, um einem Mieter die Wohnung zu ermöglichen, oder dass es einem Pächter gestattet ist, die Sache bis zu einem bestimmten Zeitpunkt zu nutzen, spricht nach Servius' Ansicht mehr dafür, dass die Verkäuferklage gegeben sei; daher schreibt Tubero, der Käufer könne, wenn der Pächter einen Schaden zufügt, die Kaufklage gegen den Verkäufer erheben, damit dieser aus dem Pachtvertrag gegen den Pächter klagt und dem Käufer herausgibt, was er auf diesem Weg erlangt.

Bedingt sich der Verkäufer eines Grundstücks dessen weitere Nutzung durch einen Mieter oder Pächter aus, kann er, wenn der Käufer diesen stört, mit der *actio venditi* vorgehen.[519] Er muss aber im Gegenzug hinnehmen, dass der Käufer ihn mit der Käuferklage belangt, falls der Mieter oder Pächter einen Schaden an dem Grundstück anrichtet. Hier wie dort besteht das Interesse, dass durch die Klagen aus dem Kaufvertrag und der *locatio conductio* geschützt wird, nicht unmittelbar in der Person des Anspruchsinhabers, sondern ergibt sich jeweils aus der Haftung gegenüber dem Dritten:[520] Dem Verkäufer ist an der Nutzung des Grundstücks durch den Mieter oder Pächter nur deshalb gelegen, weil er befürchten muss, von diesem aus dem Miet- oder Pachtvertrag in Anspruch genommen zu werden. Er hat nämlich durch die Veräußerung des Grundstücks selbst dazu beigetragen, dass er die ihm gegenüber dem Mieter oder Pächter obliegende Leistung nicht erbringen kann. Schädigt dieser hingegen das verkaufte Grundstück, ist der Verkäufer an einer Kompensation nicht etwa als Eigentümer der Sache, sondern allein aus dem Grund interessiert, dass er seinerseits dem Käufer aus dem Kaufvertrag haftet, weil er die Schädigung durch seinen Vorbehalt für die Nutzung durch Mieter oder Pächter herbeigeführt hat.[521]

Der zweite Abschnitt der Ausführungen zur *actio venditi* lässt zwei Themenstränge erkennen, die einander abwechseln: Zum einen behandelt Ulpian besondere Leistungen, zu denen sich ein Käufer durch besondere Vereinbarung gegenüber dem Verkäufer verpflichtet; zum anderen befasst sich der Jurist mit einem Vertretergeschäft, das ihn zur Erörterung einseitig wirksamer Verträge verleitet. Die einzelnen Nebenleistungen des Käufers betreffen die Sicherstellung der Zahlung des Kaufpreises und dessen Verzinsung sowie die Weiterveräußerung der Kaufsache und den Vorbehalt ihrer fortgesetzten Nutzung durch einen Mieter

---

**519** Entgegen *Mayer-Maly, Locatio conductio*, Wien 1956, S. 56 kann man aus der Verwendung von ‚*magis*' nicht schließen, es habe eine Gegenauffassung gegeben, die dem Pächter einen vertraglichen Anspruch aus dem Pachtvertrag gegen den Käufer eingeräumt habe.

**520** Damit liegt entgegen *Reichard* (Fn. 472), S. 218 ff. jeweils doch ein Vermögensschaden im modernen Sinne vor.

**521** Der Anspruch des Käufers ist anders, als *Reichard* (Fn. 472), S. 218 meint, nicht nur auf Herausgabe der vom Mieter oder Pächter erlangten Leistung gerichtet, sondern ein Schadensersatzrecht, das durch Weiterleitung dieser Leistung erfüllt wird.

oder Pächter. Sie stehen untereinander in keinem inhaltlichen Zusammenhang. Die Brücke zum Vertretergeschäft bildet erkennbar nur die räumliche Nähe seiner Behandlung in dem von Ulpian ausgezogenen Werk Papinians: Da dieser Jurist an demselben Ort (*ibidem*) wie die Verzinsung des Kaufpreises auch den Verkauf durch einen Vertreter problematisiert, übernimmt Ulpian ebenfalls die hierzu getroffene Entscheidung. Während er sie mit dem Hinweis auf eine Konträrklage des Verkäufers immerhin noch in der Weise ergänzt, dass sie zum übergeordneten Thema der *actio venditi* passt, verliert er dieses doch gänzlich aus dem Blick, wenn er sich dem Problem des kollusiven Zusammenwirkens von Vertreter und Käufer und dann wegen der Ähnlichkeit der Rechtsfolge weiteren Fällen einseitiger Vertragsbindung widmet. Die Darstellung ist allein von Zitaten und Assoziationen geleitet und lässt keine inhaltliche Struktur erkennen.

## 10 Die *lex commissoria*

Zur Erörterung der *actio venditi* könnte noch ein außerhalb des Digestentitels 19.1 überliefertes Fragment gehören. Es bildet das Kernstück des Digestentitels ‚*de lege commissoria*', bei dem sich Justinians Kompilatoren im Gegensatz zum Titel über den Vorbehalt des besseren Gebots[522] nicht für Ulpians Sabinuskommentar als Leittext entschieden haben:

> D 18.3.4pr Ulp 32 ed (Ulp 937)
> Si fundus lege commissoria venierit, hoc est ut, nisi intra certum diem pretium sit exsolutum, inemptus fieret, videamus, quemadmodum venditor agat tam de fundo quam de his, quae ex fundo percepta sint, itemque si deterior fundus effectus sit facto emptoris. et quidem finita est emptio: sed iam decisa quaestio est ex vendito actionem competere, ut rescriptis imperatoris Antonini et divi Severi declaratur.
>
> Ist ein Grundstück mit Auflösungsvorbehalt verkauft worden, also so, dass es als nicht gekauft gilt, falls der Preis nicht innerhalb einer bestimmten Frist gezahlt wird, müssen wir zusehen, auf welche Weise der Verkäufer wegen des Grundstücks und der hieraus gezogenen Früchte und in dem Fall, dass das Grundstück infolge des Verhaltens des Käufers verschlechtert worden ist, klagen muss. Und zwar ist der Kauf beendet; aber die Frage ist schon so entschieden worden, dass die Verkäuferklage zusteht, und so ist es in Bescheiden des Kaisers Antoninus und des göttlichen Severus dargelegt.

Hat sich ein Verkäufer die Auflösung des Kaufvertrags für den Fall vorbehalten, dass der Käufer den Kaufpreis nicht fristgemäß zahlt, kann er nicht nur die Rückgewähr der Kaufsache, sondern auch die Herausgabe der vom Käufer zwi-

522 S. u. S. 205 ff.

schenzeitlich gezogenen Früchte sowie Ersatz für eine Verschlechterung des Grundstücks verlangen. Ulpian fragt nach der einschlägigen Klage und zielt damit auf die *actio venditi*. Deren Zuständigkeit könnte deshalb zweifelhaft sein, weil die Sache nach dem Wortlaut der Klausel ja *‚inemptus'* sein soll.[523] Ebenso wie beim *contrarius consensus*, mit dem sich Ulpian schon im Rahmen seiner Ausführungen zur *actio empti* befasst hat (D 19.1.11.6), bedeutet die Aufhebung des Kaufvertrags, die hier einseitig erfolgt, aber keineswegs, dass er auch endgültig als Anknüpfungspunkt für Ansprüche der Parteien wegfällt. Zwar kommt zumindest für die Rückforderung der Kaufsache auch die *rei vindicatio* in Betracht,[524] weil das Eigentum nur aufschiebend bedingt übertragen[525] oder zumindest mit dem Rücktritt des Verkäufers wieder zurückgefallen ist[526]. Diese ist jedoch nur dann von Vorteil, wenn sich der Verkäufer an einen Dritten wenden will, an den die Kaufsache gelangt ist. Im Verhältnis zum Käufer bietet sich eher die *actio venditi* an. Sie erfasst ohne weiteres auch die Früchte, die mit ihrer Gewinnung in das Eigentum des Käufers gefallen sind; und sie bietet auch Raum für einen Anspruch auf Schadenersatz, der sich bei einem zwischenzeitlichen Eigentum des Käufers im Rahmen der Vindikation nur mühsam ableiten lässt.[527]

Zur Unterstützung seiner Ansicht verweist Ulpian auf Entscheidungen von Septimius Severus und Caracalla. Von dem zuerst genannten Kaiser stammt ein Reskript, dessen Wortlaut Ulpian in einem weiteren Fragment aus dem 32. Buch seines Ediktskommentars wiedergibt. Es geht abermals um die Herausgabe von Früchten sowie ein gegenläufiges Recht des Käufers auf Ersatz notwendiger Ver-

---

523 Dieses Problem erörtert speziell Pomponius in D 18.1.6.1 Pomp 9 Sab; hierzu *Babusiaux* (Fn. 395), S. 182 f., *Harke* (Fn. 249), S. 141. *Nicosia*, *In diem addictio* e *lex commissoria*, Catania 2013, S. 205 glaubt, Ulpian gehe nicht darauf ein, weil es zu seiner Zeit schon nicht mehr umstritten ist. Hiergegen spricht aber, dass sich Ulpian eigens auf eine kaiserliche Entscheidung beruft.

524 Ihre Zuständigkeit bestätigt CJ 4.54.4 (nach 13. Juli 223).

525 Die könnte sich schon daraus ergeben, dass das Eigentum an der Kaufsache grundsätzlich erst mit der Kaufpreiszahlung auf den Käufer übergeht. Hierauf deutet auch die Praxis der Vereinbarung eines *precarium* hin; vgl. CJ 4.54.3 (nach 1. Sept. 222) und hierzu *Harke* (Fn. 352), S. 148.

526 Dies nimmt *Peters*, Die Rücktrittsvorbehalte des römischen Kaufrechts, Köln/Wien 1973, S. 225 ff. an.

527 Bei der *actio venditi* könnte ihm nur die Überlegung entgegenstehen, dass dem Käufer, falls er zwischenzeitlich Eigentümer der Kaufsache war, kein Verschulden vorzuwerfen ist. Dies ist jedoch, wie *Peters* (Fn. 526), S. 250 zu Recht bemerkt, ein Einwand, der erst moderner Dogmatik entstammt; und er lässt sich auch in diesem Rahmen einfach dadurch entkräften, dass der Käufer wegen der *lex commissoria* ja damit rechnen musste, das Eigentum wieder zu verlieren. Vgl. zu dem Thema auch *Ziliotto*, Vendita con *lex commissoria* o *in diem addictio*, SDHI 69 (2003) 335, 340 ff.

wendungen, allerdings mit Bezug auf einen Vorbehalt des besseren Gebots.[528] Die kaiserliche Kanzlei will dem Käufer nicht nur ein Zurückbehaltungsrecht gegenüber dem Anspruch auf Herausgabe der Früchte, sondern auch ein eigenes Klagerecht gewähren.[529] Dies ist für den Käufer vor allem dann von Vorteil, wenn der Wert der Verwendungen den der Früchte übersteigt, so dass der Verkäufer von einer Klageerhebung absehen wird. Hieraus folgert Ulpian, dass die Kanzlei nicht an eine *rei vindicatio* des Verkäufers und eine *exceptio doli* des Käufers denkt, sondern sich für die Gewährung der beiderseits zuständigen Klagen aus dem Kaufvertrag ausspricht:

D 18.2.16 Ulp 32 ed (Ulp 936)
Imperator Severus rescripsit: ‚Sicut fructus in diem addictae domus, cum melior condicio fuerit allata, venditori restitui necesse est, ita rursus quae prior emptor medio tempore necessario probaverit erogata, de reditu retineri vel, si non sufficiat, solvi aequum est'. et credo sensisse principem de empti venditi actione.

Kaiser Severus hat beschieden: „Ebenso, wie die Nutzungen eines unter dem Vorbehalt eines besseren Gebots verkauften Hauses, wenn dieses erfolgt, dem Käufer herausgegeben werden müssen, ist es gerecht, dass umgekehrt nachweislich notwendige Aufwendungen, die der erste Käufer in der Zwischenzeit gemacht hat, von dem Ertrag einbehalten und, falls dies nicht ausreicht, ersetzt werden." Und ich glaube, dass der Kaiser an die Käufer- und Verkäuferklage gedacht hat.

Wegen der Identität der Fragestellung liegt nicht fern anzunehmen, dass Ulpian dieses Reskript in seiner Kommentierung entweder als Parallelentscheidung oder vielleicht sogar als einen der Bescheide aufführt, denen er auch die Rechtslage im Fall des Auflösungsvorbehalts entnimmt.

Der im Titel über die *lex commissoria* überlieferte Auszug fährt mit Einzelfragen fort:

D 18.3.4.1–4 Ulp 32 ed (Ulp 937)
Sed quod ait Neratius habet rationem, ut interdum fructus emptor lucretur, cum pretium quod numeravit perdidit [igitur sententia Neratii tunc habet locum, quae est humana, quando emptor aliquam partem pretii dedit]. (2) Eleganter Papinianus libro tertio responsorum scribit, statim atque commissa lex est statuere venditorem debere, utrum commissoriam velit exercere an potius pretium petere, nec posse, si commissoriam elegit, postea variare. (3) In commissoriam etiam hoc solet convenire, ut, si venditor eundem fundum venderet, quanto minoris vendiderit, id a priore emptore exigat: erit itaque adversus eum ex vendito actio. (4) Marcellus libro vicensimo dubitat, commissoria utrum tunc locum habet, si

528 Und dabei muss es um einen durch den Vorbehalt auflösend bedingten und nicht etwa um einen aufschiebend bedingten Vertrag (s.u. S. 221ff.) gehen; vgl. *Nicosia* (Fn. 523), S. 85.
529 Vgl. *Peters* (Fn. 526), S. 241f.

interpellatus non solvat, an vero si non optulerit. et magis arbitror offerre eum debere, si vult se legis commissoriae potestate solvere: quod si non habet cui offerat, posse esse securum.

Es ist aber richtig, was Neraz schreibt, nämlich dass der Käufer zuweilen die Früchte behalten darf, wenn er den gezahlten Kaufpreis verliert [folglich greift die Ansicht von Neraz, die von Menschlichkeit zeugt, auch dann Platz, wenn der Käufer einen Teil des Preises gezahlt hat]. (2) Treffend schreibt Papinian im dritten Buch seiner Rechtsgutachten, ein Verkäufer müsse, sobald die Voraussetzungen für die Vertragsauflösung vorliegen, entscheiden, ob er von dem Vorbehalt Gebrauch machen oder lieber den Kaufpreis fordern wolle, und er könne nicht, wenn er sich für die Auflösung entschieden hat, später wieder zur Kaufpreisforderung wechseln. (3) Bei einem Auflösungsvorbehalt wird gewöhnlich auch vereinbart, dass der Verkäufer, wenn er das Grundstück wieder verkauft, von dem ersten Käufer ersetzt verlangen kann, um wieviel er das Grundstück geringer verkauft; daher ist gegen ihn die Verkäuferklage gegeben. (4) Marcell stellt im 20. Buch seiner Digesten die Frage, ob der Auflösungsvorbehalt dann eingreift, wenn der Käufer auf Mahnung nicht zahlt, oder schon, wenn er die Zahlung nicht anbietet. Und ich glaube eher, dass er die Zahlung anbieten muss, wenn er dem Auflösungsvorbehalt entgehen will; findet er aber niemanden, dem er die Zahlung anbieten kann, darf er beruhigt sein.

Ulpian beginnt mit einer Einschränkung der Pflicht zur Herausgabe von Früchten: Neraz hält sie für nicht angebracht, wenn der Käufer nach der Parteivereinbarung nicht nur die Kaufsache, sondern auch verlieren soll, was er schon an den Verkäufer gezahlt hat.[530] Da der Verkäufer von der *lex commissoria* freilich von vornherein nur dann Gebrauch machen kann, wenn der Käufer höchstens einen Teil des Preises gezahlt hat, entbehrt die Ausdehnung dieser *sententia* auf den Fall einer teilweisen Zahlung der Logik und muss das Ergebnis einer Textbearbeitung oder -störung sein.[531] Dies bedeutet aber noch nicht, dass das Lob dieser Ansicht als ‚*humanus*' nicht auf Ulpian zurückgehen könnte. Sie vermeidet in der Tat eine übermäßige Belastung des Käufers, zu der es käme, wenn er einerseits die Früchte, andererseits seine schon erbrachte Leistung an den Verkäufer verlöre. Voraussetzung ist natürlich, und hier könnte der klassische Kern der Aussage des zweiten Satzes liegen, dass sich der Fruchtbezug und die getätigte Kaufpreiszahlung proportional verhalten und nicht völlig außer Verhältnis stehen.

Die nächste Entscheidung betrifft die Ausübung des Rücktrittsrechts. Nach der von Ulpian mitgeteilten Ansicht Papinians muss der Verkäufer sich seiner unverzüglich bedienen, sobald seine Voraussetzungen vorliegen. Indem er abwartet, verwirkt er also sein Recht und kann den Käufer nur noch auf Erfüllung

530 Dies ist eine Ausnahme des von Neraz selbst verteidigten Grundsatzes; vgl. D 18.3.5 Ner 5 membr.

531 Vgl. *Peters* (Fn. 526), S. 258 und *Ziliotto*, SDHI 69 (2003) 354. Keine Bedenken gegen das überlieferte Räsonnement scheint dagegen *Nicosia* (Fn. 523), S. 200 zu haben.

des Kaufvertrags in Anspruch nehmen.[532] Was für die Nichtausübung des Rücktrittsrechts gilt,[533] muss auch bei einer ausdrücklichen Erklärung des Verkäufers gegen den Rücktritt[534] und in dem umgekehrten Fall gelten, in dem der Verkäufer hiervon Gebrauch macht: Hat er den Rücktritt erklärt, ist der Kaufvertrag ein für alle Mal aufgehoben und erlaubt dem Verkäufer nicht mehr, den Käufer noch auf Zahlung des ausstehenden Kaufpreises in Anspruch zu nehmen.[535]

Danach wechselt Ulpian wieder zu den Folgen eines Rücktritts und wendet sich der typischen Klausel zu, wonach der Verkäufer auch berechtigt ist, vom Käufer die Erstattung eines bei einer zweiten Veräußerung erzielten Mindererlöses zu verlangen.[536] Ulpian erklärt auch insoweit die *actio venditi* für einschlägig.[537]

Schließlich kommt Ulpian noch auf die Voraussetzungen des Rücktritts zu sprechen und stellt die von Marcell aufgeworfene Frage, ob es hierzu einer Mahnung des Käufers bedarf oder ob sich der Verkäufer schon dann vom Vertrag lösen kann, wenn der Käufer die Zahlung nicht rechtzeitig anbietet. Da die *lex commissoria* mit der Festlegung eines Leistungstermins einhergehen muss,[538] besteht kein Anlass, eine Mahnung zu fordern, zumal diese auch beim Verzug lediglich die Funktion hat, eine anderweit noch nicht festgelegte Leistungszeit zu ersetzen.[539] Der Verkäufer ist also unmittelbar nach der Versäumung des Zahlungstermins zur Auflösung des Vertrags berechtigt, sofern die Leistung des Käufers nicht an Umständen scheitert, die nicht in den Verantwortungsbereich des Käufers fallen. Ulpian nennt hier beispielhaft den Fall, dass er weder den Käufer noch einen anderen antrifft, der zur Annahme der Leistung befugt ist.

Warum Ulpian die *lex commissoria* überhaupt im Rahmen seiner Ausführungen zur *actio venditi* behandelt, ergibt die einleitende Fragestellung: Er will wissen, ob diese Klage zur Durchsetzung der Ansprüche des Verkäufers taugt, der

---

**532** Ebenso Vat 4.

**533** *Peters* (Fn. 526), S. 77 erkennt hierin eine Tendenz zur Aufrechterhaltung des Vertrags.

**534** Daher bedeutet es keinen Widerspruch, wenn dieselbe Rechtsfolge in D 18.3.7 Herm 2 iur ep und Vat 3 an die gerichtliche Geltendmachung des Anspruchs auf Zahlung des Kaufpreises geknüpft ist. Entgegen *Nicosia* (Fn. 523), S. 221 f. lässt sich aber nicht unterstellen, dass Ulpian für die Verwirkung des Wahlrechts eine Klageerhebung fordert; und dies ergibt sich erst recht nicht aus dem Umstand, dass Ulpian die *actio venditi* kommentiert.

**535** Ebenso CJ 4.54.4 (13. Juli 223); hierzu *Harke* (Fn. 352), S. 147 f.

**536** Diese Klausel erwähnt auch D 18.1.6.1 Pomp 9 Sab.

**537** Die Frage, ob der Verkäufer einen solchen Ersatzanspruch auch ohne entsprechende Klausel geltend machen kann, lässt sich kaum entscheiden; vgl. *Peters* (Fn. 526), S. 252.

**538** Hierauf weist zu Recht *Peters* (Fn. 526), S. 72 f. hin.

**539** Dieser Zusammenhang kommt mir bei *Nicosia* (Fn. 523), S. 180 f. zu kurz.

von seinem Rücktrittsrecht Gebrauch gemacht hat.[540] Nachdem dieses Problem einmal geklärt ist, reichert er seine Darstellung mit Zitaten von Neraz, Papinian und Marcell an, die zwar die *lex commissoria*, aber nicht mehr die Klageart betreffen und nicht in einer sinnvollen Ordnung stehen: Die Stellungnahme von Neraz betrifft die Pflicht des Käufers zur Herausgabe von Früchten und damit die Folgen eines Rücktritts; Papinian wird zu der Frage zitiert, wie dieses Gestaltungsrecht auszuüben ist; und der zum Schluss genannte Marcell widmet sich dessen Voraussetzungen. Dazwischen geschoben ist eine Aussage zu einer bestimmten Klausel, die wieder zu der Ausgangsfrage nach der Zuständigkeit der Verkäuferklage zurückführt. Auch wenn es sich bei D 18.3.4 und dem hiermit verbundenen Fragment D 18.2.16 um einen Abschnitt mit klar abgegrenztem Thema handelt, entfaltet Ulpian dies doch wiederum ohne innere Struktur und abermals im Stil einer Sammlung von Entscheidungen, die ihm bemerkenswert erscheinen.

## 11 Kauf auf Probe

Zur Darstellung der *actio venditi* könnte schließlich ein Fragment gehören, das von *Lenel* zwar schon den *additamenta* zugeordnet,[541] ausweislich der einleitenden Problemstellung aber auf die Verkäuferklage bezogen ist:

> D 19.5.20pr Ulp 32 ed (Ulp 943)
> Apud Labeonem quaeritur, si tibi equos venales experiendos dedero, ut, si in triduo displicuissent, redderes, tuque desultor in his cucurreris et viceris, deinde emere nolueris, an sit adversus te ex vendito actio. et puto verius esse praescriptis verbis agendum: nam inter nos hoc actum, ut experimentum gratuitum acciperes, non ut etiam certares.
>
> Bei Labeo wird gefragt, ob gegen dich die Verkäuferklage gegeben ist, wenn ich dir zum Verkauf stehende Pferde auf Probe überlassen habe, damit du sie nach drei Tagen zurückgibst, wenn sie dir nicht gefallen, und du auf ihnen als Kunstreiter an einem Wettkampf teilgenommen und gewonnen hast, sie danach aber nicht mehr kaufen willst. Und ich glaube, es ist richtiger, die Klage mit vorgeschriebener Formel zu erheben; denn zwischen uns ist vereinbart, dass du die Pferde unentgeltlich zur Probe erhältst, nicht dass du damit an einem Wettkampf teilnimmst.

---

540 Dagegen glaubt *Nicosia* (Fn. 523), S. 225, die Formel der actio venditi könnte durchaus auch einen Hinweis auf die *lex commissoria* enthalten.

541 In Betracht kommt auch eine Zuordnung zum Abschnitt über das *aestimatum*, das Ulpian am Ende des 32. Buchs *ad edictum* behandelt. *Lenel* entscheidet sich vorsichtig für den Kaufvertrag; vgl. *Lenel, Palingenesia*, Bd. 2, Sp. 636.

Ulpian beginnt mit einer Fallfrage von Labeo: Kann jemand, der einem Kunstreiter Pferde zur Probe überlassen hat, diesen mit der Verkäuferklage belangen, wenn der Empfänger sie abredewidrig zu einem Wettkampf eingesetzt hat und dann nicht kaufen will? Ulpian verneint dies und will die *actio praescriptis verbis* gewähren. Zumindest er geht also nicht davon aus, dass die Parteien durch einen wirksamen Kaufvertrag verbunden sind;[542] und als Ziel der auf den Einzelfall zugeschnittenen Klage kommt nur das Preisgeld in Betracht, das der Kunstreiter durch den Missbrauch der ihm überlassenen Pferde erstritten hat. Ulpian kann offenlassen, welche Art eines bedingten Kaufs hier überhaupt in Betracht kommt.[543] Denkbar ist eine aufschiebend bedingte Vereinbarung, die mit der Entscheidung des Kunstreiters für die Pferde perfekt geworden wäre.[544] In diesem Fall wäre die *actio venditi* zwar zuständig, könnte aber nur dazu dienen, den Kaufpreis einzufordern, und dem Verkäufer nicht zu einer Auskehr des Preisgeldes verhelfen[545]. Dieses Ziel ließe sich mit ihr allenfalls dann verfolgen, wenn ein auflösend bedingter Vertrag vorgelegen hätte, der durch die *displicentia* des Käufers wieder weggefallen wäre.[546] Auch diese Konstruktion scheidet aus Ulpians Sicht aber aus. Nach seiner Meinung beschränkt sich die Vereinbarung der Parteien auf die Überlassung der Tiere zur Erbprobung. Sie ist unentgeltlich (*gratuitus*) und kann damit nicht Teil eines Austauschvertrags sein.[547] Die alternative Annahme einer Leihe kommt für Ulpian offenbar deshalb nicht in Betracht, weil der Kunstreiter die Tiere gerade nicht zu dem Zweck einsetzen darf, dem sie

---

**542** Über die nicht zu rekonstruierende Ansicht Labeos spekulieren *Peters* (Fn. 526), S. 275 und *Wacke*, Dig. 19,5,20pr.: Ein Siegespreis auf fremden Pferden, SZ 119 (2002) 359, 370, der glaubt, Labeo habe einen auflösend bedingten Vertrag angenommen und dem Käufer eine *displicentia* der Kaufsachen versagt.

**543** Ebenso wenig interessiert ihn, ob die vereinbarungswidrige Verwendung der Pferde ein *furtum* darstellt. Dieses lässt sich entgegen *Wacke*, SZ 119 (2002) 359, 374 f. und *Pókecz Kovácz*, Rücktrittsvorbehalt und *pactum displicentiae*, RIDA 58 (2011) 316, 335 jedenfalls weder mit der Begründung verneinen, dem Eigentümer der Pferde sei kein Schaden entstanden, noch mit der Erwägung, er habe sie dem Kunstreiter freiwillig überlassen. Denn ein *furtum* setzt keinen Schaden des Eigentümers, sondern lediglich die Entwendung einer fremden Sache voraus, die auch durch Unterschlagung in Gestalt einer abredewidrigen Verwendung erfolgen kann.

**544** Dies glaubt *Wacke*, SZ 119 (2002) 359, 373 f.

**545** *Babusiaux* (Fn. 395), S. 184.

**546** Dies nehmen *Misera*, Der Kauf auf Probe im klassischen römischen Recht, in: Temporini (Hg.), Aufstieg und Niedergang der römischen Welt, Bd. II.14, Berlin u. a. 1982, S. 524, 550, *Artner*, *Agere praescriptis verbis*, Berlin 2002, S. 182 f. und *Pókecz Kovácz*, RIDA 58 (2011) 316, 337 f. an.

**547** Entgegen *Misera* (Fn. 546), S. 551 kann die Entscheidung gegen die *actio venditi* sicherlich nicht daran liegen, dass sie überhaupt nicht für eine Gewinnabschöpfung taugt. Hierfür wäre dann nämlich auch im Rahmen der *actio praescriptis verbis* kein Platz, die ja nur in Analogie zu den Vertragsklagen geschaffen ist.

gewöhnlich dienen: Statt sie regelrecht zu gebrauchen, soll er sie nur erproben, um darüber zu entscheiden, ob er sie kaufen will oder nicht.[548] Hat er sie stattdessen zur Erzielung eines Gewinns eingesetzt, steht dieser nicht ihm, sondern dem Eigentümer der Tiere zu, der sich zu seiner Abschöpfung der Klage bedienen soll, die für nicht vertypte Schuldverhältnisse gilt.[549]

Nicht um Gewinnherausgabe, sondern eine denkbare Gegenleistung geht es in einem ähnlichen Fall, auf den Ulpian im Werk von Mela gestoßen ist:

> D 19.5.20.1 Ulp 32 ed (Ulp 943)
> Item apud Melam quaeritur, si mulas tibi dedero ut experiaris et, si placuissent, emeres, si displicuissent, ut in dies singulos aliquid praestares, deinde mulae a grassatoribus fuerint ablatae intra dies experimenti, quid esset praestandum, utrum pretium [et merces] an merces tantum. et ait Mela interesse, utrum emptio iam erat contracta an futura, ut, si facta, pretium petatur, si futura, merces petatur: sed non exprimit de actionibus. puto autem, si quidem perfecta fuit emptio, competere ex vendito actionem, si vero nondum perfecta esset, actionem talem qualem adversus desultorem dari.
>
> Bei Mela wird gefragt, was zu leisten sei, wenn ich dir Maultiere zur Probe überlassen habe und du sie, wenn sie dir gefallen, kaufst und, wenn sie dir nicht gefallen, für die einzelnen Tage ein Entgelt zahlst, und die Maultiere danach innerhalb der Probefrist von Wegelagerern entführt worden sind, ob entweder der Kaufpreis oder die Miete zu leisten ist. Und Mela schreibt, es komme darauf an, ob der Kauf schon abgeschlossen oder künftig war, so dass, wenn er abgeschlossen war, der Preis gefordert werden kann, und wenn er nur künftig war, die Miete; aber er schreibt nichts zur Klageart. Ich glaube aber, dass die Verkäuferklage zusteht, wenn der Kauf perfekt war, und andernfalls dieselbe Klage, wie sie gegen den Kunstreiter zu gewähren ist.

Die Parteien haben eine Vereinbarung geschlossen, die Kauf- und Mietvertrag kombiniert: Sagen die einem potentiellen Käufer überlassenen Maultiere zu, sollen sie Gegenstand eines Kaufvertrags sein; will er sie nicht behalten, soll er ein nach Tagen bemessenes Entgelt für ihre zwischenzeitliche Nutzung leisten. Sind die Tiere durch einen Überfall von Straßenräubern und damit infolge höherer Gewalt abhandengekommen,[550] ist der Käufer zwar keinesfalls für den

548 Entgegen *Wacke*, SZ 119 (2002) 359, 369 f. ist daher auch nicht anzunehmen, Ulpian habe eine ‚*actio proxima empti*' gewährt, für die sich Sabinus nach Paulus in D 18.5.6 Paul 2 ed bei einem echten Kauf mit Rücktrittsvorbehalt ausspricht.

549 Vielleicht hat sich auch Pomponius für diese Klage entschieden. Seine Stellungnahme in D 13.6.13.1 Pomp 9 Sab ist von Justinians Kompilatoren zwar in den Titel über die Leihe eingeordnet worden, entstammt aber dem Kapitel über den Kaufvertrag in Pomponius *libri ad Sabinum*. *Wacke*, SZ 119 (2002) 359, 372 nimmt allerdings an, Pomponius habe in der Tat die *actio commodati* bejaht; hiergegen spricht jedoch, dass Pomponius auf die Gefahrtragung verweist, die nur beim Kaufvertrag von einer Partei zur anderen wechselt. Vgl. *Harke* (Fn. 249), S. 87 f.

550 Vgl. *Peters* (Fn. 526), S. 108, *Misera* (Fn. 546), S. 543.

Verlust haftbar; es stellt sich aber die Frage, ob er gleichwohl den vereinbarten Kaufpreis oder nur das bis zu ihrer Entwendung angefallene Nutzungsentgelt leisten muss. Die Entscheidung hängt davon ab, ob der Kaufvertrag auflösend oder aufschiebend bedingt abgeschlossen worden ist.[551] Im ersten Fall trifft die Gefahr den Käufer, der den Vertrag wegen des Verlustes der Tiere nicht mehr auflösen kann und wegen der Regel des *periculum emptoris* ihren Preis zu entrichten hat;[552] im zweiten Fall kommt kein Kauf zustande, so dass nur das Nutzungsentgelt gezahlt werden muss. Die Formulierung der Vereinbarung, die sowohl dem Fall gilt, dass dem Käufer die Tiere gefallen, als auch eine Rechtsfolge dafür benennt, dass sie ihm nicht gefallen, lässt Raum für beide Deutungen. Mela beschränkt sich darauf, die beiden Auslegungsalternativen aufzuzeigen und überlasst die Falllösung einer genaueren Untersuchung der Umstände des Vertragsschlusses. Auch Ulpian maßt sich keine Entscheidung an und vermisst bei Mela nur eine Erklärung zu den einschlägigen Klagen. Wenig überraschend ist, dass er im Fall eines auflösend bedingten Kaufs die *actio venditi* gewähren will und diese bei einem aufschiebend bedingten Vertrag verneint. Interessant ist aber, dass er in diesem Fall auch nicht die für Mietverträge zuständige *actio locati*, sondern wiederum nur die Klage mit individuell zu gestaltender Formel erteilen will. Offenbar steht der Annahme einer regelrechten *locatio conductio* aus seiner Sicht die enge Verbindung mit dem Kaufvertrag entgegen, die ihn abermals auf den Notbehelf der *actio praescriptis verbis* zurückgreifen lässt.[553]

Weder eine Gewinnabschöpfung noch ein Anspruch auf Entgelt kommt in dem letzten Fall in Betracht. Dem potentiellen Verkäufer, einem Schmied, ist hier an Schadensersatz für den Verlust der einem Kaufinteressenten zur Ansicht überlassenen Silberwarenwaren gelegen, die dieser von seinem Sklaven hat zurücktransportieren lassen:

> D 19.5.20.2 Ulp 32 ed (Ulp 943)
> Si, cum emere argentum velles, vascularius ad te detulerit et reliquerit et, cum displicuisset tibi, servo tuo referendum dedisti et sine dolo malo et culpa tua perierit, vascularii esse detrimentum, quia eius quoque causa sit missum. certe culpam eorum, quibus custodiendum perferendumve dederis, praestare te oportere Labeo ait, et puto praescriptis verbis actionem in hoc competere.
>
> Hat dir ein Schmied, weil du Silberwaren kaufen wolltest, solche gebracht und bei dir gelassen und hast du sie, weil sie dir nicht gefielen, deinem Sklaven überlassen, damit er sie zurückbringt, und hat er sie ohne deine Arglist oder Schuld verloren, gehe dies auf Gefahr

---

551 Richtig *Artner* (Fn. 546), S. 185; anders *Peters* (Fn. 526), S. 109 f., der unter der *emptio futura* einen noch gänzlich ausstehenden Kaufabschluss versteht.

552 *Peters* (Fn. 526), S. 109, *Misera* (Fn. 546), S. 544, *Pennitz* (Fn. 421), S. 263 ff.

553 Ähnlich *Misera* (Fn. 546), S. 547 und *Artner* (Fn. 546), S. 185 f.

des Schmieds, weil der Sklave auch seinetwegen geschickt worden ist. Labeo schreibt, dass du sicherlich für das Verschulden derjenigen einstehen musst, denen du die Silberwaren zur Bewachung und zum Transport überlassen hast; und ich glaube, dass deshalb die Klage mit vorgeschriebener Formel zusteht.

Ebenso wie in dem von Labeo übernommenen Fall des *principium* geht Ulpian nicht davon aus, dass es zum wirksamen Abschluss eines Kaufvertrags gekommen ist.[554] Daher erwägt er auch gar nicht erst, aus diesem Grund die Gefahr eines zufälligen Untergangs der Waren dem Kaufinteressenten zuzuweisen. Denkbar erscheint dem ungenannten Juristen, dessen Ansicht Ulpian in indirekter Rede wiedergibt, allenfalls eine Haftung, die an das Interesse des Kaufinteressenten an der Überlassung der Waren anknüpft. Ableiten ließe sie sich durch Annahme eines Leihvertrags, der dem Entleiher zwar nicht schlechthin die Gefahr des Sachverlustes, wohl aber eine Haftung für *custodia* aufbürdet. Eine solche Lösung scheidet jedoch deshalb aus, weil die Überlassung der Silberwaren und ihre Rückschaffung gleichermaßen im Interesse des Schmieds liegt. Soll der Kaufinteressent, wie Labeo befürwortet, für ein Verschulden der zum Transport eingesetzten Leute haften, bleibt also wiederum nur die *actio praescriptis verbis*, für deren Gewährung sich Ulpian ausdrücklich selbst ausspricht.

Indem sie drei denkbare Klageziele, nämlich Zahlung des Kaufpreises, Schadensersatz und Gewinnabschöpfung, abdecken, lassen die drei von Ulpian zusammengestellten Fälle zur probeweisen Überlassung einer Kaufsache eine gewisse Ordnung erkennen. Ulpian widmet sich ihnen auch anhand der durchgängigen Fragestellung, ob sich der potentielle Verkäufer der *actio venditi* oder der Klage mit vorgeschriebener Formel bedienen muss. Die Antwort hierauf ist in den beiden Konstellationen, die Ulpian in Anknüpfung an Labeo beurteilt und in denen der Abschluss eines Kaufvertrags gar nicht erst in Betracht kommt, jedoch schon durch die Fallgestaltung vorgegeben, in der von Mela behandelten Situation hingegen völlig offen. Da ihre Wiedergabe in Ulpians Kommentar kaum einen Mehrwert für die Einsicht in den Anwendungsbereich der *actio venditi* schafft, kann es dem Juristen nur in erster Linie darum gehen, die Entscheidungen der Frühklassiker als solche zu sammeln und für den informierten Leser als Argumentationshilfe bereitzustellen.

554 Richtig *Peters* (Fn. 526), S. 130. Anders *Misera* (Fn. 546), S. 552 und *Artner* (Fn.546 ), S. 186, die in der Annahme eines auflösend bedingten Kaufs immerhin eine Alternative zur gewählten Falllösung sehen. *Pókecz Kovácz*, RIDA 58 (2011) 316, 327 geht dagegen ohne zureichende Grundlage vom Abschluss eines wirksamen Kaufvertrags aus.

## 12 Inhalt eines Grundstückskaufs

Mit dem letzten Paragraphen des Fragments D 19.1.13 beginnt ein Passus, der sich in den beiden folgenden Auszügen fortsetzt, die Justinians Kompilatoren in diesen Digestentitel de *actionibus empti venditi* übernommen haben. Zusammen bilden sie eine eigenständige Abhandlung zu dem Thema, welche Objekte von einem Grundstückskauf umfasst sind. Ulpian beginnt mit einer Definition der zu einem Haus gehörigen Dinge und Beispielen in Gestalt von Einrichtungen zur Wasserversorgung:[555]

D 19.1.13.31, 15 Ulp 32 ed (Ulp 938)
Aedibus distractis vel legatis ea esse aedium solemus dicere, quae quasi pars aedium vel propter aedes habentur, ut puta putealia. (15) lines et labra, salientes. fistulae quoque, quae salientibus iunguntur, quamvis longe excurrant extra aedificium, aedium sunt: item canales: pisces autem qui sunt in piscina non sunt aedium nec fundi.

Ist ein Haus verkauft oder vermacht, sagen wir gewöhnlich, dass hierzu gehört, was gleichsam Teil des Hauses ist oder seinetwegen besessen wird, wie zum Beispiel Brunnenkästen, (15) Becken und Wasserbehälter, Springbrunnen. Auch Röhren, die mit Springbrunnen verbunden sind, gehören zum Haus, selbst wenn sie weit hinausführen; ferner Kanäle; Fische im Fischbecken gehören aber weder zum Haus noch zum Grundstück.

Dass zu einem Haus als Gegenstand eines Kaufvertrags nicht nur dessen Bestandteile, sondern auch die zu seiner Nutzung bestimmten Sachen gehören, markiert einen Unterschied zu einem gewöhnlichen Grundstück. Dieses umfasst nur, was fest mit ihm verbunden ist. Hierzu zählen noch nicht einmal eingegrabene Weingefäße, während zu einem Haus sogar Schlüssel und andere Instrumente zu seiner Verriegelung zählen:[556]

D 19.1.17pr Ulp 32 ed (Ulp 938)
Fundi nihil est, nisi quod terra se tenet: aedium autem multa esse, quae aedibus adfixa non sunt, ignorari non oportet, ut puta seras claves claustra: multa etiam defossa esse neque tamen fundi aut villae haberi, ut puta vasa vinaria torcularia, quoniam haec instrumenti magis sunt, etiamsi aedificio cohaerent.

Zum Grundstück gehört nicht, was nicht mit dem Erdboden verbunden ist; es ist aber nicht zu verkennen, dass zu einem Haus viel gehört, was nicht hiermit verbunden ist, wie zum Beispiel Verschlussbalken, Schlüssel und Riegel. Viele Sachen sind sogar eingegraben und gelten dennoch nicht als Teil eines Grundstücks oder Landhauses, wie zum Beispiel Gefäße

555 Diese sagt Ulpian auch in D 33.7.12.24 Ulp 20 Sab mit Bezug auf das Vermächtnis von Grundstückszubehör.

556 Vgl. wiederum D 33.7.12.24 Ulp 20 Sab.

zur Weinkelterung, weil sie, auch wenn sie mit dem Haus verbunden sind, eher zum Zubehör gehören.

Es folgt eine Aufzählung von Dingen, die sich gerade ohne Bezug zu den vorangegangenen Begriffsbestimmungen einem Grundstück oder Haus zurechnen oder hiervon sondern lassen:

D 19.1.17.1–4 Ulp 32 ed (Ulp 938)
Sed et vinum et fructus perceptos villae non esse constat. (2) Fundo vendito vel legato sterculinum et stramenta emptoris et legatarii sunt, ligna autem venditoris vel heredis, quia non sunt fundi, tametsi ad eam rem comparata sunt. in sterculino autem distinctio trebatii probanda est, ut, si quidem stercorandi agri causa comparatum sit, emptorem sequatur. si vendendi, venditorem, nisi si aliud actum est: nec interest, in stabulo iaceat an acervus sit. (3) Quae tabulae pictae pro tectorio includuntur itemque crustae marmoreae aedium sunt. (4) Reticuli circa columnas, plutei circa parietes, item cilicia vela aedium non sunt.

Aber es steht fest, dass auch Wein und gewonnene Früchte nicht zum Landhaus gehören. (2) Ist ein Grundstück verkauft oder vermacht, gehören Misthaufen und Stroh dem Käufer oder Vermächtnisnehmer, Holzstücke dagegen dem Verkäufer oder seinen Erben, weil sie nicht zum Grundstück gehören, auch wenn sie hierfür angeschafft worden sind. Bei einem Misthaufen gehört sich aber die von Trebaz gemachte Unterscheidung, wonach er dem Käufer zusteht, wenn er zur Düngung des Feldes angelegt worden ist, und dem Verkäufer, wenn er zum Verkauf geschaffen worden ist, es sei denn, etwas anderes sei vereinbart worden. (3) Bemalte Holztafeln, die in eine Wandtäfelung eingefügt sind, und Marmorverkleidungen gehören zum Haus. (4) Netze für Säulen und Wandhalterungen für Bürsten, ferner Teppiche gehören nicht zum Haus.

Während Wein und gezogene Früchte von vornherein nicht zu einem Haus gehören können, soll bei der Zuordnung eines Misthaufens zu einem Grundstück danach zu differenzieren sein, ob er zum Verkauf oder zur Düngung des Feldes gedacht ist. Auch in letzterem Fall lässt sich freilich nicht behaupten, dass er mit dem Grundstück fest verbunden ist. Und Verkleidungen aus bemalten Holztafeln oder Marmor trennt von locker angebrachten Säulenverzierungen, Bürstenhalterungen sowie Teppichen vor allem, dass sie mit dem Haus fest verbunden sind, obwohl es hierauf gar nicht ankommt.

Anschließend befasst sich Ulpian mit dem speziellen Gebäudetyp einer *insula* und einer besonderen Klausel:

D 19.1.17.5–6 Ulp 32 ed (Ulp 938)
Item quod insulae causa paratum est, si nondum perfectum est, quamvis positum in aedificio sit, non tamen videtur aedium esse. (6) Si ruta et caesa excipiantur in venditione, ea placuit esse ruta, quae eruta sunt, ut harena creta et similia: caesa ea esse, ut arbores caesas et carbones et his similia. gallus autem aquilius, cuius mela refert opinionem, recte ait frustra in lege venditionis de rutis et caesis contineri, quia, si non specialiter venierunt, ad

exhibendum de his agi potest neque enim magis de materia caesa aut de caementis aut de harena cavendum est venditori quam de ceteris quae sunt pretiosiora.

Auch gilt nicht als zum Haus gehörig, was für einen Wohnblock angeschafft, aber noch nicht angebracht worden ist, selbst wenn es in dem Haus abgestellt worden ist. (6) Ist von einem Verkauf ausgenommen, was ausgegraben oder geschlagen ist, dann gilt als ausgegraben, was ergraben worden ist, wie Sand, Kreide und Ähnliches, und als geschlagen, was an Bäumen gefällt oder an Kohle gehauen oder ähnlich geschlagen worden ist. Gallus Aquilius, dessen Ansicht Mela überliefert, meint aber zu Recht, dass die Klausel über Ausgegrabenes und Geschlagenes unnötig aufgenommen werde, weil man ohne besondere Vereinbarung über ihren Verkauf aus diesem Grund auf Vorlegung klagen kann und sich ein Verkäufer wegen abgebauten Materials oder wegen gebrochener Steine oder wegen Sandes nicht stärker schützen müsse als wegen wertvoller Sachen.

Sind Sachen angeschafft worden, um sie künftig in einem Wohnblock anzubringen, gehören sie vor ihrer Montage auch dann nicht zu dem Gebäude, wenn sie hierin schon gelagert werden. Offenbar in der Absicht, den Fall teilweise umzukehren, wendet sich Ulpian dann dem Abbau von Rohstoffen zu: Hat der Verkäufer eines Grundstücks die hieraus schon gewonnene Ausbeute vom Vertrag ausgenommen, ist eine solche Abrede nach der von Mela referierten Ansicht von Aquilius Gallus unnötig, weil die Ausbeute ebenso wenig zu einem Grundstück zu rechnen ist wie bereits gezogene Früchte. Der Verkäufer bleibt daher ohne weiteres ihr Eigentümer und kann sich außer der Vindikation noch der Vorlegungsklage bedienen.[557]

Nach diesen disparaten Fällen führt Ulpian wieder eine allgemeine Regel auf, die er Labeo zuschreibt:

D 19.1.17.7–9 Ulp 32 ed (Ulp 938)
Labeo generaliter scribit ea, quae perpetui usus causa in aedificiis sunt, aedificii esse, quae vero ad praesens, non esse aedificii, ut puta fistulae temporis quidem causa positae non sunt aedium, verum tamen si perpetuo fuerint positae, aedium sunt. (8) Castella plumbea, putea, opercula puteorum, epitonia fistulis adplumbata (aut quae terra continentur, quamvis non sint adfixa) aedium esse constat. (9) Item constat sigilla, columnas quoque et personas, ex quorum rostris aqua salire solet, villae esse.

Labeo schreibt grundlegend, dass zu einem Haus gehöre, was sich hierin zu dauerhaftem und nicht nur vorübergehendem Gebrauch befindet; so gehören zum Beispiel Röhren, die auf Zeit verlegt sind, nicht zum Haus, solche, die für immer verlegt sind, hingegen schon. (8) Es steht fest, dass zum Haus Wasserverteiler aus Blei, Brunnen, Brunnendeckel und an Röhren angeschweißte Wasserhähne gehören (oder was mit dem Boden, aber nicht mit dem Haus verbunden ist). (9) Ebenso steht fest, dass zu einem Landhaus Bildwerke, Säulen und Masken gehören, aus deren Mündern gewöhnlich Wasser fließt.

---

**557** Hierzu *Harke* (Fn. 136), S. 17 f.

Die Unterscheidung zwischen einer Widmung zu dauerhaftem und einer Bestimmung zu vorübergehendem Gebrauch konkretisiert die vage Definition, die Ulpian am Anfang dieses Abschnitts vorgestellt hat. Wenn zu einem Haus außer seinen Bestandteilen auch gehören soll, was seinethalben (‚*propter aedes*') besessen wird, lässt sich dies am einfachsten nach der Widmung der Gegenstände ausmachen: Was für immer im Haus bleiben soll, ist hierfür bestimmt; was sich nur zeitweilig darin befinden soll, gehört nicht mehr hierzu. Zur Exemplifikation greift Ulpian wie schon bei der ersten Definition erneut auf Einrichtungen zur Wasserversorgung zurück und ergänzt sie um Bildwerke und Säulen, die im Regelfall freilich auch als fest verbunden und damit als Bestandteile eines Hauses gelten können.

Am Schluss greift Ulpian eine Frage auf, die er zuvor schon am Beispiel der *insula* behandelt hat: Wie sind Sachen, die zum Teil eines Gebäudes werden oder dauerhaft zu seinem Gebrauch dienen sollen, vor ihrer Installation zu bewerten? Speziell für einen Wohnblock hat Ulpian bereits festgestellt, dass weder ihre bloße Anschaffung noch ihre Lagerung in dem Gebäude ausreichen. Jetzt formuliert er allgemeiner und widmet sich auch dem schwierigen Fall von Sachen, die schon einmal angebracht waren:

> D 19.1.17.10 Ulp 32 ed (Ulp 938)
> Ea, quae ex aedificio detracta sunt ut reponantur, aedificii sunt: at quae parata sunt ut imponantur, non sunt aedificii. (11) Pali, qui vineae causa parati sunt, antequam collocentur, fundi non sunt, sed qui exempti sunt hac mente ut collocentur, fundi sunt.
>
> Was von einem Gebäude abgetrennt worden ist, damit es wieder angebracht wird, gehört zum Gebäude; was dagegen angeschafft worden ist, damit es erstmals angebracht wird, gehört nicht zum Gebäude. (11) Pfähle, die für den Weinbau angeschafft worden sind, gehören, bevor sie nicht aufgestellt worden sind, nicht zum Grundstück; diejenigen aber, die herausgezogen worden sind, um sie wieder aufzustellen, gehören zum Grundstück.

Ulpian wiederholt, dass die bloße Anschaffung mit dem Ziel des Einbaus oder der dauernden Verwendung nicht genügt, damit ein Gegenstand zu einem Gebäude gehört. Bei Sachen, die dieser Zweckbestimmung schon einmal zugeführt worden sind, schadet es allerdings nicht, wenn sie zwischenzeitlich entfernt werden; sie verlieren ihre Eigenschaft erst durch eine Umwidmung, die ihren bisherigen Bestimmungszweck aufhebt, insbesondere indem sie, wie schon im Beispielsfall des Misthaufens erwähnt, zum Verkauf bereitgestellt werden. Diese zunächst einmal auf Gebäude bezogene Differenzierung passt auch, wenn es darum geht, die Zugehörigkeit zu einem unbebauten Grundstück zu bestimmen. Daher wendet Ulpian sie auf Pfähle an, die beim Weinbau Verwendung finden.

Die Darstellung zur Reichweite von Kaufverträgen über Häuser und Grundstücke entspricht in ihrer Eigenart ganz den vorangehenden Ausführungen zur

Käufer- und Verkäuferklage. Es ist ohne weiteres plausibel, dass Ulpian sie zum Gegenstand eines gesonderten Abschnitts macht, in dem *Lenel* ein *additamentum* erkennt[558]. Zwar füllt Ulpian hier nur aus, was er zu Beginn seiner Beschäftigung mit der Käuferklage festgestellt hat, nämlich, dass die Leistung des Verkäufers alles umfasst, was bei natürlicher Betrachtung zu erwarten ist (‚*quae naturaliter insunt*', D 19.1.11.1). Entgegen dem ersten Anschein lässt sich das Thema, was zum Gegenstand eines Haus- oder Grundstückskaufvertrags wird, aber keineswegs nur der *actio empti* zuordnen, mit der ein Käufer die Überlassung der Sachen anstrebt, die zu dem verkauften Objekt gehören. Denkbar ist auch, dass ein Verkäufer mit der *actio venditi* die Rückgewähr von Sachen fordert, die sich auf dem veräußerten Grundstück befinden, aber nicht vom Vertrag umfasst sind. Es entspricht also einer strukturierten Darstellung, wenn Ulpian das Thema separat und erst dann behandelt, wenn er sich schon mit den beiden Klagen befasst hat. Exkursartigen Charakter hat die Abhandlung nur insofern, als Ulpian sie ausweislich des Einleitungssatzes auch auf das Vermächtnis von Grundstücken erstrecken will.

Wendet man sich hingegen der Binnenstruktur dieses Abschnitts zu, stößt man auf dieselbe Unordnung, die auch schon die Darstellung der Käufer- und Verkäuferklage geprägt hat: Ulpian reiht allgemeine Aussagen und Beispielsfälle aneinander, die zuweilen den vorangestellten Grundsatz exemplifizieren, zuweilen auch ohne Bezug zu diesem nur aufgeführt sind, um die Entscheidung als solche mitzuteilen. Man kann allenfalls eine sinnvolle Reihung der vier allgemeinen Aussagen erkennen. Sie beginnen mit einer deutungsoffenen allgemeinen Definition der zu einem Haus zählenden Dinge (D 19.1.13.31) und führen über eine Abgrenzung zum Parallelfall des Grundstücks (D 19.1.17pr) zu einer konkreteren Bestimmung der Sachen, die ‚*propter aedes*' besessen werden (D 19.1.17.7) hin zu einer Entscheidung des schwierigen Falles, in dem Dinge erst noch in einem Haus angebracht werden müssen (D 19.1.17.10). Dazwischen finden sich aber außer unpassenden Beispielen auch Einzelfälle, in denen es um die Zugehörigkeit zu einem unbebauten Grundstück geht. Dieses erscheint in den allgemeinen Aussagen aber nur an einer Stelle als Kontrapunkt zum Haus. Auch insoweit geht es Ulpian also in erster Linie auf die Sammlung von Stoff für den informierten Leser, der nicht strukturiert an das Thema herangeführt werden muss.

**558** *Lenel*, *Palingenesia*, Bd. 2, Sp. 635.

## II Der Sabinuskommentar

Die Überlieferung des Titels *de emptione et venditione* in Buch 28 bis 30 des Sabinuskommentars ist durchaus nicht spärlich, aber in vielen Teilen doch zu fragmentarisch, als dass sie die Gedankenführung des Autors erkennen ließe. Es gibt nur vier längere Abschnitte, die in der justinianischen Kompilation im Zusammenhang überliefert sind und auch den Kaufvertrag betreffen: zunächst einmal den Leittext des Digestentitels 18.2 über den Vorbehalt eines besseren Gebots, dann das Traktat über den Irrtum beim Vertragsschluss, das die byzantinischen Gesetzesredaktoren in den Digestentitel über das Zustandekommen eines Kaufvertrags (D 18.1) aufgenommen haben, ferner die Abhandlung zum Weinkauf, mit der in den Digesten der Titel über die Gefahrtragung (D 18.6) beginnt, sowie schließlich ein erkennbar nicht vollständig, aber doch in größerem Umfang überlieferter Text zur Haftung aus einem Garantieversprechen des doppelten Kaufpreises; in der justinianischen Gesetzessammlung ist er in den einschlägigen Titel 21.2 eingegangen. Daneben ordnet *Lenel* dem Kauftitel eine umfangreiche Passage über die Diebstahlsklage[559] und einen längeren Text über die Erfüllung durch Zahlung an einen Vertreter, Vormund oder dessen Schützling[560] zu. Eine Verbindung zum Kaufvertrag lässt sich hier wie dort nur sehr mühsam konstruieren, indem man annimmt, Ulpian knüpfe einmal an die Verpflichtung des Käufers zur Zahlung des Kaufpreises, das andere Mal an die den Verkäufer treffende Haftung für *custodia* an, die zuweilen über die Aktivlegitimation zur Diebstahlsklage entscheidet[561]. Selbst wenn diese Vermutung zuträfe, hätte man es in beiden Fällen mit Exkursen zu tun, mit dem Ulpian das eigentliche Thema des Kaufvertrags weit hinter sich lässt.

### 1 *In diem addictio*

An den Beginn des Kapitels über die *emptio venditio* stellt Lenel eine Abhandlung über den Kauf unter Vorbehalt eines besseren Gebots. Sie ist von den Kompilatoren zum Leittext des einschlägigen Digestentitels 18.2 gemacht worden und in bemerkenswertem Umfang erhalten. Ulpian eröffnet sie mit der in seinem Ediktskommentar anlässlich der Auseinandersetzung mit dem Kauf auf Probe nur gestreiften Frage der Konstruktion eines solchen Geschäfts. Ob es auflösend be-

**559** D 47.2.12, 14, 17 Ulp 29 Sab (Ulp 2733–2735).
**560** D 46.3.12, 14 Ulp 30 Sab (Ulp 2736–2737).
**561** S. o. S. 16 ff.

dingt, also zunächst gültig und dann durch ein besseres Gebot aufgehoben, oder aufschiebend bedingt, also erst bei Ausfall eines besseren Gebotes gültig, ist, soll vom *quod actum* abhängen. Entscheidend ist, ob die Parteien den Kaufvertrag erst noch zur Entstehung gelangen lassen oder nachträglich von ihm abgehen wollen:[562]

D 18.2.2pr Ulp 28 Sab (Ulp 2707)
Quotiens fundus in diem addicitur, utrum pura emptio est, sed sub condicione resolvitur, an vero condicionalis sit magis emptio, quaestionis est. et mihi videtur verius interesse, quid actum sit: nam si quidem hoc actum est, ut meliore allata condicione discedatur, erit pura emptio, quae sub condicione resolvitur: sin autem hoc actum est, ut perficiatur emptio, nisi melior condicio offeratur, erit emptio condicionalis.

Wird ein Grundstück unter dem Vorbehalt eines besseren Gebots verkauft, stellt sich die Frage, ob es ein wirksamer Kauf ist, der aber unter einer Bedingung aufgehoben, oder ob es eher ein bedingter Kauf ist. Und mir scheint richtiger, dass es darauf ankommt, was vereinbart ist; denn wenn vereinbart ist, dass man bei einem besseren Gebot vom Kauf abgeht, liegt ein wirksamer Kauf vor, der unter einer Bedingung aufgelöst wird; ist aber vereinbart, dass der Kauf perfekt wird, wenn kein besseres Gebot erfolgt, handelt es sich um einen bedingten Kauf.

Parallele Erwägungen zur *lex commissoria* und zum *pactum displicentiae* stellt Ulpian in zwei kurzen Texten an, die Lenel mit der Aussage zur *in diem addictio* zusammenstellt. Anders als hier äußert er dort eine Präferenz für die Annahme eines auflösend bedingten Geschäfts:[563]

D 18.3.1 Ulp 28 Sab (Ulp 2707)
Si fundus commissoria lege venierit, magis est, ut sub condicione resolvi emptio quam sub condicione contrahi videatur.

Ist ein Grundstück unter Auflösungsvorbehalt verkauft worden, spricht mehr dafür, dass der Kauf unter einer Bedingung aufgelöst wird, als dass er unter einer Bedingung abgeschlossen ist.

D 18.1.3 Ulp 28 Sab (Ulp 2707)
Si res ita distracta sit, ut si displicuisset inempta esset, constat non esse sub condicione distractam, sed resolvi emptionem sub condicione.

Ist eine Sache mit der Maßgabe verkauft worden, dass sie als nicht gekauft gilt, wenn sie dem Käufer nicht gefällt, steht fest, dass sie nicht unter einer Bedingung verkauft worden ist, sondern dass der Kauf unter einer Bedingung aufgelöst wird.

---

**562** Vgl. zu diesem Text auch *Nicosia* (Fn. 523), S. 32 ff.

**563** Ebenso sieht dies Paulus; vgl. D 41.4.2.3 Paul 54 ed. Entgegen *Nicosia* (Fn. 523), S. 190 f. sehe ich hier keinen Zusammenhang mit der Rolle, die der Wille des Verkäufers bei der *lex commissoria* spielt.

Die vergleichsweise abstrakte Anleitung zur Unterscheidung bei der *in diem addictio* erhält einen konkreten Ansatzpunkt durch den Blick auf die Rechtsfolgen, die mit den beiden Konstruktionsarten verknüpft sind. Ulpian beleuchtet sie unter Berufung auf Julian und Pomponius:

> D 18.2.2.1, 4pr Ulp 28 Sab (Ulp 2708)
> Ubi igitur secundum quod distinximus pura venditio est, Iulianus scribit hunc, cui res in diem addicta est, et usucapere posse et fructus et accessiones lucrari et periculum ad eum pertinere, si res interierit (4pr) ubi autem condicionalis venditio est, negat Pomponius usucapere eum posse nec fructus ad eum pertinere.
>
> Wo es sich nach unserer Unterscheidung um einen wirksamen Verkauft handelt, könne, wie Julian schreibt, derjenige, dem unter Vorbehalt des besseren Gebots eine Sache verkauft worden ist, diese ersitzen, ihre Früchte und den Zuwachs erwerben, und falls die Sache untergeht, treffe die Gefahr ihn (4pr) wo der Verkauf aber bedingt ist, könne er, wie Pomponius schreibt, weder die Sache ersitzen, noch gebührten ihm die Früchte.

Während der Käufer beim auflösend bedingten Kauf die Sache, falls sie nicht dem Verkäufer gehört, sofort ersitzen kann und auch Früchte und Zuwachs zu eigen erwirbt,[564] ist dies bei einem aufschiebend bedingten Vertrag anders. Dasselbe gilt für die Gefahrtragung: Beim auflösend bedingten Kauf trifft das Risiko des Sachverlustes den Käufer, der ungeachtet des Untergangs der Kaufsache zur Zahlung des Kaufpreises verpflichtet bleibt und hiervon, da ein besseres Gebot nicht mehr denkbar ist, auch nicht mehr entbunden werden kann. Beim aufschiebend bedingten Kauf trifft die Gefahr hingegen den Verkäufer.[565] Zwar kommt es nach einem Sachuntergang auch hier nicht zu einem besseren Gebot, so dass die Bedingung für die Wirksamkeit des ersten Kauvertrags durchaus eintritt. Da die Kaufsache zu diesem Zeitpunkt nicht mehr existiert, scheitert der Vertrag jedoch an dem Satz, dass ein Kauf *sine re* unwirksam ist[566]. Während Ulpian die Gefahrtragung im Fall der auflösenden Bedingung noch eigens erwähnt, überlässt er die Lösung im Fall der aufschiebenden Bedingung einem Gegenschluss. Die drei Merkmale: Ersitzung, Fruchterwerb und Gefahrtragung, bilden jedenfalls Kriterien, mit deren Hilfe sich die Parteivereinbarung einordnen lässt,

---

**564** Hiermit ist nur ein vorläufiger Erwerb gemeint, der im Fall eines besseren Gebots wieder rückgängig gemacht wird. Ulpian selbst dies selbst in D 18.2.6pr klar; s.u. S. 228 ff.

**565** Entgegen *Peters* (Fn. 526), S. 143 ff. gibt es auch in D 18.6.8pr Paul 33 ed keinen Anhaltspunkt dafür, dass Pomponius im Gegensatz zu Julian und Ulpian selbst in diesem Fall den Käufer die Gefahr tragen lassen will.

**566** D 18.1.8pr Pomp 9 Sab.

weil sie sich auch und gerade auf die Höhe des veranschlagten Preises auswirken.[567]

Ganz unabhängig von der Konstruktion der *in diem addictio* bestimmt der Satz von der Unwirksamkeit eines Kaufs *sine re* die Entscheidung über die Anerkennung eines besseren Gebots.[568] Ulpian zeigt dies an zwei Fällen, die er wiederum von Julian übernommen hat:

> D 18.2.4.1–2 Ulp 28 Sab (Ulp 2708)
> Idem Iulianus libro quinto decimo quaerit, si res in diem addicta intercíderit vel ancilla decesserit, an partus vel fructus eius nomine adiectio admitti possit. et negat admittendam adiectionem, quia alterius rei quam eius quae distracta est non solet adiectio admitti. (2) Idem Iulianus eodem libro scribit, si ex duobus servis viginti venditis et in diem addictis alter decesserit, deinde unius nomine qui superest emptor extiterit, qui supra viginti promitteret, an discedatur a priore contractu? et ait dissimilem esse hanc speciem partus specie et ideo hic discedi a priore emptione et ad secundam perveniri.
>
> Julian fragt auch im 15. Buch seiner Digesten, ob, wenn die unter Vorbehalt eines besseren Gebots verkaufte Sache untergeht oder die verkaufte Sklavin stirbt, dann ein besseres Gebot noch für das Kind der Sklavin oder die Früchte der Sache zulässig sei. Und er verneint die Zulässigkeit eines besseren Gebots, weil man ein besseres Gebot für eine andere als die verkaufte Sache gewöhnlich nicht zulässt. (2) Julian fragt auch in demselben Buch, ob man von dem ersten Kauf abgehen könne, wenn von zwei Sklaven, die zu 20 unter dem Vorbehalt eines besseren Gebots verkauft sind, der eine stirbt und sich für den überlebenden ein Käufer findet, der mehr als 20 zahlt. Und er sagt, dieser Fall sei anders als der eines Sklavenkindes, und deshalb könne man von dem ersten Kauf Abstand nehmen und auf den zweiten übergehen.

Ist die verkaufte Sache untergegangen oder eine verkaufte Sklavin gestorben, kann ein besseres Gebot nicht mehr dadurch zustande kommen, dass ein zweiter Käufer einen höheren Preis für die Früchte der Sache oder ein zwischenzeitlich geborenes Kind der Sklavin bietet. Können die Sache oder Sklavin selbst nicht mehr Gegenstand eines gültigen Vertrags sein, nimmt dies auch einem späteren Gebot die Wirksamkeit. Der erste Käufer kann die Früchte oder das Kind daher behalten, wenn der mit ihm abgeschlossene Vertrag auflösend bedingt war. War er aufschiebend bedingt, muss er sie an den Verkäufer zurückgeben, erhält aber auch den Kaufpreis erstattet. Anders verhält es sich in der als Gegenfall konzi-

---

**567** Anders als Paulus in D 41.4.2.4 Paul 54 ed lässt Ulpian unerwähnt, dass Julian die auflösend bedingte *emptio* ebenso wie bei *lex commissoria* und *pactum displicentiae* als Regelfall ansieht. Insofern besteht entgegen *Peters* (Fn. 526), S. 120 und *Pennitz* (Fn. 421), S. 248 doch ein gewisser Meinungsunterschied zwischen dem Hochklassiker und Ulpian.

**568** Dieser Zusammenhang kommt mir bei der Behandlung des folgenden Textes durch *Nicosia* (Fn. 523), S. 107 ff. zu kurz.

pierten Konstellation, in der einer von zwei verkauften Sklaven gestorben ist. Hier ist eines der beiden Kaufobjekte noch vorhanden, so dass ein Gebot für den überlebenden Sklaven wirksam ist und den ersten Kaufvertrag entweder auflöst oder gar nicht erst zustande kommen lässt. In dem einen wie dem anderen Fall muss der Käufer den überlebenden Sklaven herausgeben, erlangt aber auch den Kaufpreis zurück.

Im Folgenden kehrt Ulpian zur Rechtsstellung des ersten Käufers im Fall einer auflösenden Bedingung zurück:[569]

> D 18.2.4.3 – 4 Ulp 28 Sab (Ulp 2708)
> Sed et Marcellus libro quinto digestorum scribit pure vendito et in diem addicto fundo si melior condicio allata sit, rem pignori esse desinere, si emptor eum fundum pignori dedisset: ex quo colligitur, quod emptor medio tempore dominus est: alioquin nec pignus teneret. (4) Idem Iulianus libro octagensimo octavo digestorum scripsit eum, qui emit fundum in diem, interdicto quod vi aut clam uti posse: nam hoc interdictum ei competit, cuius interest opus non esse factum. fundo autem, inquit, in diem addicto et commodum et incommodum omne ad emptorem pertinet, antequam venditio transferatur, et ideo, si quid tunc vi aut clam factum est, quamvis melior condicio allata fuerit, ipse utile interdictum habebit: sed eam actionem sicut fructus, inquit, quos percepit venditi iudicio praestaturum.
>
> Aber auch Marcell schreibt im fünften Buch seiner Digesten, dass beim wirksamen Verkauf eines Grundstücks unter Vorbehalt des besseren Gebots, wenn dieses erfolgt, ein Pfandrecht erlischt, das der Käufer an dem Grundstück bestellt hat; hieraus kann man entnehmen, dass der Käufer in der Zwischenzeit der Eigentümer ist; andernfalls wäre das Pfandrecht nicht wirksam. (4) Julian schreibt im 88. Buch seiner Digesten auch, dass jemand, der ein Grundstück unter dem Vorbehalt des besseren Gebots gekauft hat, sich des Interdikts „was gewaltsam oder heimlich" bedienen könne; denn dieses Interdikt steht demjenigen zu, der ein Interesse daran hat, dass die Tat nicht geschehen wäre. Nach dem Verkauf eines Grundstücks unter dem Vorbehalt eines besseren Gebots treffen, wie er sagt, vor der Überleitung des Kaufvertrags alle Vor- und Nachteile den Käufer; und daher sei ihm, wenn in dieser Zeit etwas gewaltsam oder heimlich geschieht, das Interdikt auch dann dienlich, wenn später ein besseres Gebot erfolgt; aber er müsse, wie er sagt, diese Klage ebenso wie die gezogenen Früchte aufgrund der Verkäuferklage herausgeben.

Ulpian beruft sich zunächst auf Marcell, der meint, ein vom ersten Käufer bestelltes Pfandrecht erlösche mit dem besseren Gebot.[570] Ulpian hält weniger diese

---

569 Hierzu auch *Ziliotto*, SDHI 69 (2003) 357 ff.

570 Dieses Zitat findet sich auch in einem Auszug aus Ulpians *libri disputationum* in D 20.6.3 Ulp 8 disp, hier ergänzt um eine konträre Entscheidung im Fall eines *pactum displicentiae*. Dass das Pfandrecht hier nicht erlischt, könnte daran liegen, dass einem Käufer, der die Kaufsache mit einem *pignus* belastet hat, der Rücktritt vom Vertrag verwehrt ist; vgl. *Peters* (Fn. 526), S. 217. *Lovato*, Studi sulle *disputationes* di Ulpiano, Bari 2003, S. 83 ff. hält dagegen für entscheidend, dass es sich bei der Kaufsache um eine *res mancipi* handelt.

Rechtsfolge als die zwischenzeitliche Wirksamkeit des Pfandrechts und dessen Voraussetzung für entscheidend. Nachdem er schon Julian mit der Feststellung zitiert hat, der erste Käufer könne die Kaufsache ersitzen, findet er nun in Marcell einen zweiten Gewährsmann dafür, dass der Käufer die Sache *in bonis* hat, also entweder ihr regelrechter Eigentümer wird oder zumindest Ersitzungsbesitz erlangt.[571] Denn dies ist Voraussetzung für die gültige Verpfändung. Dass Ulpian außer Julian noch Marcell bemüht und hierfür auf eine Aussage zurückgreift, die nur indirekt für den Eigentumserwerb aussagekräftig ist, zeigt, dass ihm dieser in besonderer Weise begründungsbedürftig erscheint.[572] Er ergibt sich auch noch keineswegs zwingend aus der Konstruktion des Kaufvertrags als auflösend bedingtes Geschäft. Denn die Einordnung als *venditio pura* betrifft zunächst einmal nur dessen Wirksamkeit als Schuldvertrag. Dass er nicht mit dem Eigentumserwerb einhergehen muss, zeigt sich schon daran, dass dieser auch bei einem gewöhnlichen Kauf auf den Moment der Kaufpreiszahlung aufgeschoben ist.[573]

Kommen dem Käufer bis zur Abgabe des besseren Gebots alle mit dem Eigentum verbundenen Rechte wie etwa ein aquilischer Schadensersatzanspruch wegen einer Beschädigung der Kaufsache zu, bedarf es einer besonderen Begründung für das *interdictum quod vi aut clam*.[574] Ebenso wie die bei beweglichen Sachen zuständige Diebstahlsklage[575] ist hierzu nicht stets der Eigentümer, sondern derjenige berechtigt, der ein Interesse daran hat, dass die heimlich oder gewaltsam verübte Beeinträchtigung eines Grundstücks unterbleibt. In dieser Hinsicht kann der von Ulpian zitierte Julian aber auf die aus der Zuweisung von Gefahr, Früchten und Zuwachs gewonnene Regel zurückgreifen, wonach bis zum Eingang des besseren Gebots alle Vor- und Nachteile dem ersten Käufer zugewiesen sind. Aus diesem Grund muss ihm auch die durch das Interdikt eröffnete

---

**571** Für nachträglich eingefügt hält diesen Passus hingegen *Nicosia* (Fn. 523), S. 150 f.

**572** Zweifel an der Echtheit des maßgeblichen Schlusssatzes bekundet dagegen *Lovato* (Fn. 570), S. 84.

**573** S. o. S. 159 f.

**574** Dieses wird hier direkt und nicht etwa in Gestalt eines zweckdienlichen Rechtsbehelfs gewährt; vgl. *Harke* (Fn. 42), S. 136 f. Fn. 304. Anders *Peters* (Fn. 526), S. 159, der glaubt, Julian weiche auf ein *interdictum utile* aus, weil er es dem Käufer schon vor der Übergabe gewähren wolle. Es ist jedoch denkbar und näherliegend, dass Julian die Übergabe der Kaufsache, wie Ulpian sie in D 43.24.11.9, 12 Ulp 71 ed fordert, stillschweigend voraussetzt. Gegen die Annahme von *Peters* wendet sich auch *Nicosia* (Fn. 523), S. 121, 125.

**575** S. o. S. 16 ff.

Klage zukommen, die er aber bei Auflösung des Vertrags an den Verkäufer abzutreten hat.[576]

Nachdem Ulpian die Rechtsstellung des ersten Käufers bei einem auflösend bedingten Vertrag betrachtet hat, wendet er sich der Frage zu, wann ein besseres Gebot anzunehmen ist. Den Übergang zu dem neuen Thema macht Ulpian dadurch kenntlich, dass er noch einmal rekapituliert, wie der Kauf konstruiert werden kann und welche Wirkung jeweils das bessere Gebot hat:

> D 18.2.4.5–6 Ulp 28 Sab (Ulp 2708)
> Cum igitur tunc recedatur ab emptione (ubi pure contrahitur) vel tunc non impleatur (ubi sub condicione fit) cum melior condicio sit allata: si falsus emptor subiectus sit, eleganter scribit Sabinus priori rem esse emptam, quia non videtur melior condicio allata esse non existente vero emptore. sed et si existat alius emptor, meliorem tamen condicionem non adferat, aeque dicendum erit perinde haberi, ac si non existeret. (6) Melior autem condicio adferri videtur, si pretio sit additum. sed et si nihil pretio addatur, solutio tamen offeratur facilior pretii vel maturior, melior condicio adferri videtur. praeterea si locus oportunior solvendo pretio dicatur, aeque melior condicio allata videtur: et ita Pomponius libro nono ex Sabino scribit. idem ait, et si persona idoneor accedat ad emptionem, aeque videri meliorem condicionem allatam. proinde si quis accedat eiusdem pretii emptor, sed qui levioribus emat condicionibus vel qui satisdationem nullam exigat, melior condicio allata videbitur. ergo idem erit probandum et si viliore pretio emere sit paratus, ea tamen remittat, quae venditori gravia erant in priore emptione.
>
> Da also bei Abgabe eines besseren Gebots entweder vom Kauf abgegangen wird (wenn er wirksam abgeschlossen wurde) oder er nicht wirksam wird (wenn er unter einer Bedingung abgeschlossen wurde), schreibt Sabinus treffend, die Sache sei, wenn ein Scheinkäufer vorgeschoben worden ist, vom ersten Käufer gekauft, weil kein besseres Gebot abgegeben werde, wenn kein echter Käufer vorhanden ist. Aber auch wenn ein anderer Käufer vorhanden ist, der aber kein besseres Angebot macht, ist gleichfalls zu sagen, dass es so behandelt werden muss, wie wenn er nicht vorhanden wäre. (6) Ein besseres Angebot wird abgegeben, wenn der Preis erhöht wird. Aber auch wenn der Preis nicht erhöht, aber angeboten wird, dass die Zahlung des Preises günstiger oder früher erfolgt, gilt das Angebot gleichfalls als besser. Außerdem gilt, wenn ein günstigerer Ort für die Zahlung zugesagt wird, das Angebot gleichfalls als besser; und dies schreibt Pomponius im neunten Buch zu Sabinus. Er schreibt auch, dass ein Angebot gleichfalls als besser gilt, wenn ein zahlungskräftigerer Schuldner auftritt. Daher gilt ein Angebot als besser, wenn ein Käufer denselben Preis bietet, aber zu günstigeren Bedingungen, oder ohne Sicherheitsleistungen zu fordern. Folglich muss dasselbe auch dann angenommen werden, wenn jemand bereit ist, zu einem geringeren Preis zu kaufen, aber dem Verkäufer Belastungen, wie im ersten Kauf vereinbart, erspart.

576 Auch dieses Zitat überliefert Ulpian noch an einer anderen Stelle, namentlich in D 43.24.11.10 Ulp 71 ed; vgl. zum Ganzen *Fargnoli*, Studi sulla legitimazione attiva all'interdetto *quod vi aut clam*, Mailand 1998, S. 59 ff.

Den selbstverständlichen Satz, dass ein neues Angebot besser sein muss, um den alten Vertrag zu entkräften, präsentiert Ulpian in ausgesprochen umständlicher Wendung: Ist das Angebot des zweiten Kaufinteressenten nicht besser, soll der Fall so anzusehen sein, als sei gar kein zweiter Bieter vorhanden. Anknüpfungspunkt ist das vorher angebrachte Zitat von Sabinus, wonach das Angebot eines *‚falsus emptor'*, der ohne echte Kaufabsicht und vom Verkäufer nur vorgeschoben ist,[577] nicht als besseres Gebot angesehen werden kann.[578] So entsteht ein eigenwilliger gedanklicher Zirkel, der von der Regel ausgeht, dass das neue Angebot besser sein muss, und über den Sonderfall eines Scheinkäufers wieder zu dieser zurückführt. Eine naheliegende Erklärung für dieses ungewöhnliche Räsonnement ist, dass Ulpian fürchtet, Sabinus' *dictum* könnte in der Weise missverstanden werden, dass es lediglich eines *‚emptor verus'* mit wirklicher Kaufabsicht bedürfe, um den ersten Käufer auszustechen.[579] Die Beurteilung, ob es sich um eine *‚melior condicio'* handelt, wäre dann allein dem Verkäufer überlassen. Ihm die freie Wahl zwischen den Angeboten zu überlassen, ist auch nicht völlig abwegig; denn er kann ja, wie Ulpian wiederum in Anschluss an Sabinus später noch feststellen wird,[580] auch ein objektiv besseres Gebot ablehnen und die Vereinbarung mit dem ersten Käufer so gelten lassen, als sei sie das bessere Gebot. Auch wenn Ulpian dem Verkäufer diese Freiheit ebenfalls zugestehen will, sieht er die Befugnis hierzu doch erst eröffnet, wenn sich das zweite Angebot bei objektiver Beurteilung als besser erweist.[581] Andernfalls wäre die Vertragsbindung zu weitgehend in das Belieben des Verkäufers gestellt.

Die dabei relevanten Kriterien erscheinen im Folgenden in stereotyp formulierten Sätzen, die vielleicht ein Vorbild in dem zitierten Sabinuskommentar von Pomponius haben. Danach soll es für den Vergleich zwischen dem alten Vertrag und dem neuen Angebot nicht nur auf den Preis, sondern auf alle Umstände ankommen, die das Gebot für den Verkäufer attraktiver machen können:[582] ein

---

**577** Anders liegt die von Paulus in D 18.2.14pr Paul 5 Sab behandelte Konstellation, in der ein Verkäufer ein besseres Gebot behauptet, obwohl der zweite Käufer denselben oder einen niedrigeren Preis zahlt. Im Ergebnis sind beide Fälle freilich gleich zu behandeln. Auch diese Entscheidung könnte von Sabinus stammen; vgl. *Nicosia* (Fn. 523), S. 98 f.

**578** *Nicosia* (Fn. 523), S. 30 deutet die Formulierung so, dass Sabinus von einer aufschiebenden Bedingung des Vertrags mit dem ersten Käufer ausgeht.

**579** Ähnlich wohl *Nicosia* (Fn. 523), S. 97.

**580** D 18.2.9; s.u. S. 229 f.

**581** Hiervon geht ersichtlich auch schon Pomponius in D 18.1.15.1 Pomp 9 Sab aus. Paulus spricht es in D18.2.14.2 Paul 5 Sab ebenfalls klar aus.

**582** Mit dem Konzept der *utilitas* als Rücksicht auf wirtschaftliche Interessen der Vertragspartner bringt dies *Palma*, *Utilitas contrahentium* e *in diem addictio*, SDHI 83 (2017) 85, 99 f. in Zusammenhang.

früherer Zahlungstermin oder leichter zu erreichender Zahlungsort, eine größere Solvenz des zweiten Käufers[583] oder eines von ihm gestellten Bürgen oder Schuldübernehmers sowie eine Erleichterung der Verpflichtungen des Verkäufers, dem insbesondere eine Garantie für Rechtsmängel erlassen wird. Fallen alle diese Umstände ins Gewicht, kann man, wie Ulpian abschließend feststellt, auch dann zu dem Ergebnis kommen, dass ein besseres Gebot vorliegt, wenn der Preis, den der zweite Käufer zahlen will, unter dem liegt, zu dem sich der erste Käufer verpflichtet hat. So wird das Kriterium, an das zunächst zu denken und das auch am Anfang erwähnt ist, relativiert.

Gleich einen doppelten Rückbezug auf die bisherigen Ausführungen weist der nächste Passus auf, in dem sich Ulpian den Rechtsfolgen zuwendet, die ein besseres Gebot hat:

> D 18.2.6 Ulp 28 Sab (Ulp 2709)
> Item quod dictum est fructus interea captos emptorem priorem sequi, totiens verum est, quotiens nullus emptor existit, qui meliorem condicionem adferat, vel falsus exsistit: sin vero exstitit emptor posterior fructus refundere priorem debere constat, sed venditori. et ita Iulianus libro quadragensimo octavo digestorum scripsit. (1) Si quis extiterit, qui meliorem condicionem adferat, deinde prior emptor adversus eum licitatus sit et penes eum emptum remanserit, dubitari poterit, utrum fructus ipse habeat, quasi nulla meliore condicione allata, an vero venditoris sint, licet eadem sit persona, quae meliorem condicionem attulit. quod ratio facere videtur: intererit tamen quid acti sit: et ita Pomponius scribit.
>
> Wenn wir gesagt haben, dass die zwischenzeitlich gezogenen Früchte dem ersten Käufer zufallen, trifft dies nur dann zu, wenn kein zweiter Käufer auftritt, der ein besseres Gebot macht, oder nur ein Scheinkäufer; hingegen steht fest, dass wenn später ein Käufer auftritt, der erste die Früchte erstatten muss, aber dem Verkäufer; und dies schreibt Julian im 48. Buch seiner Digesten. (1) Tritt jemand auf, der ein besseres Gebot macht, wird er dann aber vom ersten Käufer überboten und bleibt die Kaufsache diesem verkauft, kann man zweifeln, ob er die Früchte so behalten darf, als ob kein besseres Gebot gemacht worden wäre, oder ob sie dem Verkäufer zustehen, obwohl es dieselbe Person ist, die das bessere Gebot gemacht hat. Dies erscheint zwar plausibel; es kommt dennoch darauf an, was vereinbart ist; und dies schreibt auch Pomponius.

Auf die bis zur Entscheidung über das bessere Gebot gezogenen Früchte der Kaufsache ist Ulpian schon bei der Schilderung der Rechtsposition des ersten Käufers zu sprechen gekommen: Diesem fallen sie zu, wenn der Kauf auflösend bedingt ist (D 18.2.2.1). Behalten darf er sie aber nur, sofern die Bedingung nicht

583 Wenn Paulus umgekehrt in D 18.2.14.2 Paul 5 Sab dessen schlechtere Zahlungskraft im Fall eines höheren Preises für irrelevant erklärt, bedeutet dies keinen Meinungsgegensatz, sondern nur, dass Paulus ihn an seiner Entscheidung für den höheren Preis festhalten und ihm die Möglichkeit nehmen will, noch auf den ersten Käufer zuzugreifen; vgl. *Peters* (Fn. 526), S. 30.

eintritt. Ulpian zählt wieder die beiden Fälle auf, in denen sie ausfällt: Entweder ist das Gebot, objektiv betrachtet, nicht besser als die Vereinbarung mit dem ersten Käufer; oder es ist zwar besser, aber von einem *‚falsus emptor'* abgegeben, der die Kaufsache nicht wirklich erwerben will. Ist es hingegen von echter Kaufabsicht getragen und übertrifft es die Bedingungen des bestehenden Vertrags, muss der erste Käufer die ihm zunächst zugewiesenen Früchte wieder herausgeben, allerdings nicht unmittelbar an den zweiten Käufer, zu dem er in keiner vertraglichen Bindung steht, sondern an den Verkäufer, der seinerseits dem zweiten Käufer verpflichtet ist.

Diese Lösung stößt in dem Fall auf Bedenken, dass es der erste Käufer ist, der sich schließlich gegen einen zweiten Bieter durchsetzt und das beste Gebot macht. Denn hier bleibt der erste Käufer im Ergebnis Inhaber der Kaufsache, deren Früchte ihm auch ab dem Moment der Annahme seines besseren Gebots endgültig zustehen. Die Personenidentität darf aber nicht darüber hinwegtäuschen, dass der erste Käufer die Kaufsache im Ergebnis allein aufgrund seines zweiten Gebots erlangt und der erste Vertrag damit aufgelöst ist.[584] Weder er noch der neue Vertrag bilden daher eine Grundlage dafür, die zwischenzeitlich gezogenen Früchte zu behalten. Ulpian hält dies für die Konsequenz, die der *ratio* entspricht,[585] stellt seine Entscheidung aber im Anschluss an Pomponius unter den Vorbehalt, dass die Parteien nichts anderes vereinbart haben. So ist insbesondere denkbar, dass der Käufer sein zweites Gebot gerade unter der Bedingung abgibt, die gezogenen Früchte behalten zu dürfen, und der Verkäufer dies zumindest stillschweigend akzeptiert.

Die nächste Frage, mit der sich Ulpian beschäftigt, ist die, ob der Verkäufer ungeachtet eines besseren Gebots an dem Vertrag mit dem ersten Käufer festhalten kann:

> D 18.2.9 Ulp 28 Sab (Ulp 2710)
> Sabinus scribit licere venditori meliorem condicionem oblatam abicere sequique primam quasi meliorem, et ita utimur. quid tamen, si hoc erat nominatim actum, ut liceret resilire emptori meliore condicione allata? dicendum erit dissolutam priorem emptionem, etiamsi venditor sequentem non admittat.
>
> Sabinus schreibt, der Käufer dürfe das bessere Angebot ablehnen und das erste so annehmen, als sei es das bessere; und so halten wir es. Was gilt aber, wenn ausdrücklich vereinbart

584 Entgegen *Babusiaux* (Fn. 395), S. 187 lässt sich dies nicht auf die eigentumsrechtliche Lage zurückführen, sondern ergibt sich schon auf schuldrechtlicher Ebene.

585 Auch Paulus stellt sie in D 49.14.50 Paul 3 decr als Regel für privatrechtliche Verträge dar, weicht hiervon aber in dem Fall ab, dass der Fiskus ein verpachtetes Grundstück unter dem Vorbehalt des besseren Gebots veräußert; zu dieser besonderen Lösung *Peters* (Fn. 526), S. 246 ff. und *Nicosia* (Fn. 523), S. 87 ff.

> ist, dass der Käufer bei einem besseren Gebot vom Vertrag Abstand nehmen dürfe? Man muss sagen, dass der erste Kauf aufgelöst ist, auch wenn der Verkäufer das zweite Gebot nicht annimmt.

Da der Bestand des Vertrags mit dem ersten Käufer nach dem typischen Wortlaut des Vorbehalts[586] allein vom Eingang eines besseren Gebots abhängt, liegt der Schluss nahe, dass schon dessen Eingang ausreicht, um den Vertrag aufzulösen oder gar nicht zur Entstehung gelangen zu lassen. In diesem Fall käme es gar nicht darauf an, ob der Verkäufer das bessere Gebot auch annimmt und einen Vertrag mit dem zweiten Käufer eingeht. Eine solche Lösung widerspräche jedoch dem Sinn der Klausel,[587] die dem Verkäufer Freiheit in der Entscheidung über die Vertragsbindung verschaffen will. Um sie dem Verkäufer zu nehmen, muss sie daher anders, nämlich so formuliert sein, dass sich auch der Käufer auf die Abgabe des besseren Gebotes berufen kann.[588] Fehlt ein solcher Hinweis in der Klausel, muss man sie so verstehen, dass der Verkäufer sich ungeachtet des Eingangs besseren Gebots auch für den Vertragsschluss mit dem ersten Käufer entscheiden kann.

Indem Ulpian auf die Möglichkeit einer abweichenden Formulierung der Klausel verweist, findet er ein besseres Argument als der von ihm zuvor zitierte Sabinus. Dieser begnügt sich mit der Begründung, ein Verkäufer, der das Gebot des zweiten Kaufinteressenten ablehne, akzeptiere den Vertrag mit dem ersten Käufer als *melior condicio*. Dies ist entweder eine bloße Fiktion oder so zu verstehen, dass es allein auf die subjektive Wertschätzung des Verkäufers ankommt. Im zuerst genannten Fall ist die Überlegung ohne Überzeugungskraft, im zweiten läuft sie zumindest Ulpians Auffassung zuwider, der den Vergleich zwischen dem ersten Vertrag und dem späteren Gebot einem objektiven Maßstab unterwirft, um zu gewährleisten, dass der Verkäufer nicht nach Belieben über seine Bindung an den Vertrag mit dem ersten Käufer disponieren kann.[589]

Den Schluss der Abhandlung über die *in diem addictio* bildet die Betrachtung zweier besonderer Konstellationen, namentlich dem doppelten Vorbehalt eines besseren Gebots und der Veräußerung durch eine Mehrheit von Verkäufern. In beiden Fällen wendet sich Ulpian ausdrücklich gegen die Meinung von Sabinus, knüpft aber jeweils an dessen soeben referierte Ansicht an, der Verkäufer sei in

**586** Vgl. D 18.2.1 Paul 5 Sab.

**587** Dass Ulpian sich so vom Wortlaut des Vorbehalts löst, stellt auch *Babusiaux* (Fn. 395), S. 188 f. fest.

**588** Entgegen *Babusiaux* (Fn. 395), S. 189 vermag ich hierin noch keine Annäherung an ein *pactum displicentiae* zu sehen.

**589** D 18.2.4.5 – 6; s.o. S. 226 ff.

seiner Entscheidung zwischen dem besseren Gebot und dem ursprünglichen Vertrag frei:

D 18.2.11pr Ulp 28 Sab (Ulp 2711)
Quod autem Sabinus scribit fundum in diem addici non posse rursus, qui semel fuerat in diem addictus, ratione eiusmodi defendit, quia prioris, inquit, emptoris statim fit, scilicet quasi non videatur melior condicio allata, si non secure secundo emptori fundus addicitur, sed alia licitatio prospicitur. sed Iulianus libro quinto decimo digestorum scripsit interesse multum, quid inter contrahentes actum sit, nec impedire quicquam vel hoc agi, ut saepius fundus collocetur, dum vel prima vel secunda vel tertia adiectione res a venditore discedat.

Was aber Sabinus schreibt, nämlich, dass ein unter Vorbehalt eines besseren Gebotes verkauftes Grundstück nicht abermals unter Vorbehalt verkauft werden könne, verteidigt er mit der Erwägung, dass es, wie er schreibt, sofort dem ersten Käufer gehöre, weil kein besseres Gebot gemacht scheine, wenn das Grundstück dem zweiten Käufer nicht sicher verkauft, sondern ein weiteres Gebot abgewartet wird. Aber Julian schreibt im 15. Buch seiner Digesten, es komme sehr darauf an, was zwischen den Parteien vereinbart worden ist, und es bestehe kein Hindernis für eine Vereinbarung, dass das Grundstück mehrere Male verkauft werde, sofern es nur beim ersten, zweiten oder dritten Gebot vom Verkäufer veräußert wird.

Nimmt der Verkäufer ein besseres Gebot seinerseits unter dem Vorbehalt an, dass er nicht noch ein besseres erhält, führt dies nach Sabinus dazu, dass der erste Verkauf sofort wirksam oder bestandskräftig wird.[590] Denn ein Vertrag, der nicht fest abgeschlossen, sondern noch in der Schwebe ist, könne nicht als ‚*melior condicio*' gelten. Ulpian teilt Sabinus' Auffassung zwar in dem Ausgangspunkt, dass es für die Wirksamkeit des ersten Vertrags nicht nur auf das Angebot, sondern darauf ankommt, wie der Verkäufer damit umgeht. Indem er es nicht oder nicht vorbehaltlos annimmt, kann der Verkäufer also durchaus noch den ursprünglichen Vertrag wirksam oder bestandskräftig werden lassen. Anders als Sabinus ist Ulpian jedoch nicht der Meinung, dass ein zweiter Vorbehalt des besseren Gebots dem ersten Vertrag nützt. Er beruft sich auf Julian, der die Vereinbarung eines mehrfachen Vorbehalts ohne weiteres für möglich hält. Ulpian äußert sich nicht direkt dazu, unter welchen Umständen eine solche Vereinbarung anzunehmen ist. Die Aufzählung: ‚*vel prima vel secunda vel tertia adiectione*', spricht jedoch dafür, dass er insoweit nicht restriktiv verfahren will. In der Tat lässt sich schon ein einfaches Formular der *in diem addictio* so auslegen; und Sabinus' Ansicht ist, genau besehen, selbstwidersprüchlich:[591] Der Vorbehalt eines besseren Gebots muss zwangsläufig befristet und damit so lange wirksam

---

**590** Die Formulierung: ‚*res statim emptoris fit*', ist entgegen *Peters* (Fn. 526), S. 115 nicht technisch gemeint und deckt außer dem aufschiebend bedingten auch einen auflösend bedingten Kauf ab.
**591** Entgegen *Nicosia* (Fn. 523), S. 112f. lässt sie sich auch nicht damit erklären, dass Sabinus beim erneuten Verkauf unter Vorbehalt einen *emptor verus* vermisst.

sein, wie innerhalb der vorgesehenen Frist kein Vertrag zu besseren Bedingungen zustande kommt. Sieht man einen neuen Vertrag, der seinerseits unter dem Vorbehalt des besseren Gebots steht, nicht als solches an, heißt dies noch keineswegs, dass die Bedingung, unter der der erste Vertrag steht, erfüllt ist. Stellt der neue Vertrag keine ‚*melior condicio*' dar, bedeutet dies auch und gerade, dass der Verkäufer eine solche noch bis zum Fristende abwarten darf. Entscheidend ist allein, dass er die Sache schließlich innerhalb des vereinbarten Zeitraums wirksam veräußert (‚*res a venditore discecat*'). Ob und wie der Verkäufer einen Vorbehalt bei der Entscheidung über das Gebot des zweiten Käufers macht, geht nur diesen und ihn, nicht aber den ersten Käufer etwas an. Der Vorbehalt des besseren Gebots ist also auch ohne besondere Vereinbarung der Parteien so zu verstehen, dass dem Verkäufer ein erneuter Vorbehalt nicht verwehrt ist. Die deshalb angebrachte Kritik an der Fehlentscheidung des Sabinus kleidet Ulpian zwar höflich in den Verweis auf Julian und das *quod actum* der Parteien ein; er erspart sie dem Frühklassiker aber nicht.

Vorsichtig, aber bestimmt nimmt Ulpian auch zu Sabinus' Lösung im Fall eines Verkaufs durch mehrere Miteigentümer einer Sache Stellung:

D 18.2.11.1, 13 Ulp 28 Sab (Ulp 2711)
Item quod Sabinus ait, si tribus vendentibus duo posteriori addixerint, unus non admiserit adiectionem, huius partem priori, duorum posteriori emptam, ita demum verum est, si variis pretiis partes suas distraxerunt. (13pr) Quod si uno pretio vendiderint, dicendum est totam priori emptam manere, quemadmodum si quis mihi totum fundum ad diem addixisset, postea vero pretio adiecto dimidium alii addixerit. Celsus quoque libro octavo digestorum refert Mucium Brutum Labeonem quod Sabinum existimare: ipse quoque Celsus idem probat et adicit mirari se a nemine animadversum, quod si prior emptor ita contraxit, ut nisi totum, fundum emptum nollet habere, non habere eum eam partem emptam, quam unus ex sociis posteriori emptori addicere noluit. (1) Verum est autem vel unum ex venditoribus posse meliorem adferre condicionem: emere enim cum tota re etiam nostram partem possumus.

Wenn Sabinus ferner schreibt, in dem Fall, dass zwei von drei Verkäufern das Angebot des späteren Käufers annehmen, einer es dagegen ablehnt, dessen Anteil vom ersten gekauft sei, die der beiden anderen dagegen vom späteren Käufer, so ist dies nur dann richtig, wenn sie ihre Anteile zu gesonderten Preisen verkauft haben. (13pr) Haben sie sie aber zu einem einheitlichen Preis verkauft, ist zu sagen, dass die gesamte Sache dem ersten Käufer verkauft bleibt, und zwar ebenso, wie wenn jemand zunächst ein gesamtes Grundstück unter dem Vorbehalt eines besseren Gebots verkauft und danach aufgrund eines höheren Gebots einem anderen die Hälfte. Celsus schreibt im achten Buch seiner Digesten auch, Mucius, Brutus und Labeo seien der Auffassung von Sabinus gewesen; er teilt sie, fügt aber hinzu, er wundere sich, dass niemand bemerkt habe, dass, wenn der erste Käufer den Vertrag mit der Maßgabe eingegangen ist, dass er das Grundstück nur als Ganzes haben wolle, er nicht einen Teil behalte, den einer der Teilhaber nicht dem späteren Käufer zugsprechen wollte. (1) Es ist aber richtig, dass auch einer der Verkäufer ein besseres Gebot machen kann; zusammen mit der ganzen Sache können wir nämlich auch unseren Anteil kaufen.

Sabinus meint, bei einer divergierenden Entscheidung der Verkäufer über das bessere Gebot eines zweiten Käufers werde die Kaufsache zwischen diesem und dem ersten Käufer geteilt: Während diesem der Miteigentumsanteil des Verkäufers zufalle, der das bessere Gebot nicht annimmt, erhalte der zweite Käufer die übrigen Anteile. Ulpian erklärt diese Lösung nicht für schlechthin falsch, will sie aber im Regelfall, in dem der Käufer nicht die einzelnen Anteile separat, sondern die ganze Sache kaufen will, nicht gelten lassen. Hier greift der Vorbehalt des besseren Gebots nur dann, wenn es von allen Verkäufern angenommen wird. Denn ein Zuschlag, den einzelne Miteigentümer für ihre Anteile erteilen, hat nicht denselben Gegenstand wie der mit dem ersten Käufer geschlossene Vertrag. Um dies zu demonstrieren, zieht Ulpian zum Vergleich den Fall heran, in dem es nur einen Eigentümer der Sache gibt und dieser nach ihrem Verkauf noch einen Käufer für einen Anteil findet. Hier ist evident, dass sich das spätere Gebot auf ein anderes Objekt als der ursprüngliche Kaufvertrag bezieht. Zur Diskreditierung der Entscheidung des Sabinus trägt dann noch das folgende Zitat von Celsus bei.[592] Dieser Hochklassiker führt außer Sabinus noch dessen Counterpart Labeo als Ahnherr der prokulianischen Rechtsschule sowie mit Quintus Mucius und Brutus zwei Autoritäten aus der Republik an; und er wundert sich, dass sie allesamt verkannt haben, dass ihre Lösung bestenfalls theoretisch richtig, praktisch aber unbrauchbar ist, weil sich kaum ein Käufer finden wird, der eine Sache kauft, aber nur Interesse an einzelnen Miteigentumsanteilen und daher einen gesonderten Preis für sie gezahlt hat.[593]

Einen Fall, in dem es gleichwohl dazu kommen kann, dass der erste Käufer leer ausgeht, benennt Ulpian am Ende: Gibt einer der Miteigentümer ein Gebot für die Anteile der anderen ab, hat dieses nur scheinbar einen anderen Gegenstand als der erste Kaufvertrag; es richtet sich nämlich auf den Erwerb der Sache, die dem Miteigentümer bei der Vereinigung der Anteile der anderen mit dem eigenen zur Gänze gehört.[594] Hier kommt es zu einem besseren Gebot, auch wenn im ersten Kaufvertrag kein gesonderter Preis für die einzelnen Anteile festgesetzt ist. Der Fall liegt aber keineswegs so, wie von Sabinus in seiner Entscheidung vorausgesetzt; denn die Miteigentümer divergieren nicht in ihrer Meinung zum

**592** Vgl. *Harke* (Fn. 31), S. 21.

**593** Anders stellt sich Celsus' Bemerkung dar, wenn man mit *Nicosia* (Fn. 523), S. 65 f. annimmt, dieser behandle gerade den Fall, dass für die einzelnen Miteigentumsanteile Preise festgesetzt sind, die sich nicht aus einer Division mit Hilfe der jeweiligen Beteiligungsquote ergeben, sondern fest bestimmt sind. Unter diesen Umständen würde die celsinische Kritik aber überhaupt nicht verfangen.

**594** Beträfe das Gebot die gesamte Sache, scheiterte es an dem Satz, dass man keinen Vertrag über eine *res sua* schließen kann; vgl. D 18.1.16pr Pomp 9 Sab und *Peters* (Fn. 526), S. 40 Fn. 1.

zweiten Gebot, das sich zwangsläufig nur an diejenigen richtet, denen der Teilhaber ihre Anteile abkaufen will.

Das Kapitel über die *in diem addictio* weist eine klare Struktur und Tendenz in der Einstellung gegenüber Sabinus auf: Ulpian beginnt mit den beiden Möglichkeiten der Konstruktion als auflösend und aufschiebend bedingter Kauf. Um die Entscheidung über das maßgebliche *quod actum* zu erleichtern, führt er aus, wie die Rechtsstellung des ersten Käufers in beiden Fällen beschaffen ist. Über die Zuweisung der Gefahr eines Untergangs der Kaufsache gelangt er dabei zu der Frage, ob hieran auch ein späteres Gebot scheitern könnte. Anschließend führt er aus, welche Anforderungen hieran zu stellen sind, und wendet sich dabei gegen die Vorstellung, es genüge eine bloße Kaufabsicht des zweiten Interessenten, um dem Verkäufer die Wahl zu eröffnen. Während sich von selbst versteht, dass der erste Käufer nach dem Zuschlag an den zweiten die Kaufsache zurückzugeben hat, gilt etwas anderes für die zwischenzeitlich gezogenen Früchte. Die Feststellung, dass sie ebenfalls zu erstatten sind, führt Ulpian zu der schwierigen Frage, wie der Fall zu beurteilen ist, in dem der erste Käufer andere Kaufinteressenten schließlich erfolgreich überbietet. Nachdem Ulpian geklärt hat, dass der Verkäufer trotz der objektiven Beurteilung des späteren Gebots frei in der Entscheidung über seine Annahme ist und an dem Vertrag mit dem ersten Käufer festhalten kann, widmet er sich zwei hieraus folgenden Spezialproblemen, zum einen dem Zuschlag unter weiterem Vorbehalt des besseren Gebots, zum anderen der divergierenden Entscheidung mehrerer Verkäufer. In beiden Fällen wendet er sich eindeutig gegen Sabinus. Diesen hat er zuvor schon in der Weise korrigiert, dass er dessen Plädoyer für eine Wahlfreiheit des Verkäufers zwischen dem ursprünglichen und dem besseren Gebot auf eine bessere Grundlage gestellt und sich gegen den aus Sabinus‘ Ansicht zu ziehenden Schluss gewandt hat, der Verkäufer dürfe auch ein objektiv schlechteres Gebot als aus seiner subjektiven Sicht besseres annehmen. Sabinus wird dabei jeweils nicht anders als die übrigen Juristen in indirekter Rede zitiert. Spuren einer lemmatisch kommentierten Aussage des Frühklassikers enthält der überlieferte Text nicht.[595]

595 Dies nimmt noch nicht einmal *Schulz* an. *Babusiaux* (Fn. 395), S. 187 rechnet immerhin damit, dass der Verweis auf das *quod actum* in D18.1.6.1 von Sabinus stammt und durch das Zitat von Pomponius ergänzt wird.

## 2 *Error*

Der Digestentitel über Abschluss von Kaufverträgen (D 18.1) enthält ein nur durch wenige Einschübe unterbrochenes Traktat zum Irrtum beim Vertragsschluss. Es beginnt mit einer Aufzählung der relevanten Fehlvorstellungen, die der Gültigkeit eines Kaufvertrags entgegenstehen, sowie der Abgrenzung zu einem unbeachtlichen Irrtum:

> D 18.1.9 Ulp 28 Sab (Ulp 2714)
> In venditionibus et emptionibus consensum debere intercedere palam est: ceterum sive in ipsa emptione dissentient sive in pretio sive in quo alio, emptio imperfecta est. si igitur ego me fundum emere putarem Cornelianum, tu mihi te vendere Sempronianum putasti, quia in corpore dissensimus, emptio nulla est. idem est, si ego me Stichum, tu Pamphilum absentem vendere putasti: nam cum in corpore dissentiatur, apparet nullam esse emptionem. (1) Plane si in nomine dissentiamus, verum de corpore constet, nulla dubitatio est, quin valeat emptio et venditio: nihil enim facit error nominis, cum de corpore constat.
>
> Es ist offensichtlich, dass bei Kaufverträgen Konsens vorliegen muss. Stimmen die Parteien hingegen entweder in der Vertragsart oder im Preis oder in etwas anderem nicht überein, ist der Kaufvertrag nicht wirksam zustande gekommen. Daher ist, wenn ich glaube, das cornelianische Grundstück zu kaufen, und du glaubst, das sempronianische zu verkaufen, der Kaufvertrag unwirksam, weil Uneinigkeit über den Körper besteht. Dasselbe gilt, wenn ich Stichus zu kaufen glaubte, du den abwesenden Pamphilus zu verkaufen glaubtest; da wir nämlich über den Körper uneins sind, ist der Kauf ersichtlich unwirksam. (1) Sind wir freilich im Namen uneins, steht der Körper aber fest, unterliegt es keinem Zweifel, dass der Kaufvertrag wirksam ist; der Irrtum über den Namen ist nämlich unerheblich, wenn der Körper feststeht.

Die größte Verständnisschwierigkeit bereitet dem modernen Juristen die Gleichsetzung von Irrtum und Dissens, die aus heutiger Sicht zwei völlig unterschiedliche Phänomene bezeichnen, einmal die Fehlvorstellung über den Inhalt der eigenen Erklärung, das andere Mal deren objektive Unvereinbarkeit mit der des Vertragspartners. Diese Unterscheidung ist jedoch erst das Produkt moderner Rechtsgeschäftslehre, die von der Willenserklärung als ihrer kleinsten Einheit ausgeht. Den römischen Juristen ist sie noch fremd. Der Nukleus ihrer Vertragstheorie ist der *consensus* als nicht weiter zerlegte Einheit. Dass er vorliegt, ergibt sich schon aus dem äußeren Hergang des Vertragsschlusses; und seinen Inhalt gewinnt er aus dem Verständnis des Geschäfts, wie es sich für einen objektiven Betrachter darstellt. Will eine Partei es nicht gelten lassen, muss sie dartun, dass sie eine andere Vorstellung von seinem Gegenstand gehabt hat.[596] Die Annahme

---

**596** Vgl. *Harke* (Fn. 88). 26 ff. und *passim*. Grundlegend anders vor allem *Schermaier, Materia*.

von *dissensus* ist damit an den Nachweis eines Irrtums gebunden, was den Versuch erschwert, die Behauptung einer Meinungsverschiedenheit zur Vertragsreue zu missbrauchen.

Als Fehlvorstellungen, die dem Vertrag die Wirksamkeit nehmen können, zählt Ulpian zunächst die Vertragsart und den Preis auf. Es ist offensichtlich, dass ein Geschäft keine Gültigkeit haben kann, wenn es von einem Vertragspartner gar nicht für einen Kauf-, sondern für einen Mietvertrag gehalten[597] oder der Kaufpreis falsch eingeschätzt[598] wird. Der nächste Irrtum, den Ulpian erwähnt, ist der *error in corpore*, den er dem unbeachtlichen *error in nomine* gegenüberstellt. Geht eine Partei nur in der adäquaten Bezeichnung der Kaufsache fehl, während sie diese nach ihrer Gestalt richtig mit der im Vertrag benannten identifiziert, ist dies kein Grund, um dem Vertrag die Wirksamkeit abzusprechen. Erst wenn sich eine Partei das *corpus* der Kaufsache falsch vorstellt, kann sie sich gegen ihre Vertragsbindung wenden. Aufschlussreich ist dabei, dass Ulpian zunächst von einem Grundstück und dann von einem abwesenden Sklaven spricht.[599] Während bei einem Grundstückskauf durchaus denkbar ist, dass er nicht in räumlicher Nähe zum Kaufobjekt abgeschlossen wird, ist dies beim Erwerb eines Sklaven typischerweise anders. Ist er präsent, scheidet aber auch die Annahme eines *error in corpore* aus. Will sich eine der Parteien auf ihn berufen, kann ihr dies nur dann gelingen, wenn das Kaufobjekt bei Vertragsschluss nicht zugegen war.

Deutet man den *error in corpore* als Irrtum über die Identität der Kaufsache, würde er zusammen mit dem Irrtum über die Vertragsart und den Kaufpreis schon den Kreis der relevanten Fehlvorstellungen erschöpfen. Warum Ulpian stattdessen vage davon spricht, dass auch ein Dissens ‚*in quo alio*' zur Ungültigkeit des Vertrags führt, erhellt aus dem Folgenden, in dem Ulpian der Frage nachgeht, ob es neben dem *error in corpore* noch eine weitere beachtliche Fehlvorstellung über das Kaufobjekt gibt. Dabei setzt er sich mit der Auffassung Marcells auseinander:

> D 18.1.9.2, 11 Ulp 28 Sab (Ulp 2714)
> Inde quaeritur, si in ipso corpore non erratur, sed in substantia error sit, ut puta si acetum pro vino veneat, aes pro auro vel plumbum pro argento vel quid aliud argento simile, an emptio et venditio sit. Marcellus scripsit libro sexto digestorum emptionem esse et venditionem, quia in corpus consensum est, etsi in materia sit erratum. ego in vino quidem consentio, quia

---

Beiträge zur Frage der Naturphilosophie im klassischen römischen Recht, Wien u.a. 1992, S. 123 ff., der von der Idee ausgeht, der Vertragsschluss setze eine innere Willensübereinstimmung voraus,

**597** Diesen Fall behandelt die diokletianische Kanzlei in CJ 4.22.5 (20. Dez. 294); hierzu *Harke* (Fn. 88), S. 101 ff. und *ders.* (Fn. 352), S. 133 f.

**598** Einen Parallelfall aus dem Mietrecht behandelt Pomponius in D 19.2.52 Pomp 31 QM; hierzu *Harke* (Fn. 88). 94 ff.

**599** *Harke* (Fn. 88), S. 27 f.

eadem prope *ousía* est, si modo vinum acuit: ceterum si vinum non acuit, sed ab initio acetum fuit, ut embamma, aliud pro alio venisse videtur. in ceteris autem nullam esse venditionem puto, quotiens in materia erratur. (11pr) Alioquin quid dicemus, si caecus emptor fuit vel si in materia erratur vel in minus perito discernendarum materiarum? in corpus eos consensisse dicemus? et quemadmodum consensit, qui non vidit? (1) Quod si ego me virginem emere putarem, cum esset iam mulier, emptio valebit: in sexu enim non est erratum. ceterum si ego mulierem venderem, tu puerum emere existimasti, quia in sexu error est, nulla emptio, nulla venditio est.

Es fragt sich, ob ein Kaufvertrag besteht, wenn kein Irrtum über den Körper, wohl aber ein solcher über die Substanz vorkommt, wie wenn Essig für Wein, Erz für Gold, Blei oder etwas Silberähnliches für Silber zum Verkauf kommt. Marcell schreibt im sechsten Buch seiner Digesten, dass der Kaufvertrag bestehe, weil Konsens über den Körper vorliege, auch wenn über den Stoff geirrt wird. Ich stimme im Weinfall zu, weil annähernd derselbe Stoff vorliegt, wenn ein Wein sauer wird. Wenn es aber nicht um Wein geht, der sauer geworden ist, sondern von Anfang an um Essig, wie Essigsause, ist ersichtlich etwas für etwas anderes zum Verkauf gekommen. In den anderen Fällen ist der Kauvertrag stets nichtig, wenn über den Stoff geirrt wird. (11pr) Was sollten wir sonst sagen, wenn der Käufer blind oder im Erkennen von Stoff unerfahren war und über den Stoff geirrt hat? Sollen wir uns damit begnügen zu sagen, dass ein Konsens über den Körper vorliegt? Und wie stimmt zu, wer nicht sieht? (1) Wenn ich aber glaube, eine Jungfrau zu kaufen, die schon eine Frau ist, gilt der Kauf, weil kein Irrtum über das Geschlecht vorgekommen ist. Wenn ich dagegen eine Frau zu verkaufen glaube, du einen Jungen zu kaufen glaubst, ist der Kaufvertrag nichtig, weil es ein Irrtum über das Geschlecht ist.

Während Marcell genügen lässt, dass ein *consensus in corpore* vorliegt, fordert Ulpian bei unbelebten Kaufobjekten zusätzlich eine Einigkeit über den Stoff, aus dem die Kaufsache besteht, und bei Tieren oder Sklaven einen Konsens über das Geschlecht. Daher gilt ihm ein Kaufvertrag als unwirksam, wenn jemand ein Sklavenmädchen statt eines Jungen oder eine Sache aus einem anderen als dem angenommenen Metall kauft oder verkauft. Im Fall der Verwechslung von Essig und Wein differenziert er aber: Handelt es sich bei der verkauften Flüssigkeit um Wein, der durch Säurebildung zu Essig geworden ist, steht dies aus Ulpians Sicht der Vertragsbindung nicht entgegen, weil es sich um annähernd denselben Stoff handelt. Anders soll es sich verhalten, wenn eine als solche hergestellte Essigsauce anstelle von Wein zum Verkauf kommt. Der Stoff und das Geschlecht bestimmen über die Zugehörigkeit zu einer Gattung und sind für Ulpian unverzichtbar zur Identifikation eines Objekts.[600] Dass man einem Vertragspartner, der

**600** Es liegt natürlich nicht fern, diese Vorstellung auf Konzepte der antiken Philosophie zurückzuführen. Die mannigfachen älteren Versuche hat *Schermaier* (Fn. 596), S. 131 ff. freilich treffend widerlegt. Auch für die von ihm selbst vorgezogene Interpretation auf der Basis der aristotelischen Kategorienlehre scheint mir der Text zu unergiebig. Ulpian will die Gattungsver-

hierüber irrt, nicht vorhalten kann, er hätte sich von der Beschaffenheit der Kaufsache überzeugen können, sollen der Fall des blinden oder unerfahrenen Käufers zeigen:[601] Sie haben gar nicht erst die Möglichkeit, sich zu vergewissern, ob die Kaufsache der erwarteten Gattung angehört. Kann man ihnen nicht unterstellen, sie hätten sich durch ihre Entscheidung für ein bestimmtes *corpus* schon hinreichend auf ein Kaufobjekt festgelegt, darf man es auch nicht bei den übrigen Käufern oder Verkäufern. Denn deren Vorstellung verfehlt den Gegenstand, auf den der Vertrag objektiv gerichtet ist, nicht weniger als bei einem Vertragspartner, der seine Annahme gar nicht erst überprüfen kann.

Dienen Stoff und Geschlecht dazu, die Kaufsache zu identifizieren, ist ein Irrtum in diesem Punkt auch nicht als Fehlvorstellung über die Wirklichkeit, sondern als Irrtum über den Vertragsinhalt relevant.[602] Dieser ist durch Auswahl eines bestimmten *corpus* auch in Ansehung von *materia* und *sexus* bestimmt und widerspricht der Vorstellung des irrenden Vertragspartners. Dementsprechend kann es durchaus vorkommen, dass ein Vertrag an einem Irrtum scheitert, dem beide Parteien gemeinsam unterliegen:

> D 18.1.14 Ulp 28 Sab (Ulp 2714)
> Quid tamen dicemus, si in materia et qualitate ambo errarent? Ut puta si et ego me vendere aurum putarem et tu emere, cum aes esset? Ut puta coheredes viriolam, quae aurea dicebatur, pretio exquisito uni heredi vendidissent eaque inventa esset magna ex parte aenea? Venditionem esse constat ideo, quia auri aliquid habuit. Nam si inauratum aliquid sit, licet ego aureum putem, valet venditio: si autem aes pro auro veneat, non valet.
>
> Was aber sagen wir, wenn beide über Stoff oder Eigenschaften irren? Wie zum Beispiel, wenn sowohl ich glaube, Gold zu verkaufen, und du glaubst, Gold zu kaufen, während es Erz ist? Wie zum Beispiel, wenn Miterben eine Spange, die als golden galt, zu einem hohen Preis an einen der Miterben verkaufen und sich später herausstellt, dass sie zu einem Großteil aus Metall ist? Es steht fest, dass der Verkauf gültig ist, weil die Spange über einen Anteil Goldes verfügt. Denn auch, wenn etwas vergoldet ist, was ich für golden halte, gilt der Kauf; wenn aber Erz für Gold zum Verkauf kommt, gilt er nicht.

Versteht man unter *dissensus* die fehlende Übereinstimmung der Parteiabsichten, kommt man nicht umhin, im Fall gemeinsam gehegten Fehlvorstellung über das Material einer ausgewählten Kaufsache einen Konsens anzunehmen. Bezeichnet

wechslung als Rechtsproblem bewältigen und sucht hierfür nach einer durchaus juristischen Argumentation und keinem philosophischen Ansatz.

**601** *Harke* (Fn. 88), S. 56.

**602** Dezidiert anders wiederum *Schermaier*, SZ 115 (1998) 263ff., 280ff., der ebenso wie die meisten älteren Autoren davon ausgeht, Ulpian behandle den Gegensatz zwischen Vorstellung und Wirklichkeit. Er hält es für eine Leistung der spätklassischen Jurisprudenz, den Sachverhalt in den Konsens integriert zu haben.

der *dissensus* hingegen die irrtumsbedingte Abweichung von Geschäftsinhalt und Parteivorstellung, kann er sehr wohl auch dann vorliegen, wenn sich beide Seiten in demselben Irrtum befinden. Ulpian illustriert dies an dem Fall, dass eine Gruppe von Miterben, die hinsichtlich der zum Nachlass gehörenden Sachen auf demselben Kenntnisstand ist, einem ihrer Mitglieder eine Spange veräußert, die entgegen der gemeinsamen Annahme entweder teilweise oder zur Gänze nicht aus Gold ist. Wer das Geschäft nicht gelten lassen will, kann sich ungeachtet der Übereinstimmung mit der Vorstellung des anderen Teils auf seinen Irrtum berufen und dem Vertrag so die Gültigkeit absprechen. Erfolg hat er damit im Fall eines Materialirrtums freilich nur, wenn eine völlige Stoffverschiedenheit vorliegt. Ist die Kaufsache zumindest zu einem geringen Teil aus dem angenommenen Material, liegt ein bloßer Eigenschaftsirrtum, ein *error in qualitate*, vor, der die Wirksamkeit des Vertrags ebenso wenig in Frage stellen kann wie ein *error in nomine*.

Ist dem Stoffirrtum so ein Gutteil seiner Relevanz genommen, kann er, da er in einer Fehlvorstellung über den Vertragsinhalt besteht, auch nicht in Konflikt mit dem Regime der Leistungsunmöglichkeit und der Haftung für Mängel der Kaufsache geraten. Sie greifen ein, wenn eine Sache nach der irrtumsfreien Vereinbarung der Parteien von einer Beschaffenheit sein soll, die sie in Wahrheit nicht hat. Die Juristen sprechen hier davon, dass jemand etwas als etwas anderes „gekauft“[603] oder „verkauft“[604] hat, während Ulpian den Irrtum über den Geschäftsinhalt mit der Formulierung bedenkt, dass etwas anderes „zum Verkauf gekommen ist“ (‚*aliud pro alio venisse*‘)[605].

Ulpians Irrtumstraktat ist das Musterbeispiel einer geschlossenen und wohl strukturierten Abhandlung: Ulpian beginnt mit dem Konsenserfordernis und stellt dann die relevanten Arten von Irrtümern vor, die zu einem *dissensus* führen. Zunächst nennt er die nicht kontroversen Fälle, in denen jemand über die Vertragsart, die Höhe des Preises oder das *corpus* der Kaufsache fehlgeht, und stellt diesen dem unbeachtlichen *error in nomine* gegenüber. Dann wendet er sich der umstrittenen Konstellation zu, in der jemand über den Stoff irrt, aus dem die Kaufsache ist. Für Ulpian ist er zu deren Identifikation ebenso erforderlich wie ihre Gestalt; und er versucht, die Gegenansicht von Marcell durch Verweis auf einen blinden oder unerfahrenen Vertragspartner zu widerlegen. Dann stellt er den Irrtum über das Geschlecht als Pendant zum *error in materia* bei Sklaven und

**603** D 19.1.21.2 Paul 33 ed, D 18.1.45 Marcian 4 reg (mit Zitat von Trebaz, Labeo und Pomponius); hierzu *Harke* (Fn. 88), S. 82ff., 211ff.

**604** D 18.1.41.1 Iul 3 Urs Fer, D 18.1.45 Marcian 4 reg (mit Zitat von Julian); hierzu *Harke* (Fn. 88), S. 205ff., S. 216ff.

**605** *Harke* (Fn. 88), S. 52ff.

Tieren vor. Schließlich behandelt er den Sonderfall einer beiderseitigen Fehlvorstellung, den er nach dem erprobten Schema für einseitige Irrtümer unterwirft. Verständnisprobleme wirft der Text nur für den modernen Leser auf, der sich sowohl mit der Gleichstellung von *dissensus* und *error* als auch mit der Ansicht schwertut, eine Sache werde nicht nur durch ihre Gestalt, sondern auch durch ihren Stoff identifiziert. Da Ulpian hier durchaus auf Widerspruch bei seinen Fachkollegen trifft, zeigt er sich in diesem zweiten Punkt auch bemüht, eine Begründung zu geben. Bei der Gleichsetzung von Irrtum und Dissens kann er sich eine Erläuterung ersparen, weil er eben nicht von der heutigen Rechtsgeschäftslehre ausgeht. Spuren eines Satzes des Sabinus, den Ulpian hier kommentierte, finden sich in dem Irrtumstraktat nicht.[606]

## 3 Weinkauf

Ein vergleichbares Traktat wie zum Irrtum verfasst Ulpian zum Verkauf von Wein. Anders als die Abhandlung zum *error* beginnt es allerdings nicht mit einem Grundsatz, sondern mit der Benennung eines der beiden Risiken, die es in diesem Fall zu bewältigen gilt. Es ist die Gefahr, dass der verkaufte Wein durch Säure- oder Schimmelbildung ungenießbar wird:

> D 18.6.1pr Ulp 28 Sab (Ulp 2717)
> Si vinum venditum acuerit vel quid aliud vitii sustinuerit, emptoris erit damnum, quemadmodum si vinum esset effusum vel vasis contusis vel qua alia ex causa. sed si venditor se periculo subiecit, in id tempus periculum sustinebit, quoad se subiecit: quod si non designavit tempus, eatenus periculum sustinere debet, quoad degustetur vinum, videlicet quasi tunc plenissime veneat, cum fuerit degustatum. aut igitur convenit, quoad periculum vini sustineat, et eatenus sustinebit, aut non convenit et usque ad degustationem sustinebit. sed si nondum sunt degustata, signata tamen ab emptore vasa vel dolia, consequenter dicemus adhuc periculum esse venditoris, nisi si aliud convenit.
>
> Ist verkaufter Wein sauer oder auf andere Weise mangelhaft geworden, geht dies zulasten des Käufers, und zwar ebenso, wie wenn Wein durch Zerstörung der Gefäße oder aus einem anderen Grund ausgelaufen ist. Hat der Verkäufer aber die Gefahr übernommen, muss er diese für den Zeitraum tragen, für den er sie übernommen habt; hat er aber keine Zeit angegeben, muss er die Gefahr bis zur Verkostung tragen, weil er nämlich mit der Verkostung vollkommen verkauft ist. Es ist also entweder vereinbart, wie lange der Verkäufer die Gefahr in Bezug auf den Wein trägt, und dann trägt er sie so lange; oder es ist nichts vereinbart, und er trägt sie bis zur Verkostung. Hat der Käufer aber vor der Verkostung die Gefäße oder Fässer gekennzeichnet, müssen wir folgerichtig sagen, dass die Gefahr noch den Verkäufer trifft, falls nichts anderes vereinbart ist.

606 Sogar *Schulz* will diese hier nicht ausmachen.

Die Regel vom *periculum emptoris* gilt im Grundsatz auch für den Weinkauf. Sie kommt ohne weiteres zum Zuge, wenn der verkaufte Wein nach Vertragsschluss regelrecht untergeht, insbesondere indem er aus seinem Behälter ausläuft. Ist der Verkäufer hierfür nicht verantwortlich, bleibt der Käufer zur Zahlung des Kaufpreises verpflichtet, obwohl er keine Gegenleistung erhält. Muss er schon die Gefahr des Sachverlustes tragen, ist ihm, wenn keine besondere Vereinbarung getroffen wird, erst recht das Risiko zugewiesen, dass der Wein mangelhaft wird, indem er sauer wird oder Schimmel bildet.[607] Hier ist es aber nicht unüblich, ja sogar die Regel, dass der Verkäufer dem Käufer diese Gefahr für einen gewissen Zeitraum abnimmt. Ist dieser nicht kalendermäßig bestimmt, kann er sich aber daraus ergeben, dass die Parteien übereinkommen, den Wein zu verkosten. Eine solche Abrede schließt zwangsläufig eine Risikoübernahme durch den Verkäufer ein; denn die Verkostung wäre schlechterdings sinnlos, wenn der Käufer den Wein ohne Rücksicht auf seine Qualität akzeptieren müsste.[608] Ulpian versucht dies mit dem Prinzip des *periculum emptoris* in Einklang zu bringen, indem er den Wein erst ab der Verkostung als *‚plenissime'* verkauft sieht: Der Kaufvertrag ist zwar schon vorher perfekt, so dass der Käufer im Prinzip auch die Gefahr trägt. Der Übergang des Risikos eines Qualitätsmangels ist aber durch die Verkostungsabrede aufgeschoben, so dass das kaufvertragliche Regime erst ab diesem Moment voll zur Geltung kommt.

Die Umverteilung der Gefahr eines Qualitätsverlustes ändert nichts daran, dass der Käufer im Übrigen das Risiko eines zufälligen Sachuntergans trägt.[609] Abgenommen werden kann ihm dies nicht durch die Vereinbarung einer *degustatio*, sondern nur dadurch, dass sich die Parteien auf eine gemeinsame Zumessung verständigen:[610]

D 18.6.1.1 Ulp 28 Sab (Ulp 2717)
Sed et custodiam ad diem mensurae venditor praestare debet: priusquam enim admetiatur vinum, prope quasi nondum venit. post mensuram factam venditoris desinit esse periculum:

**607** Dies bedeutet entgegen *Pennitz* (Fn. 421), S. 304 aber nicht, dass Säure- oder Schimmelbildung als eine Form des Sachuntergangs begriffen werden.

**608** Daher kann es entgegen *Jakab*, *Periculum* und Praxis: Vertragliche Abreden beim Verkauf von Wein, SZ 121 (2004) 213 ff. auch in rechtlicher Hinsicht keinen Unterschied machen, in welchem Stadium der Weinproduktion und -vermarktung die Verkostung stattfinden soll.

**609** Bei einer ausdrücklichen Gefahrübernahme ist, wie *Pennitz* (Fn. 421), S. 307 f., 326 f. richtig bemerkt, dagegen auch das Risiko eines Sachverlustes auf den Verkäufer abgewälzt.

**610** Den Unterschied zwischen Verkostung und Zumessung betont Paulus in D 18.1.34.5 Paul 33 ed. Dass es um verschiedene Risiken geht, die durch *degustatio* und *mensura* bewältigt werden, stellt *Jakab* (Fn. 416), S. 207 f. treffend dar.

et ante mensuram periculo liberatur, si non ad mensuram vendidit, sed forte amphoras vel etiam singula dolia.

Aber auch für Bewachung muss der Verkäufer bis zu dem Termin der Zumessung einstehen; vor der Zumessung des Weines ist dieser nämlich gleichsam nicht verkauft. Nach der Zumessung endet die Gefahrtragung durch den Verkäufer; und schon vor der Zumessung ist er von der Gefahr befreit, wenn er nicht unter Vereinbarung einer Zumessung verkauft hat, sondern etwa Amphoren oder auch einzelne Fässer.

Wiederum ist der Schluss von der Parteivereinbarung auf die Risikoverteilung zwingend:[611] Soll die Einhaltung der vertraglich festgelegten Menge in einem gemeinsamen Akt festgestellt werden, kann der Verkäufer nicht geltend machen, eine bis zu diesem Zeitpunkt eingetretene Mengenreduzierung oder gar ein vollständiger Verlust falle schon in den Risikobereich des Käufers. Abermals unternimmt Ulpian den Versuch, dies dogmatisch mit der Regel vom *periculum emptoris* zu vereinbaren: Der Wein sei ‚*prope quasi*' noch gar nicht verkauft. Die doppelte Relativierung zeigt an, dass Ulpian nicht etwa annimmt, der Kauf sei wegen unzureichender Konkretisierung seines Gegenstands noch gänzlich wirkungslos[612] oder, wie der von Gaius zitierte Sabinus annimmt,[613] mit der Vereinbarung einer Zumessung unter eine Bedingung gestellt. Aus Ulpians Sicht ist der Kauf, selbst wenn er auf den Teil eines bestimmten Vorrats bezogen ist,[614] zwar eigentlich abgeschlossen und unbedingt, durch die Vereinbarung einer *mensura* im Hinblick auf den Sachverlust aber einstweilen außer Kraft gesetzt.[615] Die Folge ist, dass der Verkäufer keine Zahlung des Kaufpreises verlangen kann, wenn er bei der Zumessung dem Käufer nicht die vereinbarte Menge Weines präsentieren kann. Ulpian bringt dies dadurch zum Ausdruck, dass er dem Verkäufer die ‚*custodia*' zuweist. Damit sucht er ebenso wie schon mit der eigentümlichen Wendung, der Wein sei gleichsam noch nicht verkauft, eine Formulierung für die mit der Zumessungsabrede verbundene Besonderheit. Er will dem Verkäufer nicht etwa die Pflicht zur Bewachung der Kaufsache auferlegen, die ihn nach einem

611 Daher lässt er sich entgegen *Pennitz* (Fn. 421), S. 326 f. auch auf den Parteiwillen zurückführen.

612 Dies glaubt aber *Pennitz* (Fn. 421), S. 326 f.; vgl. auch *dens.*, Die Gefahrtragung beim Weinverkauf im klassischen römischen Recht, TR 62 (1994) 282 f., 291.

613 D 18.1.35.5 Gai 10 ed prov. So urteilt auch die kaiserliche Kanzlei zu Ulpians Wirkungszeit; vgl. CJ 4.48.2pr (28. März 223).

614 Den Kauf eines Teils eines Vorrats behandelt auch Gaius in D 18.1.35.7 Gai 10 ed prov, ohne ihn für unwirksam zu erklären.

615 Es bedarf also nicht der von *Ernst*, Gattungskauf und Lieferungskauf im römischen Recht, SZ 114 (1997) 272, 302 f., 312 mit Hilfe der Unterscheidung von Rechtsakt und Rechtsverhältnis vorgeschlagenen Deutung als Kauf einer künftigen Sache.

vollgültigen Vertragsschluss trifft und die Gefahrtragung des Käufers insofern abmildert, als der Verkäufer ohne Rücksicht auf sein Verschulden für einen Diebstahl der Kaufsache einzustehen hat.[616] ‚*Custodia*' ist hier in einem weiteren, untechnischen Sinne verwendet und soll anzeigen, dass der Verkäufer bis zur Zumessung jegliche Gefahr des Sachverlustes zu tragen hat.[617] Um sie zu beherrschen, muss er auf den Wein Acht geben, damit er weder von Dritten entwendet wird noch aus einer anderen Ursache verschwindet. Ulpian bedient sich des Begriffs *custodia* wohl, um den Unterschied zur Verkostung herauszustellen: Durch die Vereinbarung einer *mensura* wird nur das durch Bewachung zu reduzierende Risiko eines Sachverlustes durch äußere Ursache umverteilt, nicht hingegen die von der Degustationsabrede betroffene Gefahr, dass der Wein infolge einer Säure- oder Schimmelbildung ungenießbar wird.

Das Gegenstück zu einem Kauf unter Vereinbarung einer Zumessung ist die Veräußerung bestimmter Gefäße oder Fässer mit Wein. Hier ist die verkaufte Menge schon durch die Bezeichnung der Behälter vorgegeben und muss nicht überprüft werden. Folglich kommt hier das gewöhnliche Regime des Kaufvertrags zum Zuge. Der Käufer trägt also von vornherein die Gefahr eines Sachverlustes, soweit der Verkäufer ihn nicht selbst schuldhaft herbeigeführt hat. Dieselbe Situation tritt ein, wenn der Wein zugemessen ist und sich in Behältern befindet, die dem Käufer gehören oder zumindest für ihn reserviert sind. Ihre Sonderung vom restlichen Bestand des Verkäufers geschieht ebenso wie beim Kauf bestimmter Gefäße durch eine Kennzeichnung. Ist diese das äußere Zeichen für die Gefahrtragung des Käufers, stellt sich die Frage, ob der Wein damit auch schon als übergeben und der Käufer als sein Eigentümer gilt. Während Trebaz dies noch bejaht, verneinen es Labeo und Ulpian.[618] Sie verweisen dabei auf den Zweck der

**616** Anders offenbar *Jakab* (Fn. 416), S. 240 f. und SZ 121 (2004) 228, die aber erkennt, dass die gewöhnliche Unterscheidung zwischen der in das Risiko des Verkäufers fallenden *vis maior* und dem einfachen Zufall, der die *custodia*-Haftung auslöst, entbehrlich ist. Vgl. auch *Pennitz* (Fn. 421), S. 399.

**617** Durchaus anders könnte die Bedeutung des Begriffs in Aussagen von Gaius und Paulus in D 18.6.2.1 Gai 2 rer cott und D 18.6.3 Paul 5 Sab sein, die von den Kompilatoren in das Ulpian-Traktat eingeschoben worden sind. Hier geht es anders als dort um eine regelrechte Haftung. Zumindest bei Paulus ist noch nicht einmal ein spezifischer Bezug zum Weinkauf erkennbar. Bei dem Gaius-Text könnte er das Ergebnis einer Überarbeitung durch die byzantinische Redaktion sein. In seiner überlieferten Form widerspricht er jedenfalls inhaltlich der Aussage von Ulpian, der dem Verkäufer in Ansehung des Sachverlustes nicht nur eine Haftung für *custodia* im engeren Sinne, sondern die Gefahr schlechthin und damit auch das von *vis maior* ausgehende Risiko zuweisen will.

**618** Dass die Entscheidungen der älteren Juristen in einem anderen Kontext als dem der Gefahrtragung stehen, glaubt *Pennitz* (Fn. 421) S. 400 f.

Kennzeichnung, eine Verwechslung mit den für andere Käufer bereitgestellten Behältern und dem Restbestand des Verkäufers zu vermeiden:

> D 18.6.1.2 Ulp 28 Sab (Ulp 2717)
> Si dolium signatum sit ab emptore, Trebatius ait traditum id videri: Labeo contra, quod et verum est: magis enim ne summutetur, signari solere, quam ut traditum videatur.
>
> Ist ein Fass vom Käufer gekennzeichnet worden, ist es, wie Trebaz schreibt, als übergeben anzusehen; Labeo ist der zutreffenden Gegenansicht; die Kennzeichnung erfolgt nämlich eher, um eine Vertauschung zu verhindern, als damit es als übergeben angesehen wird.

Da der Kauf schon vor der Zumessung wirksam ist, unterliegt ihre Verzögerung durch den Käufer auch dem Regime des Gläubigerverzugs:

> D 18.6.1.3 Ulp 28 Sab (Ulp 2717)
> Licet autem venditori vel effundere vinum, si diem ad metiendum praestituit nec intra diem admensum est: effundere autem non statim poterit, priusquam testando denuntiet emptori, ut aut tollat vinum aut sciat futurum, ut vinum effunderetur. si tamen, cum posset effundere, non effudit, laudandus est potius: ea propter mercedem quoque doliorum potest exigere, sed ita demum, si interfuit eius inania esse vasa in quibus vinum fuit (veluti si locaturus ea fuisset) vel si necesse habuit alia conducere dolia. commodius est autem conduci vasa nec reddi vinum, nisi quanti conduxerit ab emptore reddatur, aut vendere vinum bona fide: id est quantum sine ipsius incommodo fieri potest operam dare, ut quam minime detrimento sit ea res emptori.
>
> Dem Verkäufer steht es aber sogar frei, den Wein wegzugießen, falls eine Frist für die Zumessung bestimmt und der Wein nicht innerhalb der Frist zugemessen ist; er kann ihn aber nicht eher weggießen, als er dem Käufer nicht unter Zeugen erklärt hat, dass er den Wein entweder abholen oder wissen soll, dass der Wein weggegossen wird. Er ist aber eher zu loben, wenn er ihn nicht weggießt, obwohl er es könnte; aus diesem Grund kann er auch Miete für die Fässer verlangen, aber nur dann, wenn er ein Interesse daran hat, dass die Fässer, in denen sich der Wein befindet, geleert werden (wie zum Beispiel, wenn er sie vermieten will) oder sonst andere Fässer mieten müsste. Zweckmäßig ist es, wenn er aber Gefäße mietet und den Wein nicht herausgibt, ohne die Miete vom Käufer erhalten zu haben, oder den Wein ordnungsgemäß verkauft; dies bedeutet, dass er sich, ohne einen Nachteil hinzunehmen, so viel Mühe geben muss, dass die Angelegenheit dem Käufer möglichst wenig zum Schaden gereicht.

Dass der Verkäufer den Wein weggießen darf, wenn es am Käufer liegt, dass die Zumessung nicht stattfindet, ist nicht die Folge einer Vertragsbestimmung, mit der sich der Verkäufer diese Befugnis eigens vorbehält. Zwar ist die Existenz einer solchen Klausel belegt;[619] Ulpian behandelt aber nicht sie, sondern die Rechtsfolgen, die mit der Vereinbarung einer *mensura* einhergehen. Ist die Überschrei-

**619** Cato agr 147.

tung des hierfür vorgesehenen Termins dem Käufer zuzuschreiben, tritt die allgemeine Rechtsfolge des Gläubigerverzugs ein:[620] Die Verantwortlichkeit des Verkäufers beschränkt sich auf Vorsatz.[621] Bei einem gewöhnlichen Kauf bedeutet dies, dass er fortan nicht mehr für *custodia* einzustehen und somit der Käufer auch das Risiko eines einfachen Diebstahls zu tragen hat.[622] Beim Kauf von Wein unter Verabredung einer *mensura* heißt es, dass den Käufer doch das ihm durch diese Vereinbarung gänzlich abgenommene Risiko des Sachverlustes trifft. Der Verkäufer behält nun unter allen Umständen seinen Anspruch auf Zahlung des Kaufpreises und ist auch einer Haftung ledig, solange er sich nicht den Vorwurf einer vorsätzlichen Schädigung des Käufers machen lassen muss. Diesem entgeht er auch dann, wenn er den Wein weggießt, nachdem er den Käufer eigens hiervor gewarnt hat. Macht er von dieser Befugnis keinen Gebrauch, ist dies zwar nicht erforderlich, um einer Haftung zu entgehen, aus Ulpians Sicht aber zumindest löblich (‚*laudandus est*'), weil er dem Käufer einen Schaden erspart. Um ihn zu schonen, kann er entweder den Wein behalten und seinen Bedarf an den hierdurch besetzten Behältern durch die Anmietung anderer Gefäße decken; in diesem Fall kann er die Herausgabe des Weines vom Ersatz der erforderlichen Miete abhängig machen.[623] Oder der Verkäufer veräußert den Wein und setzt den dabei erzielten Preis von seinem Anspruch gegen den Käufer ab. Er muss sich dabei nicht um eine möglichst günstige Verwertung des Weines bemühen, sondern kann das beste Angebot annehmen, das er erzielen kann, ohne dabei einen Nachteil auf sich zu nehmen.

Die Rechtsfolgen der Verzögerung einer *mensura* durch den Käufer entsprechen denjenigen, die eine Versäumung des für die Abholung vereinbarten Termins hat. Sie stellt Ulpian im Anschluss dar:[624]

> D 18.6.1.4 Ulp 28 Sab (Ulp 2717)
> Si doliare vinum emeris nec de tradendo eo quicquam convenerit, id videri actum, ut ante evacuarentur quam ad vindemiam opera eorum futura sit necessaria: quod si non sint evacuata, faciendum, quod veteres putaverunt, per corbem venditorem mensuram facere et

---

**620** Vgl. *Harke* (Fn. 221), S. 94 ff.

**621** Vgl. D 18.6.18 Pomp 31 QM, mit Bezug auf den Weinkauf auch D 18.6.5 Paul 5 Sab.

**622** Als eine Form des Gefahrwechsels stellt dies Paulus in D 18.6.13, 15pr Paul 3 Alf epit dar; hierzu *Harke* (Fn. 221), S. 83 f.

**623** Dass er keinen selbständigen Anspruch auf Ersatz seiner Aufwendungen hat, folgt daraus, dass er zu diesen keineswegs gezwungen ist; vgl. *Harke* (Fn. 221), S. 95 ff. gegen *Apathy*, SZ 101 (1984) 201.

**624** Entgegen *Jakab* (Fn. 416), S. 177 ff. ist wiederum kein Bezug zu einer im Weinvertrieb üblichen Klausel erkennbar.

effundere: veteres enim hoc propter mensuram suaserunt, si, quanta mensura esset, non appareat, videlicet ut appareret, quantum emptori perierit.

Hast du Wein in Fässern gekauft und ist nichts zu dessen Übergabe vereinbart, gilt als vereinbart, dass die Fässer geleert werden sollen, bevor sie für die nächste Weinernte gebraucht werden; sind sie aber nicht geleert worden, ist zu tun, was die alten Juristen glaubten, nämlich, dass der Verkäufer mit einem Korb den Wein messen und weggießen müsse; die alten Juristen haben zu dieser Messung geraten, damit, falls nicht erhellt, wie viel Wein es ist, erhellt, wie viel dem Käufer verlorengeht.

Statt um die *mensura* geht es nun allein um die *traditio* des Weines. Während für die Zumessung gewöhnlich ein bestimmter Termin vereinbart wird, könnte dies bei der Übergabe von Wein, der fassweise verkauft und zugemessen werden soll, anders sein. Auch ohne Bestimmung eines Zeitpunkts geriete der Käufer spätestens mit einer Mahnung durch den Verkäufer in Verzug. Entbehrlich ist diese zumindest beim Verkauf „ab Hof",[625] weil sich aus der Praxis des Weinanbaus die stillschweigende Vereinbarung eines Abholungstermins entnehmen lässt: Da der Verkäufer die Fässer für die neue Ernte braucht, muss der Käufer den Wein spätestens bis zu diesem Zeitpunkt übernehmen. Bleibt er säumig, gilt dasselbe wie bei der Verzögerung der *mensura:* Der Verkäufer kann den Wein entweder einfach weggießen oder auf die Interessen des Käufers Rücksicht nehmen, indem er andere Fässer mietet oder den Wein anderweitig verkauft. Entscheidet er sich dazu, den Wein wegzuschütten, soll er, einem schon von den Juristen der Republik erteilten Rat folgend, die vernichtete Menge feststellen. Diese Messung ist nicht etwa erforderlich, um den Preis zu ermitteln, der ja gerade ohne *mensura* und offenbar pro Fass vereinbart ist.[626] Er dient dazu, den Verlust zu bestimmen, der auf die Gefahr des Käufers geht, und so eine Auseinandersetzung darüber zu vermeiden, ob der Verkäufer nicht vielleicht doch vorsätzlich zum Nachteil des Käufers tätig geworden ist.

Danach wendet sich Ulpian wieder der Verkostungsabrede zu. Hier interessiert ihn ein möglicher Verzug des Verkäufers:

D 18.6.4pr Ulp 28 Sab (Ulp 2718)
Si quis vina vendiderit et intra diem certum degustanda dixerit, deinde per venditorem steterit, quo minus degustarentur, utrum praeteritum dumtaxat periculum acoris et mucoris venditor praestare debet, an vero etiam die praeterito (ut, si forte corrupta sint posteaquam dies degustandi praeteriit, periculum ad venditorem pertineat), an vero magis emptio sit soluta (quasi sub condicione venierint, hoc est si ante diem illum fuissent degustata)? et intererit, quid actum sit: ego autem arbitror, si hoc in occulto sit, debere dici emptionem

**625** Vgl. *Pennitz* (Fn. 421), S. 436.
**626** Anders offenbar *Pennitz* (Fn. 421), S. 437.

manere, periculum autem ad venditorem respicere etiam ultra diem degustando praefinitum, quia per ipsum factum est.

Hat jemand Wein verkauft und sich ausbedungen, dass er innerhalb einer bestimmten Frist zu verkosten ist, und liegt es dann am Verkäufer, dass die Verkostung nicht stattfindet, stellt sich die Frage, ob der Verkäufer die Gefahr von Säure- und Schimmelbildung nur für die vergangene Zeit oder auch nach Fristablauf tragen muss (so dass, wenn der Wein nach Fristablauf verdorben ist, diese Gefahr den Verkäufer trifft) oder ob der Kauf aufgelöst ist (als ob unter der Bedingung verkauft ist, dass der Wein innerhalb der Frist verkostet wird). Und es kommt darauf an, was vereinbart ist; ich aber meine, dass, wenn dies unklar bleibt, zu sagen ist, dass der Kauf Bestand habe, die Gefahr aber den Verkäufer auch über die zur Verkostung bestimmte Frist treffe, weil es an ihm liegt.

Die Rechtsfolgen einer Versäumung des Termins zur Verkostung will Ulpian zunächst von der Parteivereinbarung abhängig machen. Er hält es nicht für ausgeschlossen, dass die Verkostung Gegenstand einer Bedingung ist, deren Nichterfüllung zum Aus- oder Wegfall der Vertragsbindung führt. Da er sich schon in D 18.6.1.1 indirekt gegen ein entsprechendes Verständnis der Abrede über die *mensura* ausgesprochen hat, will er eine solche Bedeutung aber auch bei der Vereinbarung über die Verkostung nicht einfach unterstellen. Bleibt der Vertrag gültig, kommt nur noch in Betracht, den Verkäufer weiterhin die Gefahr der Säure- und Schimmelbildung tragen zu lassen. Zwar führt Ulpian auch die Möglichkeit auf, dass ihm dieses Risiko mit Verstreichen des vereinbarten Degustationstermins abgenommen wird. Da die Säumnis des Verkäufers in diesem Fall sanktionslos bliebe, handelt es sich jedoch nicht um eine ernsthaft zu erwägende Alternative. Dass der Vertrag wirksam und der Verkäufer weiterhin mit der Gefahr eines Qualitätsverlustes des Weines belastet bleibt, ist die Lösung, die Ulpian als stillschweigend vereinbart ansieht, wenn kein abweichender Parteiwille erkennbar ist. Sie wird dem Sinn der Degustationsabrede auch am besten gerecht.[627] Denn einerseits erhält sie dem hierdurch bevorzugten Käufer die Möglichkeit, den Verkäufer in Anspruch zu nehmen;[628] andererseits bleibt sie in ihrer Rechtsfolge auf den Mangel als Regelungsgegenstand der Vereinbarung beschränkt und nimmt dem Käufer nicht etwa auch die Gefahr eines Sachverlustes ab, zu dessen Verteilung die Abrede über eine *mensura* dient. Ulpian dreht die Rechtsfolge, die er dort bei einer Säumnis des Käufers befürwortet, im Fall des Verzugs eines Verkäufers bei der Verkostung um:[629] Während die Gefahr des Sachverlustes

---

**627** Dies gilt, wie *Jakab* (Fn. 416), S. 221 eigens feststellt, auch unabhängig von dem Zeitpunkt, zu dem die *degustatio* stattfinden soll.

**628** *Harke* (Fn. 88), S. 304.

**629** Daher habe ich Zweifel, dass sich Ulpian, wie *Babusiaux* (Fn. 395), S. 192 meint, an dem Formular orientiert, das bei Cato agr 148 beschrieben wird.

vorzeitig auf den Käufer wechselt, der die Zumessung verzögert, bleibt hier das Risiko eines Mangels weiterhin beim Verkäufer, der für den Aufschub der *degustatio* verantwortlich ist.

Dass es auch zu einem vorzeitigen Übergang der Gefahr eines Qualitätsverlustes kommt, wenn die Verzögerung der Verkostung am Käufer liegt, lässt sich der folgenden Entscheidung entnehmen:

D 18.6.4.1 Ulp 28 Sab (Ulp 2718)
Si aversione vinum venit, custodia tantum praestanda est. ex hoc apparet, si non ita vinum venit, ut degustaretur, neque acorem neque mucorem venditorem praestare debere, sed omne periculum ad emptorem pertinere: difficile autem est, ut quisquam sic emat, ut ne degustet. quare si dies degustationi adiectus non erit, quandoque degustare emptor poterit et quoad degustaverit, periculum acoris et mucoris ad venditorem pertinebit: dies enim degustationi praestitutus meliorem condicionem emptoris facit.

Ist Wein pauschal verkauft worden, ist nur für Bewachung einzustehen. Hieraus folgt, dass, wenn der Wein nicht mit der Maßgabe verkauft worden ist, dass er verkostet wird, der Verkäufer weder für Säure- noch für Schimmelbildung einstehen muss, sondern alle Gefahr den Käufer trifft; es ist aber schwerlich anzunehmen, dass jemand ohne Verkostung Wein kauft. Ist kein Termin für die Verkostung vereinbart worden, trägt der Verkäufer daher die Gefahr von Versauerung und Schimmelbildung bis zu dem Moment, in dem der Käufer die Verkostung vornehmen konnte oder vorgenommen hat; die Bestimmung eines Termins für die Verkostung verbessert nämlich die Rechtsposition des Käufers.

Ulpian erwähnt den Kauf „in Bausch und Bogen", bei dem keine Verkostung stattfinden und der Käufer von vornherein die Gefahr eines Qualitätsdefizits tragen soll,[630] nur, um ihn sogleich zum Ausnahmefall zu erklären. Da einem Käufer nicht zu unterstellen sei, er wolle Wein erwerben, ohne ihn verkostet zu haben, muss die *degustatio* nach Ulpians Meinung eigens abbedungen werden. Ansonsten versteht sich von selbst, dass eine Verkostung stattfinden[631] und der Verkäufer bis zu dieser das Risiko von Säure- und Schimmelbildung tragen muss. Der Termin für die Verkostung wird mangels seiner konkreten Vereinbarung den Umständen entnommen: Es gilt die Frist, innerhalb der ein Käufer die *degustatio* im regulären Geschäftsgang vornehmen könnte. Ihr Ablauf markiert den Zeit-

---

**630** Richtig *Pennitz*, TR 62 (1994) 286; anders wohl *ders.* (Fn. 421), S. 318 f. und *Jakab* (Fn. 416), S. 255 f., wonach der Kauf *aversione* zunächst einmal eine *mensura* ausschließen soll. Mir scheint der Begriff seine konkrete Bedeutung nur aus dem Kontext zu erlangen. Hier kennzeichnet er einen Verkauf ohne Vereinbarung einer *degustatio*, im nächsten Passus eine Veräußerung ohne Abrede über eine *mensura*.
**631** Vgl. *Pennitz* (Fn. 421), S. 320 ff.

punkt, ab dem das Risiko eines Mangels auf ihn übergeht,[632] falls er die Verkostung nicht schon ausnahmsweise früher durchgeführt hat.[633] Der Gefahrübergang muss auch die Rechtsfolge sein, die mit der Versäumung eines speziell vereinbarten Verkostungstermins einhergeht. Dass sie ohne einen solchen schon dann eintritt, wenn ein umsichtiger Käufer die *degustatio* vorgenommen hätte, ergibt sich für Ulpian aus dem Schutzzweck der Vereinbarung eines Verkostungstermins. Sie soll einen Vorteil für den Käufer schaffen, indem sie ihm eine umgehende *degustatio* erspart und dafür sorgt, dass der Gefahrübergang zumindest auf den verabredeten Zeitpunkt aufgeschoben ist.

Ein Kauf „in Bausch und Bogen" kann auch in der Weise erfolgen, dass die Parteien von einer Vereinbarung über die *mensura* absehen. Hiermit befasst sich Ulpian am Ende seines Traktats zum Weinkauf:[634]

> D 18.6.4.2 Ulp 28 Sab (Ulp 2718)
> Vino autem per aversionem vendito finis custodiae est avehendi tempus. quod ita erit accipiendum, si adiectum tempus est: ceterum si non sit adiectum, videndum, ne infinitam custodiam non debeat venditor. et est verius secundum ea quae supra ostendimus, aut interesse, quid de tempore actum sit, aut denuntiare ei, ut tollat vinum: certe antequam ad vindemiam fuerint dolia necessaria, debet avehi vinum.
>
> Ist aber Wein pauschal verkauft worden, endet die Pflicht zur Bewachung mit der Abholung. Dies ist dann anzunehmen, wenn ein Termin bestimmt worden ist; ist er hingegen nicht bestimmt worden, müssen wir zusehen, ob der Verkäufer die Bewachung ohne zeitliche Begrenzung schuldet. Und nach dem, was wir oben darstellt haben, ist es richtiger, dass es entweder auf die Vereinbarung des Zeitpunkts ankommt oder der Verkäufer den Käufer zur Abholung gemahnt hat; sicherlich muss er den Wein abholen, bevor die Fässer für die neue Weinernte gebraucht werden.

Ulpian tritt für eine vergleichbare Lösung wie im Fall des Kaufs ohne Verkostung ein. Da einem Käufer, abgesehen vom schon behandelten Fall eines fassweisen Verkaufs, nicht unterstellt werden kann, er lege auf die Zumessung keinen Wert, trifft die hiermit verbundene Gefahr des Sachverlustes den Verkäufer auch ohne besondere Vereinbarung bis zur Abholung.[635] Eine äußerste zeitliche Grenze bildet der Zeitpunkt, in dem die Behälter für die neue Ernte gebraucht werden; denn dieser bildet auch beim fassweisen Verkauf von Wein den stillschweigend ver-

---

**632** Und nicht etwa den Übergang jedes Risikos, wie *Pennitz* (Fn. 421), S. 324 f. (vgl. auch *dens.*, TR 62 (1994) 286) meint.

**633** Entgegen *Pennitz*, TR 62 (1994) 287 f. steht es also gerade nicht im Belieben des Käufers, den Gefahrübergang herbeizuführen oder zu verhindern.

**634** Vgl. hierzu auch *Babusiaux* (Fn. 395), S. 215 f.

**635** Dagegen glaubt *Pennitz* (Fn. 421) S. 403, es gehe nun um die *custodia* im technischen Sinne.

einbarten Zeitpunkt zur Abholung. Schon vorher kann der Verkäufer aber einen Gefahrübergang auf den Käufer dadurch herbeiführen, dass er den Käufer zur Abholung mahnt. Die Aufforderung zur Abnahme ersetzt hier die Bestimmung einer Terminvereinbarung. Dass er sie nach Belieben vornehmen kann, bedeutet für den Verkäufer einen gewissen Vorteil, der sich aus der Abstinenz von der Vereinbarung über eine *mensura* ergibt.

Die Einsicht in die Struktur der Abhandlung über den Weinkauf wird durch die untechnische Verwendung der Begriffe *periculum* und *custodia* erschwert. Erkennt man, dass sie nicht die gewöhnliche Bedeutung einer umfassenden Gefahrtragung und einer verschuldensunabhängigen Haftung für einfachen Zufall haben, erhellt der zugrundeliegende Gedankengang: Ulpian stellt zunächst die Verkostungsabrede als eine Vereinbarung vor, durch die das spezifische Risiko von Säure- und Schimmelbildung verteilt wird (D 18.6.1pr). Anschließend präsentiert er die Verständigung über eine *mensura* (D 18.6.1.1). Mit ihr wird die Gefahr des Sachverlustes geregelt, die sich am besten durch eine Bewachung abschirmen lässt. Nach einer Bemerkung zu der Rolle, die einer Kennzeichnung von Weinfässern zukommt (D 18.6.1.2), behandelt Ulpian die Folgen, die eine Verzögerung der Zumessung durch den Käufer hat (D 18.6.1.3). Sie entsprechen denjenigen, die eine Säumnis bei der Abholung des Weines und der Gläubigerverzug (D 18.6.1.4) im Allgemeinen hat: Die Haftung des Verkäufers beschränkt sich auf *dolus*, weshalb er die Kaufsache sogar preisgeben darf. Diese Beschränkung seiner Einstandspflicht geht beim Weinkauf zwangsläufig mit einem Übergang der Gefahr des Sachverlustes auf den Käufer einher. Anschließend befasst sich Ulpian mit dem Fall, dass der Verkäufer die *degustatio* verzögert (D 18.6.4pr). Dies hat eine gegenläufige Konsequenz wie die Säumnis des Käufers bei der Zumessung: Das Risiko der Säure- und Schimmelbildung bleibt beim Verkäufer. Liegt die Verzögerung der Verkostung am Käufer, geht diese Gefahr hingegen über (D 18.6.4.1). Ulpian verknüpft die Behandlung dieser Frage mit dem Thema des Kaufs *aversione*. Damit kann sowohl ein Kauf ohne *degustatio* als auch ein Vertrag gemeint sein, bei dem die Parteien von einer *mensura* absehen. Die Konsequenz, dass der Käufer von vornherein die jeweilige Gefahr trägt, will Ulpian aber nur bei einer ausdrücklichen Vereinbarung eintreten lassen. Ansonsten soll der Verkäufer sie im Fall von Säure- und Schimmelbildung zumindest bis zu dem Moment tragen, in dem der Käufer die *degustatio* hätte vornehmen können (D 18.6.4.1), und im Fall des Sachverlustes bis zu dem Zeitpunkt, der für die Abholung vereinbart ist oder in dem der Verkäufer diese anmahnt (D 18.6.4.2).

Ulpians Traktat über den Weinkauf erweist sich so ebenfalls als eine geschlossene Abhandlung. Mit Ausnahme des leicht zu lösenden Falles, in dem der Verkäufer die *mensura* verzögert, deckt sie alle Fragen rund um die Verkostung und Zumessung als maßgebliche Akte beim Weinkauf und die daran anknüpfende Gefahrverteilung ab. Spuren einer lemmatischen Kommentierung enthält sie nicht. Ohne in Spekulation zu verfallen, lassen sich auch keine Sätze ausfindig machen, die man Sabinus zuschreiben könnte.[636] Die entscheidenden Aussagen, in denen Ulpian sich um eine theoretische Einordnung seiner Lösung mit Hilfe der Formulierungen ‚*quasi plenissime venit*' und ‚*prope quasi nondum venit*' bemüht (D 18.6.1pr, 1), stehen gerade in diametralem Gegensatz zu der von Sabinus befürworteten Annahme einer Bedingung,[637] gegen die sich Ulpian auch später eigens wendet (D 18.6.4pr). Sie bilden das dogmatische Rückgrat der Abhandlung, die gerade von der Wirksamkeit eines Kaufs unter dem Vorbehalt von *degustatio* oder *mensura* ausgeht und beide mit den Instrumenten des Verzugsregimes bewältigen will. Dass die Ansicht des Sabinus, von der sich Ulpian damit absetzt, außer in dem Hinweis auf Bedingungslösung noch an einer anderen Stelle des Kommentars Erwähnung findet, ist zwar nicht auszuschließen. Im überlieferten Text findet sich hiervon jedoch kein Relikt.

### 4 Eviktionsgarantie

Der letzte im Zusammenhang überlieferte Abschnitt aus den *libri ad Sabinum*, der dem Kaufrecht gewidmet ist, betrifft das Garantieversprechen des doppelten Kaufpreises. Während Ulpian in seinem Ediktskommentar vor allem Grenzfälle seines Anwendungsbereichs und die Konkurrenz zur Käuferklage behandelt, widmet er sich hier dem Grundfall, in dem die Kaufsache dem Käufer entwehrt wird. Die im Digestentitel 21.2 wiedergegebenen Auszüge beginnen mit Konstellationen, in denen der Verkäufer selbst dafür sorgt, dass der Käufer das Kaufobjekt verliert. Fordert er es vom Käufer heraus, hat dieser eine Wahlmöglichkeit, ob er den Angriff des Verkäufers abwehren oder diesen aufgrund der Garantie belangen will:

---

636 Gänzlich willkürlich *Schulz*, Sabinus-Fragmente, S. 64ff. und in seinem Gefolge *Astolfi*, Sabino, S. 116ff. Beide Autoren wollen für die Zuweisung von Passagen an Sabinus zuweilen schon genügen lassen, dass ein Gedanke wiederholt, eine Aussage relativiert oder durch Rede in der ersten Person Singular als eigene Ansicht Ulpians herausgestellt wird. Auch die vorsichtigeren Annahmen von *Lenel*, der Sabinus nur den ersten Satz von D 18.6.1.4 und D 18.6.4.1 zuschreiben will, sind nicht haltbar. Die indirekte Rede, derer sich Ulpian im zuerst genannten Fall bedient, ist gerade nicht typisch für die Wiedergabe einer Aussage aus dem Prätext; und die Anknüpfung mit ‚*ex hoc apparet*' im zweiten Fall lässt ebenfalls keinen Schluss auf die Urheberschaft an dem Vorangehenden zu.

637 Gerade dies verkennen *Schulz*, Sabinus-Fragmente, S. 66, *Astolfi*, Sabino, S. 118 und *Pennitz* (Fn. 421), S. 308.

D 21.2.17, 19pr Ulp 29 Sab (Ulp 2726)
Vindicantem venditorem rem, quam ipse vendidit, exceptione doli posse summoveri nemini dubium est, quamvis alio iure dominium quaesierit: improbe enim rem a se distractam evincere conatur. eligere autem emptor potest, utrum rem velit retinere intentione per exceptionem elisa, an potius re ablata ex causa stipulationis duplum consequi. (19pr) Sed et si stipulatio nulla fuisset interposita, de ex empto actione idem dicemus.

Es steht außer Zweifel, dass ein Verkäufer, der die von ihm selbst verkaufte Sache vindiziert, mit der Arglisteinrede überwunden werden kann, auch wenn er das Eigentum aus einem anderen Rechtsgrund erlangt hat; denn er versucht in unredlicher Weise, die von ihm verkaufte Sache zu entwehren. Der Käufer kann aber wählen, ob er die Sache behalten will, indem er die Klage durch die Einrede abwehrt, oder nach der Entwehrung der Sache aufgrund des Garantieversprechens das Doppelte erlangen will. (19pr) Ist hingegen kein Versprechen abgegeben worden, müssen wir zur Kaufklage dasselbe sagen.

Das reguläre Mittel, mit dem sich der Käufer gegen ein Herausgabeverlangen des Verkäufers zur Wehr setzen kann, ist die *exceptio rei venditae et traditae*. Sie ist gerade für den Fall gedacht, dass ein Verkäufer eine ihm gehörende Sache in Anspruch nimmt, nachdem er sie dem Käufer verkauft und übergeben hat. In dem Fall, dass der Verkäufer eine fremde Sache veräußert hat, die er erst nachträglich zu Eigentum erlangt, greift Ulpian auf die Arglisteinrede zurück, aus der die *exceptio rei venditae et traditae* entstanden ist: Der ihr zugrunde liegende Vorwurf des widersprüchlichen Verhaltens ist auch dann begründet, wenn der Verkäufer ursprünglich noch nicht Eigentümer der Kaufsache war.[638] Der spätere Erwerb der Eigentümerstellung ändert nämlich nichts daran, dass er mit dem Käufer einen Vertrag eingegangen ist, der ihm zwar nicht die Übertragung des Eigentums an den Käufer auferlegt, aber doch dessen Störung verbietet. Ebenso wie im gewöhnlichen Anwendungsfall der *exceptio rei venditae et traditae* hat die vom Verkäufer selbst erhobene Herausgabeforderung eine eigentümliche Konsequenz: Anders als beim Versuch der Entwehrung durch einen Dritten kann der Käufer von einer Verteidigung absehen und den Verkäufer unmittelbar aus dem Garantieversprechen in Anspruch nehmen. Denn der Verkäufer, den der Käufer im Entwehrungsprozess eigentlich zu Hilfe rufen müsste, könnte sich gegen eine von ihm selbst erhobene Klage nicht zur Wehr setzen. Folglich braucht auch der Käufer nicht von der ihm zustehenden Einrede Gebrauch zu machen, sondern kann die Kaufsache an den Verkäufer herausgeben und von diesem aus dem Garantieversprechen unmittelbar den doppelten Kaufpreis fordern.

Keine vergleichbare Wahl hat der Käufer in einem anderen Fall, in dem die Störung des Käufers ebenfalls nicht auf einen Dritten, sondern auf den Ver-

638 Vgl. *Knütel*, *Stipulatio poena*, Köln/Wien 1976, S. 302f.

tragspartner zurückgeht. Es handelt sich um eine einzigartige Konstellation mit geradezu kurioser Lösung:

D 21.2.19.1 Ulp 29 Sab (Ulp 2726)
Si homo liber qui bona fide serviebat venierit mihi a Titio Titiusque eum heredem scripserit quasi liberum et ipse mihi sui faciat controversiam, ipsum de se obligatum habebo.

Ist mir von Titius ein freier Mann, der ihm nach guter Treue als Sklave diente, verkauft worden und hat Titius ihn wie einen freien Mann als Erben eingesetzt, und nimmt er wegen seines Status einen Rechtsstreit gegen mich auf, ist er mir seinetwegen verpflichtet.

Verkauft jemand einen freien Menschen in der Fehlannahme, es handle sich um einen Sklaven, ist er trotz seiner Gutgläubigkeit zur Zahlung des doppelten Kaufpreises verpflichtet, wenn später in einem Statusprozess die Ingenuität des scheinbaren Sklaven erwiesen wird. Zwar kann diese durchaus schon ein Hindernis für Wirksamkeit des Kaufvertrags darstellen und als solches auch auf die deshalb übernommene Garantie durchschlagen. Hat der Käufer jedoch seinerseits keine Kenntnis vom wahren Status des verkauften Menschen, bleibt der Kaufvertrag zu seinem Schutz gültig;[639] und der Käufer kann aus diesem sowie aus einem Garantieversprechen gegen den Verkäufer oder dessen Rechtsnachfolger vorgehen. Handelt es sich dabei um den Scheinsklaven, den der Verkäufer zu seinem Erben eingesetzt hat, bedeutet dies, dass er dem Käufer nun wegen seines eigenen Status haftbar ist. Indem er dessen Feststellung betreibt, verhält er sich ebenso wie ein Verkäufer, der eine verkaufte Sache unter Berufung auf sein Eigentum zurückverlangt. Sofern er sich nicht in Kenntnis seines Status hat verkaufen lassen,[640] hat der Käufer aber in diesem Fall kein Verteidigungsmittel zur Hand, um diesen Verlust abzuwenden. Es bleibt also nur die Klage aus dem Garantieversprechen, die sich gegen den scheinbaren Sklaven selbst richtet.

Geht es in den beiden auf den ersten Blick disparat wirkenden Fällen von D 21.2.17 und 19 um eine vom Verkäufer oder seinem Rechtsnachfolger selbst ausgehende Störung, wendet sich Ulpian nun der Frage der Kausalität zu:

D 21.2.21 Ulp 29 Sab (Ulp 2727)
Si servus venditus decesserit antequam evincatur, stipulatio non committitur, quia nemo eum evincat, sed factum humanae sortis: de dolo tamen poterit agi, si dolus intercesserit. (1) Inde Iulianus libro quadragesimo tertio eleganter definit duplae stipulationem tunc committi, quotiens res ita amittitur, ut eam emptori habere non liceat propter ipsam evictionem. (2) Et ideo ait, si emptor hominis mota sibi controversia venditorem dederit procuratorem isque victus litis aestimationem sustulerit, stipulationem duplae non committi, quia

**639** D 18.1.4, 6pr Pomp 9 Sab, D 18.1.70 Lic Ruf 8 reg; vgl. hierzu *Harke* (Fn. 88), S. 181ff.
**640** In diesem Fall hätte er seine Freiheit verwirkt; vgl. D 28.5.6.5 Ulp 10 Sab.

nec mandati actionem procurator hic idemque venditor habet, ut ab emptore litis aestimationem consequatur: cum igitur neque corpus neque pecunia emptori absit, non oportet committi stipulationem: quamvis, si ipse iudicio accepto victus esset et litis aestimationem sustulisset, placeat committi stipulationem, ut et ipse iulianus eodem libro scripsit. neque enim habere licet eum, cuius si pretium quis non dedisset, ab adversario auferretur: prope enim hunc ex secunda emptione, id est ex litis aestimatione emptori habere licet, non ex pristina. (3) Idem Iulianus eodem libro scribit, si lite contestata fugerit homo culpa possessoris, damnatus quidem erit possessor, sed non statim eum ad venditorem regressurum et ex duplae stipulatione acturum, quia interim non propter evictionem, sed propter fugam ei hominem habere non licet: plane, inquit, cum adprehenderit possessionem fugitivi, tunc committi stipulationem Iulianus ait. nam et si sine culpa possessoris fugisset, deinde cautionibus interpositis absolutus esset, non alias committeretur stipulatio, quam si adprehensum hominem restituisset. ubi igitur litis aestimationem optulit, sufficit adprehendere: ubi cavit, non prius, nisi restituerit.

Ist ein verkaufter Sklave gestorben, bevor er entwehrt wird, verfällt das Versprechen nicht, weil ihn niemand entwehrt, sondern das menschliche Schicksal getroffen hat; es kann aber wegen Arglist geklagt werden, wenn diese vorgekommen ist. (1) Daher erklärt Julian im 43. Buch treffend, das Versprechen des doppelten Kaufpreises verfalle immer dann, wenn eine Sache so verlorengeht, dass der Käufer sie wegen der Entwehrung nicht mehr im Besitz haben kann. (2) Und deshalb schreibt er, das Versprechen des doppelten Kaufpreises verfalle nicht, wenn der Käufer eines Sklaven, nachdem dessen Eigentümer gegen ihn Klage erhoben hat, den Verkäufer zum Prozessvertreter bestellt, dieser den Rechtsstreit verloren und den Schätzwert geleistet hat, weil der als Prozessvertreter tätige Verkäufer ja keine Auftragsklage hat, um vom Käufer den Schätzwert zu erlangen. Da der Käufer daher weder der Kaufsache noch ihres Wertes entbehren muss, darf das Versprechen nicht verfallen; und dies, obwohl es anerkanntermaßen verfalle, wenn der Käufer selbst den Rechtsstreit aufnimmt und nach seinem Unterliegen den Eigentümer durch Zahlung des Wertes abfindet, wie Julian an derselben Stelle schreibt. Denn man hat nicht den Besitz an einem Sklaven, der einem entzogen würde, wenn man nicht seinen Wert zahlte; der Käufer hat den Besitz aufgrund des zweiten Kaufs, den er gleichsam durch die Zahlung des Wertes des Sklaven eingegangen ist, nicht aufgrund des ersten. (3) Julian schreibt auch in demselben Buch, dass, wenn ein Sklave nach Rechtshängigkeit aus Verschulden des Besitzers geflohen ist, dieser zwar verurteilt wird, aber nicht umgehend Rückgriff gegen den Verkäufer nehmen und aus dem Versprechen des doppelten Kaufpreises klagen kann, weil er den Sklaven einstweilen nicht wegen der Entwehrung, sondern wegen seiner Flucht nicht in Besitz hat; Julian schreibt, dass das Versprechen freilich verfalle, wenn er des flüchtigen Sklaven habhaft wird. Denn auch wenn er ohne Schuld des Besitzers geflohen, dieser dann gegen Sicherheitsleistung freigesprochen worden wäre, verfiele das Versprechen erst, wenn der Sklave herausgegeben würde. Hat er den Schätzwert geleistet, genügt es, dass er seiner habhaft wird; hat er nicht geleistet, verfällt das Versprechen nicht eher, als dass er den Sklaven herausgegeben hat.

Ulpian beginnt mit einem klassischen Fall, aus dem er unter Berufung auf Julian eine Regel destilliert, die er dann im Anschluss an den Hochklassiker in weiteren Konstellationen zur Anwendung bringen kann. Hat jemand einen fremden Sklaven verkauft, entgeht er der Haftung aus dem Garantieversprechen, wenn der

Sklave stirbt, noch bevor er von seinem wahren Eigentümer evinziert werden kann.[641] Zwar muss der Käufer des Sklaven hier ebenso entbehren wie dann, wenn er ihn an den Eigentümer herausgeben muss. Die fehlende Veräußerungsbefugnis ist hierfür jedoch gerade nicht ursächlich. Stattdessen verliert der Käufer den Sklaven aufgrund höherer Gewalt, für die er selbst die Gefahr trägt.[642] Es bleibt also allenfalls eine mit der der Käuferklage durchzusetzende Haftung für *dolus*,[643] den sich der Verkäufer dann vorhalten lassen muss, wenn er den Sklaven in Kenntnis seines fehlenden Eigentums verkauft hat.[644] Die *ratio* dieser Entscheidung findet Ulpian in dem auf Julian zurückgeführten Satz, die versprochene Strafe in Höhe des doppelten Kaufpreises verfalle nur dann, wenn der Käufer die Kaufsache gerade infolge ihrer Entwehrung verliert.[645]

Das Kausalitätskriterium, für das sich Ulpian eigens auf Julian beruft, bildet auch die Entscheidungsgrundlage der folgenden Fälle. In ihnen kommt es zum Rechtsstreit mit dem Eigentümer des Sklaven, der jeweils durch Zahlung des Schätzwertes abgefunden wird. Da der Käufer den Sklaven hier behalten darf, stellt sich die Frage, ob überhaupt ein Besitzverlust eingetreten ist, der auf die Eviktion zurückgeht. Die Antwort ergibt sich daraus, dass die Zahlung des Schätzwertes gleichsam einen neuen Kauf bedeutet.[646] Leistet der Käufer den Schätzwert, hat er den Sklaven also fortan aufgrund dieses zweiten Kaufs und nicht mehr infolge der Leistung des Verkäufers inne. Da die vom Eigentümer angestrengte Herausgabeklage auch für den Verlust des aufgrund des ersten Kaufvertrags erlangten Besitzes ursächlich ist, verfällt die *stipulatio duplae*.[647] Anders verhält es sich, wenn nicht der Käufer, sondern der von ihm zu seiner Verteidigung als Prozessvertreter bestellte Verkäufer den Eigentümer abfindet. Hier würde der ursprünglich vom Verkäufer gewährte Besitz an dem Sklaven nur dann enden, wenn der Käufer dem Verkäufer den von diesem gezahlten Schätzwert erstatten müsste. Der Verkäufer hat mit der Übernahme der Prozessvertretung aber nur seine eigene Obliegenheit gegenüber dem Käufer erfüllt und kann daher keinen Aufwendungsersatz beanspruchen.[648] Den Kauf vom wahren Ei-

**641** Ebenso entscheidet noch Diokletians Kanzlei; vgl. CJ 8.44.26 (31. März 294) und hierzu *Harke* (Fn. 352), S. 160.

**642** Dies betont *Ernst* (Fn. 480), S. 89.

**643** Anders *Medicus* (Fn. 155), S. 76 f., der annimmt, Ulpian gewähre die *actio de dolo*.

**644** Erst recht lässt sich der Inhalt der Haftung nicht mit *Rabel* (Fn. 420), S. 158 auf das negative Interesse festlegen.

**645** Vgl. auch *Knütel* (Fn. 638), S. 238.

**646** Ausführlich *Harke* (Fn. 106), S. 178 ff.

**647** Vgl. auch D 21.2.61.1 Paul 9 Sab.

**648** Papinian führt dies in D 21.2.66.2 Pap 28 quaest darauf zurück, dass der Verkäufer ein *procurator in rem suam* sei.

gentümer hat hier der Verkäufer übernommen, so dass der Käufer den Sklaven nach wie vor aufgrund des ersten Kaufvertrags innehat.

In dem nächsten Fall wird die Situation durch die Flucht des Sklaven verkompliziert: Hat der Käufer es zu vertreten, dass er nach Erhebung der Herausgabeklage des Eigentümers geflohen ist, wird er ohne Rücksicht auf seine fehlende Verfügungsgewalt über den Sklaven verurteilt. Mit der Leistung des Schätzwertes ist dann wiederum gleichsam ein zweiter Kaufvertrag mit dem Eigentümer zustande gekommen. Der Käufer muss des Sklaven aber nicht deshalb entbehren, weil er ihn nun aufgrund dieses zweiten Kaufvertrags innehätte. Dass sich der Sklave nicht in seinem Besitz befindet, liegt vielmehr an dessen Flucht. Erst wenn der Sklave gefangen wird und wieder in seinen Besitz gelangt, wirkt sich die an den Eigentümer erbrachte Leistung in der Weise aus, dass der Käufer den Sklaven nun aufgrund dieses zweiten Vertrags innehat. Denn nur unter diesen Umständen ist die Eviktion des Sklaven für den Verlust des vom Verkäufer gewährten Besitzes kausal. So kommt es zu dem kuriosen Ergebnis, dass gerade die Wiedererlangung des Sklaven dazu führt, dass das Garantieversprechen verfällt und der Verkäufer die zugesagte Strafe in Höhe des doppelten Kaufpreises leisten muss. Um die Einsicht in diese scheinbar paradoxe Lösung zu fördern, fügt Ulpian noch einen Vergleichsfall hinzu: Wäre der Käufer nicht für die Flucht des Sklaven verantwortlich gewesen, wäre er nicht verurteilt, sondern gegen Sicherheitsleistung für die Herausgabe des Sklaven nach seiner Gefangennahme freigesprochen worden.[649] Auch hier wäre der Verkäufer nicht eher zur Leistung aus dem Garantieversprechen verpflichtet, als der geflohene Sklave nicht wieder ergriffen worden wäre. Dass dem Käufer der Sklave hier infolge seiner Entwehrung abhandenkommt, ist deshalb evident, weil der Käufer, um eine Verurteilung aufgrund der Sicherheitsleistung zu vermeiden, den Sklaven an den Eigentümer herausgeben muss. Nähme er hingegen seine Inanspruchnahme aus der Sicherheitsleistung in Kauf, läge der Fall so wie in der Ausgangssituation, weil der Käufer den Sklaven dann nur aufgrund der an den Eigentümer erbrachten Zahlung innehätte.

Nicht ohne weiteres nachvollziehbar ist die Wirkung der Eviktion auch in dem nächsten Fall, dessen Darstellung in dem überlieferten Digestentext auf einen Anhang zu einer Entscheidung von Pomponius[650] reduziert ist:

**649** Vgl. D 10.4.5.6 Ulp 24 ed, D 6.1.21 Paul 21 ed (mit Zitat von Julian und Pomponius).
**650** D 21.2.22.1 Pomp 1 Plaut.

D 21.2.23 Ulp 29 Sab (Ulp 2728)

Sed et si post mortem mulieris evincatur, regressus erit ad duplae stipulationem, quia ex promissione maritus adversus heredes mulieris agere potest et ipsi ex stipulatu agere possunt.

Aber auch wenn es [das Mitgiftgrundstück] nach dem Tod der Frau entwehrt wird, kann auf das Versprechen des doppelten Kaufpreises zurückgegriffen werden, weil der Ehemann aus dem Versprechen gegen die Erben der Frau klagen kann und diese aus dem Versprechen klagen können.

Während Pomponius die Eviktion eines gekauften und als Mitgift überlassenen Grundstücks in der Ehe behandelt, widmet sich Ulpian dem Fall, in dem das Grundstück dem Ehemann streitig gemacht wird, nachdem die Ehe schon durch den Tod der Frau aufgelöst ist. Dass deren Erben den Verkäufer aus dem Garantieversprechen belangen können, überrascht zunächst deshalb, weil das Grundstück ohnehin beim Ehemann verblieben und ihnen daher keinesfalls mehr zur Verfügung gestanden hätte. Gleichwohl müssen sie gewissermaßen des Grundstücks entbehren, wenn der Ehemann sie deshalb aufgrund des Dotalversprechens in Anspruch nimmt. Da diese Haftung auch Konsequenz der Entwehrung des Grundstücks ist, verfällt das Garantieversprechen.

Wieder leichter einzusehen ist die Entscheidung des letzten Falles:

D 21.2.25 Ulp 29 Sab (Ulp 2729)

Si servum, cuius nomine duplam stipulatus sis, manumiseris, nihil ex stipulatione consequi possis, quia non evincitur, quo minus habere tibi liceat, quem ipse ante voluntate tua perdideris.

Hast du einen Sklaven freigelassen, dessenthalben du dir den doppelten Kaufpreis hast versprechen lassen, kannst du nichts aus dem Versprechen erlangen, weil jemand, den du selbst freiwillig verloren hast, nicht mit der Folge des Besitzverlustes entwehrt wird.

Schenkt der Käufer einem gekauften Sklaven die Freiheit, ist dieser Akt zwar unwirksam, wenn der Sklave nicht dem Verkäufer gehörte und damit auch nicht in das Eigentum des Käufers gewechselt ist. Eine spätere Vindikation des Sklaven durch seinen Eigentümer löst gleichwohl keine Haftung aus dem Garantieversprechen aus. Denn durch die Freilassung hat der Käufer den Besitz an dem Sklaven aufgegeben, bevor der Eigentümer sein Recht an diesem geltend machen kann.[651] Es fehlt also wiederum an einer Kausalbeziehung zwischen Eviktion und Besitzverlust, so dass die *stipulatio duplae* nicht verfällt.[652]

**651** Vgl. *Kleňová*, Zur *evictio in libertatem*, TR 85 (2017) 434, 456 f.

Auch wenn die Überlieferung des Abschnitts zur *stipulatio duplae* erkennbar lückenhaft ist, lässt sich doch eine gewisse Eigenart erkennen: Anders als in seinem Ediktskommentar stellt Ulpian nicht einfach Entscheidungen zur Eviktionshaftung zusammen, ohne nach einer inhaltlichen Verbindung zu forschen. Es gibt vielmehr eine Gemeinsamkeit der ersten beiden Fälle, in denen die haftungsauslösende Störung des Käufers vom Verkäufer selbst ausgeht, sowie einen durchgängigen Ableitungszusammenhang der weiteren Entscheidungen, die sämtlich die Kausalität von Entwehrung und Besitzverlust des Käufers betreffen. Die im Digestenfragment D 21.2.21 wiedergegebenen Fälle lassen dabei eine Steigerung erkennen: Ulpian geht von einem Prinzip aus, das aus einem vergleichsweise einfach gelagerten Fall gewonnen wird, und dringt schließlich zu einem Fall vor, in dem die Anwendung dieses Grundsatzes zu einem scheinbar unsinnigen, in Wahrheit aber stimmigen Ergebnis führt. Bei seinen Ausführungen orientiert er sich an Julian, den er nicht nur als Gewährsmann für den Grundsatz, sondern auch als Urheber der weiteren Entscheidungen zitiert. Statt von Sabinus lässt sich Ulpian von dem Hochklassiker leiten, der ihn zu einer systematischen Darstellung der Rechtsfragen der Haftung aus einer Entwehrungsgarantie inspiriert.

## III Fazit

Obwohl die Passagen des Ediktskommentars, die sich auf den Kaufvertrag beziehen, sehr viel länger sind als die zusammenhängend überlieferten Passagen aus den *libri ad Sabinum*, ergibt sich wieder derselbe Befund wie bei Diebstahl und Mitgift, die in den überkommenen Texten aus dem Sabinuskommentar jeweils sehr viel mehr Raum einnehmen als in den *libri ad edictum:* Ulpian nimmt im Ediktskommentar eine klare Grobeinteilung des Stoffs vor, sieht aber fast völlig von einer systematischen Darstellung innerhalb der einzelnen Abschnitte ab. Stattdessen präsentiert er seinen Lesern eine weitgehend zusammenhanglose Sammlung von Entscheidungen, die häufig auf ältere Juristen zurückgehen. Dagegen sind aus dem Sabinuskommentar Abhandlung überliefert, die wohlstrukturiert und in sich geschlossen sind, aber unverbunden nebeneinanderstehen:

Die Gliederung der Kommentierung des Ediktstitels über die Klagen aus dem Kaufvertrag erschließt sich dem Leser ohne Mühe: Ulpian beginnt mit der Kauf-

**652** So könnte auch die Entscheidung des von Pomponius zum Vergleich angeführten Fall in D 21.2.34pr Pomp 27 Sab gemeint sein. Da es in dem Hauptfall um eine Klausel *‚ne prostituatur'* geht, könnte Pomponius vielleicht auch nur ganz unabhängig von einem denkbaren Rechtsmangel feststellen wollen, dass eine vom Käufer selbst vorgenommene Freilassung keine wie auch immer geartete Haftung des Verkäufers auszulösen vermag.

klage, bevor er die Klage des Verkäufers und schließlich gleichsam anhangsweise die Reichweite eines Grundstücks- oder Hauskaufs behandelt, die sowohl für die Kauf- als auch für die Verkäuferklage relevant ist. Die Darstellung der Kaufklage nimmt ihren Anfang bei den Hauptpflichten des Verkäufers zur Übergabe der Kaufsache und zur Übernahme einer Gewährleistung für Rechtsmängel. Indem er den Fokus auf das Klageziel legt, beschäftigt sich Ulpian dann mit der Frage, ob der Käufer auch die Rückabwicklung des Kaufvertrags verlangen kann, bevor er sich den Grenzfällen der Rechtsmängelgewähr und der Konkurrenz der Haftung aus den hierfür üblichen Garantien mit der Kaufklage widmet. Er behandelt anschließend die Haftung des Verkäufers für eine arglistige Täuschung des Käufers und am Ende das Angebot der Zahlung des Kaufpreises als allgemeine Voraussetzung der Inanspruchnahme des Verkäufers. Bei der Verkäuferklage beginnt Ulpian wiederum mit den grundlegenden Pflichten des Käufers zur Zahlung des Kaufpreises und seiner Verzinsung sowie zum Ersatz von Verwendungen, die der Verkäufer auf die Kaufsache gemacht hat. Dann wendet er sich speziellen Pflichten aufgrund besonderer vertraglicher Vereinbarungen und den Eigenheiten zu, die sich aus einer Drittbeteiligung am Vertragsschluss und der einseitigen Wirksamkeit eines Kaufvertrags ergeben. Es folgen Ausführungen zur *lex commissoria* und zu Fällen, die einem Kauf auf Probe ähnlich sind. Hier wie dort richtet sich das Interesse Ulpians auf die Frage, ob für eine mögliche Haftung die Verkäuferklage zuständig ist.

So klar die übergreifende Einteilung ist, so wenig Struktur weisen die einzelnen Abschnitte auf: Zu der Frage, ob der Käufer mit der ihm zu Gebote stehenden Klage die Rückabwicklung des Vertrags verlangen kann, stellt Ulpian Aussagen zusammen, die zwar in ihrer Mehrheit zum Thema gehören, aber durch keinerlei Erläuterung in einen Zusammenhang gebracht werden. Dasselbe gilt für die anschließend behandelten Fälle aus dem Umfeld der Rechtsmängelhaftung, für deren Lösung sich Ulpian überwiegend auf Neraz beruft, bevor er sich schließlich von dessen Ansicht ab- und der Meinung Julians zuwendet. Zitate dieses Juristen dominieren dann die beiden folgenden Abschnitte, in denen es um das Verhältnis der Rechtsmängelgewähr aus Garantieversprechen zur allgemeinen Kaufklage und die Arglisthaftung geht. Hier referiert und bestätigt Ulpian die Grundsatzentscheidung des Hochklassikers, wonach das üblicherweise zum Gegenstand von Garantieversprechen gemachte *habere licere* in das allgemeine Pflichtenprogramm des Verkäufers übernommen wird. Von dieser fundamentalen Neuerung berichtet Ulpian aber erst bei der Wiedergabe der einschlägigen Entscheidung, obwohl sie auch schon vorher mitgeteilte Falllösungen betrifft und diese in einem ganz anderen Licht erscheinen lässt. Im Abschnitt über die Arglisthaftung zeigt Ulpian, wie Julian eine parallele Lösung für selbstverständlich vorausgesetzte Eigenschaften der Kaufsache entwickelt, die vorher nur mit der Unterstellung einer stillschweigend übernommenen Garantie bewältigt werden konnten. In Fortführung dieser Entscheidung äußert sich Ulpian zu verwandten Fällen und erweist damit die vorher kritiklos wiedergegebenen Aussagen von Neraz zumindest als irreführend, wenn nicht gar als teilweise unrichtig. Die Vernachlässigung der inhaltlichen Ordnung zugunsten der Bindung an Zitate prägt auch die weiteren Ausführungen zur *dolus*-Haftung. Hier orientiert sich Ulpian an realen Fällen aus der Entscheidungspraxis Julians und unternimmt sogar einen Exkurs zur Haftung eines arglistigen Käufers, obwohl diese eigentlich die erst später behandelte Verkäuferklage betrifft. Deren Darstellung geht nach einleitenden Feststellungen zu den allgemeinen Käuferpflichten ebenfalls rasch zu einer Wiedergabe disparater Entscheidungen über, die einerseits besonders vereinbarte Leistungen des Verkäufers, andererseits die Drittbeteiligung und einseitige Wirksamkeit des Vertrags betreffen. Die Ausführungen mäandern zwischen diesen beiden Themen und sind ersichtlich dadurch beeinflusst, dass der von Ulpian an dieser Stelle zitierte Papinian sie in demselben Buch seines Werks behandelt hat. Auch die Ausführungen zur *lex commissoria* und zu den Fällen, die einem Kauf auf Probe ähneln, lassen jenseits der Frage nach der Zuständigkeit der Verkäuferklage keine Struktur erkennen: Indem er verschiedene Juristen zitiert, springt Ulpian von den Rechtsfolgen zur Ausübung und den Voraussetzungen eines vom Verkäufer erklärten Rücktritts und befasst sich ohne erkennbare Ordnung mit möglichen Klagezielen bei der Überlassung einer Sache an einen potentiellen Käufer. Im Anhang über den Haus- und Grundstückskauf präsentiert Ulpian zwar Definitionen zum Hauskauf, die stufenweise konkreter werden; diese wechseln sich aber mit teils unpassenden Beispielsfällen ab, die vor allem den Gegenfall des Grundstückskaufs betreffen.

Einen Mehrwert schaffen all diese erläuterungsarmen und weitgehend zusammenhanglosen Ausführungen nur für einen fachkundigen Leser, der keiner Aufklärung über die Verknüpfung der Entscheidungen oder ihre Ableitung bedarf. Ulpians Zurückhaltung bei ihrer Erklärung passt zu der fehlenden inhaltlichen Ordnung. Sie kann nicht der Überlieferung geschuldet sein, sondern muss Ulpians Ediktskommentar von vornherein ausgezeichnet haben.

Ganz anders ist die Darstellungsweise der vier überlieferten Abhandlungen zum Kauf aus den *libri ad Sabinum:* Mit Ausnahme des Abschnitts zum Garantieversprechen des doppelten Kaufpreises, der zu kurz ist, um mehr als Ansätze einer systematischen Darstellung erkennen zu lassen, handelt es sich geradezu um Musterbeispiele geschlossener Traktate, in denen Ulpian nach einer strukturierten und erschöpfenden Erörterung des Themas strebt:

In der Abhandlung zur *in diem addictio*, dem Vorbehalt des besseren Gebots, geht Ulpian von den ausführlich vorgestellten Konstruktionsmöglichkeiten des Vertrags mit dem ersten Käufer aus, um dann dessen Rechtsstellung, die Voraussetzungen für die Feststellung eines besseren Gebots und dessen Rechtsfolgen zu beleuchten. Am Ende geht er auf zwei komplizierte Konstellationen ein, bei denen er sich jeweils gegen Sabinus wendet, dessen Meinung er zuvor schon richtiggestellt, wenn nicht gar korrigiert, hat.

Das Irrtumstraktat nimmt seinen Anfang mit dem Konsenserfordernis. Ulpian stellt danach die Arten des relevanten Irrtums und als Gegenfall den *error in nomine* vor, bevor er auf die kontroverse Frage eingeht, ob auch eine Fehlvorstellung über den Stoff, aus dem die Kaufsache ist, den Vertrag seiner Wirksamkeit beraubt. Für Ulpian ergibt sich die Antwort daraus, dass er das Material ebenso wie das Geschlecht lebendiger Kaufobjekte für unverzichtbar hält, um die Kaufsache zu identifizieren. Am Schluss seiner Abhandlung geht er auf den Fall des beiderseitigen Irrtums ein. Er muss ebenso wie eine einseitige Fehlvorstellung behandelt werden, weil er den Vertragsinhalt betrifft und daher ungeachtet der inneren Übereinstimmung mit dem Vertragspartner einen *dissensus* bedeutet.

Im Traktat zum Weinkauf wendet sich Ulpian der Verkostung und Zumessung als den beiden wesentlichen Momenten des Vertragsvollzugs und ihrer Auswirkung auf die vertragliche Risikoverteilung zu: Er trifft dabei eine dogmatische Grundentscheidung gegen Sabinus, indem er den Vertrag nicht als durch Verkostung oder Zumessung bedingt ansieht, sondern von vornherein für wirksam hält. Hieraus ergibt sich stringent auch die Lösung des Problems, wie mit einer Verzögerung dieser Akte durch eine der beiden Seiten umzugehen ist. Da der Vertrag auch ohne ihre Vornahme gültig ist, kann Ulpian die Säumnis eines Teils mit dem Regime des Gläubiger- und Schuldnerverzugs bewältigen.

Die fehlende inhaltliche Verbindung zwischen den vier Abhandlungen könnte wiederum daran liegen, dass sie jeweils an eine Aussage von Sabinus oder an ein von diesem behandeltes Thema anknüpfen. Im überlieferten Text finden sich aber keine Zitate dieses Juristen, die sich von denen anderer Rechtsgelehrter unterschieden, und erst recht keine Spuren einer lemmatischen Kommentierung. Auffällig ist vielmehr ebenso wie schon bei der Behandlung des Diebstahls abermals die kritische Haltung, die Ulpian gegenüber den Ansichten des Sabinus zum Vorbehalt des besseren Gebots und zum Weinkauf einnimmt. Wiederum geht sie nicht von Rechtsänderungen aus, die seit der Wirkungszeit des Frühklassikers eingetreten sind, sondern richtet sich gegen dessen Gedankenführung. Von einer gesetzesgleichen Behandlung des Prätextes, die den Sabinuskommentar mit den *libri ad edictum* verbände, kann also keine Rede sein.

# Ergebnis

Die vergleichende Untersuchung der Abschnitte zu Diebstahl, Mitgift und Kauf in Ulpians beiden großen Kommentaren fördert einen grundliegenden Unterschied zutage: Während es Ulpian in seinem Ediktskommentar auf die Sammlung relevanter Entscheidungen anlegt, deren Ableitung er weitgehend seinem fachkundigen Leser überlässt, führt er ihn in seinen *libri ad Sabinum* zumeist strukturiert an ein Problem heran und deckt die maßgeblichen Zusammenhänge auf. Wo man im Ediktskommentar auf eine Reihe unverbundener Feststellungen zu Einzelfragen stößt, sind im Sabinuskommentar geschlossene Abhandlungen zu finden, die ein Thema systematisch erschließen und nicht selten nahezu erschöpfen.

Genau umgekehrt liegen die Dinge bei der Grobeinteilung des Textes: Während die Abfolge der Traktate in den *libri ad Sabinum* keine Struktur erkennen und sie geradezu als Aufsatzsammlung erscheinen lässt, unterliegt die Darstellung im Ediktskommentar einem klaren Ordnungsschema. Bei der Diebstahlsklage ergibt es sich aus deren im Edikt mitgeteilter Formel. In den beiden anderen Fällen sorgt Ulpian selbst für eine nachvollziehbare Reihung des Stoffs, indem er diesen nach bestimmten Themen gliedert.

Die eingangs aufgeworfene Frage, ob und wie sich die auf das *ius civile* bezogenen Passagen im Ediktskommentar von den Titeln unterscheiden, in denen Ulpian das prätorische Recht behandelt, lässt sich wie folgt beantworten: Das Fallmaterial, das die lemmatische Bearbeitung der Anordnungen des Prätors normalerweise durchbricht, gewinnt zwar an den Stellen, an denen er das *ius civile* behandelt und eine solche Form der Kommentierung daher von vornherein ausscheidet, die Oberhand. Ulpian präsentiert es aber nicht ohne jede Struktur, sondern fasst es zu einzelnen Sinnabschnitten zusammen, die der Darstellung eine übergreifende Ordnung geben. So schafft er Ersatz für die Elemente des prätorischen Prätextes, die ihm sonst die Einteilung des Stoffes ermöglichen. Handelt es sich bei Ulpians Ediktskommentar nach dem treffenden *dictum* von *Babusiaux* um eine Art ‚Amtsbuch', könnte man sagen, dass er das Register, soweit es sich nicht aus dem Edikt selbst ergibt, selbst erstellt. Innerhalb der einzelnen Abschnitte tritt aber der auch sonst zu beobachtende Sammelcharakter, der die enzyklopädischen Funktion eines Kommentars[653] erfüllt, mit Wucht hervor und verdrängt den systematischen Ansatz völlig. Ulpian betätigt sich hier in erster Linie als Konservator, der durch die Auswahl seiner Zitate zugleich für eine Selektion der in den Schriften seiner Vorgänger vorgefundenen Meinungen sorgt.[654]

**653** Hierzu *Kästle-Lamparter* (Fn. 21), S. 314 f.

**654** Zu dieser kanalisierenden Funktion eines Kommentars *Kästle-Lamparter* (Fn. 21), S. 316 f.

https://doi.org/10.1515/9783110773736-005

Auch die Eigenart der *libri ad Sabinum* hängt mit dem bearbeiteten Werk zusammen. Dieses bestimmt Ulpians Vorgehen aber nicht etwa in der Weise, dass es die Grundlage für eine lemmatische Kommentierung bildete. Ulpian nimmt Sabinus' Aussagen keineswegs als gesetzesgleiche Normen hin, sondern lässt sich von ihnen zu einzelnen Abhandlungen inspirieren, deren Ziel nicht selten gerade die Widerlegung des Frühklassikers ist. Ob er dabei stets einen bestimmten Satz des Sabinus zum Anknüpfungspunkt seiner Erörterung macht, lässt sich heute nicht mehr entscheiden. Nachweisbar ist hingegen zumindest eine indirekte Prägung durch das Werk des Frühklassikers: Wie in einem Lehrbuch strebt Ulpian in seinen *libri ad Sabinum* nach einer systematischen Entfaltung des jeweiligen Themas. Sie lässt zumeist die Ableitungszusammenhänge erkennen und macht die Fallentscheidungen selbst dann, wenn es Ulpian auf die Steigerung ihrer Komplexität ankommt, in ihrem jeweiligen Zusammenhang erfassbar. Ob diese Darstellungsweise schon für das sabinianische Werk typisch war, lässt sich heute nicht mehr sagen. Als Lehrbuch muss es aber zwangsläufig eine systematisierende Tendenz gehabt haben, von der sich Ulpian auch bei der Schaffung seiner Aufsatzsammlung leiten lässt. Dank dieser Eigenart eignet sie sich eher für den Rechtsunterricht als der Ediktskommentar, der sich an den vorgebildeten Leser und damit vor allem an die juristische Praxis wendet.[655]

Die Bezeichnung ‚Kommentar' verdienen Ulpians *libri ad Sabinum* wiederum nur in einem Sinne, der nichts mit der Vorstellung einer lemmatischen Bearbeitung des Prätextes gemein hat. Will man einen diachronen Vergleich wagen, findet sich ein Pendant am ehesten im Werk der spätmittelalterlichen Kommentatoren. Deren Bearbeitung des justinianischen Gesetzgebungswerks ist, verglichen mit seiner Behandlung durch die Glossatoren, nämlich durch eine stärkere Lösung vom Prätext und den Versuch zur erschöpfenden Behandlung eines dogmatischen Problems, insbesondere durch angehängte *quaestiones*, geprägt.[656] Da es aber nach wie vor der Ordnung der justinianischen Sammlung folgt, besteht es ebenso wie Ulpians Sabinuskommentar aus einer Reihe von Abhandlungen, die in sich geschlossen sind, aber nicht notwendig auch untereinander zusammenhängen.

---

**655** Zu Schule und Praxis als Adressaten eines Kommentars *Kästle-Lamparter* (Fn. 21), S. 301 ff.

**656** *Horn*, Die legistische Literatur der Kommentatoren und die Ausbreitung des gelehrten Rechts, in: Coing (Hg.), Handbuch der Quellen und Literatur der neueren europäischen Privatrechtsgeschichte, Bd. 1, München 1973, S. 261, 323 ff., *Lange/Kriechbaum*, Römisches Recht im Mittelalter, Bd. 2, München 2007, S. 376 ff., *Lepsius*, Fließende Grenzen juristischer Kommentierungstätigkeit im Spätmittelalter, in: Jansen/Kästle (Fn. 20), S. 141, 179, *Kästle-Lamparter* (Fn. 21), S. 33 ff., 300 f.

# Quellenverzeichnis

## Gai institutiones


2.51 47 Fn. 143
2.79 22 Fn. 70
3.139 163 Fn. 414
3.184 71 Fn. 212
3.202 12 Fn. 39
3.204 38 Fn. 119
3.205 17 Fn. 53, 83 Fn. 250
3.206 17 Fn. 53, 83 Fn. 250
4.37 32 Fn. 101
4.78 64 Fn. 198
4.151 127 Fn. 313, 167 Fn. 427


## Pauli sententiae


1.19.1 189 Fn. 477
2.17.4 189 Fn. 477
2.17.6 180 Fn. 453, 196 Fn. 497
2.17.7 194 Fn. 495, 196 Fn. 497
2.17.8 189 Fn. 480, 196 Fn. 497
2.17.9 196 Fn. 497, 197 Fn. 502
2.22.1 117 Fn. 301
2.31.30 18 Fn. 55
2.31.32 50 Fn. 157
2.31.35 43 Fn. 131
2.32.2 102 Fn. 274
5.74.4 75 Fn. 223


## Fragmenta Vaticana


2 196 Fn. 497, 197 Fn. 499
4 209 Fn. 532
11 200 Fn. 508
101 103 Fn. 277
105 145 Fn. 369
120 105 Fn. 284


## Scholia Sinaitica


8 151 Fn. 382
10 109 Fn.. 290


## Ulpiani epitome


6.4 106 Fn. 285
6.6 89 Fn. 259, 90 Fn. 260
6.8 99 Fn. 273


## Corpus Iuris Civilis

### Insitutiones Iustiniani


1.21pr 203 Fn. 518
2.1.25 22 Fn. 71
2.1.37 137 Fn. 339
2.1.39 123 Fn. 305
2.6.13 127 Fn. 314
4.1.3 71 Fn. 213


https://doi.org/10.1515/9783110773736-006

## Digesta

1.5.26 84 Fn. 251
1.6.2 103 Fn. 279
2.14.58 163 Fn. 415
4.3.18.3 28 Fn. 90
4.3.21 34 Fn. 108
4.4.16.4 142 Fn. 351
4.5.8 89 Fn. 258
6.1.21 256 Fn. 649
6.1.38 154 Fn. 389
6.2.23.5 45 Fn. 136
9.2.9.4 191 Fn. 487
9.2.11pr 191 Fn. 487
9.2.27.21 21 Fn. 66
9.2.31 191 Fn. 487
9.2.41 51 Fn. 160
10.3.7.13 193 Fn. 490
10.3.10.2 193 Fn. 489
10.4.5.6 256 Fn. 649
10.4.7.2 45 Fn. 136
11.3.11.1 30 Fn. 97
12.1.4pr 137 Fn. 340
12.2.2 34 Fn. 108
12.2.13.1 34 Fn. 106
12.2.28.9 34 Fn. 106
12.4.14 64 Fn. 196
12.5.6 48 Fn. 150
12.6.33 153 Fn. 387
12.6.51 155 Fn. 390
13.1.7 73 Fn. 218
13.1.13 22 Fn. 74
13.1.18 62 Fn. 194
13.1.20 75 Fn. 220
13.3.2 48 Fn. 151
13.4.2.3 139 Fn. 345
13.6.13.1 212 Fn. 549
13.7.1 38 Fn. 117
14.1.1.18 202 Fn. 513
14.3.2 202 Fn. 514
14.4.3.1 183 Fn. 457
15.1.21.1 183 Fn. 457
16.3.11 59 Fn. 183
16.3.32 103 Fn. 275
17.1.18 39 Fn. 122
18.1.3 221
18.1.4 253 Fn. 639
18.1.6pr 253 Fn. 639
18.1.6.1 206 Fn. 523, 209 Fn. 536
18.1.8pr 222 Fn. 566
18.1.8.1 171 Fn. 435
18.1.9 227 Fn. 580
18.1.9pr 235 f.
18.1.9.1 235 f.
18.1.9.2 236 ff.
18.1.11pr 236 ff.
18.1.11.1 236 ff.
18.1.14 238 f.
18.1.15.1 227 Fn. 581
18.1.16pr 233 Fn. 594
18.1.16.1 234 Fn. 595
18.1.19 159 Fn. 398
18.1.25.1 145 Fn. 367, 159 Fn. 396
18.1.34.5 241 Fn. 610
18.1.41.1 239 Fn. 604
18.1.45 239 Fn. 603 f.
18.1.53 159 Fn. 398
18.1.68pr 186 Fn. 469, 191 Fn. 485
18.1.70 253 Fn. 639
18.2.1 230 Fn. 586
18.2.2pr 221
18.2.2.1 221 f., 228
18.2.4pr 222 f.
18.2.4.1 223 f.
18.2.4.2 223 f.
18.2.4.3 224 ff.
18.2.4.4 224 ff.
18.2.4.5 226 ff.
18.2.4.6 226 ff.
18.2.6pr 222 Fn. 564, 228 f.
18.2.6.1 228 f.
18.2.9 229 ff.
18.2.11pr 231 f.
18.2.11.1 232 ff.
18.2.13pr 232 ff.
18.2.13.1 232 ff.
18.2.14pr 227 Fn. 577
18.2.14.2 227 Fn. 581, 228 Fn. 583
18.2.16 206 f.
18.3.1 221
18.3.4pr 205 ff.
18.3.4.1 207 ff.

| | |
|---|---|
| 18.3.4.2 | 207 ff. |
| 18.3.4.3 | 207 ff. |
| 18.3.4.4 | 207 ff. |
| 18.3.5 | 208 Fn. 530 |
| 18.3.7 | 209 Fn. 534 |
| 18.4.4 | 174 Fn. 439 |
| 18.4.11 | 172 Fn. 434, 174 Fn. 439 |
| 18.5.6 | 212 Fn. 548 |
| 18.6.1pr | 240 f., 250 f. |
| 18.6.1.1 | 241 ff., 250 f. |
| 18.6.1.2 | 243 f., 250 |
| 18.6.1.3 | 244 f., 250 |
| 18.6.1.4 | 245 f., 250, 251 Fn. 636 |
| 18.6.2.1 | 243 Fn. 617 |
| 18.6.3 | 243 Fn. 617 |
| 18.6.4pr | 246 ff., 250 f. |
| 18.6.4.1 | 248 f., 250, 251 Fn. 636 |
| 18.6.4.2 | 249 f. |
| 18.6.5 | 245 Fn. 621 |
| 18.6.7pr | 188 Fn. 475 |
| 18.6.8pr | 138 Fn. 342, 222 Fn. 565 |
| 18.6.13 | 245 Fn. 622 |
| 18.6.5pr | 245 Fn. 622 |
| 18.6.18 | 245 Fn. 621 |
| 19.1.4 | 177 Fn. 448 |
| 19.1.6.4 | 176 Fn. 446 |
| 19.1.11pr | 158 f. |
| 19.1.11.1 | 158 f., 219 |
| 19.1.11.2 | 158 f., 185, 197 |
| 19.1.11.3 | 160 ff., 175, 180 Fn. 453 |
| 19.1.11.4 | 160 ff., 175, 180 Fn. 453 |
| 19.1.11.5 | 160 ff., 175, 180 Fn. 453 |
| 19.1.11.6 | 160 ff., 206 |
| 19.1.11.7 | 164 ff., 178 |
| 19.1.11.8 | 164 ff. |
| 19.1.11.9 | 164 ff. |
| 19.1.11.10 | 164 ff. |
| 19.1.11.11 | 164 ff. |
| 19.1.11.12 | 164 ff. |
| 19.1.11.13 | 164 ff. |
| 19.1.11.14 | 168 ff. |
| 19.1.11.15 | 168 ff., 178 |
| 19.1.11.16 | 168 ff., 178, 183 |
| 19.1.11.17 | 168 ff. |
| 19.1.11.18 | 169 Fn. 430, 171 ff., 177, 183, 189 |
| 19.1.13.pr | 174 ff., 183 |
| 19.1.13.1 | 162 Fn. 411, 176 ff., 183 |
| 19.1.13.2 | 176 ff., 183 |
| 19.1.13.3 | 179 |
| 19.1.13.4 | 180 |
| 19.1.13.5 | 180 f. |
| 19.1.13.6 | 181 f. |
| 19.1.13.7 | 182 f. |
| 19.1.13.8 | 184 f. |
| 19.1.13.9 | 184 f. |
| 19.1.13.10 | 186 ff. |
| 19.1.13.11 | 186 ff., 190 |
| 19.1.13.12 | 186 ff. |
| 19.1.13.13 | 186 ff. |
| 19.1.13.14 | 188 ff. |
| 19.1.13.15 | 188 ff. |
| 19.1.13.16 | 190 ff. |
| 19.1.13.17 | 192 ff. |
| 19.1.13.18 | 194 f. |
| 19.1.13.19 | 196 f. |
| 19.1.13.20 | 196 f. |
| 19.1.13.21 | 196 f. |
| 19.1.13.22 | 196 ff. |
| 19.1.13.23 | 199 |
| 19.1.13.24 | 199 |
| 19.1.13.25 | 199 ff. |
| 19.1.13.26 | 199 ff. |
| 19.1.13.27 | 202 f. |
| 19.1.13.28 | 202 f. |
| 19.1.13.29 | 202 f. |
| 19.1.13.30 | 203 ff. |
| 19.1.13.31 | 215, 219 |
| 19.1.15 | 215 |
| 19.1.17pr | 215 f., 219 |
| 19.1.17.1 | 216 |
| 19.1.17.2 | 216 |
| 19.1.17.3 | 216 |
| 19.1.17.4 | 216 |
| 19.1.17.5 | 216 f. |
| 19.1.17.6 | 216 f. |
| 19.1.17.7 | 217 ff. |
| 19.1.17.8 | 217 f. |
| 19.1.17.9 | 217 f. |
| 19.1.17.10 | 218 f. |
| 19.1.21.2 | 239 Fn. 603 |
| 19.1.29 | 189 Fn. 483 |
| 19.1.38.1 | 198 Fn. 504 |
| 19.2.22.3 | 142 Fn. 351 |

| | |
|---|---|
| 19.2.52 | 236 Fn. 598 |
| 19.4.1 | 159 Fn. 397 |
| 19.5.14 | 57 Fn. 180 |
| 19.5.15 | 82 Fn. 242 |
| 19.5.20pr | 210 ff. |
| 19.5.20.1 | 212 f. |
| 19.5.20.2 | 213 f. |
| 20.6.3 | 224 Fn. 470 |
| 21.1.1.1 | 165 Fn. 418 |
| 21.1.31.1 | 178 Fn. 450 |
| 21.1.31.8 | 184 Fn. 464 |
| 21.1.38pr | 162 Fn. 409, 175 Fn. 443 |
| 21.1.52 | 178 Fn. 450 |
| 21.2.4 | 160 Fn. 401 |
| 21.2.4.1 | 183 Fn. 461 |
| 21.2.9 | 189 Fn. 479 |
| 21.2.16 | 171 Fn. 432 |
| 21.2.17 | 252 f. |
| 21.2.19pr | 252 f. |
| 21.2.19.1 | 253 |
| 21.2.21 | |
| 21.2.21pr | 253 ff. |
| 21.2.21.1 | 253 ff. |
| 21.2.21.2 | 253 ff. |
| 21.2.21.3 | 253 ff. |
| 21.2.22.1 | 256 Fn. 650 |
| 21.2.23 | 257 |
| 21.2.25 | 257 |
| 21.2.29pr | 189 Fn. 482 |
| 21.2.34pr | 258 Fn. 652 |
| 21.2.37 | 160 Fn. 401 |
| 21.2.48 | 166 Fn. 423 |
| 21.2.61.1 | 255 Fn. 647 |
| 21.2.66.2 | 255 Fn. 648 |
| 22.1.28.1 | 137 Fn. 339 |
| 23.1.10 | 112 Fn. 293 |
| 23.3.3 | 132 Fn. 328 |
| 23.3.5pr | 105 f. |
| 23.3.5.1 | 106 f., 112 f |
| 23.3.5.2 | 106 f., 112 f. |
| 23.3.5.3 | 106 f., 112 f. |
| 23.3.5.4 | 106 f., 112 f. |
| 23.3.5.5 | 107 f., 112 |
| 23.3.5.6 | 108 f., 112 |
| 23.3.5.7 | 108 f., 112 |
| 23.3.5.8 | 108 f., 112 |
| 23.3.5.9 | 109 f., 112 f. |
| 23.3.5.10 | 110 ff. |
| 23.3.5.11 | 110 ff. |
| 23.3.5.12 | 110 ff. |
| 23.3.5.13 | 110 ff. |
| 23.3.5.14 | 110 ff. |
| 23.3.6.2 | 142 Fn. 354 |
| 23.3.7pr | 114 f. |
| 23.3.7.1 | 114 f. |
| 23.3.7.2 | 114 f. |
| 23.3.7.3 | 126 ff., 135 Fn. 336 |
| 23.3.8 | 132 Fn. 326 |
| 23.3.9 | 98 Fn. 271, 135 f. |
| 23.3.9pr | 126 ff. |
| 23.3.9.1 | 128 f. |
| 23.3.9.2 | 129 ff. |
| 23.3.9.3 | 129 ff. |
| 23.3.10 | 146 |
| 23.3.10pr | 136 ff. |
| 23.3.10.1 | 136 f. |
| 23.3.10.2 | 136 f. |
| 23.3.10.3 | 136 f. |
| 23.3.10.4 | 137 f. |
| 23.3.10.5 | 137 f. |
| 23.3.12 | 146 |
| 23.3.12pr | 139 ff. |
| 23.3.12.1 | 139 ff., 146 |
| 23.3.12.2 | 143 |
| 23.3.14 | 144 ff. |
| 23.3.16 | 144 ff. |
| 23.3.17pr | 103 Fn. 277 f. |
| 23.3.17.1 | 138 Fn. 344 |
| 23.3.32 | 123 Fn. 307 |
| 23.3.52 | 145 Fn. 371 |
| 23.3.54 | 98 Fn. 271 |
| 23.3.56.3 | 152 Fn. 383, 153 Fn. 384 f. |
| 23.3.69.7 | 145 Fn. 368 |
| 23.3.69.9 | 137 Fn. 338 |
| 23.3.72.1 | 103 Fn. 277 |
| 23.4.4 | 115 ff. |
| 23.5.18pr | 124 Fn. 309 f. |
| 24.1.5.5 | 140 Fn. 346 |
| 24.1.5.18 | 156 Fn. 392 |
| 24.1.6 | 48 Fn. 147 |
| 24.1.7.9 | 102 Fn. 274 |
| 24.1.19.1 | 156 Fn. 393 |
| 24.3.2 | 96 Fn. 268, 147 ff. |
| 24.3.2pr | 147 ff. |

| | |
|---|---|
| 24.3.2.1 | 147ff. |
| 24.3.2.2 | 147ff. |
| 24.3.3 | 96 Fn. 268 |
| 24.3.4 | 96 Fn. 268 |
| 24.3.5 | 117f., 125 |
| 24.3.7 | 125 |
| 24.3.7pr | 118f., 125 Fn. 312 |
| 24.3.7.1 | 120f. |
| 24.3.7.2 | 120f. |
| 24.3.7.3 | 120f. |
| 24.3.7.4 | 121 |
| 24.3.7.5 | 121 |
| 24.3.7.6 | 121f. |
| 24.3.7.7 | 121f. |
| 24.3.7.8 | 121f. |
| 24.3.7.9 | 122 |
| 24.3.7.10 | 122 |
| 24.3.7.11 | 122 |
| 24.3.7.12 | 122f. |
| 24.3.7.13 | 122f. |
| 24.3.7.14 | 122f. |
| 24.3.7.15 | 124ff. |
| 24.3.7.16 | 124ff., 125 Fn. 312 |
| 24.3.8 | 123 Fn. 307 |
| 24.3.9 | 103 Fn. 277 |
| 24.3.12 | 143 Fn. 359 |
| 24.3.14.1 | 143 Fn. 360 |
| 24.3.18.1 | 103 Fn. 277 |
| 24.3.22pr | 90 |
| 24.3.22.1 | 90f., 148 |
| 24.3.22.2 | 91f. |
| 24.3.22.3 | 92ff., 148 |
| 24.3.22.4 | 92ff. |
| 24.3.22.5 | 92ff., 149 |
| 24.3.22.6 | 92ff., 149 |
| 24.3.22.7 | 94 |
| 24.3.22.8 | 94 |
| 24.3.22.9 | 94f., 149 |
| 24.3.22.10 | 95 |
| 24.3.22.11 | 95 |
| 24.3.22.12 | 96f. |
| 24.3.22.13 | 96ff. |
| 24.3.24pr | 98ff. |
| 24.3.24.1 | 98ff. |
| 24.3.24.2 | 98ff. |
| 24.3.24.3 | 98ff. |
| 24.3.24.4 | 100ff. |
| 24.3.24.5 | 102f. |
| 24.3.24.6 | 104 |
| 24.3.24.7 | 104 |
| 24.3.25.1 | 103 Fn. 277 |
| 24.3.62 | 101 |
| 24.3.63 | 101 |
| 24.3.64pr | 101 |
| 24.3.66pr | 103 Fn. 276 |
| 24.3.66.7 | 89 Fn. 258 |
| 25.1.1pr | 150f. |
| 25.1.1.1 | 150f. |
| 25.1.1.2 | 150f. |
| 25.1.1.3 | 150f. |
| 25.1.3pr | 150f. |
| 25.1.3.1 | 150f. |
| 25.1.5pr | 152f. |
| 25.1.5.1 | 152f. |
| 25.1.5.2 | 152f. |
| 25.1.5.3 | 154ff. |
| 25.1.5.7 | 154ff. |
| 25.1.5.9 | 154ff. |
| 25.1.5.11pr | 154ff. |
| 25.1.5.11.1 | 154ff. |
| 25.1.6 | 151 Fn. 381 |
| 25.1.14pr | 151 Fn. 380 |
| 25.2.1 | 13f. Fn. 46, 15 Fn. 51, 48 Fn. 149 |
| 25.2.6.5 | 48 Fn. 148 |
| 25.2.11 | 105 Fn. 282 |
| 25.2.13 | 105 Fn. 282 |
| 25.2.19 | 14 Fn. 48 |
| 25.2.21.1 | 14 Fn. 49 |
| 25.2.26 | 13 Fn. 45 |
| 26.7.11 | 98 Fn. 271 |
| 26.8.5 | 203 Fn. 518 |
| 26.9.3 | 183 Fn. 458 |
| 27.10.3 | 108 Fn. 289 |
| 28.5.6.5 | 253 Fn. 640 |
| 30.60 | 153 Fn. 386 |
| 31.34.5 | 93 Fn. 264 |
| 33.7.12.24 | 215 Fn. 555f. |
| 39.3.16 | 187 Fn. 472 |
| 39.5.2.5 | 129 Fn. 320 |
| 41.1.22 | 39 Fn. 122 |
| 41.1.48.2 | 84 Fn. 253 |
| 41.2.15 | 54 Fn. 172 |
| 41.3.4.20 | 22 Fn. 72 |

41.3.27 133 ff.
41.3.38 47 Fn. 143
41.4.2pr 133 Fn. 330
41.4.2.2 133 Fn. 330
41.4.2.3 221 Fn. 563
41.4.10 133 Fn. 331
41.4.11 133 Fn. 331
41.6.1pr 133 Fn. 330
41.7.2.1 69 Fn. 208
41.8.3 133 Fn. 330
41.9.1 127 Fn. 317, 131 ff.
41.9.1pr 131 f.
41.9.1.1 131 f.
41.9.1.2 131 ff
41.9.1.3 131 ff.
41.9.1.4 131 ff.
41.10.3 133 Fn. 331
41.10.5 133 Fn. 331
43.24.11.9 187 Fn. 472 f., 225 Fn. 574
43.24.11.10 226 Fn. 576
43.24.11.12 225 Fn. 574
46.1.18 106 Fn. 287
46.3.12 220 Fn. 560
46.3.14 220 Fn. 560
46.3.18 59 Fn. 183
46.3.38.1 64 Fn. 196
46.3.95.1 75 Fn. 223
46.5.5 202 Fn. 515
47.1.1 57 Fn. 181, 59 Fn. 182
47.2.1.3 67 Fn. 201
47.2.3pr 70 ff.
47.2.3.1 70 ff.
47.2.3.2 70 ff.
47.2.3.3 70 ff.
47.2.4 72 Fn. 215
47.2.6 72 Fn. 216
47.2.12 220 Fn. 559
47.2.12.1 83 Fn. 249
47.2.14 220 Fn. 559
47.2.14.5 77 Fn. 228
47.2.15pr 77 Fn. 228
47.2.17 220 Fn. 559
47.2.18 64 Fn. 198
47.2.19pr 37 f.
47.2.19.1 37 f.
47.2.19.2 37 f.
47.2.19.3 37 f.
47.2.19.4 37 f.
47.2.19.5 38 f.
47.2.19.6 38 f.
47.2.21pr 39 ff.
47.2.21.1 44 ff.
47.2.21.2 44 ff.
47.2.21.3 44 ff.
47.2.21.4 44 ff.
47.2.21.5 41 ff.
47.2.21.6 41 ff.
47.2.21.7 41 ff.
47.2.21.8 41 ff.
47.2.21.9 41 ff.
47.2.21.10 41 ff.
47.2.22.1 41 Fn. 127
47.2.23 46 Fn. 140, 52 Fn. 162
47.2.26.1 17 Fn. 54
47.2.27pr 48 ff.
47.2.27.1 48 ff.
47.2.27.2 48 ff.
47.2.27.3 51 ff.
47.2.29 51 ff.
47.2.31 51 ff.
47.2.32pr 50 Fn. 158
47.2.33 52 Fn. 161
47.2.36pr 52 ff., 82 Fn. 244
47.2.36.1 14 Fn. 47, 52 ff.
47.2.36.2 52 ff.
47.2.36.3 52 ff.
47.2.39 56 f.
47.2.41pr 57 ff.
47.2.41.1 57 ff.
47.2.41.2 57 ff.
47.2.41.3 57 ff.
47.2.43pr 60 ff.
47.2.43.1 60 ff.
47.2.43.2 60 ff.
47.2.43.3 60 ff.
47.2.43.4 64 ff.
47.2.43.5 65 ff.
47.2.43.6 65 ff.
47.2.43.7 65 ff.
47.2.43.8 65 ff.
47.2.43.9 65 ff.
47.2.43.10 65 ff.
47.2.43.11 65 f., 68
47.2.44pr 64 Fn. 196

47.2.45 64 Fn. 198, 70 Fn. 211
47.2.46pr 73 ff.
47.2.46.1 76 ff.
47.2.46.2 76 ff.
47.2.46.3 76 ff.
47.2.46.4 76 ff.
47.2.46.5 76 ff.
47.2.46.6 76 ff.
47.2.46.7 79 ff.
47.2.46.8 79 ff.
47.2.46.9 80 f.
47.2.48pr 80 f.
47.2.48.1 81 f.
47.2.48.2 81 f.
47.2.48.3 81 f.
47.2.48.4 82 f.
47.2.48.5 83 f., 85 Fn. 254
47.2.48.6 83 f.
47.2.48.7 84 f.
47.2.50pr 8 ff., 22 Fn. 69, 31 Fn. 99, 33 Fn. 105, 35 Fn. 112
47.2.50.1 10 f.
47.2.50.2 11
47.2.50.3 11
47.2.50.4 11 f., 21
47.2.51 12 Fn. 41
47.2.52pr 13
47.2.52.1 13 f.
47.2.52.2 13 f.
47.2.52.3 13 f.
47.2.52.4 13 ff.
47.2.52.5 13 ff.
47.2.52.6 13 ff.
47.2.52.7 15 f., 25 Fn. 79
47.2.52.8 16 ff., 25 Fn. 79
47.2.52.9 16 ff., 25 Fn. 79
47.2.52.10 16 ff., 25 Fn. 79
47.2.52.11 16 ff., 25 Fn. 79
47.2.52.12 20 f.
47.2.52.13 21
47.2.52.14 21 f.
47.2.52.15 23 f.
47.2.52.16 23 f.
47.2.52.17 23 f.
47.2.52.18 25
47.2.52.19 26, 28 f.
47.2.52.20 26 f.
47.2.52.21 27 ff., 61 Fn. 187
47.2.52.22 27 ff.
47.2.52.23 29 f.
47.2.52.24 29 f.
47.2.52.25 32
47.2.52.26 32 f.
47.2.52.27 32 ff.
47.2.52.28 35 f.
47.2.57pr 81 Fn. 241
47.2.61 82 Fn. 243
47.2.67pr 68 Fn. 204
47.2.67.4 29 Fn. 94
47.2.68pr 39 Fn. 120
47.2.68.2 9 Fn. 31
47.2.75 18 Fn. 56
47.2.77.1 83 Fn. 249
47.2.81.6 62 Fn. 188
47.2.83.1 18 Fn. 55
47.2.83.2 56 Fn. 177
47.2.88 77 Fn. 228
47.3.2 73 Fn. 218
47.10.23 43 Fn. 130
48.8.8 105 Fn. 283
48.20.3 105 Fn. 283
48.20.5 105 Fn. 283
49.1.7.7 97 Fn. 269
49.14.40 108 Fn. 289
49.14.50 229 Fn. 585
50.16.79pr 151 Fn. 380
50.16.79.1 151 Fn. 381
50.16.240 90 Fn. 261
50.17.23 192 Fn. 488


## Codex Iustinianus


4.22.5 236 Fn. 597
4.44.2 142 Fn. 352
4.45.2 163 Fn. 415
4.49.16 198 Fn. 505
4.54.3 206 Fn. 525
4.54.4 206 Fn. 524, 209 Fn. 535

5.12.1.2 145 Fn. 368
5.12.30.2 99 Fn. 272
5.18.6.2 142 Fn. 355
5.18.6.3 142 Fn. 357
6.2.19 64 Fn. 196
8.44.26 255 Fn. 641
8.45.1 170 Fn. 431

www.ingramcontent.com/pod-product-compliance
Lightning Source LLC
LaVergne TN
LVHW042235300926
849161LV00003B/359